文化財の併合　　フランス革命とナポレオン

文化財の併合

——フランス革命とナポレオン——

服部春彦 著

知泉書館

はしがき

　私は十数年前から、ナポレオン1世のヨーロッパ政策に興味を抱き、「ヨーロッパ統合の先駆的試み」とみる観点からそれに考察を加えてきた。これまでに、「統合」の政治的・法制度的側面と経済的側面については一応の検討を終え、ナポレオンの政策が明確な限界をともないながらも、ある程度成功を収めたことを明らかにすることができた（拙著『経済史上のフランス革命・ナポレオン時代』多賀出版、2009年刊）。そこで残された問題は「統合」の文化的側面であるが、これについてはナポレオンの企てが完全な失敗に終わったことが、すでに先行研究によって確認されている。例えば著名なフランス革命史家ゴデショはこう述べている。「ナポレオンの政策は、結果としてヨーロッパの異なる国々の間の政治的・行政的・社会的類似性を強めた。しかし文化の領域では、完全な失敗であった。ナポレオンはフランスの言語と文化をヨーロッパに押しつけることには成功しなかった」(Godechot 1967, p.218)。
　確かに、いわゆる「大帝国」、すなわちフランス支配下の国々と地域の言語、宗教、学校制度、様々な文化・研究機関（博物館・天文台・アカデミーなど）をフランス・モデルで統一することは、ナポレオンの願望であったとしても、実現はおろか、体系的に企てられてもいない。またその試みは、ナショナルな文化の自覚を呼び起こすことによって、意図とは反対にヨーロッパの文化的分裂を促進したといえる。しかしそのことから、ナポレオンの文化政策全体が失敗に終わったとみることは誤りであろう。ナポレオンは「大帝国」の文化統合あるいは文化的統一には成功しなかったとしても、文化財の中央＝フランスへの（実際には首都パリへの）集中化（centralisation）には、かなりの程度成功を収めているからである。その最もよく知られた事例が、革命・ナポレオン戦争

の間にフランス人が行った，占領地や併合・従属地域からの美術品を中心とする文化財の大規模な収奪である。ナポレオンにとって「国王たちや大臣たちが押し寄せる政治の首都パリは，教皇が住まうカトリック・ヨーロッパの宗教的首都でもあらねばならないが，しかしまた芸術と学問の首都でもあらねばならない」（Dufraisse et Kerautret 1999, p.214）。これが美術品収奪の背後にある考えであった。実際，ルーヴル美術館（共和国中央美術館，次いでナポレオン美術館）に展示されたそれらの著名な美術品を鑑賞するために，イギリスを含むヨーロッパ各地から多くの人々がパリを訪れることになる。

　ナポレオン美術館の整備，充実に代表される芸術政策はナポレオンの文化政策のうち最も成功した分野とされる。ここで注意しておきたいのは，ナポレオンがフランスへ集中しようとした第一級の文化とは，美術ないし芸術だけでなく，学問（科学）全般をも含むことである。また皇帝ナポレオンが外国の著名な学者，彫刻家，音楽家らをパリに定住させたこともよく知られている。

　ところで，フランス支配下の地域において，美術の傑作と同時に学問的に貴重な資料やモニュメントを探索し収集しようという政策は，革命中の1794年に始まっている。ナポレオンは1796-97年のイタリア遠征時にこの政策の強力な推進者となり，次いで1799年11月自ら政権の座に就いた後には，ナポレオン美術館長ヴィヴァン・ドノンという有能無比な協力者を得て，「文化財の併合」を続行したのである。

　上述のようなヨーロッパ各地からの文化財のパリへの集中化を「文化統合」とみることは難しいし，ヨーロッパの「文化的統一」を実現したものと見ることも適切とはいえないであろう。しかし，それはナポレオンの文化政策のうちで最も成功した分野であり，十分な考察に値する。また文化の面における彼のヨーロッパ政策を貫くものは，政治・法制度と経済の両側面におけると同様に，「フランス中心主義」（gallo-centrisme）である。ナポレオン時代研究の泰斗である史家レンツは，「美術品の略奪」を「亢進した（exacerbé）フランス中心主義の一例」と呼び，ナポレオンのヨーロッパ政策全体を特徴づける「フランス第一主義」（La France avant tout）の芸術面における延長と見ているが（Lentz 2007, p.765），的確な見方といえる。本書においては，この「フランス

中心主義」が，革命期からナポレオン期にかけて具体的にどのような形で表出しているかを，「文化財の併合」キャンペーンの考察を通じて示すことにしたい。また現代のフランス人歴史家がこの問題を論じる仕方にも注意し，その際しばしば見られる，彼ら自身の「フランス中心」的傾向をも合わせて指摘したいと考える。

　さて，戦争に伴う美術品あるいは文化財の収奪は，ヨーロッパ史上どの時代にも見られるが，特に有名な事例として次の5つを挙げることができよう。すなわち，古代では紀元前4世紀初頭から前1世紀までのローマによる征服戦争の過程で起こった一連の美術品収奪，中世では13世紀初頭のヴェネツィアが主導した第4回十字軍によるビザンツ帝国の首都コンスタンティノープルの略奪，近世では17世紀前半の三十年戦争期にしばしば起こった美術品，学術資料などの略奪（とりわけ1648年スウェーデン軍のプラハ攻略時の神聖ローマ皇帝ルドルフ2世のコレクションの略奪），近代ではフランス革命・ナポレオン戦争期（1792-1814年）の文化財収奪，そして現代ではナチス・ドイツによるユダヤ人財産の没収とそれに続く占領諸国からの美術品略奪，である。ここで注目すべきは，17世紀後半から18世紀後半に至る時期のヨーロッパでは，戦争に伴う美術品の大規模な収奪が行われていないことである。この時期には各国の君主は，競って美術品の収集に邁進したのであるが，彼らは主にヨーロッパの美術品市場での買い入れによって自らのコレクションの充実に努めたのである（ルイ14世を始めロシアの女帝エカチェリーナ2世，スペイン国王フェリーペ4世，ザクセンのアウグスト強王など）。そしてそうした美術品収奪の沈静期の後に続いたのが，本書が対象とするフランス革命・ナポレオン時代の長期にわたる美術品の収奪であった。またそれは，収奪を受けた側が共同して返還を要求し，成功した最初の例でもあった。その背景には，かつては王侯の個人的財産であった美術品が，今や国民の共同遺産とみなされるようになったという事実がある（トレヴァー＝ローパー 1985, 73-74頁参照）。

　本書は，革命・ナポレオン戦争期におけるフランスの文化財収奪についてできる限り多面的，包括的に考察しようとするものであるが，その際諸外国における最近までの研究成果をできる限り摂取するとともに，一部の重要な論点については，原史料を用いて筆者独自の分析を試みる

ことにする．筆者は西洋美術史に関しては全くの素人であるが，この問題はナポレオンの文化政策だけでなく，フランス革命そのものの性格を理解する上できわめて重要であり，歴史学の立場から改めて周到な考察を加える必要があると考えている．ただし，本書の主題は一書で論じつくすにはあまりにも大きく，掘り下げの足りない箇所が数多く見られることは，筆者自身認めるところである．また不正確な記述や単純な誤りも散見するのではないかとおそれるが，読者諸賢の忌憚のないご意見，ご批判をお願いしたい．

なお，本書に頻出する外国語の固有名詞のカナ表記のうち，オランダ語については神戸大学教授奥西孝至氏，ドイツ語については大阪市立大学教授北村昌史氏，イタリア語については鹿児島大学教授藤内哲也氏より，貴重なご教示を賜った．記して謝意を表する．ただし，画家名や都市名などは一存で慣用表記に従った場合も多い．それ故，表記に関するすべての責任は私にある．

筆者は本書の原稿を書きながら，できればナポレオン戦争の終結から200年になる本年，2015年までに一本として上梓したいと考えていた．このたび知泉書館社長小山光夫氏の格別のご厚意によって，その願いをかなえることができたのは大きな喜びである．専門書の出版がますます困難になる中で，小山氏は本書の刊行をお引き受け下さり，さらに書物の作り方についても懇切な助言を惜しまれなかった．ここに深い感謝の意を表する．また，小山氏への紹介の労をとって下さった京都産業大学教授玉木俊明氏にもお礼を申し上げたい．

最後に，校正と図版の作成を手伝ってくれた妻畝美に感謝する．

2015年1月

服部　春彦

目　次

はしがき……………………………………………………………………ⅴ

序　章　研究史の概観と課題の設定………………………………………3
　1　はじめに………………………………………………………………3
　2　研究史のあらまし……………………………………………………5
　3　フランス革命・ナポレオン研究者の見解とその疑問点…………16
　4　本書の主要な課題…………………………………………………21

第Ⅰ部
文化財併合の展開過程

第1章　戦争と文化財併合の開始——ベルギー・ライン地方・オランダ
　　　　（1794-95年）…………………………………………………27
　1　最初の押収絵画の到着とバルビエの演説………………………27
　2　前史——旧体制末期から第1次ベルギー占領期まで……………29
　3　文化財の併合を正当化する言説…………………………………32
　4　第2次ベルギー侵入と押収委員の任命……………………………39
　5　ベルギーにおける押収活動………………………………………45
　6　ライン左岸地方への収奪の拡大…………………………………52
　7　オランダにおける収奪……………………………………………59
　8　おわりに——自然史・農業関係物品の押収目的…………………64

第2章　イタリアにおける文化財の収奪（1796-1803年）……………69
　1　ナポレオンのイタリア遠征と美術品・学術品の収奪……………69
　2　押収品のパリへの輸送……………………………………………90

3　イタリア美術品の収奪をめぐる論争……………………………98
　　4　イタリア美術品のパリ入城パレード（共和暦第6年テルミドール
　　　　の祭典）……………………………………………………………109
　　5　小括　1796-97年の押収美術品の特徴……………………………125
　　6　イタリアにおける再度の収奪（1798-99年）……………………130
　　7　執政政府期における収奪…………………………………………140

第3章　ヴィヴァン・ドノンの登場と収奪の新たな波（1806-13年）
　　　　――ドイツ・オーストリア・スペイン・イタリア……………157
　　1　ナポレオンの「美術大臣」ドノン………………………………157
　　2　ドノンの収奪欲とナポレオンの立場……………………………164
　　3　ドノンの押収活動とその「成果」………………………………177
　　　3-1　ベルリンとポツダム…………………………………………177
　　　3-2　ブラウンシュヴァイク………………………………………184
　　　3-3　カッセル………………………………………………………188
　　　3-4　シュヴェリーン………………………………………………192
　　　3-5　ウィーン………………………………………………………193
　　　3-6　ドノンの押収活動の問題点…………………………………195
　　4　スペインにおける収奪とドノン…………………………………201
　　5　イタリアにおける最後の任務……………………………………207
　　6　おわりに……………………………………………………………217

第II部
フランスにおける収奪美術品の利用

第4章　フランス革命とルーヴル美術館の創設………………………221
　　1　旧体制末期におけるパリの「美術館」…………………………221
　　2　革命前フランスの「地方」における「美術館」の形成………226
　　3　18世紀ヨーロッパにおける美術品公開の進展…………………229
　　4　フランス革命の開始と国家美術館開設への道のり……………232
　　5　開館時におけるルーヴル美術館の展示品………………………239
　　6　展示品の選定と展示方式…………………………………………241

7　大ギャラリーの一時閉鎖と 1796-97 年の 2 つの展覧会 ………… 249
　　8　国内の他の施設からの美術品の収用 ……………………………… 257
　　9　美術品の修復の問題 ………………………………………………… 260

第 5 章　ルーヴル美術館と収奪美術品の利用（1）——総裁政府〜執政
　　　　政府期 …………………………………………………………………… 269
　　1　イタリア絵画の臨時展覧会（1798-1805 年）…………………… 269
　　2　大ギャラリーの再開（1799, 1801 年）………………………… 277
　　3　ドノンの展示戦略 …………………………………………………… 288
　　4　イタリアからの押収美術品の修復 ………………………………… 294
　　5　古代美術品ギャラリーの開設と展示品 ………………………… 301
　　6　地方美術館の創設 …………………………………………………… 315

第 6 章　ルーヴル美術館と収奪美術品の利用（2）——第一帝政期 · 327
　　1　1805-10 年におけるナポレオン美術館の整備 ………………… 327
　　2　1807 年のドイツからの戦利品展覧会 …………………………… 331
　　3　ドイツからの押収美術品の修復 ………………………………… 343
　　4　1810-14 年の大ギャラリーの常設展示 ………………………… 348
　　5　1814 年のプリミティヴ絵画の展覧会 …………………………… 357

終　章　ナポレオン失脚後の美術品の返還 ……………………………… 365
　　1　1814 年における限定された返還 ………………………………… 365
　　2　1815 年における返還の全面化 ——相手地域別考察 ………… 372
　　　2-1　プロイセン ……………………………………………………… 372
　　　2-2　ライン諸都市・北ドイツ諸国・バイエルン・オーストリア …… 377
　　　2-3　アーヘン大聖堂円柱の返還問題 …………………………… 382
　　　2-4　ベルギーとオランダ …………………………………………… 384
　　　2-5　スペイン ………………………………………………………… 391
　　　2-6　北・中部イタリア諸国 ……………………………………… 392
　　　2-7　サルデーニャ王国 …………………………………………… 398
　　　2-8　教皇国家 ………………………………………………………… 400
　　3　おわりに —— 若干の補足的考察 ……………………………… 409

目　次

総　括……………………………………………………………415

註…………………………………………………………………423

参考文献…………………………………………………………451

索　引（人名・事項）…………………………………………463

文化財の併合
―― フランス革命とナポレオン ――

父親の力

毛涯章平 著

序　章

研究史の概観と課題の設定

────────

1　はじめに

　フランス革命期からナポレオン時代にかけて，フランスがその領土を近隣の国々と地域に拡大して行ったことはよく知られている。すなわち，1793年1～2月のニース伯爵領とモナコ公国の併合に始まって[1]，95年10月にはベルギー（オーストリア領ネーデルラントとリエージュ司教領）が併合された。以後1812年までに，ドイツのライン左岸地方，イタリアのサヴォイア，ピエモンテとリグリア，トスカナ，ローマ教皇領，オランダ，さらにスイスとスペインの一部などがフランスに併合されたのである。しかしこのような領土の拡大と並行して，フランス革命政府とナポレオンが，フランス軍の占領地域からの「文化財の併合」を強力に進めて行ったことは，それほどよく知られているとは言えないであろう。ここで「文化財」というのは，様々な美術品（あるいは美術工芸品）と，書籍，写本から化石，鉱物などの自然史の標本や生きた動植物の見本をも含む学術資料とを指し，当時の言葉で「美術・学術品」"objets des arts et des sciences" と呼ばれたものを意味する。美術品の中で最も重要なものは絵画と彫刻であり，「併合」点数は絵画は（素描画を除いて）約2,400点，彫刻（大理石像，ブロンズ製品など）は数百点に上ったと推定される。

　それら「文化財の併合」は時間的順序に従って次の5つの波に分けることができよう。その第1は，1794年から95年にかけて国民公会が

フランス軍によって占領されたベルギー，ライン左岸地方およびオランダで実施した美術品・学術資料の押収であり，第2は，総裁政府期の1796-97年に，ナポレオン軍の進撃とともにイタリア各地で行われた主に美術品の収奪である。そして第3は，総裁政府期の1798年から執政政府期の1803年にかけて，イタリア各地と一部はドイツで行われた美術品と学術資料の押収であり，第4は，1798年から1801年までのエジプト遠征に伴う学術資料の収集である。最後に第5は，1806年から11年にかけて，ナポレオン美術館の館長ヴィヴァン・ドノンのイニシアティヴの下に行われた美術品と学術資料の大規模な押収活動であり，それはドイツを中心として，スペイン，オーストリアへと拡大し，最後には再度イタリアへと波及したのである。

　本書では，以上の文化財併合の実態について詳細に考察したいと考えているが，ただ第4のエジプト遠征については取り扱わないことにしたい。それは，主として筆者の能力の限界のためであるが，同時にエジプト遠征によって獲得した物品の大部分が，1801年8月のフランス軍の降伏の際，かのロゼッタ・ストーンを始めとして，イギリス側に引き渡されたことにも一つの理由がある。今日のルーヴル美術館の目録に現れる55,000点の所蔵品のうち，ナポレオンのエジプト遠征に直接由来する物品は小品ばかり，数十点に留まるのである[2]。

　さて，上述の第1から第3までの美術品・学術資料の探索と収集はいずれも国民公会や総裁政府などが任命した委員によって行われた。それ故，ドノンを直接の責任者とする第5の押収を含めて，すべて政府の統制下に行われた収奪や押収であったことに注意する必要がある。それ以外の現地の軍隊や将軍らが個人的目的のために行った略奪・押収行為は，ここでの考察対象からは除かれている。ところで，革命・ナポレオン時代のフランスによる美術品・学術資料の探索と押収，すなわち「文化財の併合」については，19世紀以来フランスを始め数多くの国々において，様々な調査と研究が蓄積されてきている。その膨大で多彩な内容を要約して示すことは不可能であるが，以下まずフランスを中心に研究の大きな流れを跡付けておくことにしたい。

2　研究史のあらまし

　フランスの美術史家サヴォワ（Bénédicte Savoy）は 2003 年に 2 巻本の大著『併合されたパトリモワーヌ：1800 年頃のドイツにおけるフランスの文化財押収』を刊行したが[3]，その第 1 巻の第 8 章「« 美術品征服 » の歴史を書く」において，フランスと収奪の相手国との双方におけるこの問題の扱われ方を 1816-1940 年について考察している。

　それによると，大革命～帝政の下でのフランスの「美術品征服」のエピソードは，その後の数十年の間，「非対称的な記述の対象」であった。すなわち，一方でフランスの歴史家と書誌学者がこの問題について慎重に沈黙を守ったのに対して，他方ではルクセンブルク，ドイツ，オーストリア，次いでベルギーとイタリアの同業者たちが精力的な探究を行ったのである。このような歴史研究の非対称性は，1870-71 年の戦争以後一層強まり，この問題の学問的研究は，略奪の犠牲になった国民によってとりわけ生み出されるのである。その中にあって加害国であるフランスでは，1874 年に国立図書館館長ドリール（Léopold Delisle）が同館の写本部門の成立史を跡づけた著作を刊行したことで，学者たちの沈黙は決定的に破られる。被害を受けた国々の研究と要求を知っていたドリールは，革命期のフランスの文化政策をはっきりと非難する一方で，1815 年の返還要求と奪回については非常に穏健な態度を示している。

　これに対して，その 4 年後の 1878 年に刊行された国立図書館書記モルトルイユ（Théodore Mortreuil）の研究『国立図書館，その起源と今日までの発展』は，その後の対立激化を先取りするような調子を帯びている。モルトルイユは 1815 年の返還要求時におけるルーヴルの館員たちの「気高い」抵抗を称賛しつつ，プロイセンによる賠償要求を「写本部門のコレクションの本物の解体」をもたらすものと形容している。こうして 1880 年代以降ラインの両側で野蛮（barbarie）の告発が 1 つのライトモチーフになる。ドイツ人は 1794-1809 年の没収の際のフランスの野蛮を語り，フランス人は 1815 年の返還要求に際してのゲルマン的野蛮を語るのである。フランス側で一例をなすのが 1889 年に発表され

たシェヌヴィエール（Henry de Chennevières）の論文「1815年のルーヴル」であり，ルーヴルの館長補佐であった著者は，戦勝諸国の返還要求を「予期せぬ収奪のスキャンダル」として提示する。彼が描く攻撃的で暴力的なプロイセン兵の姿は，1870-71年の戦争に関連してフランスで用いられた宣伝画集から直接借用されたものであった[4]。

さて，フランスにおいて1815年の返還問題に関する真に信頼できる最初の研究が現れるためには，1890年代半ばのアルザス人ミュンツ（Eugène Müntz）の仕事を待たねばならなかった。以下筆者自身の解釈をも交えながら，ミュンツの開拓的研究について述べることにする。

ミュンツは偉大な美術史家で，1870年の戦争の元兵士，パリの美術学校の司書兼学芸員であった。彼は1894-96年に「主にフランス革命期における美術品コレクションもしくは蔵書の併合と，その国際関係における役割」と題する論文3部作を，次いで1897年には論文「1814-15年の侵入とわが諸美術館の略奪」を発表した[5]。ミュンツは前者の論文では，古代ローマから18世紀までのヨーロッパにおける美術品と図書，写本などの収奪の歴史を概観した後，大革命期の1794-99年にフランスが革命戦争の遂行と支配地域の拡大の中で，ネーデルラントとイタリア諸都市において行った美術品と図書・写本のコレクションの収奪の経過を年を追って簡略に跡づけている。この論文では一部文書館史料も使用されているが，ナポレオンの書簡集や，ブリュッセルの王立古文書館員のピオ（Charles Piot）が1880年代に作成したベルギーでの押収美術品のリストのような資料集と，様々な研究文献が主要な情報源になっている。これに対して後者の論文では，1814年および15年における戦勝諸国による美術品返還の要求とそれに対するフランス側の抵抗の様子が，ナポレオン美術館長ドノンが採った戦術に焦点を絞り詳細に分析されている。ここではミュンツは，当時利用可能であった文書館史料，すなわちドノンの行政書簡を始めフランス側・戦勝国側双方の関係者の書簡を頻繁に引用しながら，数多くの興味深い事実を解明しており，彼のこの論文は今日においても高い実証的価値を有している。

ここで注目しておきたいのは，上述の論文におけるミュンツの以下のような発言である。彼は美術品の収奪が18世紀には完全に廃れていたことを指摘した上で，「かくも賢明な，かくも人間らしい慣習の後に，

どのようなわけで大革命の最初の戦争以来，全く正反対の原則がいきなり続いたのであろうか」と問いかけ，次のように答える。「私が思うに，この突然の態度の変化は，革命の闘士らが自分たちはより優越した文明の原理を代表しており，従って近隣のより遅れた諸国民の所有物を収用する権利をもっていると考えたと想定する場合にのみ，理解することができる。われわれは今日なお，アフリカあるいはアジアの住民に対してこの種の任務を与えられていると思い込んでいないだろうか！」

　私見によると，イタリアでの美術品収奪に関するミュンツの判断には揺らぎがあるように思われる。彼はナポレオンが美術品の引き渡しを外交協定の中に明確に書き込んだことから，それは「公正さではないとしても，少なくとも合法性の見地からは」非難すべき点がないのではないかという。ところが，ミュンツは個々の都市について見て行く際には，美術品の収奪が条約によらずに，あるいは条約の定めるところをはるかに越えて，実行された例をも挙げて行く（ヴェローナ，ヴェネツィア，ペルージャなど）。さらに，ローマ教皇がトレンティーノ条約が定める巨額の賠償金の支払いのために，夥しい数の宝石，家具，綴れ織などを提供しなければならなかったことや，同じくローマで1798年のデュフォ将軍殺害に対する報復として，教皇や貴族のコレクションがいかに激しい略奪にあったかを，多くのページを割いて論じている。そして論文の末尾で次のように言うのである。「私は論文の始めから終わりまで，このような併合がどれほど不当な（abusives）ものであったか，また政治に関わる時にはどれほど危険なものであったかを主張してきた。これほど多くの傑作の獲得が引き起こした喜びは強かったが，それらの返還が引き起こした苦痛は一層痛ましいものだった。」要するにミュンツは，1815年の戦勝国による美術品の奪回を容認することはできないが，さりとてフランスによる美術品収奪を全面的に正当なものとして認めることもできず，その主張は動揺を示すのである。

　次に後者の論文においてミュンツは，自分の野心は上述のドリールが国立図書館と国立古文書館について行ったことを，美術品の歴史について試みることであると語っている。ミュンツは戦勝諸国が彼らの返還要求においてどれほど情け容赦がなかったかを，王政復古政府はいかに無気力であったかを，そしてとりわけドノンを始めとする（旧ナポレオン）

美術館の館員たちがどれほど賢明に抵抗したかを「まったき公平性」において示すと述べているが，しかし彼の主張は明らかに「愛国的な」ものであり，「公平な」立場に立っているとは到底言えない。革命期にフランスが行った美術品の収奪については，「一連の美術品は条約によってフランスに譲与されたのだ」として擁護する一方で（実際にはミュンツは収奪が全体として不当な，間違ったものであったと見ているのだが），「同盟諸国は外交的手段によって美術品を要求する代わりに，力ずくでそれを奪還した」ことを力説するのである。彼は特にドノンがプロイセンの返還要求に対してとった引き延ばし戦術を称賛してやまない[6]。

　ミュンツの研究に続いて，1902年には歴史家ソーニエ（Charles Saunier）の『大革命と帝政の美術品征服——1815年における同盟諸国の奪回と放棄』が出版される[7]。この書は主に国立古文書館とルーヴルの文書館，また一部は外務省文書館の史料を駆使したもので，現在もしばしば参照されている。本書は，事件についての論評は少ないけれども，やはりシェヌヴィエールやミュンツの研究と同様のパースペクティヴを採用している。「われわれの共感は，ひとえに勝者たちの憎悪の重圧のすべてに耐えた人々に対するものであった。すなわちドノンとラヴァレである。彼らは大革命と帝政の輝かしい美術館の形成に立ち会った。この書が彼らの偉大な記憶に対するオマージュたらんことを！」「フランスの収奪の中には，一種芸術への崇拝があった。このような行動は，1870年にドイツの若干の指揮官がストラスブール，ナンシー，サン・クルー，その他で行ったように体系的に，残酷に破壊するよりは，まだしもましであった。」

　ソーニエは1815年の奪回を純然たる復讐行為として示している。「同盟した嫉妬深い列強は豊か過ぎる美術館に，不当に得たものを吐き出させたのである。（とはいえ）若干の作品，それもかなり重要な作品が当時の管理人たちの，とりわけ館長ドノンと事務総長ラヴァレの熱意と巧妙さのお陰でフランスに留まったのである。」

　ただし，ソーニエは革命家たちの行動について，次のように今日から見ても的確な指摘を行っている。「しかし，このユニークな美術館という夢想は一時ほとんど実現されたのである。大革命の指導者たちは集中化への熱中のなかで，すべての美術財宝をパリへ集めるだけでは満足し

なかった。彼らは征服の進むままに，ヨーロッパの主要な都市が誇りにしていた傑作を独占しようとした。それは公正な（équitable）ことであっただろうか。彼らはそのことをほとんど考えなかった。彼らが模範にしたローマ人はそのように振る舞ったのだ。さらに彼らの根底には次のような信念，盲信（superstition）があった。それは芸術は自由な国においてのみ開花しうるという信念である。」

ソーニエはこの書の前半において，ルーヴル美術館が旧体制下の国王の絵画コレクションを基礎にして創設され，革命期から帝政期にかけて諸外国からもたらされる美術品によって拡大，発展をとげて行く過程を跡づけている。彼は『哲学旬報』その他の新聞や関係者の書簡，請願書などの同時代史料を要所で活用しながら，客観的に論を進めているが，美術品の収奪そのものについての考察は簡略なものに留まっている。たとえば，イタリアからの美術品収奪については，革命は「征服権によらず，外交的に行った」として，ミュンツの実証的研究の参照を勧めている。これに対して，後半部の1814-15年の同盟諸国による美術品奪回に関する考察は，より多くの紙幅を割いて詳細にわたっている。ただし，ソーニエはここでは，奪回に抵抗したナポレオン美術館館長ドノンの行政書簡を中心に，フランス側，戦勝国側関係者の書簡を大量に引用しながら論述しており，ほとんど史料の羅列という印象がある。全体として，ソーニエはフランスによる美術品の接収に関しては客観的で公平な叙述を心がけているが，戦勝国によるその奪回に対しては批判的で，はっきりとフランス寄りの立場を取っていると言うことができる。

以上，ミュンツとソーニエの仕事についてやや詳しく述べたが，彼らの主張はドイツ人による激しい反論を招くことになる。たとえばベルリン国立図書館員のデーゲリング（Hermann Degering）は1916年の論文「ドイツの美術品のフランスによる強奪1794-1807年」において，ミュンツらはフランスの美術館管理人たちが1814-15年に虚言と詐欺行為に頼ったことを公然と認めており，しかもそうした態度を非難するどころか，誉め称えていると批判したのである[8]。

第1次世界大戦期（1914-18年）にはフランスによる「美術品征服」の問題は仏独両国において前例のない激しさで論じられたのだが，紙幅の関係から具体例は省略する[9]。

それでは，第1次大戦後，第2次大戦までのフランスにおけるこの問題の研究状況はどのようであったのか。サヴォワはその点には触れていないが，実は1930年代には，イタリアにおける美術品の収奪に関して女性の美術史研究者ブリュメール（Marie-Louise Blumer）が画期的な研究を公にしたのである。ブリュメールは1934年に歴史雑誌『フランス革命』に3回に分け発表した論文において，1796-97年のイタリアにおける美術・学術品の探索・収集とそのパリ輸送の経過を，総裁政府がそのために設置した委員会の活動を中心に綿密に跡づけている。彼女はまた，1796年から1803年までにイタリア各地からパリへもたらされた全絵画を収載したカタログを作成した（同じ年，『フランス美術史協会会報』に掲載）。彼女は，派遣委員が美術品の押収時に作成した調書など国立古文書館と国立博物館文書局が所蔵する手稿文書を主体に，当時のルーヴル美術館の展示品カタログなどの印刷史料をも渉猟して，このカタログを作り上げたのだが，そこには506点に及ぶ絵画の1つ1つについて，その出所，押収年月日（または年月のみ），パリ到着日，ルーヴルで展示された年月，パリの教会や地方の美術館へ送られた場合はその年度，ナポレオン美術館での保存と展示の有無（カタログ番号），最後に1814-16年における返還とその後の所蔵場所が，判明する限り克明に記されているのである[10]。残念ながら，ブリュメールはイタリアで押収された絵画以外の美術品，とりわけ古代彫刻については詳細な分析を行っていないが，絵画に関する限り彼女が提供する情報はこの上なく貴重で有益なものと言わなければならない。

　ここでもう一度サヴォワの叙述に戻ると，ドイツにおいて1920年代にアクチュアリテを失ったフランスによる「美術品征服」の問題は，1940年にドイツの対仏勝利，次いでパリ占領がかつての押収品の奪回のための新たな計画の作成を引き起こす時，再び浮上するのである。同年8月以降，ナチスの情報・宣伝相ゲッベルスの指揮下に，第3帝国の美術館，公文書館，図書館の高級官吏から成る専門家集団がベルリンに集まり，三十年戦争以来ドイツから奪われ，もしくは破壊された文化財の総目録の作成が試みられる。しかし，この調査の結果明らかになったのは，1915年の場合と同様，ナポレオン没落後フランスに留め置かれた物品はとりわけ印刷物と写本であるということであった。そして

ゲッベルス自身1941年11月には，目録化した作品の返還を要求する計画を最終的に断念していたと言われる[11]。

サヴォワの考察は上述の時期で終わっているので，以下筆者自身の整理に従って，第2次大戦後のフランスにおける研究の進展を概括しておこう。まず1950-60年代にこの問題の研究は美術史家ボワイエ（Ferdinand Boyer）によって一段と深められた。ボワイエは1794-95年のベルギー，オランダ，ライン左岸地方における美術品および学術資料の押収とその返還について基本的に文書館史料に拠りつつ分析を加え，数多くの論文を発表するとともに，1796年から帝政期にかけてのイタリアにおける美術品の押収と購入についても実証的分析を深めた。このテーマについてボワイエが様々な雑誌や紀要に発表した論文は十数篇に上るが，そのうちイタリアに関するものは論文集『イタリアにおける芸術の世界（le monde des arts）と革命および帝政のフランス』（1970年）に集成されており，そこには上述のブリュメールの研究を補完する重要な知見が含まれている[12]。

ベルギーにおける絵画の収奪（1794年）とその返還（1815年）については，先にも触れた1880年代のピオの資料的研究があるが，ボワイエはフランスと相手国双方の文書館史料を渉猟して，ベルギーのほかオランダ，ドイツをもカバーしながら，革命期のフランスによる文化財併合活動の最初の局面を大筋において解明したのである。なお，ベルギーでの収奪絵画に関するその後の注目すべき研究として，美術史家エミール＝マール（Gilberte Émile-Mâle）が1994年に刊行した『ベルギーで獲得された絵画のルーヴルにおける目録と修復』がある[13]。本書は，ベルギーからの押収絵画のパリ到着時に作成された目録を始め，中央美術館管理委員会の会議録や前述のピオの資料集などを精査して，全7回の輸送のそれぞれを構成した絵画の同定を試みるとともに，それら絵画の修復状況を詳細に明らかにした点に大きな意義がある。

話を1960-70年代に戻すと，この時期にはこの問題に関する通史的な著作が幾つか刊行されている。まずロンドンのナショナル・ギャラリーの副館長であったグールド（Cecil Gould）が1965年に著した『征服のトロフィー——ナポレオン美術館とルーヴルの創設』が重要である。本書はそれまでの個別研究の成果を総合しながら，18世紀後半から1815

年の美術品返還までのルーヴル美術館の歴史を手際よく叙述したものであるが，その中では，革命期からナポレオン期にかけてのフランスの美術品収奪について目配りの行き届いた考察がなされている。もう1点挙げておきたいのは，1976年にドイツの美術史家ヴェッシャー（Paul Wescher）が著した『ナポレオンの下での美術品略奪』である。本書はその表題に反して全篇の約半分を革命期に当てているが，先行研究の成果を総合しながら手堅い叙述を行っている[14]。

以上の2著に対して，ドゴール大統領の文化大臣であったアンドレ・マルローによってフランス博物館局長に任命された法学者のシャトラン（Jean Chatelain）が，在職中の1973年に出版した『ドミニーク゠ヴィヴァン・ドノンとナポレオンのルーヴル』は，ドノンの生い立ちから宮廷人，次いで外交官としての成功と挫折，ナポレオン美術館の館長としての活動と引退後の生活までを跡づけた伝記的著作である。シャトランは執筆当時国立古文書館とルーヴルの文書館にあったドノンの行政書簡を主な資料として，彼の波乱に富む生涯と多面的な人間像を描き出している。その中で著者は，ドノンがナポレオン美術館の充実のために行った外国美術品の収奪についても概略的ながら叙述している[15]。

ところで，ドノンに関する歴史研究がこれまで比較的少数に留まっていた重要な理由として，ドノンが回想録や個人的文書を残さなかったことが挙げられる。しかし，その一方でドノンは美術総監としてナポレオンや大臣たちに宛てて膨大な数の行政書簡をしたためていた。上述のシャトランは当時なお未刊行であったこの行政書簡を主要な資料として用いながら，ドノンの伝記を執筆したのである。ところが1999年に至ってドノンの1802-15年の行政書簡約4,000通を収めた決定版とも言うべき2巻本の書簡集が出版されたのである[16]。単にドノン研究者だけでなく，ナポレオン時代史に関心をもつすべての者にとって裨益するところ大きな史料出版といわねばならない。

ところで，実は文化財押収問題への研究関心は，これより先1989年のフランス革命二百周年を契機にして新たな高まりを示すことになったのである。この年にはパリの国立図書館によって，「1789年 解放されたパトリモワーヌ」と題する展覧会が組織された。この展覧会は「フランスでの没収された物品の帰化（定着）と外国に所属する富の軍事的横

領との関係を理解するための決定的な道標を据える」ものであった[17]。

その10年後の1999年には，ヴィヴァン・ドノンに捧げられた大展覧会が，ルーヴル美術館において開催される。注目すべきはそのカタログとして刊行された論文集『ドミニーク＝ヴィヴァン・ドノン：ナポレオンの眼（まなこ）』(Pierre Rosenberg, Marie-Anne Dupuy 編）である。これは編者の1人デュピュイの指揮の下に準備されたものであるが，600点を超える美術品の図版と解説を含めて，540頁におよぶ大冊で，その40名を超える執筆者はヨーロッパ各国の様々な分野の専門家から成る。ここでは，外交官，素描家，旅行者，コレクター，版画家，作家，美術館長といったドノンの活動の様々な側面が取り上げられているが，それに加えて，ドノン自身によるドイツ，オーストリア，イタリアでの美術品，学術資料の押収とそれらの展示，ルーヴルにおける古代美術品の集積と展示，さらにはナポレオン敗退後の美術品などの返還問題を扱った諸論文が収められているのである[18]。

この1999年には別に（12月8～11日に）ルーヴル美術館で，同美術館の文化部によって「ドミニーク＝ヴィヴァン・ドノンの諸生涯」というテーマの研究集会が組織されており，その報告集は2001年に，当時パリ第4大学准教授で美術史家のガロ（Daniela Gallo）の監修で同じ題名の2巻本として刊行されている[19]。

以上のほかに，フランス博物館名誉総視察官のポミエ（Édouard Pommier）が，著書『自由の芸術——フランス革命の教義と論争』（1991年）において，フランスによる外国美術品の押収を正当化する「自由の共同遺産」の理論（イデオロギー）が革命の中で「文化破壊」(vandalisme) に対抗しつつ，どのように形成されて行ったかを，反対派の主張とも合わせて詳しく論じており，非常に興味深い。また文化遺産と美術館の歴史を専攻するプーロ（Dominique Poulot）も，著書『ミュゼ，ナシオン，パトリモワーヌ 1789-1815年』（1997年）において，フランス革命における王権の廃止と国王コレクションの「国民による横領」がどのようにして「国民の共同遺産」の確立へと導いたか，またその保存に当たるべき美術館の有用性がどのような理論によって正当化されたかを，同時代の言説の分析を通じて跡づけている。さらにもう1点，同じ頃出た研究として逸することができないのは，米国の美術史家マクレラン（Andrew

McClellan) の著書『ルーヴルを創り出す——18世紀パリにおける美術, 政治と近代的美術館の起源』（1994年）である。マクレランはまず18世紀前半からの美術品の公開展示の先駆的な試みについて詳しく述べた上で, 革命中のルーヴル美術館の創設とその後の発展について, 外国からの押収美術品の流入にも注目しながら論述しているが, 特に美術館の管理体制や教育的目的, 美術品の展示方式や修復の仕方などを巡って闘わされた同時代の論戦について立ち入って考察している[20]。

しかしながら, 本書のテーマに直接関わる近年の研究成果として圧倒的に重要なのは, 本節の冒頭に挙げたサヴォワの大著である。その第1巻は, フランスが1800-09年にドイツの諸都市とオーストリアのウィーンで行った各種文化財の押収と, 1814-15年におけるそれらの返還に関する著者の研究結果を詳述したものである（冒頭には1794-96年の押収に関する1章が置かれている）。これに対して第2巻はいわば資料編であり, 著者が利用した基本的史料のうち, 1807年のパリにおけるドイツからの戦利品展覧会の出品作品のカタログ（そのオリジナルではなく, サヴォワによる増補版）と, 各都市において美術品の押収の際に作成された目録もしくは調書を収録している。

サヴォワによると, 上述の1989年以降の研究はどれも「フランスと美術品を提供した国々との間の関係を中心的な対象にしておらず, 没収がその標的となった地域の世論とパトリモワーヌ（共同遺産）の利用政策に及ぼした影響の問題を排除している。ところで, このエピソードの最大の興味は, まさにフランスとこれら収奪を受けた国々との関係の中にこそ存在するのである。」

それ故, サヴォワのこの書はフランスによる美術品収奪について論じながら, それがドイツに与えたインパクトを解明することをとりわけ重要な課題としている。著者は言う。「それ故, フランスの『美術品征服』によって引き起こされた強い文化的相互作用を明らかにし, それがどのようなメカニズムを通じてラインの彼方でのパトリモワーヌ観念の形成に中心的役割を果たしえたのかを理解することが必要なのである。」

このように述べた上でサヴォワは, 本書の「実践的優先課題」として3つのことを挙げる。その第1は考察の対象を限定して, フランス政府が公式に命令した没収と, ドイツの君主たちが許可した奪回のみを研

究することである。第 2 の課題は，活動に関わった中心人物（ドノン，ヤーコプ・グリム，フンボルト兄弟ら）が維持した越境的な関係の複雑なネットワークをできる限り復元することである。そして第 3 の課題は，フランスの文化的横領政策によってドイツで生じた言説に絶えず注意を払うことである。著者はこの言説の漸次的な屈折と疑う余地のない激化を吟味するだけでなく，押収問題が 1815 年以後 19 ～ 20 世紀の間にドイツにおける扱われ方についても論及している。

　以上に加えて，第 1 巻の第 3 部と資料編である第 2 巻では，フランスへ移された物品（objets）について考察し，それらがパリへの「亡命」によって，その知名度，保存，美術史の各観点から見てどの程度利益を受け，もしくは被害を蒙ったかを評価しようとする。第 2 巻の大部分を占めるのは，「1807-08 年に約 6 か月間パリで展示されたドイツに由来する作品の合理的で，ふんだんに図版が入ったカタログ」である。著者は文書館史料を含む様々な史料を精査，照合して，展示された作品の正確な同定を行い，カタログの中で，各々の作品が元来所属していたコレクションと展覧会後に寄託されたフランスの施設，パリで取られた可能性のある保存と普及のための措置（修復と複製化），最後にそれら作品の元所有国への返還の正確な日付と現在の保存場所を指示したのである[21]。

　以上のようなサヴォワの大著の出現によって，革命・ナポレオン期にフランスによる美術品・学術資料の収奪の対象となった諸地域に関する詳細な実証的研究が出揃ったということができる。またほぼ同じ時期に，帝政期の美術品収奪の実質的責任者であったドノンについても，彼の多面的な活動とその役割が詳細に明らかにされるに至ったのである。

　最後に，サヴォワの著書以後に現れた重要な研究としては，フィレンツェ・ヨーロッパ学院のラクール（Pierre-Yves Lacour）が 2007 年と 09 年に発表した 2 論文がある[22]。ラクールはそこで，フランスの派遣委員が 1794-97 年にベルギー，オランダ，ドイツのライン地方とイタリアで行った学術・美術品の押収活動のうち，自然史に関する事物の探索と収集という側面に絞って，新たな視点から考察を加えている。さらにごく最近の成果として，2012 年に刊行された美術史家エティエンヌ（Noémie Étienne）の『パリにおける絵画の修復（1750-1815）――美術品の物体

性に関するプラティークと言説』がある。この書はフランスの絵画修復史上基本的に重要な当該時期に関する最初の本格的研究であるが，著者は様々な文書館史料と印刷史料を渉猟しながら，1750年代以降1810年代までのパリにおける絵画の修復作業の進展と，その担い手である修復者集団の姿を，綿密かつ多面的に描き出している。注目されるのは，この時期に絵画の保存状態と修復技術の善し悪しが，絵画の押収を正当化し，あるいは批判するための論拠とされたという著者の指摘である[23]。

　以上非常に不十分であるが，サヴォワの整理を参考にしながら，大革命・ナポレオン期のフランスによる美術品収奪の研究史を概観してきた。この問題については国外では前述のように1960-70年代にすでに通史的な著作が何点か出版されており，またわが国でも1991年に，美術史家鈴木杜幾子が著書『画家ダヴィッド』の第IV部「ルーヴル美術館の誕生」において，外国からの美術品の到来の経過をルーヴル美術館の成立・発展と関連させながら，簡明に跡づけている[24]。ただしこれらの通史的著作においては，それらの出版の時点での研究の進展状況にも制約されて，なおいくつかの基本的に重要な問題点が十分に掘り下げられずに残されているように思われる。本書の目的は，それらの問題点について現在までの主要な研究の成果にもとづきながら考察を深めることであるが，本論に入る前に，従来のフランス革命史家とナポレオン研究者が「美術品征服」の問題をどのように扱ってきたかを振り返っておくことにしたい。

3　フランス革命・ナポレオン研究者の見解とその疑問点

　まず，従来のフランス革命の通史あるいは概説においては，美術品収奪の問題は概して軽く扱われるに留まっているといえる。20世紀の代表的革命史家の1人ルフェーヴル（Georges Lefebvre）は大著『フランス革命』（1951年）において[25]，ナポレオンのイタリア遠征について述べる際に美術品や写本の押収に簡単に触れているに過ぎない。その中にあってこの問題を正面から扱った著作として注目されるのは，ゴデショ（Jacques Godechot）が1956年に著した『偉大な国民』である[26]。「フ

ランスの革命の世界への拡大」という副題をもつこの書物においてゴデショは，国民公会と総裁政府の指揮下にベルギー次いでイタリアのフランス軍占領地で行われた美術品および新しい発明を含む学術資料の押収の過程を，先行のミュンツ，ソーニエ，ブリュメールらの研究をも参照しながら跡づけている。筆者はゴデショの見解のうち特に次の2点に注意しておきたい。その第1は，彼がフランス革命における「美術品の収奪が本物のイデオロギーの名において行われた」ことを的確に指摘していることである。そのイデオロギーとは「フランスこそはヨーロッパで最初の《自由な》国であり，その首都だけが傑作美術品を保護するのに相応しい」というものである。

　第2は，ナポレオンがイタリアの君侯たちと結んだ休戦協定や講和条約の中に，賠償の一部として美術品や写本の引き渡しを規定したことを指摘しながら，「自由に論議された協定によって持ち去られたこれらの美術品は，非合法な収奪の産物とは見なされ得ない」と述べていることである。これは前述のミュンツの見解を踏襲するものといえる。ゴデショは，フランスによる美術・学術品の収奪に対しては明確に批判的であり，また略奪まがいの押収が現地住民の激しい抗議を引き起こした例をも挙げているのだが，上述の休戦協定や条約が「自由に論議された」ものとする点は受け入れ難いであろう。

　フランス革命の通史的叙述において美術品の収奪に正当な注意が払われているもう1つの例としては，1965年に出たフュレ（François Furet）とリシェ（Denis Richet）の共著『フランス革命』が挙げられる[27]。フランス革命をブルジョワ革命と見る従来の主流的な解釈に対して根本的な異議を唱えたこの書において，著者たちはフランスのイタリア支配の苛酷さを強調しつつ，こう述べている。すなわち，イタリア方面軍総司令官ナポレオン・ボナパルトに対する「総裁政府の諸指令は，単に征服地によって軍隊を養わせ，征服地に高額の租税を課すことを勧めていただけでなく，全般的な略奪に専念することさえも勧めていた。それはカルノーがすでに2年前にベルギーで実施させた政策であった」のである。

　筆者がここで問題にしたいのは，フュレらが，ボナパルトに対して特に美術品の収奪を命じている1796年5月7日の総裁政府の指令を引用

した後で，次のように述べていることである。「このような書状について抽象的なモラルの見地から判断を下さないようにしよう。それは時代の心性の中に，大革命によって沸き起こった，愛国心と名づけられたあの情熱のコンプレックスの中に根をもっているのだ。自由はフランス人を選ばれし民に，フランスを《偉大な国民》にしなかったであろうか。世人は穏健な者たちでさえ，この略奪に拍手喝采したのである。」フュレらはここで革命の当事者たちの心情に無批判に共感しているというべきである。革命家たちがそのように考えたことは「理解可能」であるとしても，それによって彼らの行為自体が「是認できる」ものにはならないであろう。

　フランス革命史家の見解については以上に留め，次にナポレオン時代研究者の見方を検討することにしたい。

　まず，この分野の権威の1人チュラール (Jean Tulard) は1982年に，ナポレオン帝国の形成・発展とその構造を総括的に扱った著作『大帝国1804-1815』において，「美術品の中央への集中」に1節を当て論じている[28]。著者はそこで，ヨーロッパ各地からの古文書のパリへの輸送ほどナポレオンの統一への意志をよく証明するものはないと述べた後に，フランス革命期にベルギー，オランダ，イタリアで行われ，ナポレオン帝政期にもドイツ各地，ウィーン，スペインで継続された様々な美術品の押収について概観している。チュラールはフランス人による押収行為自体の是非には触れていないが，「1810年にナポレオン美術館は，ルーヴルにおいてヨーロッパの偉大な傑作の大部分を所有する」という彼の文章には明らかに誇張が含まれている。

　次に，近年女性のナポレオン研究者として活躍しているジュールダン (Annie Jourdan) は，2000年の著書『ナポレオンの帝国』の中でナポレオンのパリ改造計画に関して以下のように述べている。「本物の成功は，恐らくルーヴル美術館であっただろう。それは1793年，とりわけ1796年以来自由の国へと『帰還した』作品のお陰で世界の驚異の1つとなった。」ナポレオン美術館の素晴らしさはその館長となったヴィヴァン・ドノンに負うところが大きい。「彼の配慮のお陰で，ルーヴルそのものは1802-14年に世界の1つの小宇宙となるのである。ルーヴルはその内部に古今のヨーロッパの諸傑作を集めていないであろうか。」ドノンは

彼以前のルーヴルにはなお欠けていた作品を求めて，スペインからオーストリアへ，さらにはイタリアへと探索と収奪の旅を続けたのであり，「その結果は帝政末には国民の自尊心を満足させるに足るもの」となった。1814 年に対仏同盟諸国は「この偉大な業績を破壊することをためらった」が，その理由は，ルーヴル美術館が「本物のナショナルでかつヨーロッパ的な制度となっていた」からである。

　以上のようなジュールダンの主張にも，やはり若干の誇張が含まれているといわざるを得ない。なお，ジュールダンはこれより先 1998 年にナポレオンの文化・芸術政策を詳細に論じた別著『ナポレオン——英雄・皇帝・学芸保護者』において，1796-97 年のイタリアにおけるボナパルト将軍による美術品の押収活動に言及している。ジュールダンはこの書では，なぜかドノンによる美術品の収奪には触れていないが，全体として彼女には，フランスによる美術品の収奪を批判するような言辞は見当たらないように思われる[29]。

　さらに，ナポレオン財団の理事長を務めた歴史家レンツ（Thierry Lentz）は，2002-10 年に合計 2,600 頁を超える 4 巻本の『第一帝政の新しい歴史』を上梓したが，ナポレオン帝国の構造を政治，経済，社会，文化の各側面から考察したその第 3 巻の最後の章「ナポレオンのヨーロッパにおける統一化の諸要因と遠心的諸力」において，「封建制」（領主権）の廃止，ナポレオン法典と市民的平等の樹立，モデルとしてのフランスの諸制度，共同市場の反対物としての大陸封鎖と並べて，「亢進したフランス中心主義の一例」として美術作品の「略奪」に 1 節を当て論じている[30]。レンツによると，美術品の略奪は法・政治制度や経済の領域における「フランス第一主義」の芸術面における延長のようなものである。ナポレオンはこの点においても「大革命の継承者」であり，ナポレオンの下でヴィヴァン・ドノンは大「略奪者」（grand «prédateur»）となるとされるが，けだし的確な見方といえよう。ただし，レンツが 1810 年にナポレオン美術館を訪れたオーストリアの一貴族（クラリー・アルドリンゲン伯）の印象記を引用しながら，「パリはヨーロッパの芸術の首都となった。最も偉大な傑作はそこに集中された」と記す時，そこにはやはり理想と現実の混同が見られるように思われる。

　以上の諸例からもうかがえるように，今日のフランスの歴史家は，

「ナポレオン美術館」を「理想のミュゼ」として賞揚し，その意義を過大に評価する傾向がある。その顕著な例として，革命・帝政期美術史の権威ボルド（Philippe Bordes）の所見を示しておこう。

ボルドは 2004 年の論文「ナポレオン美術館」の冒頭に次のように書いている[31]。ナポレオン美術館の 2 人の主要な立役者である皇帝と館長ヴィヴァン・ドノンは，大陸ヨーロッパの最も素晴らしいコレクションから数多の有名巨匠の傑作を取り出すことで，「理想のミュゼ」を実現することができた。この「計画の野心は時代の政治的・軍事的な夢と同じ高みのものであり，そこにはナシオンのイメージが賭けられていた。つまり，大帝国の首都は世界で最も豊かな美術館をもたねばならなかったのである。献身的な管理人の小集団によって確保された帝政の収集の規模は今日なお印象的なものである。それらのすべては一個の英雄的冒険であり，ヨーロッパにおけるフランスの覇権の確認であり，その上デモクラシーの美しい教訓でもあった。なぜなら，それまで王侯のコレクションの中に隠されていた作品は，万人の目にさらされ，その価値が高められ，解放されたからである。ナポレオン美術館の野心は正しく崇高なものであり，新しい秩序の雄弁な聖別であった。」ボルドのこの論文は，大革命の遺産であるナポレオン美術館が館長ドノンの主導下にどのように変容をとげて行ったかを，多くの史料を駆使して綿密に考察したものであるが，上記のような論者のスタンスには「フランス中心主義」的との印象を禁じ得ないのである。

私見によると，今日のフランスの歴史家は，ドノンやナポレオンがルーヴル美術館に託した努力目標＝「普遍的ミュージアム」の形成と，実際の達成度を混同する傾向がある。さらにいえば，ドノン自身もヨーロッパの最高傑作のすべてをルーヴルに集めることは考えていなかった。ドノンが目指したのは，美術史の進化を例証するにたるだけの，巨匠たちの作品を網羅することであった。

以下本書では，レンツのいう「フランス第一主義」が「文化財の併合」活動においてどのように強烈に表れているかを示したいと考えているが，その際，上述のようなフランス人学者に特徴的なバイアスに注意しながら論を進めることにする。

4 本書の主要な課題

　以上かなり長くなったが，フランスによる文化財併合に関する研究史を概観し，またこの問題に関する今日のフランスの歴史家の見方を紹介，検討してきた。筆者がこれまでの考察を踏まえて，本書で特に重点を置いて解明しようとするのは次の3点である。

　まず第1点は，フランス人による文化財の押収がどのように行われたのかを，押収の現場にできる限り密着して具体的に示すことである。すなわち，フランス側責任者たち（政府派遣委員と館長ドノン）が現地の関係者とどのような関係を取り結びながら，押収作業を進めて行ったのか，また押収を蒙った側の反応はどのようであったのかを，明らかにすることである。特にドイツについては，サヴォワの上記の研究書と，彼女が編集したドイツ側当局者の証言集[32]が豊富な情報を提供しているので，それらに依拠して述べることにしたい。

　次に第2点は，押収された文化財がフランスにおいてどのように利用されたのかを，できる限り正確に把握することである。フランス革命政府やナポレオンはパリに「世界で最も豊かな美術館」を創出するために，占領地や併合地域から夥しい数の傑作美術品を押収して，パリへ輸送したのであるが，それらの美術品はパリにおいて実際にどの程度活用されたのであろうか。繰り返し行われた美術品の押収はそのすべてが，「理想の美術館」を実現するために本当に必要であったのだろうか。美術品はフランスの芸術家と一般市民の「教育」のために使用されたといわれるが，それはどのような仕方においてであったか。これらの点を，かつての王宮ルーヴルに創設された共和国中央美術館（のちナポレオン美術館）の整備，拡充の過程と関連づけながら検討したい。合わせて，ナポレオン失脚後の美術品の旧所有国への返還の問題にも触れることにする。

　最後に第3点は，フランス人がどのような論拠（argument）によって諸外国の文化財の収奪，併合を正当化しようとしたのかを，多面的に検討することである。フランス革命期の美術品収奪が，自由の国フラン

スこそは世界中の傑作を所有するに相応しい国民であるというイデオロギーにもとづいて行われたことは、よく指摘される点であるが、ここではそうした言説の形成過程を簡潔に跡づけるとともに、そうした正当化の論理がナポレオン期にはどのように変化したか、さらにナポレオン失脚後、戦勝諸国からの美術品の返還要求に直面したフランス側責任者は、どのような論理で対抗しようとしたのかをも、合わせて考察することにしたい。周知のように、今日、世界的なコロニアリズムの清算の動きの一環として、欧米諸国の数多くの美術館や博物館は、かつての植民地・従属地域を始めとする文化財の「原産国」からの返還要求に直面しており、わが日本の場合にも特に朝鮮に由来する文化財について韓国と返還交渉が重ねられてきている[33]。上記第3点の考察に当たっては、そのような文化財をめぐる現在の状況をも念頭に置く必要があろう。

　ここで用語の問題について一言しておきたい。以上において筆者は文化財あるいは美術品・学術資料の「併合」、「押収」、「収奪」といった言葉を特に区別せずに用いてきた。これまでフランスの歴史家は革命・ナポレオン期に自国が行った外国の文化財の「併合」(annexion) を、征服 (conquête)、押収 (saisie)、没収 (confiscation)、収奪 (enlèvement, prélèvement)、略奪 (pillage, spoliation) などと様々に呼んできた。しかし、全体としてみると、無秩序な強奪行為を意味する「略奪」、「収奪」といった言葉を避けて、より法律的なニュアンスの「押収」、「没収」といった言葉が好まれる傾向がある[34]。以下において筆者は、主に「収奪」と「押収」という2つの言葉を場合に応じて使い分けることにするが、本書の書名には、特にフランス革命とナポレオン国家の膨脹主義的性格が文化の面でも強く認められることを示すために、「併合」という言葉を用いることにした。

　ところで、筆者が本書において革命・ナポレオン期の「文化財の併合」について改めて論じようとする最大の理由は、上述したような諸外国における豊かな研究成果がわが国に十分に紹介されていないことにある。それ故、以下の考察の目的は、何よりもそうした研究成果を参照しながら、「文化財の併合」の実相をできる限り事実に即して正確かつ具体的に描き出すことにある。しかし、若干の論点に関しては、先行研究に依拠するだけでなく、ドノンの行政書簡集やルーヴル美術館の展示品

のカタログなど利用可能な史料を用いながら[35]，筆者独自の分析を試みることにしたい。

　以下，第Ⅰ部「文化財併合の展開過程」では，「文化財の併合」の過程を時間的順序に従って，ベルギー，ライン地方，オランダ（第1章），イタリア（第2章），ドイツ・オーストリア・スペイン・イタリア（第3章）の順に跡づける。次いで第Ⅱ部「フランスにおける収奪美術品の利用」では，まず国家美術館としてのルーヴル美術館の創設までの道のりと初期の活動について略述（第4章）した後，収奪された文化財のうち特に美術品がフランスにおいてどのように利用されたのかを，2つの時期に分けて考察する（第5・6章）。そして終章では，ナポレオン失脚後における文化財の元所有国への返還とその意義について検討し，最後に全体の論旨を簡潔に要約する。

第Ⅰ部

文化財併合の展開過程

第 1 章

戦争と文化財併合の開始
—— ベルギー・ライン地方・オランダ（1794-95 年）——

1　最初の押収絵画の到着とバルビエの演説

　1794 年 9 月 20 日（共和暦 2 年第 4 補充日），国民公会の会議中，ブリュッセルからもどった北部方面軍派遣議員＝人民代表のギトン＝モルヴォー（Guyton-Morveau）は，「ベルギーで収集された素晴らしい絵画の最初の荷」の到着を知らせ，その「収集」とパリ移送に当たった委員の一人，画家で軽騎兵第 5 連隊中尉のリュック・バルビエ（Luc Barbier）が「このコレクションを国民公会に献呈するために議場に入ることを許されるよう」求めた。そこでバルビエは，美術品の押収を正当化する有名な演説を行ったのである[1]。少し長くなるが，その主要部分を引用してみよう。

　「人民の代表たちよ。天才の産物は自由の共同遺産である。そして，この共同遺産は常に市民の軍隊によって大切にされなければならない。北部方面軍は暴君と彼らの取り巻きどものただ中で火を放ち，殺りくを行ったが，しかし，ぐるになった専制君主どもが急いで逃走した後われわれに残した数多くの芸術の傑作を注意深く保存した。これらの傑作はあまりにも長い間，隷属のまなざしによって汚されてきた。名高い人々の遺産がとどまらなければならないのは，自由な諸国民の胸の中である。奴隷の涙は彼らの栄光にふさわしくない。……」

「ルーベンス，ファン・ダイク，そしてフランドル派の他の創始者たちの画筆がわれわれに残した不朽の作品は，もはや外国の地にあるのではない。人民の代表たちの命令によって注意深く集められたそれらの作品は今日，芸術と天才の故郷，自由と神聖な平等との祖国，フランス共和国に寄託されているのだ。……」

「今後は，外国人が学びに来るのは，そこ，国家美術館にである。感じやすい人はそこへ，過去何世紀もの作品を前にして涙を流すために来るであろう。天才の火によって焼き尽くされた芸術家は，そこへモデルを借りに来るであろう。そして専制の鎖から自由になった彼の力強い画筆は，恐らくそのモデルを凌ぐことができるであろう。」

「人民代表リシャール（ギトン＝モルヴォーの同僚）が私に，この新しい富の到着をあなた方に知らせに来るよう命じたのは，共和国に対して，その軍隊の秩序と規律がどのようなものであるかを知らしめるためである。またすべての国民に対して，フランスはどのような戦利品で豊かになったかを知らしめるためである。最後に，国民公会に対して，北部方面軍が芸術作品に対して保った敬意がどのようなものであったかを知らしめるためである。」

そしてバルビエは演説の最後に，今後次々に到着するであろう絵画を，それ専用の倉庫に入れるために必要な措置を講じるよう，議員たちに求めている。

いかにも当年25歳の若者らしい激越な調子の演説であるが，そのインパクトもあってか，彼がもたらした最初の押収品，ルーベンスの4枚の絵画は9月25日にルーヴル美術館に受け入れられ，その年の定期展覧会の会場であるサロン・カレにおいて，現存の画家たちの作品を押しのけて速やかに公開展示されることになる。それはアントワープ（アントウェルペン）の大聖堂の3幅対祭壇画の中央パネル「キリストの十字架降下」とその小型のレプリカの「エスキス」，および同市の別の2つの教会に由来する「2人の盗賊の間のキリスト」と「十字架昇架」である。そして国民公会の公教育委員会は同月27日，画家で鑑定家のルブラン（J.-B.P.Lebrun）と修復家ピコー（J.-M.Picault）に対して，国家美

術館の管理委員会の監視のもとに若干の仮修復を速やかに行うよう命じたのである[2]。

バルビエの演説は，政府新聞『モニトゥール・ユニヴェルセル』の94年9月24日（ヴァンデミエール3日）号に全文が掲載され，広く知られることになったが，注目されるのは，バルビエがそこで外国の美術品の収奪を3つの論拠によって正当化しようとしていることである。すなわち第1点は，自由の国フランスこそが自由の共同遺産である美術品の真の祖国たりうること，第2点は，それら美術品はフランス軍の勝利の結果として，敵国の専制君主から奪い取られたものであること，そして第3点は，かつての王宮ルーヴルに置かれた国家美術館こそが，今や外国から芸術家を引き寄せ，彼らにモデルを提供するであろうことである。米国の美術史家マクレランの言葉を借りると，「1つの演説においてバルビエは，フランスによる押収を同時にイデオロギー的，軍事的，教育的な根拠によって擁護して」いるのである[3]。

2　前史──旧体制末期から第1次ベルギー占領期まで

さて，上述のルーベンスの4作品は1794年秋，フランスによる第2次ベルギー占領後に行われた美術品・学術品収奪の最初の成果であるが，ベルギーからの美術品の収奪にはフランス革命以前のオーストリア支配時代にさかのぼる「先例」があった[4]。1773年皇帝マリア・テレジアはイエズス会を廃止し，その財産は国有化されて77年に競売に付されたが，この時女帝は帝室ギャラリーの館長ローザ（Joseph Rosa）を現地へ派遣して32点の絵画とデッサン（ルーベンスの祭壇画3点とファン・ダイク2点を含む）を売却対象から外させ，ウィーンへ送らせたのである。また1783年にはヨーゼフ2世によってネーデルラント南部の163の大・小の修道院（主に観想修道会）が「無用な」ものとして廃止され，その美術品は85年に売却されたが，この時にもオーストリア政府は帝室ギャラリーのために若干のフランドル派の作品を獲得することができた。また当時フランスで国王コレクションの充実に力を注いでいたダンジヴィレ伯も，この2度の修道院財産の売却に様々な方法で参

加して，フランドル派の傑作を増やすことができた。

　以上のようにベルギー地域では，フランス革命の前夜にすでに旧修道院所有の美術品の国有化と売却が始まっていたのであるが，しかし教会施設はなおフランドル派の主要作品の大部分を保持していた。しかし上述のオーストリアによる美術品の収奪に対して，19世紀後半にベルギーの歴史家たちは厳しく批判している。たとえばピオ（Charles Piot）は「わが地方の譲渡できない財産であるこれらの絵画はウィーンへ移された」，「これはフランス支配の間にベルギーにおいてはるかに大規模に犯された盗奪（vols）の序曲であった」と書いている。現代のイギリス人グールドも，「自国の画家のこのような勝れた作品の喪失がその後ベルギー人によって，フランス人による略奪を予知させるものと見なされたことは理解できる」と書いている。グールドによると，フランス人の中には，オーストリア人の行動を挙げて自らの行為を正当化しようとする者もいたが，しかし，バルビエとその同僚のレジェ（Léger）がオーストリア人の行動によって影響されなかったことは，疑問の余地がない。なぜなら，大革命時のフランス人は自らを，戦利品の凱旋パレードを行った「英雄時代のローマ人」の後継者であると考えていたからである[5]。

　さて，ベルギーでは集権化政策を進める皇帝ヨーゼフ2世が，地域の伝統的な特権を廃止したことから1787年以降住民の反抗が表面化していたが，89年10月にはフランス革命の勃発から刺激を受けてブラバント州で革命が起こった。反乱は急速に全土に拡大してオーストリア軍を撤退させ，90年1月には「ベルギー合州国」の樹立が宣言された。しかしヨーゼフ2世のあとを継いだレオポルト2世は，同年12月軍隊を送って反乱を鎮圧し，ベルギーを再び支配下に置いたのである[6]。

　1792年4月20日，フランスは立法議会の議決にもとづいてオーストリアに宣戦を布告し，ここに革命戦争が開始された。当初，準備不足のフランス軍は敗北を続け，同年8月にはオーストリアの同盟国プロイセンの軍隊が東北国境を越えてフランス国内に侵入した。しかし，9月20日のヴァルミー会戦での勝利を境に戦況は一変し，フランス軍は敵を国境外に押し戻しつつ進撃を続けた。北部戦線では，10月27日にデュムリエ（Dumouriez）将軍麾下の軍隊がベルギーに侵攻し，11月

6日ジェマップでの戦いにおいてオーストリア軍を打ち破った。これによってベルギー全土がフランスの占領下に置かれることになる。しかし，その後93年2月にイギリスとオーストリアの主導で第1次対仏大同盟が結成され，その軍隊の攻勢によってフランス軍は敗北を重ね，次々に占領地を失うことになる。北部戦線では93年3月18日のネールヴィンデンの戦いでフランス軍はオーストリア軍に完敗し，ベルギーから撤退を余儀なくされ，ジェマップの勝利から4か月余り続いた第1次占領期は終わりを告げる。

　この最初の占領期には，現地のフランス当局は食糧・家畜・飼料など必需物資の徴発に専念すると同時に，廃止された宗教施設にあった銀器類をその金属価値の故に奪取したり，若干の図書館において押収すべき写本の選定を行ったりした。しかし，この時点では当局は国有化された美術品や学術品の「保存」についてなお明確な方針を決めておらず，それらの押収がフランス政府の公式の政策として行われるのは，94年秋以降の第2次占領期のことである[7]。

　しかし，93年になると革命戦争は，当初の革命の宣伝と諸国民の解放のための戦争から，いわゆる「自然国境」説にもとづいてライン川とアルプスまでのすべての地域の征服を目指すものへと変化する。92年12月15日の国民公会のデクレは，軍隊司令官に対して占領地の既存の行政府を直ちに廃止し，「共和国の敵を排除した」臨時の行政府を樹立して，旧体制のすべての制度の廃止を行わせるよう命じたが，これは結果的には，住民集会での意思表示を通じて征服地のフランスへの併合に道を開くことになる。

　実際，国民公会は革命が直面するきわめて困難な状況の中で，94年以降「占領地の負担で軍隊を生活させる」，「戦争をして戦争を扶養させる」という「旧体制の慣行」を再び採用するに至る。すでに93年9月15日に国民公会は将軍たちに対して「今後，一切の博愛主義的思想を棄て」，フランスの敵に対して，同盟列強がフランスに対して行動するのと同じやり方で行動するよう」布告していた。次いでこの原則を適用して同月18日には，公安委員会は共和国軍を指揮する将軍たちに，最も厳しい占領体制を予想させる指令を与える。すなわち，名士の中から人質を取ること，住民の武装解除，現物または貨幣での軍税の賦課，軍

隊のために必要な食糧の徴発，食糧・飼料・家畜等々の後方への輸送，教会の銀器類の接収，要塞・橋梁・運河の破壊が命じられ，さらに兵士には略奪を行うことが厳禁されたのである。そして，その10か月後の94年7月に公安委員会のカルノーが在ベルギーの軍隊付人民代表に与えた指令は，このような指示に正確に対応するものであった[8]。その後まもなくベルギーにおける文化財の大規模な収奪が始まるのだが，それについて述べる前に，外国の美術・学術品の収奪を正当化するイデオロギーが形成されて行く過程を概観しておかなければならない。

3　文化財の併合を正当化する言説

　外国の文化財に対する欲求自体は革命の比較的早い時期から，旧体制が遺した文化遺産を収めるミュージアム建設の動きの中で，最初は暗々裡に，次いで明示的に表明されていたものである。たとえばアメリカ独立戦争に従軍した元海軍士官のケルサン（Armand Guy Kersaint）は，新体制の存続を確実にするために記念物が果たす政治的役割を強調するが，1791年12月15日にパリ県の行政会議で行った「公的記念物に関する演説」において，記念物を収める施設としてのミュージアム（ミュゼオム Muséum）を「自然と技芸が生み出した稀少にして貴重なすべてのものの集合」と百科全書的に定義した上で，こう予言している。

　　「フランスはいつか古代ローマを凌ぐに違いない。……パリが現代のアテナイにならんことを。そして，自由によって再生した人々が住まう（かつての）悪弊の首都パリが，諸君の配慮によって芸術の首都にならんことを[9]。」

　ミュージアム（美術館）の創設を要求する声は，92年8月以降「革命的イコノクラスム」の波が高まる中で一層強まった。「イコノクラスム」（聖像破壊）とは，旧体制の遺産であるすべての芸術的記念物から君主政や封建制やカトリック教などを想起させるシンボルあるいは標章を一掃することを目指す運動である。これに対しては，その行き過ぎを

恐れる人々の間から，貴重な文化財を破壊から守ろうとする動きが起こるが，そこでは保存すべき記念物を集める場所としての美術館（ミュゼオム，ミュゼ）の意義が強調されることになるのである。それは美術館を「自由な国民」フランスの栄光の一手段にしようとする言説を生み出す。ジロンド派内閣の内務大臣となったロラン（Roland de la Platière）は，92年10月17日に画家で議員のダヴィッド（Jacques-Louis David）宛て書簡において，ルーヴル美術館の創設を見越しつつ，こう述べている。

　「この国家美術館（ミュゼオム）は……国民が所有する沢山の貴重な品々を展示するものでなければなりません。……フランスはその栄光をすべての時代とすべての国民の上に広めなければなりません。国家美術館は最も素晴らしい知識の住処となり，全世界の称賛の的になるでしょう。……それはフランス共和国の名を高めるための最も強力な手段の1つとなるでしょう。」

　ポミエによると，この書簡は「イデオロギー的・文化的ナショナリズムの抗い難い波」の存在を示しており，それは「自由」によって正当化されるフランスの支配を，領土の併合や従属国家の創設に留まらず，「世界中の共同遺産のパリへの集結に帰着する，本物の文化的併合」にまで至らせようとするものである[10]。

　しかし翌93年夏には，旧体制のシンボルと見なされた記念物に対する破壊行為が再び激化する。公安委員会のバレールの激越な演説に続いて，国民公会は8月1日のデクレによって「以前の国王どもの墓と霊廟は共和国全体で8月10日に破壊されるべし」と布告する。このバレールは，かつて91年5月に，国民が所有する財宝を統合するルーヴル美術館の設置を提案した人物であった。しかし，同年10月24日には国民公会はもう一度，文化遺産を「イコノクラスム」から守るためのデクレを採択する。それは第1条に「封建制と王権の標章を消滅させるという口実の下に，決して奪取，破壊，損傷，改悪」されてはならない美術品や学術品を列挙した上で，第2条では，「芸術と歴史に関する運搬可能な公的記念物は，それが禁止された標章を多少帯びていても，そ

の標章を実害なしには消滅させられない場合には，最寄りのミュゼに移され，国民の教育のためにそこに保存される」と明記し，さらに第3条では，「人民協会とすべての良き市民」に対して，上記の物品の保存を確実にするよう求めている。ポミエによると，このデクレは「共同遺産（パトリモワーヌ）の保護と保存の憲章」であり，「公認のイコノクラスムに終止符を打ち，シンボルの無効化の場としてのミュゼの役割を聖別する」ものであった[11]。

そして1794年に入ると，フランスは外国の文化財をわが物とする権利をもつという主張が一層明確に現れる。まずダヴィッドの親友の画家ヴィカール（J.-B.Wicar）は1月28日に，廃止された「絵画・彫刻アカデミー」に代わる芸術家の団体，「民衆的共和主義芸術協会」において，ルーヴルの古美術品室の複製品の状態に関する報告を行ったが，そこでは自由な国民であるフランスこそが同じく自由な国民である古代ギリシャの傑作美術品を収集し，所有するに相応しいとされている。ヴィカールはまず，それら「貴重なモデル」が「戦いに敗れた兵士」のごとき惨憺たる状態にあることを力説した後，革命は何世紀もの暗闇がギリシャ人の偉大さに加えた侮辱に復讐することを求められており，革命は古代ギリシャのために復讐することで，フランスに対してギリシャの遺産を要求しうる最初の国となる権利を与えるのだという。

　　「市民たちよ。私はまさにその自由を欲する。……それはわれわれにかつてかくも多くの驚異をなし遂げた場所を指し示す。自由はわれわれに，そこへ飛んで行き，以前自由が住んでいた幸せな風土を今日汚している怪物どもをうち負かすように命令する。そしてこの勝利の手で，自由の栄光の名残り（ギリシャ人の傑作）を奪ってくるように。時がそれらを大切にしたのはわれわれのためであることを疑ってはならない。しかし，自由はそれらをわれわれに保証する。それらの真価を認めることができるのはわれわれだけである。……」

これは（歴史において自由を体現する）古代ギリシャと革命のフランスとの何世紀をも越えての友愛を始めて宣言したものである。この画期的

な主張を含むヴィカールの報告は3月6日に上述の「民衆的共和主義芸術協会」の機関誌に掲載され，広く知られることになる[12]。

ところでポミエによると，冒頭に引用した94年9月20日のバルビエの演説は上述のヴィカールの報告に続いて，美術品の「本国への送還」(rapatriement) のテーゼを確立した第2の宣言であったが，注目すべきはバルビエがヴィカールのテーゼを拡張していることである。すなわち，ヴィカールがアテナイの自由の影響下に生み出されたギリシャの作品のことだけを考えていたのに対して，バルビエは，オーストリア・ハプスブルク家の支配下にあった南ネーデルラント＝ベルギーの画家の作品にまで，「本国送還」のテーゼを適用しているのである[13]。ただし，このようなテーゼはバルビエが最初に提起したものではなく，その少し前にアベ・グレゴワール（abbé Grégoire）によって国民公会で明確に表明されていたものであった。

しかし，それについて述べる前に，上述のヴィカールの報告に続いて国民公会議員ボワシー・ダングラス（Boissy d'Anglas）が94年2月13日に公刊した著作『芸術に関する若干の見解』において展開している議論に触れておかなければならない。

ボワシー・ダングラスはこの書において，パリを芸術と学問の首都と見なす立場から，外国の文化財のパリへの集中を明確に要求する。彼の主要な目的は，アベ・グレゴワールの場合と同様に，旧体制のシンボルに死刑を宣告した92年8月14日のデクレ以来，イコノクラスムの名目で蔓延するに至った文化財の破壊を阻止することにある。彼は言う。

「専制政治は死に絶える時，再生したフランスに素晴らしくかつ莫大な遺産を残したのであり，フランスはそれを恥じることなしに放棄することはできないであろう。」
「芸術，学問，理性の記念物を保存したまえ。それらは数世紀の専有物であって，諸君の私的な所有物ではないのだ。」

ボワシー・ダングラスは1791年末のケルサンの口調を思い出しながら，次のようにパリの使命を賞揚する。

「それ故パリが芸術の首都，人間に関するすべての知識の安息所，あらゆる精神的財宝の保管所とならんことを。……それは全世界の学校，人間科学のメトロポリスでなければならず，世界の残りの部分に対して教育と知のあの抵抗しがたい支配を及ぼさなければならない。人間に関するすべての知識の神聖な保管所を設けなければならないのは，またこの知識の改善にかくも必要な学術と芸術のすべての記念物を集めなければならないのは，疑いもなくパリにである。」

　専制政治の文化遺産を収集，保存する施設としてボワシー・ダングラスが挙げるのは，すべての傑作を集めなければならない美術館（ミュゼ），「自然の驚異に捧げられた」自然史博物館，「人間精神の永遠の記録保管所」である図書館であるが，このうち美術館は「全世界的美術館」（Muséum universel）となる使命をもつ。

「諸君は1つの美術館を開設した。共和国がすでに収蔵している傑作のすべてを注意深くそこへ集めたまえ。……（さらに）諸君が近隣の諸国民から奪うことができる，また金によって彼らの無邪気や貪欲から奪い取ることができるすべての傑作をも。」

　ボワシー・ダングラスの議論はこうして外国からの文化財の収奪を要求するものとなる。前述のケルサンの予言は，94年春以降のフランス軍の新たな攻勢とともに現実味を帯びることになったのである[14]。
　さて，ロベスピエール一派の失脚から約1月後の94年8月31日（共和暦第2年フリュクティドール14日），聖職者出身の議員で，かねて文化財の保存問題に深く関わっていたグレゴワールは，公教育委員会の決定にもとづいて国民公会で長大な報告を行った。公教育委員会の名で行われたこの報告は，数年来フランス全国に広がっている各種美術品，図書館，植物園，あるいは旧体制の様々なシンボルに対する略奪と破壊を，反革命陰謀の結果として非難するとともに，それらの文化遺産を保護するために，国民公会がそれらを速やかによき市民の監視のもとに置くことを要求したものである。従って報告の前半部分のほとんどは，グレゴ

ワールの言う「文化財の破壊」(ヴァンダリスム)の各地における事例を列挙することに当てられているが(それは正しくは,旧体制のシンボルの破壊行為＝「イコノクラスム」と呼ぶべきものであるが)[15],後半部分では,ここで問題の芸術と自由の関係についても重要な主張を行っている。以下にいくつか引用してみよう。

> 「われわれと同様に,芸術は自由の子である。われわれと同様に,芸術は1つの祖国をもつ。そしてわれわれは,この二重の遺産を子々孫々に伝えるであろう。」

ここでグレゴワールは,「芸術の祖国フランス」という観念をはっきりと表明している。

彼によれば,革命の使命はフランスの芸術遺産を保護し管理することだけでなく,他の国々の遺産を自由の手に返すことによってその価値を一層高めることでもある。

> 「われわれにはローマ人にもまして,また(マケドニア王)デメトリオス・ポリオルケテスにもまして,専制君主と戦うことで芸術を保護するのだと主張する権利がある。われわれは勝ち誇ったわが軍隊が侵入する諸地域においてさえ,芸術の記念物を収集するのだ。」
> 「共和国は,ルイ14世が莫大な金額をもってしても決して手に入れることができなかったものを,その勇気によって獲得する。クラーヤー,ファン・ダイク,ルーベンスはパリへの途上にあり,フランドル派はわが美術館を飾りに来ようとして,一斉に立ち上がっている。」

とはいえ,グレゴワールはフランドルの地平よりもはるか彼方を見ていた。彼は言う。

> 「確かに,勝ち誇った軍隊がイタリアに侵入すれば,ベルヴェデーレのアポロン像とファルネーゼのヘラクレス像の略奪は最も輝かしい征服となるであろう。ローマを飾ったのはギリシャである。だ

が，ギリシャの諸共和国の傑作は奴隷の国（ローマ）を飾らなければならないのであろうか。フランス共和国はそれらの傑作の最後の住処とならなければならないであろう[16]。」

ポミエがいうように，グレゴワールはこうして94年初め以来練り上げられてきた「本国送還」の理論に完璧な表現を与える。芸術の傑作はそれが創造されて以来，専制政治の重圧のもとに埋もれ，一種の国外追放の犠牲になっていた。大革命はそれら傑作を自由の中心に呼ぶことで，その真の祖国，以後その「最後の住処」(dernier domicile) となる祖国において蘇らせる，というのである。まさしくこれが，美術品押収を正当化するイデオロギー的理由である[17]。

最後にグレゴワールは，その報告の趣旨を要約した印象的なアピールを行っている。

「それ故，もし可能なら，次の文章をすべての記念物の上に刻み，すべての人々の心に彫り込もうではないか。『蛮族と奴隷は学問を嫌い，自由な人間はそれらを愛し，保護する』[18]。」

さらに，もう1点付け加えておきたいのは，グレゴワールがここで，様々な文化遺産を保存するだけでなく，それらを教育的目的に利用するよう呼びかけていることである。彼は報告の後半部において，革命期に生じた多大の破壊や損失にもかかわらず，「われわれにはなおあらゆるジャンルの芸術と学問において夥しい量の富が残されている」と述べ，議員たちに向かって，「諸氏の莫大で貴重なコレクションを，すべての市民の教育に役立てることで，できる限り速やかに利用する」よう訴えている[19]。ここでグレゴワールがいうコレクションとは，フランス国内の文化遺産，とりわけ革命期に国家に収用された王室，教会，亡命貴族などの所有物を指しているが，しかし彼が上述のフランドルやイタリアからの押収品に対しても，同様な教育的役割を期待していたことは間違いのないところと思われる。

以上のように，自由の国フランスこそが美術品の真の祖国であり，帰るべき「最後の住処」であるというテーゼは，バルビエの演説よりも前

に，94年8月31日のグレゴワールの報告において明示されていたのであり，国民公会の議員たちにとってはすでになじみのものであった。ただし，「自由の共同遺産」(patrimoine de la liberté) という「決定的な言葉」（ポミエ）はグレゴワールの報告にはなく，バルビエが最初に発したものである[20]。

以上で筆者は，主にポミエの研究によりながら，1791年末のケルサンから94年8月のグレゴワールまでの言説を検討して，外国の文化財のフランスへの併合を正当化するイデオロギーがどのように形成されたのかを明らかにしえたと思う。次に時計の針を少し巻き戻して，94年の春から夏にかけて，ベルギーにおける文化財の収奪が実際にどのように開始されたのかを考察することにしたい。

4　第2次ベルギー侵入と押収委員の任命

革命政府の公式の政策として外国での美術品や学術資料の押収が行われるのは，1794年7月のフランス共和国軍による第2次ベルギー占領以後のことである。

共和国軍は93年夏以降国民総動員と内部改革によって質量とも飛躍的に強化されたが，早くも同年秋にはベルギーとライン方面においてオーストリア軍およびプロイセン軍に対して目覚ましい勝利を収めるに至った。フランス軍の攻勢は翌94年の春から夏にかけて一段と激しさを増す。とりわけ北部戦線では，6月26日にジュールダン将軍麾下の軍隊がベルギー南部国境に近いフルリュスでオーストリア軍に決定的勝利を収め，これによってフランスはベルギーとライン左岸地方の一部を再占領することになる。7月8日にはピシュグリュ将軍の北部方面軍とジュールダン将軍のサンブル゠エ゠ムーズ方面軍が合流してブリュッセルを占領し，両軍は同月27日にアントワープとリエージュに入城する。

この第2次ベルギー占領に先立って，革命議会では94年の初めから占領地の文化財をフランスへ併合すべきことが主張されるようになる。ポミエの研究によってその経過を追うと，2月23日には，臨時美術委

員会（1793 年 9 月 1 日設置，同年 12 月 18 日記念物委員会の権限を継承）においてある委員が，国境の向こうでは保存作業が不十分なために多くの傑作美術品が破壊されていることにかんがみて，「監視委員会」の設置を提案したのに対して，別の一委員は，「この措置を共和国のすべての県と共和国軍が侵入するであろうすべての場所に拡大すること」を主張している。

その 2 日後の 2 月 25 日には，画家で国民公会議員のセルジャン（Sergent）が公教育委員会に書簡を送り，フランス軍による美術品の破壊を非難しつつ，それら傑作の保護のために押収措置をとるよう勧めている。

> 「私は諸氏がライン・モーゼル方面軍へ臨時美術委員会の 2 人の芸術家を送られるのが大変有益であろうと考える。自身も芸術家でとりわけ絵画の目利きである一技師から私が聞いたところでは，わが軍隊は敵から奪った素晴らしいルーベンス（の作品）を燃やしたということである。ローマ人はギリシャから略奪することによって，われわれのために素晴らしい記念物を保存した。彼らを真似ようではないか。」

94 年春，フランス軍が各地で攻勢を強めると，芸術家と知識人たちは一層大胆な主張を展開する。5 月 23 日には，ルモニエ（Lemonnier）ら 3 人の画家と元司書のミュロ（Mulot）が公安委員会への書簡においてイタリアでの戦争を見越しつつ，時至ればトリノとパルマからフランスへ移すべき傑作を数え上げている。6 月 24 日には，ブキエ（Bouquier）が公教育委員会への報告において，ラファエロ，ティツィアーノ，コレッジョの絵画を保存する必要を述べ，革命家だけがルネサンスの傑作を本当に理解することができると主張している。

フランス軍がブリュッセルを占領した 7 月 8 日，臨時美術委員の 1 人ベソン（Besson）は同委員会宛書簡において，ベルギーの「最も素晴らしい絵画」の押収を勧めている。彼は端的に勝者の権利を宣言しつつ，次のように言う。「これらの絵画はわが軍隊とわが幸いなる革命との栄光を確認する，変わることなき記念物となろう。」今日ローマにあ

る「エジプト，ギリシャ，（古代）ローマの諸傑作は，最後にはわが美術館とわが円形闘技場を完全なものにすべきである。」だが，ベソンは現実主義者として結論する。「とにかくまず，ネーデルラントの傑作を獲得することから始めようではないか[21]。」

このような「理論的成熟」（ポミエ）に対応しつつ，フランス革命政府は94年5月以降占領地からの文化財の収奪へと実際に動き出すのである。

革命政府の正式な行動としてベルギーからの美術品・学術品の収奪を最初に提起したのは，公安委員会の下部機関である農業・技芸委員会である。同委員会は94年5月8日（フロレアル19日）公安委員会に対して，国家の繁栄を支える農業と技芸の進歩に役立ちうる物品を敵から収奪し，フランス国内へ移送する任務をもつ政府代理機関アジャンス（agences）を，北部およびサンブル＝エ＝ムーズ方面軍，ライン・モーゼル方面軍，アルプス・イタリア方面軍，ピレネー方面軍（西部軍）のもとにそれぞれ1つ設置するよう提案した。同委員会の主張は次の文章に明確に示されている。

「なぜわれわれは，われわれが三色旗を運んで行く国々が誇りにしている傑作によって自らを豊かにしないのか。なぜわれわれは，われわれの品種を改良したり，新しい品種をわれわれに与えるのに役立ちうる動物を，わが国土には存在しない植物や国土の価値を増加させる種子を，またわが工業に役立ちうる用具や機械を，そこから輸入しないのか[22]。」

農業・技芸委員会からこのような趣旨の布令の草案を受け取った公安委員会は，5月13日のデクレによって「敵国の領土を占領する共和国軍のもとに，共和国にとって有用と思われる諸物資」，すなわち農産物，家畜，金属，繊維製品，美術品・学術資料などをフランスへ輸送する任務を負った代理機関アジャンスを設置することを決定したのである。このアジャンスは時に「商業アジャンス」（agences de commerce）とも呼ばれ，またその目的を婉曲に表して「撤収アジャンス」（agences d'évacuation）あるいは「採取アジャンス」（agences d'extraction）と称

されたが，それぞれ3名のメンバーから成り，上記の軍隊のもとに1つずつ，計4つが設置されることになった。それを担当したのは94年2月に食糧委員会が分裂して生まれた商業・補給委員会であり，以後アジャンスは同委員会の監督下に置かれる。

ここでは北部およびサンブル＝エ＝ムーズ方面軍のもとに設置されたアジャンスのみについて述べるが，その3人の委員には，6月12日に官吏のマニエ（Maniez）とリシェ（Richet），画家で軍服デザイナーのティネ（Tinet）の3名が任命された。それぞれの担当は，マニエは物資の補給と徴発，ティネは美術品と学術品の探索，リシェは事務局の管理全般であった[23]。

ところで，このような農業・技芸委員会がとったイニシアティヴと，商業・補給委員会に従属するアジャンスの誕生は，国民公会の他の委員会，とりわけ公教育委員会の側からのリアクションを引き起こすことになる。ティネらの任命の5日後の6月17日，公教育委員会は議長ヴィラール（Villar）が公安委員会に対して，芸術家と学識者を芸術的・学術的記念物の押収のためにフランス軍のもとへ秘かに派遣するよう提案する書簡を送ることを決めた。

議長の書簡は6月26日公安委員会に送られたが，そこには公教育委員会の提案した措置の意図が一層明確に示されている。すなわち「わが敵どもの財宝は彼らの中に埋もれているようなものである。文学と芸術は自由の友である。それらのために奴隷達が建てた記念物はわれわれのただ中において，専制政府がそれらに与えることができない輝きを帯びるであろう。」

ポミエはこのヴィラールの書簡を重視して，次のように言う。前述のように画家ヴィカールは94年1月にフランスによる外国の文化遺産の横領を正当化する「自由のテーゼ」を提起したが，それがいまや国家権力によって採用されるのである。「公教育委員会の議長は，3つの命題から成るドグマを表明している。すなわち，『大文字の芸術』と『大文字の自由』との同一視，専制君主による美術品の隠蔽，美術品の真の運命となったフランス，である[24]。」

この公教育委員会の計画は臨時美術委員会の賛同を得たが，委員の選定と収奪すべき物品のリスト作りに手間どっている間に，公安委員会

自身の行動によって先を越されることになる。公安委員会のカルノー（Lazare Carnot）は軍隊のもとに派遣されていた人民代表に直接働きかけようとした。彼はブリュッセル占領の5日後の7月13日にブリュッセルにいる人民代表に次のように書き送った。

「親愛なる同僚たちよ。諸君が占領する地域を完全に武装解除し，そこから諸君の役に立つあらゆるものを引き出すことを急ぎたまえ。……このパリの街を飾ることができる美術作品をおろそかにしないようにしたまえ。ブリュッセルでは人々はそれらを灰燼に帰せしめようとしていたのだ。この地方に豊富にある絵画の素晴らしいコレクションをここ（パリ）へ移したまえ[25]。」

この指示に従って，7月18日北部およびサンブル＝エ＝ムーズ方面軍へ派遣された国民公会議員＝人民代表のリシャール，ギトン＝モルヴォー，ローランの3名はブリュッセルにおいて，現地軍勤務の軽騎兵第5連隊付中尉のリュック・バルビエと同じく曹長のレジェを，前述の「採取アジャンス」と協力して絵画と彫刻の探索を行うために指名したのである。バルビエはこの章の冒頭で取り上げた人物であり，レジェとともにダヴィッドの弟子筋の画家であった。バルビエはこの時20歳代半ばで，3年後の1797年の定期展（ル・サロン）では入賞しているが，レジェは無名に近い存在であった。2人の希望により，現地軍の中から芸術の素養のある者数名が協力者として加えられたが，このバルビエとレジェこそがフランドル絵画の傑作を最も多くフランスへもたらすことになるのである[26]。

こうして占領地からの文化財の押収という同じ任務をもつ2種類の委員が競合しながら活動することになったのだが，しかし公安委員会によるバルビエら2名の任命は，公教育委員会と臨時美術委員会が美術品の収奪のために，それ自身の委員をベルギーへ送る準備をするのをさまたげなかった。公教育委員会は早くも翌7月19日に，自身の委員として画家ヴィカール，考古学者ヴァロン（Varon）および彫刻家エスペルシュー（Espercieux）の3名をベルギーとその隣接の地域へ，そこに見出されるであろうすべての「学術・美術品」（objets de sciences et arts）

を収集するために派遣することを決定する。その際，同委員会は「この重要な活動に必要な刺激を与えるために」，国民の文化遺産の目的と保存に関する論議に最も活発に関わっていた２人の公会議員，グレゴワールとダヴィッドをベルギー派遣団に加えることにしたのである。またここでは，美術品収奪の計画に学術資料の収奪の計画がきわめて明確に付け加えられているのである。

しかし，ロベスピエール一派を失脚させたテルミドール９日事件の後ダヴィッドは逮捕され，彼と親しかったヴィカールも臨時美術委員を辞任し，ベルギーへ行くことはなかった。またグレゴワールもパリにとどまったが，しかし，テルミドール派は美術品収奪を断念したわけではない。94 年 8 月 8 日公教育委員会は公安委員会に対して，ベルギーにある美術品と学術資料，さらに「共和国において是非とも必要な技芸に役立ちうるすべての物品をそこから引き出すために」委員団を派遣する必要を再度述べた[27]。

しかし，このたびも公教育委員会は自身の委員を指名することはなかった。代わって公安委員会は 8 月 20 日の布令（アレテ）によって，フランス軍占領地における美術品・学術資料の収奪に当たるパリの専門家グループを任命したのである。新たに選ばれたのは，建築家のド・ヴァイイ（De Wailly），書誌学者でコレージュ・マザランの司書のルブロン（Leblond），地質学者のフォジャス・ド・サン＝フォン（Faujas de Saint-Fond），植物学者のトゥーアン（André Thouin）であり，彼らは，「ベルギーと北部およびサンブル＝エ＝ムーズ方面軍が占領した地域へと，すべての記念物，すべての財宝，芸術・学問に関わりのあるすべての知識を収集し，それによって共和国を豊かにし，彼らに託された任務の目的を達するために，赴く」ように命じられた。このような任務を要約して，彼らは「学術・美術品の探索のための委員」と呼ばれることになる[28]。

以上からわかるように，1794 年に征服地で実施された美術品と学術資料の最初の押収活動は，「異なる組織に由来し，たがいに競合さえする，だが類似の目的を追求する３つのチーム」（サヴォワ）に委ねられたのである。この「多頭支配」の故に，最初の数週間はたがいの間の緊張と権限争いが見られたが，同年 10 月 7 日には公教育委員会のイニシ

図1-1 ベルギー・オランダ・ライン左岸地方略図

アティヴによって，トゥーアンら4人の委員の権限が強化され，以後他のすべての委員は彼らの指揮下に置かれることになった[29]。

5 ベルギーにおける押収活動

次に，ボワイエの論文のほか，近年のサヴォワやラクールの研究にもよりながら，上述の委員たちの実際の押収行動についてやや詳しく述べることにする。

まず北部方面軍付商業アジャンスの3人のメンバーのうち最も成果を上げたのは，美術品と学術品の収用を担当したティネであった。彼

が美術品の押収の際に作成した調書によると，ティネは大抵の場合一人で，市役人の面前で押収を行っている。彼は押収した絵画のリストを作成して，パリへ送った。それによると，ベルギーでは94年8〜9月に主に教会施設から51点の絵画を没収している。ティネは共和暦第2年テルミドール27・28日（94年8月14・15日）から活動をはじめ，次のフリュクティドールと共和暦第2年の5補充日（94年8月18日〜9月21日）に最も多数の絵画を押収している。また押収の場所はブリュッセル，ブリュージュ（ブルッヘ），ガン（ヘント）をはじめベルギーの10以上の都市にわたっているが，アントワープ（アントウェルペン）は含まれていない。

　フランス軍は94年の9〜10月には，オランダおよびドイツのライン左岸地方に進出し，これらを支配下に収めるが，ティネは軍隊の前進に従ってライン地方に入り，94年10月2日にエクス＝ラ＝シャペル（アーヘン）において，カプチン会と静修派修道会の礼拝堂を飾っていた3枚の絵を荷造りさせている。さらに彼は同地の大聖堂から，前部をギリシャ神話の「ペルセポネの誘拐」を表す浅浮彫りで飾られた白大理石の石棺を押収したが，これは11世紀まで，その中にシャルルマーニュの遺骸が入っていたと信じられていたものである。次いでケルン占領の3日後の10月9日には，そこにおいて市役人の面前で大聖堂からルーベンスの大作「聖ペテロの殉教」を押収している。

　ティネはその後ベルギーへもどり，共和暦第3年ブリュメール（94年10〜11月）にトゥルネーを中心に19点の絵画を押収した。彼は同年ニヴォーズ1日（94年12月21日）にも，トゥルネーで別の絵画3点を押収したが，ティネの行動は後述のようにバルビエの非難を受けることになる[30]。

　以上は北部方面軍付商業アジャンスの係官としてのティネの活動であるが，全体としてのアジャンスの活動については，われわれの知るところはきわめて少ない。ただ，ベルギーにおける商業アジャンスの活動については，ベルギーの歴史家ドゥフレースハウワー（Devleeshouwer）の研究によって，それが完全な失敗に終わったことが判明している。商業アジャンスの基本的任務は94年7月18日の布令によると，共和国が必要とする様々な原材料の徴発に加えて，貴族，司教，教会参事会，

第 1 章　戦争と文化財併合の開始　　　　　　　　　　　　　47

修道院に属するすべての家畜，穀物，飼料の軍隊のための没収，農民からの家畜，穀物，飼料のアシニャ紙幣での買い上げというように，きわめて多様で広範囲にわたっていた。ところが，アジャンスはその任務の遂行の仕方について中央から明確な指示を受けていなかった上に，十分な人員をもたず，幹部層の専門的能力も不足していた。そのために，物資の調達において所期の成果を上げ得なかったばかりか，甚だしい混乱が生じたので，94 年 11 月 16 日には一時活動停止を命じられた。1 週間後には活動を再開するが，結局，95 年 2 月 7 日に公安委員会は，ベルギーと征服地で活動中の商業アジャンスの機能を同月 21 日をもって終わらせ，商業・補給委員会をそれに代わらせることを決定する[31]。

　次に，公安委員会の指令にもとづき現地の人民代表が委員に任命したバルビエと助手のレジェは，フランス軍のアントワープ占領の 4 日後，94 年 7 月 31 日から彼らの仕事を開始し，8 月 9 日までにアントワープで 50 点の絵画を収集した。ここまでは上述のティネの押収行動に先行している。彼らはその後，9 月 5 日と 12 日にもアントワープへもどり，別の 5 点の絵画を押収している。その間 8 月 29 日にはマリーヌ（メヘレン）へおもむいて 19 点の絵画を押収し，さらに 9 月 2 日にはリエール（リール）で 3 点，9 月 21 日にはブリュッセルで 13 点，最後に 10 月 20 日にはルーヴァン（ルーヴェン）で 2 点の絵画をそれぞれ押収した。こうして，2 人が作成した調書からは，合計 92 点の絵画の押収が引き出される。その中には，アントワープを始めとする諸都市の教会から奪ったルーベンスの作品が 41 点含まれており，最大多数を占める。その他有名画家では，ファン・ダイク，クラーナハ，ヨルダーンスの作品が数多く見出される。またこれら絵画のほかに，全ベルギーで最も重要な彫刻作品であるミケランジェロの大理石の「聖母子像」を，ブリュージュのノートルダム教会から持ち去っている。

　バルビエらは 94 年 8 月 8 日に，ルーベンスの 4 枚の絵画から成る最初の荷をアントワープから発送しており，それはリールまでは艀で運ばれ，そこからは陸路でパリへ輸送された。バルビエは 9 月 19 日レジェとともにこの荷を護衛してパリへ到着すると，翌 20 日国民公会に出頭して前述のような演説を行ったのである[32]。以下では，2 人が行った絵画の押収に関連して，2 つの点を付け加えておきたい。

1つは，一介の画家に過ぎないバルビエらの絵画の収奪が，パリの委員会が計画していたものと完全に一致していたということである。この点について多くの研究者は，絵画の選定のために彼らに明確な指示が出されていたとみている。たとえばボワイエは，公教育委員会は当時フランドル絵画の最高の目利きと言われた画家で画商のルブランから，収奪すべき作品とその有り場所を列挙したリストを受け取り，その写しが臨時美術委員会とベルギーへの派遣議員のもとへ送られていたとしている。実際バルビエは，臨時美術委員会の9月26日の会議において，絵画の選定と荷造りにおける細心さをたたえられ，「その公民としての熱意と英知」を称賛されて，「学術・美術品の収集と輸送のために引き続き配慮する」ように求められたのである。このような信頼ゆえに，共和暦第3年ヴァンデミエール（94年9〜10月）に，バルビエとレジェが所属していた連隊の司令官が2人を以前の部署に呼びもどそうとした時，公安委員会は公教育委員会とともにこれに反対し，両画家が前述の8月20日に任命されたトゥーアンら4名の専門家チームの指揮の下に，ベルギーにおいて絵画の収集を続けることが決められたのである[33]。

　もう1点は，バルビエがベルギーでの絵画の収集に関してライバル関係にあった前述のティネの存在を強く意識していたらしいことである。バルビエは上述の9月26日に臨時美術委員会に出頭して，商業・補給委員会の保護下にあった「商業アジャンス」の係官たちの絵画の取り扱い方について訴えている。バルビエは名指ししていないが，この係官の中に前述のティネが含まれていたことは間違いがない。バルビエによると，それらの係官は人民代表の命令によって，トゥルネーの大聖堂とカプチン会においてルーベンスの3枚の傑作絵画を下ろさせたが，通常の習慣に反してカンヴァスを非常に細いシリンダーに，絵を内側にして巻き付けた。これは絵画保存のあらゆる原則に反しており，それを見て自分は苦痛を感じたというのである。バルビエの抗議に接した臨時美術委員会は，公教育委員会にこれを知らせて，同様な被害を阻止するのに必要な措置をとらせることを決めたのである[34]。

　最後に，公安委員会が任命した公教育委員会の4人の専門家チームは，平均年齢55歳，一番若いトゥーアンでも46歳という経験豊かな人々であり，征服地でのその任務を遂行するのに十分な学問的・行政的

能力の持ち主と見なされていた。建築家ド・ヴァイイはルーヴルの中央美術館管理委員会のメンバーであり，植物学者トゥーアンと地質学者フォジャスはともにパリの自然史博物館の教授であった。また4人のうち，臨時美術委員会のメンバーであったトゥーアン，ルブロン，ド・ヴァイイの3人は，少なくとも1793年秋以来，パリ周辺の半径30里以内を巡回し，「国内の敵」である反革命亡命者，受刑者，聖職者の貴重な美術品や学術資料を押収し，その明細目録を作ることに専念していた。特にトゥーアンは，ルイ16世とその親族，亡命者および受刑者の庭園で植物を採集して，自然史博物館のコレクションを豊かにすることを命じられていた。以上のような経歴をもつ4委員は94年の10月から95年6月まで，ベルギーのほか，ライン左岸のドイツ諸都市とオランダにおいて，君侯，貴族，反革命亡命者および聖職者の美術品，書物，自然史の資料などの押収を行うことになる。彼らの押収活動は，その対象や犠牲者から見て，フランス国内でそれ以前に数か月から1年以上にわたって行われてきたものの正確な延長と見ることができる[35]。

さて，4人の委員は94年9月初めにパリを出発してベルギーに向かったが，早くも同月20日には，ベルギーにおける彼らの任務について，公教育委員会に対してブリュッセルから最初の報告を行っている。彼らはその中で，「彼らが通過したすべての場所——ヴァランシエンヌ，モンス，ブリュッセル，マリーヌ——において，図書館，自然史キャビネット，植物園，および公的な場所，教会，修道院，アトリエに散らばっている芸術作品について調査したこと」，また農業と，それに用いられている用具に注意を向けたことを述べた上で，彼らが訪れた8つの図書館から約8,000冊に上る書物と，ギリシャ語，ラテン語，フランス語，外国語の貴重な写本多数を押収したこと，4つの自然史キャビネットのうちの1つからは，国家的コレクションに入るに値すると思われる40ほどの断片（標本）を手に入れたこと，また11の植物園のうちでは，ブリュッセルの近くのカーケン植物園だけが，ここにそのリストを添付するような植物をパリの国立植物園に対して提供できることなどを書き送っている。ボワイエによると，委員たちはそれぞれの専門に応じて役割を分担しており，ルブロンは写本，初期印刷本とその他の書物，フォジャスは鉱物と化石，トゥーアンは植物界，ド・ヴァイイは恐らくデッ

サンの収集を担当していたようである[36]。

　トゥーアンとフォジャスは94年9月24日にブリュッセルから公教育委員会に,「ベルギーの学術的財産の一部を満載した5台の荷車から成る輸送隊」が出発したことを知らせている。それは10月5日パリに到着し,ブリュッセルの王立ブルゴーニュ図書館などから押収された書物と写本の箱は以前のコルドリエ修道院に預けられ,鉱物,化石とその他の自然史に関する物品は博物館に引き渡され,樹木と作物は植物園の温室に入れられた。これらはすべて良好な状態にあったといわれる。

　次いで委員たちは9月27日フランス軍占領下の元リエージュ司教領へ向かい,そこにしばらく滞在している。彼らの公安委員会あて書簡によると,様々な積み荷を運ぶ荷車8台が10月19日（ヴァンデミエール28日）にパリへ向け出発しており,そこにはルーヴァンの大学図書館などから奪った書物と写本,地域の都市の13の植物園から収用した64種類の植物が収められていた。パリへ着いたのは12月4日であったが,書物の箱は途中で水に濡れていたという[37]。

　以上公教育委員会の4委員は,94年の9～10月の約2か月間ベルギーで活動したが,その独自の意義は,彼ら以前の委員がティネにせよ,バルビエとレジェにせよ,実際上絵画の収奪にのみ専念していたのに対して,収奪の対象を学術資料や文献類へと拡大した点にある。その反面,彼ら4委員は美術品の収集にはあまり熱心に従事していないとされる。ティネ,次いでバルビエとレジェが合計160枚以上にのぼる絵画を収奪した後では,この地域には重要な作品はわずかしか残っていなかったからである。しかし,一度だけだが,公安委員会が94年10月23日にリエージュから受け取った報告には,絵画の押収への言及が見られるのである。

　「リエージュとその周辺での美術品に関するわれわれの探索の成果は,この地方の芸術家の若干の絵画に限られます。それらの絵画は,第一級の作品のうちに数えるには値しないとしても,それがイタリア様式に,つまりリエージュの芸術家たちがローマにおいて上達に努めた様式にかなり似ていると言う理由で,われわれは何枚かを収集しようと考えました。……」

第1章　戦争と文化財併合の開始　　　　　　　　　　51

表1-1　ベルギーで収奪された絵画のパリ到着

	絵画点数	左のうち同定不可能なもの	到着日時	目録作成日時
第1回輸送分	4	0	94年 9月19日	94年 9月25日
第2回輸送分	25	6	94年11月 4日	94年11月 5日
第3回輸送分	37	2	94年11月22日	94年11月28日
第4回輸送分	75	16	94年11月30日	94年12月 4日
第5回輸送分	25	6	94年12月21日	94年12月25日
第6回輸送分	29	11	95年 1月17日	95年 1月31日
第7回輸送分	7	2	95年 2月 8日	95年 2月23日
合　計	202	43		

註）　絵画には素描を含む。また第7回輸送分にはエクス＝ラ＝シャペルからの3点を含む。
出典）　Émile-Mâle 1994,pp.19-116;Boyer 1971c,p.493 により作成。

　実際リエージュからは25点の絵画が上述のヴァンデミエール28日の輸送隊と一緒にパリへ向けて発送され，それらは11月4日に到着したことが確認されている。ただし，上の報告も認めている通り，このリエージュ司教領からの絵画は，ライレッセ（4点），ヨルダーンス（1点）を除けば，大部分は比較的知名度の低い画家の作品であった[38]。
　ここで少し横道にそれるが，上述のフランスのすべての委員がベルギーで収奪した絵画の総数について述べておきたい。ベルギーの歴史家ロワールによると，押収絵画の総数は，委員たちがそれの目録を系統的に作成しなかったため正確には知ることができないが，ベルギー全体で200点を超えないであろうという[39]。表1-1は，絵画のパリ到着のたびに作成された目録をエミール＝マールが分析した結果を示したものである。見られる通り，ベルギーからの絵画は94年9月19日到着分から95年2月8日到着分まで，7回に分けて送られてきており，その総数はアーヘン（エクス＝ラ＝シャペル）からの3点を含めて202点に上る。前述のように，委員ティネが押収した絵画は合計73点，同じくバルビエとレジェが押収したそれは92点とされており，これにトゥーアンらがリエージュから送った25点（表1-1の第2回輸送分）を加えると，合計190点になる。この数字はエミール＝マールが挙げる202点には及ばないが，確実な最小値と見なすべきものである。というのも，上記

の目録に記載された絵画の中には，エミール＝マールによって「同定不可能」とされているものが43点含まれており，史料そのものの記載が百パーセント正確であるとは言い難いように思われるからである。

次に7回にわたる輸送分それぞれの内容について若干付け加えておこう[40]。第1回はアントワープからのルーベンスの4作品のみであり，また第2回はリエージュからの25点の絵画から成っていたことは，既述の通りである。第3回の37点の中には，ルーベンスの作品22点（うち秀作 «beaux Rubens» が10点），ファン・ダイク3点，ヨルダーンス2点が含まれていた。第4回の75点の中には，ルーベンス23点（うち非常に重要 capitaux なもの15点），ファン・ダイク8点（うち非常に重要なもの5点），クラーヤー10点，ヨルダーンス5点（うち非常に素晴らしいもの3点）を含んでいた（括弧内の評価は目録作成者による）。

さらに第5回輸送分の25点の絵画の中にも，10点のルーベンスが見出されるが，目録作成者によると「それらはいずれ劣らず素晴らしく，かつ重要な作品であった」。第6回の29点は，ルーベンス7点，ヨルダーンス2点，ファン・ダイク1点の他，様々な画家の作品から成るが，注目すべきは，ガンの聖バヴォン（聖バーフ）大聖堂から押収した有名な祭壇画，ファン・エイク兄弟作「神秘の小羊」が含まれていることである。最後の第7回はルーヴァンからのクエンティン・マサイスの3幅対の絵画とクラーヤー1点，およびアーヘンからの3点から成る。全体として，ルーベンスの作品が素描を含めて60点以上を数えており，質量ともに圧倒的な比重を占めていたのである[41]。

6　ライン左岸地方への収奪の拡大

さて，フランス軍は94年10月末までにライン左岸の大部分を占領したが，トゥーアンら4人の委員は11月にはベルギーを出て，ライン地方の諸都市を次々に訪れる。彼らは前述のように，10月7日に公教育委員会によってその権限を強化されたが，以後彼らはラインのドイツ都市において他のフランス人委員がそこで活動することを認めなくなる。彼らはまずアーヘン（エクス＝ラ＝シャペル）において10月22日

頃から収奪を開始し，次いで同月末にはケルンに移り，12月半ばまで少なくとも4週間そこに滞在する。その後12月の後半にはボンに移り，翌95年1月には約1週間コブレンツを訪れている。サヴォワによると，この時期には最初の数週間の混乱は終わり，押収のやり方は著しく組織化されるに至ったといわれる[42]。次に各都市における押収品を具体的に見ることにする。

　まずアーヘンでは，ルブロンが5箱の書物と写本を収集した。大聖堂からは前述のようにティネが一足先に有名なシャルルマーニュの石棺を持ち去っていたが，ド・ヴァイイは大帝の墓を取り巻いていた38本の花崗岩，班岩および大理石の円柱を始め，多数の古い柱頭やブロンズ像（そのうちの1つは市場広場に置かれていた高さ2メートル余の大帝の彫像）などを押収した。ボワイエが言うように，「収奪はシャルルマーニュの偉大な思い出を呼び起こすあらゆるものに及んだ」のである。カロリング時代の八角形の礼拝堂からの円柱の搬出には数週間にわたる莫大なエネルギーと高度の技術を必要としたと言われる。それらの物品は12月12日以降，昆虫や鉱物の標本などと一緒に幾つかの輸送隊によってパリへ運ばれたが，その到着は大幅に遅れ，95年5月6日〜12日になった[43]。

　次の訪問地ケルンでは，委員たちは多大な収穫を収めた。ルブロンは書物，写本，版画，デッサン，メダル，さらにデューラー，マンテーニャ，ラファエロ，ミケランジェロらを原画とする版画集などで25箱を満たし，それらは11月30日にパリへ向け出発した。ただ委員たちを失望させたのは，ロホナー作の有名な祭壇画「東方三博士の礼拝」がライン川の東へ運び去られていたことである。なお，ケルンの植物園には珍しい植物は少なかったが，彼らはかなりの数の植物を徴発している。

　ケルンでの押収活動については，さらに1つのエピソードに触れておかなければならない。それは当地のイエズス会のコレージュ（Gymnasium Tricoronatum）からの大規模な押収に関するものである。このコレージュは1770年代にイエズス会が解散されて以来，市当局の管理下に置かれていたが，そこには教団の世界各地からの収集品からなる自然史のコレクション，また古今のメダル，宝石，貴重な典礼具など

と並んで，17世紀以来教団の教育活動のために形成された膨大な蔵書と版画のコレクションが存在した。ルブロンらフランス人委員は11月9日朝，人民代表とともに予告なしに元コレージュに姿を現し，施設の管理人に戸口を開けさせ，重要と思われる部屋に封印を施した。その上で，委員たちは以後約3週間もの間，まず図書室で，次いで自然史キャビネットと博物館で，体系的に探索と選別を続けたのである。

　1814年にヴァルラフ（Ferdinand Wallraf）なる蒐集家が報告するところによると，フランスの委員たちは54点の手書きおよび初期印刷本の聖書，写本を含む古い神学書，歴史書と地理書，ドイツに関する法律・外交・歴史の著作と教会史に関する珍しい写本，古今のきわめて貴重な辞典，古典の著作家の珍しい版本，さらにとりわけ重要なものとして約100点の初期印刷本などを収奪したといわれる。これらは全体で20箱以上に達したが，コレージュはほかにその図書館のカタログを失ったのである。ケルン市当局が財政難にもかかわらず売却しないできた共同遺産が，このように前触れもなしに力づくで収奪されたことは，その被害者の強い反発を招いたものと思われる。そのことは，4委員がライン地方を離れた後に，ケルンの市当局がフランス政府に対して，押収された物品の一部の返還を繰り返し要求したことにも示されている[44]。

　ケルンについて少し長く述べ過ぎたが，次の訪問地ボンにおいても，委員たちは54個の箱を積んだ26台の荷車から成る輸送隊を編成し，それは12月28日にブリュッセルとパリへ向けて出発した。それらのうち47箱には書物が詰められていたが，6箱には自然史関係の物品が，また最後の1つの大箱には船の模型3つとラテン語の碑文1点および若干の小冊子が収められていた。委員たちは，元ケルン選帝侯とメッテルニヒ伯爵（後のオーストリア宰相の父）の植物園において20種類の有用で珍しい植物を，また同じ選帝侯と伯爵のキャビネットから，押し葉標本，木材，化石，剥製の動物標本を手に入れることができたのである。

　最後にコブレンツは，委員たちが押収を行う地理的範囲の南限に位置していた。そこでは，トゥーアンとフォジャスが反革命亡命者と思われる人物のキャビネットに封印を施したが，それには絵画，彫刻，古代美術品と鉱物・貝類・魚類・鳥類・四足獣の標本などあらゆるものが揃っ

ていた。一方，ルブロンは，95年1月6日付書簡の中で，彼が当市の主要な修道院で行った書物の押収について詳しく語っている。それによると，ルブロンは鐘楼を目印に修道院のあり場所を確かめながら，カルメル会，静修派修道会，また特にドミニコ会などの図書館において約300冊のかなり貴重な書物を発見した。さらにルブロンは，彼が最も夢中になっていたというイエズス会の図書館へおもむき，そこで大いに苦労して，ライン川の東へ運ぶために荷造りされている48箱の書物を発見した。その時，呼び出された1人の市会議員がルブロンの行動を非難し，それらの箱には余り値打ちがない本や下らない本が沢山入っていると主張して，押収を思いとどまらせようとしたのであるが，ルブロンはそれを無視して全部をパリへ発送させることにしたというのである[45]。

以上のライン諸都市における収奪の特徴については，サヴォワが重要な指摘を行っている[46]。まずそこでは，ベルギーや次に述べるオランダの場合とは異なって，94年秋にはほとんど1枚の絵画も押収されなかった。委員たちの欲望は何よりも，亡命者と修道会の図書室に所蔵されていた貴重な書物と写本に向けられたのである。これらと同時に，約27,000点の版画と6,000点のデッサンがパリへ送られたといわれるが，それら膨大な量の図書，美術品のパリ移送は，その大部分がナポレオン戦争後にも元の所有者に返還されなかったが故に，地域の共同遺産を決定的に破壊することになる。ルブロンとド・ヴァイイは，パリ帰還後の95年10月22日に公教育委員会へ提出した報告の中で，彼らがパリへ送った最も注目すべき物品は，絵画，円柱，古代の石棺，メダル，ケルンの武器庫に保存されていた3門のブロンズ製カルバリン砲，そして何よりも「2,000点以上の写本を含む約5万冊の書物」であると語っているが，後者の膨大な数には驚かされる。そして，パリへ到着した図書，美術品，自然史関係品は，それぞれ国立図書館，国家美術館（ルーヴル），自然史博物館に収容されて行ったのである。

さて，サンブル＝エ＝ムーズ方面軍のクレベール将軍は1794年11月4日にマーストリヒトを占領したが，ピシュグリュ指揮下の北部方面軍は，この冬の異常な寒さのために氷結したワール川とレック川（どちらもライン川の支流）を渡るために95年1月初めまで待たなければならず，ハーグに入城したのは1月23日であった。軍隊への派遣議員フレ

シーヌからオランダ行きを求められた4人の委員は，同年1月6日にコブレンツからハーグへ向け出発した。彼らは途中マーストリヒトにおいて，学術資料と美術品の収集に専念し，2月6日に79箱の押収品をパリへ発送している。ただし，そのうち54箱は実際にはリエージュ市役所の図書館の，また12箱は同市の英国イエズス会の蔵書を収めており，13箱だけがマーストリヒト（市役所の図書館とドミニコ会修道院）から奪った書物を収めていたに過ぎない[47]。

次いで4委員は，ロッテルダムとアムステルダムを経由して，95年2月14日頃ハーグに到着した。そして，4人のうちルブロンとド・ヴァイイは，そこで他の2人と別れてベルギーにもどり，初めて訪れたアントワープにおいて，サン・ミシェル修道院から292巻の印刷本と写本を押収し，それらを軍隊司令官に頼んでパリへ送った。しかし，その後まもなく空気は一変し，彼らの押収活動は，94年11月16日に占領地の管理機関としてブリュッセルに創設された中央上級行政部の強い抵抗に出会うことになる。

この中央行政部は94年12月末，パリの公教育委員会のエイジェントであるルブロンらがブルゴーニュ図書館とジャンブルー（Gembloux）市のベネディクト会修道院の図書室に施した封印を解き，そこにある書物の返還を命じた。中央行政部はさらに進んで，ベルギーにおける図書館と学術資料の管理を自らの手に掌握しようとする。ルブロンとド・ヴァイイが2月の下旬ブリュッセルに戻り，彼らの任務を続行しようとすると，中央行政部は95年3月3日パリの公教育委員会へ請願書を送り，今や国民公会が認めた行政部が活動している以上，学術品・美術品の探索のために任命された特別の委員会は不必要であると主張した。この請願書は，北部・サンブル＝エ＝ムーズ方面軍付人民代表のペレスを介して送られたが，そのペレスは3月24日に，ルブロンら委員が，ブリュッセル市当局かブラバント郡行政部（中央行政部の下部機構）の代表者の面前以外で行動することを禁止したのである。この結果，ルブロンとド・ヴァイイの任務は事実上終わり，彼らは同僚2人をハーグに残して，4月2日にパリへ帰ることになる[48]。

ベルギーが国民公会の決定によってフランスに併合されたのは95年10月1日であるが，それに先立ってブリュッセルの行政部は同年の2

～3月に，美術品・学術品のパリへの送付の全面停止を勝ち取っていたのである。そして，96-97年にベルギーのすべての修道院が廃止され，新たに多数の美術品が国有化された時，それらの調査・選別・保存のために活動したのは現地人から成る委員会であった[49]。

以上，1794-95年のベルギーとライン左岸の諸都市におけるフランス人の押収活動について述べてきたが，ここで特にライン地方に関してサヴォワが強調している，3つの事実を付け加えておきたい。

その1つは，ライン左岸の都市におけるトゥーアンら4委員の自律性，あるいは行動と選定の自由である。サヴォワによれば，ライン都市の場合，フランスの委員たちはいかなる時にもパリの指令に従っていないように見える。前述のようにフランドルの傑作絵画を収集する時には，画商のルブランが作成した目録が効果を発揮したが，18世紀末のライン地方の文化的，知的遺産についてパリの関係者がもつ知識は非常に大ざっぱなものであり，前もっての情報収集の努力も不十分であった。現地においても委員たちは軍人であれ，文民であれ，上級者によって行動をさまたげられることはなく，彼らに命じられていたのは，押収品の荷造りと輸送に関して人民代表と協議することだけであった。要するに，委員たちが従わなければならない唯一の指令は，彼らを任命した前述の布令に表明されたものだけであったのである。

サヴォワが指摘するもう1つの事実は，1794年にフランス軍が占領したライン左岸地方（マース，モーゼル，ラインの河間地方）では，土地の君侯による美術品・学術資料の収集活動がライン川の右岸ほどには華々しく展開されていなかったことである。18世紀のドイツで，君侯によって豊かなコレクションを与えられた大芸術都市としては，ドレスデン，デュッセルドルフ，ベルリンとポツダム，ブラウンシュヴァイク，カッセル，マンハイム，ミュンヘンと枚挙にいとまがない。これらの都市の君侯のギャラリーは多くの場合，威信を示すために広く一般に公開されており，いくつかの都市では，独立の展示場を持ち合わせていたことにも注意しておきたい。ところが，94-95年にフランスの委員が訪れたライン左岸の4つの都市のうちでは，ケルン選帝侯の居住地であったボンが君侯による若干のコレクションを所有しているだけで，他の3都市では共同遺産はなによりも教会，修道院の豊富な財産に基礎

を置いていた。それ故，この地方が際立っていたのは，芸術的遺産よりも建築物と蔵書の豊富さによってであり，そのことは前述の押収物品の性質にも明確に反映しているのである。

　最後に付け加えておかなければならない第3点は，革命期フランスのドイツにおける文化財押収活動には，上述のトゥーアンら4委員によるものに続く第2幕が存在したことである。1796年春以降，ナポレオン軍の進撃とともにイタリアにおける美術品の収奪が拡大するが，内務大臣ベネゼクは同年9月，サンブル＝エ＝ムーズ方面軍付通訳兼秘書であったドイツ人のカイル（Anton Keil）を「ドイツの征服地における美術品・学術品の収集委員」に任命したのである。この時点ではフランス軍はライン川を越えて東方に進みつつあったが，その後オーストリア軍によって川の西側に押し戻された。そのため，カイルの行動範囲はほぼ1794-95年に探索済みの地域に限られることになった。

　こうしてカイルは，96年秋から翌97年春まで，ボンの自然史キャビネットと大学図書館を始め，アーヘン，ケルン，コブレンツの修道院や世俗の団体の図書館において，2年前の「残り物を集める」ことになったが，その中には以前押収されて倉庫や庭園に残されていた物品も含まれていた。また彼にとって唯一の「未開拓地」であったトリーアとその近辺のジンツィヒ（Sinzig）において，とりわけ大量の押収を行ったのである。

　カイルは各地の図書館から押収した書物のうち，比較的小さな部分をパリへ送り，残りのより大きな部分は現地で競売に付した。そしてその収益によって，大多数は1790年以後にドイツで刊行された「良書」270点を購入し，パリの国立図書館へ送ったのである。

　以上，フランス革命期にドイツのライン左岸地方で強行された2度にわたる大規模な収奪は，それが時に恣意的，暴力的な性格を帯びたこともあって，地域の教養ミリューに深い怨恨を残さずにはおかなかったのである[50]。

7 オランダにおける収奪

　前述のように95年1月23日に首都ハーグを占領したフランス軍であったが，オランダ北部の制圧にはイギリス軍の抵抗のためにいくらか手間どり，全土を手中に収めたのは2月末であった。これより先1月18日，共和国統領オラニエ家のウィレム5世が，フランス軍が迫るのを見て船でイギリスに逃亡すると，フランス軍への派遣委員はオランダ人に向けて次のような布告を発する。「フランス国民は諸君の独立を尊重する。共和国の軍隊は最も厳格な規律を発揮するであろう。」新たにフランス軍の援助の下に，オランダ愛国者党によってバタヴィア共和国が組織される。このオランダの新体制は，同年5月16日のフランスとのハーグ講和条約によって承認される。ちなみにこの講和条約は，1億フロリンの賠償金，25,000人の駐留フランス兵の維持費の負担，フランスとの連合艦隊への多数の軍艦の提供，一部領土の割譲などを要求する苛酷な内容のものであった[51]。

　ハーグにとどまったトゥーアンとフォジャスの同地での押収活動については，ボワイエのほかラクールの最近の研究によって詳細な事実が明らかにされている。

　まず確認しておかなければならないのは，フランス政府が没収の対象を前統領ウィレム5世の個人財産に限ったことである（レンブラントの代表作「夜警」などの美術財宝を所蔵していたアムステルダムの市庁舎が収奪を蒙らなかったのはこのためである）。北部方面軍への人民代表のアルキエ（Alquier）は95年3月11日にすでに，オランダ全州議会の議員たちへの通達において，勝利者としてのフランスの権利を主張しつつ，次のように述べている。

　「わが軍隊は連合諸州において，個人の財産に対しては最も深くかつ最も侵すべからざる尊敬を払うとはいえ，フランスは以前の統領（stathouder）に属するものに対しては有効かつ直接の権利を行使せねばならないと考える。そしてこの権利は武器の力によって獲得さ

れたものであり，何人もそれに異議を差し挟むことはできない[52]。」

　これより先2月22日にトゥーアンは，パリの自然史博物館の教授に任命されたにもかかわらずハーグにとどまる理由として，先の統領のコレクションの重要性を力説している[53]。

　「オランダの征服はこの国の統領の財産をフランス共和国の所有に帰せしめる。その中にはなかんずく興味深いものとして，オランダの植民地からもたらされた自然界の三大目の産物から大部分が構成されている自然史のキャビネットがある。それらの産物は他の国々の博物学者にとっては，これらの風土に入り込むことが困難であるだけに一層貴重である。だが，それらの価値を一層高めるのは，これらのコレクションのよい保存状態である。……」
　「私は，品物の3分の2は（パリの自然史）博物館のギャラリーに入るべきであると考える。国のコレクションはこの統合によって，世界に存在する最も素晴らしい，また自然諸科学の進歩にとって最も有益なコレクションとなるであろう。」

　もう1つの望ましい富は，統領がアムステルダムから東南方90キロほどのローの別荘に所有している小動物園であり，「そこには2頭の雌雄の若い象，さらに知られている最も大きな鳥の1つである火食い鳥と，他のいくつかの外国の珍しい動物が飼われている。疑いもなくこれは（自然史）博物館の小動物園にとって非常に素晴らしい獲得物となるであろう。」
　なお，トゥーアンが，統領からの押収品の一部は近い将来における県のコレクションの形成に用いられるべきだと考えていたことは，同年4月19日付の彼の書簡からも明らかである。そこには，統領のすべての物品が「（パリの）博物館にとって等しく興味あるわけではないが，それらは県のコレクションには非常に役に立つであろう。このような理由でわれわれは，自然史のギャラリーに備わっている多くの物（重複品）を送ったのである」と明言されている[54]。
　以上の自然史関連の品物のほか，統領がハーグに残したものとして書

物，メダル，古代のブロンズ像，インドとシナの産物など，様々なコレクションと絵画ギャラリーがあった。

さて，トゥーアンとフォジャスは3月11日から統領の自然史キャビネットの探索に専念するが，その際彼らは2つの目的を定めている。その第1は，フランスの国家的なコレクションに対して，そこに欠けている品物，もしくはそれが所有しているよりも美しい標本を供給することであり，これが押収の主要な目的である。次に第2の目的は，フランスの各県に創設されることになっているコレクションの形成に役立ちうるようなものを送ることである。

2人の委員はそれぞれの能力にしたがって品物の選定と梱包の仕事を分割した。トゥーアンは植物界，昆虫と鳥類に関するすべてに責任を負い，フォジャスは4足獣，爬虫類，鉱物を引き受けた。トゥーアンの書簡によると，彼らは最初の訪問後にキャビネットに封印を施し，それの監視を国家の吏員に委ねる。その後で，旧統領時代のキャビネットの館長のヴォスマール（Vosmaer）が作ったカタログを使って収集品の明細目録を作成する。最後に，物品の選別を行い，有用と思われるものを箱に詰め，倉庫に運んだのである[55]。

次に，実際にパリへ送られた押収品の内容について述べなければならない。トゥーアンによると，ハーグからは95年4月19日，5月11日，5月30日，6月13日の4度にわたって，統領のコレクションを形成していた合計307箱の物品が，いずれも船でパリへ発送されている。船はベルギーの河川路を通って北フランスのカンブレーに至り，そこからパリへ向かったようである。

それらの物品の中で最も大きな部分を占めていたのは，自然史関係の標本類である。それは第1回の発送分の95箱すべてを占めており，鉱物の標本が1万点，植物のそれが3,872点，昆虫5,000点，貝殻9,800点，鳥類1,176点というように膨大な数に上っている。

自然史関係の物品は，第2回の発送分では40箱中20箱，第3回のそれでは56箱中20箱と次第に比率が低下するものの，全体として最も重要な押収品であったことは疑いがない。

これに対して，書物と写本は，第3回の発送分の中に「植物学，解剖学，動物学，薬学，医学，旅行に関する書物」を中心に15箱が，ま

た第4回発送分の中に書物，写本，版画，地図などが24箱見出されるが，全体に占める書物の比重は前述のライン左岸のドイツ都市の場合に比べてはるかに小さくなっている。

以上のほかにも，インド，中国，日本の船の模型や異国風の衣装など，非常に様々な物品が含まれていたが，見逃せないのは，統領が所有していた古代美術品と絵画のコレクションである。古代美術品はブロンズ像とメダルを主体として，大理石の胸像と浅浮彫り，エトルスキの壺などから成るが，第2回発送分に9箱，第4回分に3箱を占めていたほか，第3回分にも若干のものが含まれていた。最後に，統領のすべての絵画200点近くは第4回発送分のうちの24箱に収められていたが，これについては以下でより詳しく述べることにする。

なお，第4回分の発送の後に，トゥーアンはやや特殊な性格の第5回の発送を考えていた。それは統領が前述のローの城館に所有していた小動物園の「生きた動物」であり，魚と鳥，4足獣（雌雄の象を含む）を合わせて約30の個体から成っていたが，それらの移送は多くの困難を引き起こし，実際には98年4月まで実現しなかったのである[56]。

さて，統領の絵画については，それを丸ごと送るべきか，それともパリの美術館に展示するに値する作品のみに限るべきかという問題があった。トゥーアンは最初，最も注目すべき絵画だけをフランスへ送ることを考えていたのだが，95年5月2日公安委員会はオランダにいる人民代表たちへの書簡において，統領のコレクションを構成する種々の範疇の品物を列挙し，それらをすべてパリへ送るように命じた。人民代表の言うところでは，彼らも，絵画については送るに値するものだけを送るつもりで，最良のもの37点を選定していたのだが，上記の書簡に従って，すべての絵画を例外なしに荷造りするよう命令したのである。

この点についてトゥーアンは，自然史博物館の同僚に宛てた95年6月16日付書簡でこう語っている。

「それらの絵画は等しく素晴らしいというわけではありません。若干の絵は出来の悪いものですし，多数の絵は凡庸なものです。けれども，フランドル・フランス・イタリア各派の巨匠たちの作であるきわめてすぐれた絵が50枚ほどあります。後者の中には，（中央

第1章　戦争と文化財併合の開始

美術館に入るに値するものが20点ほど数えられます。この中にはワウウェルマンが描いた最も大きな戦争画と，パウルス・ポッターの大作（『牧童』）が含まれています[57]。」

　絵画を入れた箱は9月15日パリへ着くと，公教育委員会が指名した2人の委員，画商ルブランと市民マザード（Mazade）によって中身を検査された後，9月27～30日に中央美術館管理委員会の代表に引き渡され，次いで同じ委員はそれらの絵画，192点の目録を作成した。ところで，96年2月16日に内務大臣に提出された博物館局の報告には，「それらの絵画の大部分はフランドル，オランダ，ドイツの巨匠の作で，最大の価値を有するものである」とあるが，これは上述のトゥーアンの書簡から見ると，全体としての絵画の質を過大評価するものということになろう。しかし，この報告の趣旨は直ぐ後の次の文章にあるように思われる。

　「これらの絵画のうち若干のものは，その到着以来美術館のギャラリーに展示され，日々若い芸術家たちにモデルとして役立っている。それらの中にはルーベンスとヤン・ブリューゲルの共作『アダムとエヴァ』，スネイデルスとヨルダーンスの共作『鹿狩り』，ワウウェルマンの見事な『戦闘』，パウルス・ポッターの『牧童』が含まれている。それらは全般によい状態にあるが，しかし数点は軽い修復を必要としている[58]。」

　ここで，上述のルブランとマザードが作成した目録そのものを見ると，そこには185点の絵画の題名，サイズ，作者名が列記されている[59]。掲載されている画家の数は約80名にのぼるが，その大多数はオランダとフランドルの画家であり，フランスとイタリアの第一級の画家の名前はトゥーアンの言に反してほとんど見出されない。オランダ・フランドル派画家の作品としては，前出のワウウェルマンの9点，同じくポッターの3点のほかに，ルーベンス8点（うち3点は共作），ファン・ダイク3点，ブリューゲル父子5点（3点は共作），レンブラント3点，ヨルダーンス2点（1点は共作）が数えられ，またドイツのデュー

ラーとホルバインがそれぞれ3点含まれている。このように，オランダ，フランドル，ドイツに関しては，確かに「巨匠」と呼ぶに相応しい画家の作品を見出すことができるが，しかし，これら統領のコレクションから押収された絵画が，94年にバルビエとレジェによってベルギーから収奪された絵画に比べて，質の点で著しく見劣りするものであったことは，疑いのないところであろう。

以上，ハーグからパリへ移送された様々な物品の量は，ベルギーとドイツからの物品の合計量を上まわっており，トゥーアンによると，その市場価格は100万リーヴルとされている。先の統領のコレクションの没収は，「ハーグには価値あるものは何も残らなかった」（ボワイエ）といわれるほど，徹底的なものであった。

パリへ到着した押収品のうち，上述した絵画以外の物品の分割は95年10月1日から11月10日にかけて行われた。自然史関係の物品は，直ちに専門家の吟味を受けた後，植物園内の自然史博物館へ送られた。ただし，既存の建物は新しいコレクションを展示するには手狭であったので，館長のジュシウ（Jussieu）は公教育委員会に対して繰り返し拡張命令を出すよう求めている。書物，写本，地図あるいは版画は吟味の後，国立図書館，海軍の倉庫，中央土木学校（後の理工科学校）においてそれぞれの責任者に引き渡された。古美術品陳列室（後に国立図書館に併合される）はメダル，彫刻石の印章，古代の小像その他の美術品を受け取り，第4回発送分の5箱に収められていたインド，中国，日本の船の模型は，若干の武器とともに海軍の倉庫に入れられたのである[60]。

8　おわりに ——自然史・農業関係物品の押収目的

最後にトゥーアンら4人の委員が，主にオランダで行った自然史および農業関係物品の押収をどのような目的によって正当化しようとしているかを，ラクールの研究によりながら述べておきたい。

ベルギーにおいてトゥーアンら4委員がすでに活動を開始していた94年12月11日，パリの国民公会では議員のティボドー（Thibaudeau）

が公教育・財務両委員会の名で報告を行い、パリの自然史博物館をフランス各県のキャビネットの組織網の中心に据えるために、その建物と敷地の大幅な拡張を提議した。ティボドーは次のように主張している。

「あなた方は（国家）美術館の場合と同様、国民が所有するものをすべて（パリの）自然史博物館に集中するつもりではおそらくないであろう。その一部分は県に設立される博物館へと向けられるであろう。だが、パリの博物館は、そこから他の博物館を設立し指揮すべきすべての知識とすべての物品が出発する中心でなければならない。」
「私が今しがた諸氏に語った施設は、そこにおいてすべての真理が探究され、自然諸科学の進歩や治癒術や農業に役立つすべての物品が集められる実験室にならなければならないのである[61]。」

トゥーアンが指揮したハーグでの統領のコレクションの押収がこのようなプログラムに副って行われたことは、先に引用した彼の95年4月19日付書簡が示すとおりである。彼がそこで最も重要視しているのは、オランダ植民地からの標本であり、喜望峰、インド、スマトラ、シナ、南米のスリナムなどの珍しい動物の名前が挙げられている。ラクールが強調しているように、北方ヨーロッパとりわけオランダは17世紀以来、「自然史のコレクションにとって1つの特権的空間」であり、連合東インド会社は多数の珍しい標本をもたらしたが、それら世界各地の物品を自然史博物館に集めること、すなわち「植民地空間の集合」によってパリを自然史の全ヨーロッパ的首都にすることが目指されたのである[62]。

さて、ラクールの最近の研究は、委員たちがパリへ送った報告や書簡を分析して、そこに押収活動を正当化する3つのタイプの言説が見出されるとしている。それらは「軍人風の（martial）言説」、「重農主義的言説」、「共和主義的な教育の言説」と呼びうるものである[63]。第1の「軍人風の言説」とは、古代ローマをモデルにしたもので、押収を勝者の正当な権利あるいは征服の成果とみなすものである。このような言説は委員たちが絶えず用いているもので、たとえばトゥーアンは95年3月14日の書簡で前述の統領のローの小動物園の没収について、「われわれの

征服の成果はわれわれの勝利の名誉を増加させる」と述べており，また同年5月9日の書簡では，統領のキャビネットの没収について，「敗戦国のこの貢ぎ物は勝者たちの栄光を不朽のものにするのに少なからず貢献するであろう」と語っている。ただし，ラクールによると，この「勝利の権利」という言説は，この時点ではなお未完成であり，また他の2つのタイプの言説によって和らげられてもいた。そのことは，共和暦第6年テルミドール9日に催されたイタリアからの収奪品のパリ凱旋式の際の言説（第2章で詳述する）と比べてみれば明らかであるとされる。

次に第2の「重農主義的言説」とは，占領地からの新しい植物の移植や進んだ耕作方法の導入を，フランス農業の改良（生産の増加と多様化）という目的によって正当化するものである。トゥーアンらは，パリの自然史博物館のために珍しい植物や押し葉標本を押収しただけでなく，フランスでは知られていない植物とその種子，様々な農具などを収集することに努めており，また旅行先の農業の実態について正確な記述を残している。こうして移植される植物の中には，装飾用の花のように怠惰な貴族の気晴らしに使われるものもあるが，はるかに重要なのは，勤労民衆によって消費される食糧（野菜や果物）である。

さらにトゥーアンらは，新しい植物の移植によって外国からの輸入を減らし，農産物の自給度を高めることを目指している。このアウタルキーの夢を実現するために，トゥーアンは温室によって外来の産物を作っているオランダの例にならうよう提案する。また，新しい植物の導入は，フランスにとって有益な新しい商業分野の開拓を可能にするであろうと指摘する。

以上のように，トゥーアンらは占領地の経済活動のうち特に農業生産のあり方に強い関心を示しているが，しかし工業生産に注意を向けていないわけではない。実際，彼らは農業だけでなく工業のための機械や用具，技術的方法などについても多数のデッサンを持ち帰っているのである。

最後に第3の「共和主義的な教育の言説」とは，自然史関係物品の押収を，啓蒙された市民の育成という目的によって正当化するものである。それは自然史博物館のキャビネットと植物園の民衆への開放，学問的知識の普及と悪しき迷信の打破を押し進めようとする。コレクション

の公衆への開放は革命期に繰り返し語られたテーマであるが，委員たちはボンから公安委員会にあてた書簡（94年12月30日付）の中で，ドイツ貴族のコレクションについて，「これまで少数の人々の無りょうを慰めることにしか役立っていなかったこれらすべての自然の産物は，今後は万人の教育に役立てられ，人類の幸福に寄与すべきである」と書き記している。またトゥーアンは，ハーグから臨時美術委員会に宛てた書簡（95年6月16日付）において，統領のキャビネットの「計り知れない科学的価値」を強調しつつ，それの没収は世間一般の考えの誤りを正し，「人間の幸福に役立つ知識を広めること」を可能にするに違いないと述べている。

以上が，自然史および農業に関わる物品の押収を正当化する3つのタイプの言説である。トゥーアンら委員は北方ヨーロッパの占領地，とりわけオランダにおいて，彼らの任務を遂行するだけで満足せず，彼らを派遣した当局（公教育委員会など）に対して，自分たちの行為を正当化するテクストを生産し続けたのである。そして，彼らの報告や書簡は間もなく『哲学旬報』（*Décade philosophique*）のような定期刊行物に掲載され，より広範な読者の知るところとなった[64]。

さらに，彼らの押収活動を1792-97年のより長期の観点から見ると，次のようにいえる。92-94年のフランスでは，聖職者や亡命貴族のコレクションの押収を正当化すること自体がまれであった。それ故，正当化の言説が頻繁に用いられるようになったのは，94-95年の占領地での押収が最初であり，ラクールはそこに委員たちが感じていた不安感（malaise）の兆候を読み取ることができるという。また，オランダの農業がフランスにとってモデルと考えられていたことから，北方ヨーロッパでは3つの言説のうちで重農主義的な「改良」の言説が優勢になっている。これに対して，1796-97年，ボナパルトの遠征時のイタリアでは，勝利の正当な成果という「軍人風の言説」が絶えず現れることになる[65]。

以上のラクールの見解は主にオランダにおける自然史・農業関係物品の押収に関するものであり，ベルギーやライン地方におけるその他の学術品や美術品の押収にそのまま当てはまるものではない。この点について付言しておくならば，ベルギーとオランダからの美術品の収奪につい

ては，それを正当化する試みは特になされなかったと言われる。たとえばミュンツは，「ネーデルラントの略奪は勝者が何らかの優越原理をもち出す必要を感じることなしに，また敗者が非常に激しく抗議することもなしに，遂行された」と述べ，後述のイタリアからの美術品収奪の場合との違いを指摘している[66]。ただし，94年9月にベルギーから上述のルーベンスの4作品が到着した時，その保存状態を点検して目録を作成したルブランが，次のように記していることに注意しておきたい。

> 「綿密細心になされた以上のすべての観察は，われわれがこのような獲得物の価値を認めるのに相応しかったことを，後世の人々に証明するであろう。またこれらの絵画が，その以前の所有者である怠惰な修道士たちの不注意によって蒙った損傷を，人はわれわれのせいにすることはできないであろう[67]。」

つまり，原産地域において保存能力のない所有者のもとで劣化しつつあった傑作美術品は，フランスの卓越した修復技術によってはじめて完全な破壊をまぬがれたのだというのである。このような論法はその後も外国からの美術品の収奪を正当化するために，繰り返し用いられることになる[68]。

第 2 章

イタリアにおける文化財の収奪（1796-1803 年）

―――――――

1 ナポレオンのイタリア遠征と美術品・学術品の収奪

　ナポレオン・ボナパルトを総司令官とするイタリア方面軍は，1796年4月12日から21日までの間にピエモンテ地方での4つの会戦でオーストリア・ピエモンテ連合軍に対して立て続けに勝利を収め，ピエモンテ軍を孤立させて，4月28日サルデーニャ王にケラスコの休戦協定を受け入れさせた。次いで5月に入ると，ナポレオンは退却するオーストリア軍を追ってロンバルディアへ進軍し，同月10日のロディの戦勝の後，15日にはミラノに入城する。そしてさらに中部イタリアへと進出して，6月8日には教皇国家に属していたボローニャに入城し，同月23日ローマ教皇の全権使節との間に休戦協定を締結した。その間，5月9日にはパルマ公国と，同17日にはモデナ公国とそれぞれ休戦協定を結び，同27日にはヴェネツィア領ブレシアを占領している。ナポレオンは，総裁政府の命令を待つことなく，いわば独断で軍事行動を進め，休戦協定を締結して行ったのである。
　ところで，ナポレオンによるイタリアからの美術品の収奪に関しては，彼は総裁政府の指示に従ってそれを行ったに過ぎないと主張する歴史家もいる[1]。そこでまず，96年5月7日（共和暦第4年フロレアル18日）に発せられた「イタリア方面軍司令官ボナパルトに対する総裁政府の訓令」の主要部分を掲げておこう[2]。

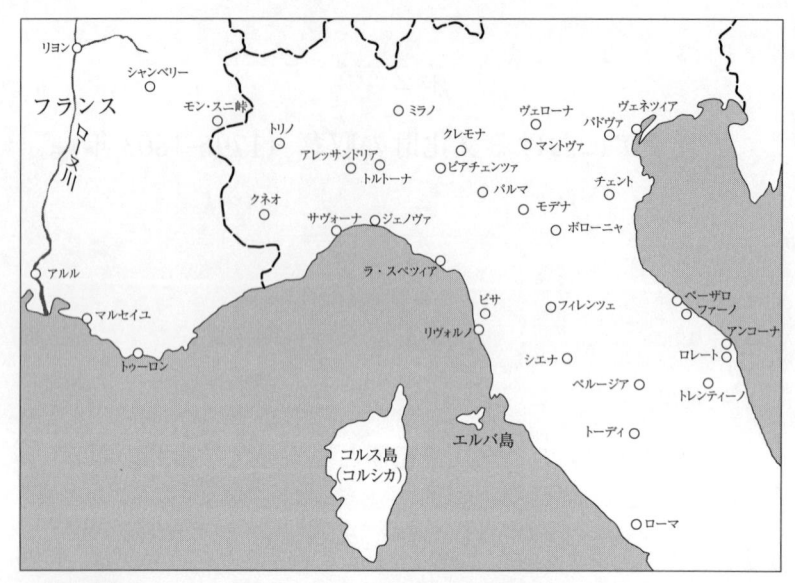

図2-1　イタリア文化財押収関係略図

「行政総裁政府は，市民たる将軍よ，貴殿が美術の栄光を貴殿の指揮する軍隊の栄光と結びついたものと見なすであろうと確信している。イタリアはその富と名声の大部分を美術に負っている。だが，自由の王国を確固たるものにし美しく飾るために，美術の王国がフランスへ移るべき時がきたのである。国家美術館はあらゆる芸術の最も有名な記念物を収蔵せねばならず，貴殿はイタリア方面軍の現在までの征服から，また今後に予定されている征服から期待される記念物によって，国家美術館を豊かにすることを忘れないでいただきたい。……」

「それ故，将軍よ，行政総裁政府は貴殿に対して，この上なく貴重なこの種の物品を探索，収集し，パリへ輸送させるために1人もしくは数人の芸術家を選ぶように，またこれらの条項の賢明な実行のために明確な命令を与えるように，そしてそれについて行政総裁政府に報告するように，要請するものである。」

ちなみに総裁政府は翌6月にはライン・モーゼル方面軍への派遣委

第2章　イタリアにおける文化財の収奪（1796-1803年）　　　　71

員，次いで8月にはサンブル＝エ＝ムーズ方面軍への派遣委員に対しても，それぞれ芸術作品の奪取を忘らないよう勧めているのである。

　一方，ナポレオンはイタリア遠征のごく早い段階から，戦利品としての美術品の獲得を考えていたようである。上述のケラスコの休戦協定の際ピエモンテの全権委員の1人であったコスタ（Costa）侯＝大佐の報告するところでは，ナポレオンはサルデーニャ王が所有するオランダ派絵画の傑作，ヘリット・ダウ作の「水腫の女」を要求しようと考えたが，休戦協定の中にどのように入れたらよいか分からず，思いとどまったといわれる[3]。しかし，彼はその3日後の5月1日には，アクイ（ピエモンテ）の司令部から友人のジェノヴァ駐在公使フェプー（Faypoult）に書簡を送って，「何よりもミラノ，パルマ，ピアチェンツァ，モデナ，ボローニャに存在する絵画，彫像，キャビネット（収集品陳列室）および珍奇品のメモを送ってくれるように」依頼している。そして5日後の5月6日には同じ趣旨の書簡を総裁政府に送り，「パリへ送るために奪取するのが望ましいものを選ぶために，3〜4人の著名な芸術家を送るように」求めている。さらに3日後の5月9日のパルマからの書簡では，ナポレオンは総裁たちに対して，「私はコレッジョの最も素晴らしい絵画を，なかでも彼の傑作といわれている『聖母子と聖ヒエロニムス』を，できるだけ早くあなた方に送ります」と告げ，著名な芸術家の派遣を重ねて要求している[4]。

　同じ5月9日にナポレオンは政府の返事を受け取るよりも前に，パルマ公との休戦協定の第4条に，公は「今日公国内に存在する絵画のうちから総司令官が自由に選ぶ20点の絵画を引き渡すものとする」と規定したのである。そして同月17日にはモデナ公が，その休戦協定第3条において「彼のギャラリーまたは国家の中から，そのために任命された委員たちが選び出した20点の絵画を委ねること」を約束させられている。さらに，ナポレオンが6月23日にローマ教皇の全権使節と締結したボローニャの休戦協定第8条には次のように規定されていた[5]。

　　「教皇はフランス共和国に対して，ローマへ派遣される委員の選定にもとづき，100点の絵画，胸像，壺もしくは彫像を引き渡すものとする。それらの物品の中には，両方ともカピトールの丘に置かれ

出典）Treue 1961, Ill. 11 & 12.
図2-2　ユニウス・ブルートゥスのブロンズ像（左）とマルクス・ブルートゥスの大理石像（右）

ているユニウス・ブルートゥス（Junius Brutus）のブロンズの胸像と，マルクス・ブルートゥス（Marcus Brutus）の大理石の胸像とが，また同じ委員が選ぶ500点の写本が，特に含まれるものとする」（図2-2参照）。

　ナポレオンのこのような行動は先に引用した総裁政府の指令の趣旨に完全に合致したものであった。
　上述の96年5月6日付ナポレオンの書簡を受け取る前と思われるが，総裁政府は同月11日，イタリアへ派遣される4人の委員として，芸術家もしくは学者を自ら任命すると布告した。彼らの任務は，「共和国軍が征服した国々において農業と学問に関する可能なあらゆる情報を収集し，かつわが国の美術館と図書館に入るにふさわしいと彼らが考える学問と芸術のすべての運搬可能な記念物をフランスへ移すために，直ちにイタリアへ赴くこと」であった。次いで13日には，4人の委員が指名されたが，そのうち彫刻家のモワット（Moitte）ら3名は病気や多忙を理由に辞退したため，翌14日新たに6名の委員が選び直された。すなわち，数学者のモンジュ（Monge），化学者のベルトレ（Berthollet），

第 2 章　イタリアにおける文化財の収奪（1796-1803 年）　　73

彫刻家のドジュー（Dejoux），画家のベルテルミー（Berthélemy），植物学者のラビヤルディエール（Labillardière）と，前章でも取り上げた植物学者のトゥーアンである。以上の 6 名のうち，最終的にはドジューが断り，代わりに辞意を撤回したモワットが加わることで，ようやく委員の顔ぶれが確定する。彼らは，「共和国軍の占領地において学術品・美術品を探索する政府委員」と称したが，イタリアへ派遣される学者と芸術家の委員会はナポレオンと総裁政府双方の意思から生まれたというべきである[6]。

　委員たちは 5 月 21 日にイタリアへ向け出発し，17 日間の旅の後，6 月 7 日にミラノにおいて，ナポレオンが現地で委員に任命していた画家のティネと合流する。ティネは前章で述べたように，1794 年に政府代理機関「商業アジャンス」のメンバーとしてベルギーとライン左岸のドイツで美術品の押収に当たった後，翌年にはルーヴルに満ちあふれているフランドル派の絵画と，フィレンツェ派の絵画，古代の彫像，壺などとの交換交渉のためにフィレンツェに派遣されたのだが，この任務を果たし終えないうちに，ナポレオンの一存で 5 月 19 日，イタリア方面軍付美術品収集官に任命されたのである。先回りして述べておくと，ティネは新しい委員会において重要な役割を果たしたように見える。絵画の選定を行う際には，委員会は通例それをベルテルミーとともに，ティネに委任した。ティネはフランスに帰った後，1798 年にヴェルサイユのフランス派専門美術館の館長（conservateur）に任命されたが，その職務を熱心に遂行し，若干の絵画のパリへの移転に反対することで，ヴェルサイユの利害を擁護したのである[7]。

　さて，政府委員たちは前進するナポレオン軍にすぐ続いて，時にはわずか 1 ～ 2 日の遅れをもって，パルマ，モデナ，ミラノ，ボローニャ，チェントなどを次々に訪れ，そこで調査と収奪を行った。前述のようにパルマとモデナの場合には，休戦協定においてそれぞれ絵画 20 点のフランスへの引き渡しが規定されており，ボローニャの休戦協定にも，多数の美術品と写本の引き渡しが定められていた。このように休戦協定の中に，戦時賠償の一部として一定数の美術品の引き渡しを規定するのは，ナポレオン自身のアイディアであったといわれる[8]。しかし，それらの休戦協定は正確に実行されるとは限らなかった。押収品の数量はし

ばしばその後に変更されたし，また休戦協定そのものがナポレオンによって一方的には破棄されることも，一度ならずあったのである。

　この点に関連してナポレオン時代史研究の泰斗レンツも次のように述べている。「ナポレオンはイタリア戦役を通じて自らの行動に法的基礎を与えようと努めた。押収は，都市や城の占領後に征服者の権利（droit de conquête）によって行われるか，もしくは講和条約や休戦協定に含まれるリストにもとづいて実行された[9]。」むろん条約や協定にもとづく引き渡しであっても，双方の合意による合法的な譲渡とみなすことはできないが，そうした形式さえとることなしに，純然たる略奪品として美術品が持ち去られた場合も少なくない。以下，ブリュメールの論文によりながら，主要な都市の事例について簡潔に述べておきたい。

　まずミラノでは，総裁政府が派遣した委員の到着を待たずに絵画の収奪が開始されていた。ティネは5月19日，任命されたその日から作業を始め，イタリア方面軍参謀長ベルティエ将軍に対して，アンブロジアーナ図書館の若干の絵画とデッサンを，サンタ・マリア・デッレ・グラツィエ教会の2枚の絵（うち1枚はティツィアーノの「荊冠のキリスト」）とともにパリへ送る命令を発するよう求めた。ティネは同月22日にも別の3枚の絵画について同様にベルティエ将軍に命令を求め，24日にはそれらを押収することができた。またティネは6月5日には，ベルティエとイタリア方面軍付政府委員のサリセティの許可を得て，その地の軍隊司令官モロー大尉と一緒に近隣のクレモナへ赴き，同市の主な教会の絵画6点を押収している。

　これに対して，政府委員の署名が初めて現れるのは，アンブロジアーナ図書館とミラノの別の2教会から若干の絵画（とりわけヤン・ブリューゲルの「四大（空気・土・水・火の4作）」）を押収する許可を求めた，彼らの6月9日付サリセティ宛書簡においてである。ただし，これ以後委員たちは，軍人であれ文民であれ，もはや当局者に知らせることなしに美術品の押収を行うようになる。

　結局，この年の5月と6月にミラノから収奪された絵画は，アンブロジアーナ図書館からの12点と，諸教会からの7点の計19点であった。同図書館からは，ほかにレオナルド・ダ・ヴィンチの手稿（手帳13冊），ラファエロの「アテネの学堂」のカルトーネ（下絵用のデッサン）

第 2 章　イタリアにおける文化財の収奪（1796-1803 年）　　75

と他の 16 点のデッサン，6 点の古代美術品（エトルスキの壺など），12 冊の初期印刷本（インクナブラ），19 点の写本が，またブライデンセ図書館からはスイスの医師ハラー（Haller）の著作の刊本と約 100 冊の初期印刷本，130 点以上の写本が押収されている[10]。

　それでは，パルマ公，モデナ公と締結された休戦協定はどのように実施されたのであろうか。

　モデナでは，5 月 22 日に絵画の選定が行われたが，その任に当たったのは間違いなくティネであった。政府委員らは 6 月 10 日ミラノにおいて，モデナから送られてきた 15 点の絵画（うち 1 点は押収されず）の状態を確かめるために集まっている。休戦協定では 20 点の絵画の収用が許可されていたので，6 月 19 日にティネとベルテルミーはモデナへ赴き，残りの 6 点の絵を選んだのである。この 20 点の中で最も多数を占めていたのは，グェルチーノの作品 8 点である。なお，これらの絵画の選定はすべてモデナ公のギャラリーにおいて，公の摂政の顧問官の面前で行われたのである。

　次にパルマの場合には，絵画は公のギャラリーとアカデミー，パルマおよびピアチェンツァのいくつかの教会において選定された。誰が選定を行ったかは不明であるが，6 月 14 日に委員のうち 4 名がピアチェンツァの税関においてパルマからの 17 点の絵画の状態を確認している。これに税関にあったピアチェンツァからの 3 枚と合わせると，休戦協定に定める 20 点になるはずであったが，検査の結果 5 点はパリの国家美術館（ルーヴル）に入るに値しないことが分かったので，パルマに留め置かれ，委員らは 15 枚で満足することにしたのである。その中には，前述の「聖母子と聖ヒエロニムス」を始めコレッジョの作品 4 点，ラファエロ 1 点，パオロ・ヴェロネーゼ 1 点，3 人のカラッチの作品計 4 点が含まれていた。自らのコレクション中の至宝ともいうべき絵画を奪われることに諦めきれないパルマ公は，2 名の密使をパリへ送り，あらゆる手段を尽くさせて絵画の返還を勝ち取ろうとしたが，成功しなかった[11]。

　次いで多数の絵画の収奪が行われたのはボローニャである。ナポレオンは 6 月 21 日総裁政府に宛ててこう書いている。

表2-1 イタリア各地からの絵画の押収数と返還数総括表

押収場所と日付		押収絵画数	1815年返還数	フランスに残留	紛失数
1796-97年					
ミラノ	1796年5月	19	6	11	2
クレモナ	6月	6	2	4	
モデナ	6月	20	10	10	
パルマ	6月	15	12	3	
ボローニャ	7月	31	15	16	
チェント	7月	12	6	6	
リヴォルノ	7月	1	0	1	
モデナ	10月	30	11	19	
ロレート	1797年2月	3	1	2	
ペルージャ	2月	30	10	20	
マントヴァ	2月	4	0	4	
フォリーニョ	2月	1	1	0	
ペーザロ	1797年	7	3	4	
ファーノ	1797年	3	0	3	
ローマ	1797年	13	12	1	
ヴェローナ	1797年5月	14	7	7	
ヴェネツィア	9月	18	14	4	
小　計		227	110	115	2
1798-1803年					
ローマ	1798年	14	0	14	
トリノ	1799年	66	46	20	
フィレンツェ	1799年	63	56	0	7
トリノ	1801年	3	0	3	
ナポリ	1802年	7	0	7	
ローマ (San Luigi dei Francesi教会)	1802年	26	0	26	
パルマ	1803年	27	14	13	
小　計		206	116	83	7
1811-13年					
サヴォーナ	1811年	6	3	3	
ジェノヴァ	1811年	9	6	3	
キアヴァリ	1811年	2	1	1	
レヴァント	1811年	1	1	0	
ラ・スペツィア	1811年	1	1	0	
ピサ	1811年	9	1	8	
フィレンツェ	1811年	9	0	9	
パルマ	1811年	5	2	3	
フォリーニョ	1811年	1	1	0	
トーディ	1811年	3	2	1	
ペルージャ	1811年	10	5	5	
ミラノ（ブレラ）	1812年	5	0	5	
フィレンツェ	1813年	12	0	12	
小　計		73	23	50	
総　計		506	249	248	9

出典) Blumer 1936, pp.347-348 にもとづき作成。

「市民バルテルミー（ママ）が目下，ボローニャの絵画を選定することに専念しています。彼は50枚ほどを選ぶつもりで，その中にはラファエロの傑作といわれる『聖チェチーリア』が含まれています。」

しかし，政府委員らは総司令官よりも控え目な考えであったらしく，ボローニャのすべての教会を訪れたが，彼らが7月2日に作成したリストによると，収奪された絵画は教会と修道院に由来する32点（ブリュメールによる表2-1では31点）にとどまっている。その中には，上記の「聖チェチーリア」のほかに，3人のカラッチの素晴らしい油彩画数点と，グェルチーノの作品4点などが含まれていた。なお，委員たちは7月7日にグェルチーノの生まれ故郷である近隣のチェントへ赴き，同地の教会から彼の作品9枚を含む12点の絵画を押収している。

ボローニャからは，絵画のほかに，市の図書館から546点の写本と115点の印刷本（そのほとんどは1501年以前のインクナブラ），また学士院のコレクションに属する自然史関係の物品多数も奪われたが，とりわけボローニャ派の傑作絵画が永久に持ち去られるのを見て市民の動揺は激しかった。コムーネの代表たちは96年7月30日，総裁政府へ陳情書を提出して次のように抗議している。「ボローニャ市民はボナパルト将軍と行政総裁政府が定めた，現金もしくは現物で支払われる400万リーヴルの貢納に同意することによって，以後フランス人によるあらゆる要求から安全であり，個人の財産は尊重されると考えていた。」しかし，その期待が裏切られたので，市民たちは「フランス政府が資金を前記の金庫に戻し，……学問と芸術に関するものはそれらが奪われた元の倉庫に戻すこと」を要求した。この抗議に対してなんらの返答もなされなかったことはいうまでもない[12]。

ここで，上述のパルマからボローニャまでの押収活動に対する遠征軍総司令官ナポレオンの関わりについて付け加えておこう。第一帝政研究者ジュールダンによれば，「ボナパルト将軍は自ら美術品の選定に当たることは恐らくなかったであろう」が，彼が総裁政府に宛てた書簡において，パリから派遣された委員たちが北イタリア各地での絵画の収奪にかけた熱情に満足の意を表している。たとえば96年7月2日付の書簡

では，「貴殿らが派遣された芸術家委員たちは非常に立派に行動しており，自らの仕事に勤勉であります」と述べた上で，彼らがボローニャでの40枚を含めて合計110枚の絵画を手に入れたこと，またそれらにはローマ教皇との休戦協定において約束された100点の作品が加えられなければならないこと，が記されている。また97年2月19日付の書簡では，後述するペーザロ，ペルージャなど教皇領諸都市で行われた美術品の押収について，「学者たちの委員会は豊かな収穫をなしました。それはすぐにパリへ送られるでしょう」と報告している[13]。ボナパルトはかりに押収された傑作を自分の目で眺めることはなかったとしても，イタリア到着以来現地の文化人や芸術家たちから情報を得ることによって，作品とその作者の名前や芸術的・金銭的な価値についても一定の知識を獲得していたと考えられるのである。

　話を派遣委員の活動に戻すと，上述のボローニャでの収奪によって彼らの仕事の最初の部分が完了する。彼らはフィレンツェに集合して，7月22日（テルミドール4日）付で任務の報告ともいうべき長い書簡を内務大臣に提出する。ティネを含めると，委員らは2か月足らずの間に107点の絵画，16点のデッサン，古代美術品，古い印刷本，写本，自然史コレクションなどを押収した。彼らはそれらをトルトーナ（ミラノとジェノヴァの中間，アレッサンドリアに近い小都市）に送り，最大限の注意をもって発送の準備を行った上で，十分な護衛のもとに速やかにフランスへ送りたいと考えたのである[14]。

　委員たちは続いて，教皇にボローニャの休戦協定の実行を迫るべくローマへ向かった。しかし，この協定にもとづく美術品の引き渡しは教皇政府とローマ市民にとって容易には受け入れがたいものであり，彼らの根強い抵抗に遭うことになる。当時イタリアにおけるフランス政府の代理人としてジェノヴァにいたカコー（Cacault）は，7月1日の外務大臣ドラクロワ宛書簡において，ローマの様子をこう伝えている。

「最も素晴らしい100点の絵画と彫刻がわれわれに引き渡されることを定めたローマとの休戦協定の条項は，ローマ市民および全イタリアの住民の心を深く傷つけています。そこでは人々はこれらの記念物に非常な愛着をもっているからです。」

第 2 章　イタリアにおける文化財の収奪（1796-1803 年）　　79

彼はその翌日，書簡にこう書き加えている。

「ローマ市民から，彼らが大変愛着をもっている記念物を奪うことは難しいでしょう。また，それらの記念物の選定のために送られる委員は，彼らだけでそこへ行くならば，暗殺されるおそれがありましょう。」

実際，ペトラッキ（Petracchi）とカゼッラ（Casella）は 7 月 25 日，ローマ市民の名で抗議書をドラクロワに送ったのである。2 人の「愛国者」は同郷人の驚愕について語った後，農業も商業も製造業ももたないローマ市民から，その唯一の資源を奪わないように懇願している。

「われわれは生存するために美術しか，外国人をわれわれのもとへ引きつけるあの傑作しかもっていない……。」
「われわれをしてこれらの記念物の保管者たらしめよ。それらは芸術に対するあなた方の関心とあなた方の寛大さの証しとなるであろう[15]。」

委員たちは道すがら住民の敵意を感じ，非常な不安を抱いて 7 月 29 日ローマに到着した。ボナパルトによって休戦協定の実施を命じられていたミオ・ド・メリート（Miot de Mélito）は，委員たちを教皇の代理人に引き合わせ，直ちに引き渡される美術品と写本のリストの作成が始まった。直ぐにカコーがミオに代わったが，8 月 14 日に「フランス共和国の委員たち」が選んだ 100 点の美術品の最終リストができ上がり，教皇政府に手渡された[16]。

グールドはイタリアにおける委員たちの主要なターゲットは絵画ではなく，ヘレニズムとローマの彫刻であったという[17]。この指摘がすべての都市の場合に妥当するかどうかは疑問であるが，ローマに関する限りきわめて的確である。委員たちは 83 点と全体の 5 分の 4 以上を彫刻に割り当てる一方で，絵画は 17 点しか選んでいないからである。彫刻の中では大理石像を主体に古代の彫像（立像）と胸像が 71 点と圧倒的多数を占め，残りは墓碑，祭壇，壺，枝付き大燭台などから成っていた。

とりわけ重要な古代彫刻として，ヴァティカン美術館所蔵の「ベルヴェデーレのアポロン」，「ラオコーン」，「ベルヴェデーレのトルソ」，「ケレス」，「メレアグロス」，「メルポメネス」，「ヘラクレスとしてのコンモドゥス帝」，「うずくまるヴィーナス」，「ナイル川」，「テヴェレ川」などの大理石像が含まれていた。またカピトリーノ美術館からは，上述の「ユニウス・ブルートゥス」のブロンズの胸像と「マルクス・ブルートゥス」の大理石の胸像のほか，「瀕死の剣闘士」，「アンティノウス」，「アモルとプシュケ」，「カピトリーノのヴィーナス」などの大理石像とブロンズの「とげを抜く少年（スピナリオ）」が選ばれていた。このうち「ベルヴェデーレのアポロン」像はヴィンケルマン以来，古代美術の最高傑作と見なされていた作品である。一方絵画としては，ローマの諸教会からラファエロの「キリストの変容」のほかカラヴァッジョ，アンニバレ・カラッチ，グェルチーノらの作品6点，またヴァティカン・カピトリーノ両美術館からグイード・レーニ，グェルチーノ，プッサンらの作品8点が選ばれており，さらに教皇領に属していたペルージャの教会からもペルジーノの「キリストの昇天」とラファエロの「聖母マリアの戴冠」他1点が要求されていた。

　しかし，ボローニャの休戦協定実施の交渉は長引いた。それは9月に中断され，委員らは任務を果たし終えずにローマを発って，フィレンツェに戻らなければならなかった。この時点では，若干の彫像は箱詰めされていたが，絵画には手が付けられていなかった[18]。

　ナポレオンは96年9月にモデナとの休戦協定を破って同市を占領し，公を追放した。彼はモデナを征服地として扱い，再度委員たちを使って収奪する絵画の選定に当たらせた。その結果，10月25日までに29点の絵画が今回もすべてモデナ公のギャラリーにおいて選び出された。それらの絵画の中で多数を占めるのは，グェルチーノ（6点），アンニバレ・カラッチ（4点），グイード・レーニ（3点），ジュリオ・ロマーノ（3点），ロドヴィコ・カラッチ（2点）らの作品である。また数日後には，モデナ公が所有するベッラリア（Bell'Aria）の城館において約20点のデッサンと，ティアリーニの小型の絵が押収された。さらにモデナ公の図書館，宮殿の紋章室，自然史キャビネット，メダル陳列室も委員による捜索を受け，多くの物品が押収されたのである[19]。

第 2 章　イタリアにおける文化財の収奪（1796-1803 年）　　　　　　　81

　その後委員会は翌 97 年 2 月中旬まで活動を停止するが，その間に委員会には数名の新しいメンバーが加わることになる。すなわち，画家のヴィカールとグロ（Gros）であり，さらに補助的メンバーとして音楽家のクルゼール（Kreutzer），彫刻家のマラン（Marin），画家のジェルリ（Gerli）が加えられた。ヴィカールはこの時は目立たなかったが，のち 99 年にフィレンツェでピッティ宮の収奪の際に重要な役割を演じることになる。画家グロは 96 年 6 月イタリアにいた時，前述のジェノヴァ駐在公使フェブーから，夫のボナパルトに会いに来たジョゼフィーヌに紹介され，彼女によってミラノへ連れて行かれてナポレオンの肖像画を描くことになった。ナポレオンの参謀部付中尉となったグロは，96 年 11 月 15 日にアルコレの会戦を目撃し，有名な肖像画「アルコレ橋のボナパルト」のスケッチを行ったのである。ミラノに戻ったグロは 97 年 1 月委員会から参加を求められ，最初は躊躇したが，ボナパルト夫妻の強い依頼もあって承諾する。しかし，グロが美術品の選定にどのような役割を果たしたのかは不明である。われわれが知っているのは，彼が美術品の輸送隊の 1 つをローマからリヴォルノまで護衛する役についたということだけである[20]。

　さて，96 年 5 月以来フランス軍の攻囲のもとマントヴァに立てこもっていたオーストリア軍のヴルムザー将軍は，97 年 2 月 2 日ついに降伏した。それを知らせる布告においてボナパルトは兵士らにこう語っている。

　　「マントヴァの占領によって終結した戦役は，諸君に対して祖国の感謝を永久に受ける資格を与えた。……諸君はパリの美術館を古今のイタリアの傑作である 300 点以上の物品で豊かにしたが，それらを生み出すには実に 30 世紀を要したのだ。」

　2 月 24 日委員のトゥーアンはヴィカールと一緒にマントヴァへ赴き，そこで 4 点の絵画，デッサン，古代の胸像，書籍，写本を選定した。大聖堂などから押収された絵画は，数は少ないが，マンテーニャの「勝利の聖母マリア」，ヴェロネーゼの「聖アントニウスの誘惑」，ルーベンスの「キリストの変容」と逸品揃いである[21]。

これより先ナポレオンは，教皇がボローニャの休戦協定の若干の条項，ことに美術品と写本の引き渡しに関する第8条を履行しないことを理由に，97年2月1日同協定を一方的に破棄して，軍隊を率いて教皇領に侵入する。そして教皇の小規模な軍隊を苦もなくうち破り，2月19日トレンティーノ（アンコーナの南方の地）において教皇の4人の使節と会って，きわめて苛酷な内容の講和条約を押しつけた。この条約はその第13条で，上記休戦協定の第8条が全面的に，かつできる限り速やかに実施されることを定めているだけでなく，教皇が南フランスのアヴィニョンとヴナスク伯領および「ボローニャ・フェラーラ・ロマーニャ教皇領」に対する一切の権利をフランスに譲り渡すこと（第6・7条），またヴェネツィアへのアドリア海ルートを扼する都市アンコーナをもフランスの手に委ねること（第8条）を規定している。さらにそれだけでなく，教皇は賠償として，フランス通貨で総額3,000万リーヴルを，うち1,000万リーヴルは正貨で，残額は正貨もしくはダイヤモンドその他の貴重品で，支払うことを約束している（第10, 12条）。実は先のボローニャの休戦協定にも2,100万リーヴルの賠償金の支払いが規定されていたのだが，今回の講和条約では，その未払い額約1,600万リーヴルに上乗せして，さらに巨額の賠償金が課せられていることに注目すべきである[22]。

　このトレンティーノ条約によって，ボローニャの休戦協定で約束されたローマの美術財宝100点はついにフランス人の手に入ることになる。条約調印の数日前，2月12・13日に，委員のモンジュとティネは絵画の押収のために教皇領内のロレートへ赴いたが，押収調書によると，奪われた絵画は3枚にとどまっている。これはフランス軍の接近を見て，教皇軍の司令官はロレートの財宝の一部をローマへ移していたためであり，ロレートにあるといわれていたラファエロの有名な絵画「幼子イエスを示す聖母マリア」（いわゆる「ロレートの聖母」）はローマにおいて，教皇ピウス6世の甥のブラスキ（Braschi）公のもとに疎開させられていたのである。ちなみに，この絵がパリへ送られるのはブラスキ公のコレクションがフランス人に没収された1798年のことである。ただし，この絵は1801年にルーヴルへ送られた後，本物ではなく，模作と判定されることになる[23]。

第2章　イタリアにおける文化財の収奪（1796-1803年）

　ここで，トレンティーノ条約の調印とほぼ時を同じくして，教皇国家に属するペルージャで行われた美術品の収奪について述べておこう[24]。このペルージャでの収奪は96年10月のモデナにおける美術品，学術資料の押収と同様，休戦協定や講和条約の条項にもとづくものではなく，軍隊の力を背景とした純然たる略奪というべきものであった。そして，このペルージャの事例は，都市自治体が征服者の命令に対して最も頑強で巧妙な抵抗を行ったことでも知られているのである。

　ペルージャには96年7月26日に，フィレンツェからローマへ向かっていたフランス人委員が訪れ，同市の諸教会が所蔵する絵画の調査を行っていた。前述のようにボローニャの休戦協定によって教皇が引き渡すことになった美術品の中には，ペルージャの絵画3点が含まれていたからである。

　翌97年1月には，新たに委員に加わった画家のグロがペルージャへ派遣されたが，彼は住民代表から，絵画の選定に当たっては大いに穏便にして欲しいと嘆願されたのである。次いでトレンティーノ条約調印前日の2月18日には，別の委員ティネがローマ遠征軍司令官ヴィクトール将軍の命令をもってペルージャへ赴いたが，彼は市長に会うや直ちに，20日の午後1時まで教会の扉を開けるよう命令すること，また修道院長かその代理が選定に立ち会うことを要求した。そしてその日のうちにサン・フランチェスコ教会へ行き，ラファエロの「聖母マリアの戴冠」ほか2点の絵画を取り上げた。ティネの活動はその後も3月3日まで続き，合計27点（ボローニャの休戦協定にもとづく3点を除く）の絵画をペルージャの諸教会から押収している。その中では，当地出身の画家ペルジーノの作品が21点と圧倒的多数を占めるが，そのうちサンタゴスティーノ教会からの8点と，サン・ピエトロ教会からの9点の作品は，以前それぞれの教会の祭壇の装飾衝立を構成していたものであった。以上のほかティネは，2月25日に近隣のフォリーニョへ赴き，修道院付属教会を飾るラファエロの傑作「フォリーニョの聖母」を引き渡させている。

　このように強引なやり方での多数の絵画の収奪は，ペルージャ市民を驚愕させ，ギルドの代表者から成る十人会議（Decemviri）はティネの行動に抗議するために教皇に陳情書を提出した。それによれば，ティネ

はペルージャから絵画だけでなく，種々の図書館から写本や非常に珍しい法典，古い印刷本をも持ち去ろうとしているとされている。

　さらに3月1日にはペルージャ市民は，カミッロ・マッシミ（Camillo Massimi）侯の仲立ちで総司令官ボナパルトに請願書を提出して，押収物品の発送を取りやめさせようとしている。この請願書は，ランヌ将軍指揮下のフランス軍の公正，規律，秩序正しさを挙げ，わが市民はそのことを閣下に対して感謝するとした上で，様々な図書館に分散している写本はさておくとしても，委員ティネがボローニャの休戦協定にもとづく3点のほかに，27点もの絵画を徴発したことこそが互いの満足をさまたげたのだという。市民たちは駐ローマのフランス公使やヴィクトール将軍に働きかけて，絵画と写本の発送の一時停止を要求したのだが，今や総司令官自身に対して押収品の発送中止を命令するように懇願しているのである。

　　「今や閣下がこの町の最大の名声を形成するこれらの古い記念物を保持することを，住民全体に許されることによって，彼らを慰めて下さることだけがまだなされていないのです。われわれの感謝の念は消しがたいものです。数々の月桂冠をその額に巻き付け，その名で全世界を満たし，後世の人々の称賛の的になるであろう人物は，この恩恵を公共の名において慎み深く懇願する者たちに対して拒むことはできないでありましょう。」

　しかし，ナポレオンはペルージャ市民の懇願に心を動かされることはなかった。3月17日シャテニエ将軍はできる限り速やかに絵画を発送するように命令した。ティネも市民の嘆きを意に介さず，押収品のリヴォルノへの発送に邁進した。市民の抵抗のために防水布が手に入らず，麻布とわらを使って絵画を包装したり，また必要な牛24頭と運搬車6台は軍隊に徴発してもらったりしなければならなかったが，ともかく3月末には30点の絵画がペルージャを離れ，その大多数は2度と戻ることはなかったのである。

　ブリュメールもいう通り，「ペルージャは（フランス人）委員が訪れたすべての都市の中で，文句なしに最も厳しく扱われたものの1つであっ

第2章　イタリアにおける文化財の収奪（1796-1803年）　　　　　　85

た。」ティネがボローニャの休戦協定が定めるよりもはるかに多数の絵画を押収したこと，またこの都市の最も有名な画家であるペルジーノの作品を執拗に奪ったことは，フランスにおいても同情を呼び起こし，美術品の併合を断固支持していた『哲学旬報』（97年5月19日号）も次のような「良識ある」文章を載せたのである。「イタリアのすべての小都市から，住民が非常に大切にしているが，それらが到着した時にわれわれはほとんど注意を払わないであろうような男女の聖人，聖母，預言者などの画像をすべて取り上げることは，恐らくフランス政府の意図ではあり得ないであろう[25]。」

　ここで話をトレンティーノ条約にもどすと，その調印後すぐに美術品探索委員たちはローマへ向かい（3月初めまでに到着），ティネも間もなく合流する。すでに前年の調査によって押収すべき作品の選定は終わっていたので，それらを木箱に入れ，発送するだけでよかった。また教皇政府も，勝者の好意を取り付けようとして押収作業を支援したのである[26]。委員たちは第一に彫刻に専念し，教皇から美術品引き渡しの任務を与えられた建築家ヴァラディエ（Valadier）に伴われて，まずカピトリーノ美術館へ，次いでヴァティカンへ赴き，83点の古代彫刻を確認し，それらを箱詰めにした。それから絵画に移り，前述したような17点の絵画を1本のローラーと3つの木箱に収めたのである。しかし，それらローマにおける押収品のパリへの輸送について述べる前に，1797年の5月にヴェローナとヴェネツィアで行われた美術品の押収について触れておかなければならない。

　ヴェネツィア共和国の支配下にあったヴェローナは，1796年5月以来ナポレオン軍によって占領されていた。多数の駐留部隊のための食糧と住居の徴発は時とともに住民の不満を増大させ，それは97年3月にフランス軍の主力が対オーストリア戦のために町を離れた後，一気に爆発することになる[27]。

　4月17日，復活祭翌日の月曜日に，ヴェローナではフランス人とその支持者を標的にした，住民の激しい反乱が起こる。「ヴェローナの復活祭」と呼ばれるこの反乱は7日間続き，急遽駆けつけたフランス軍によって鎮圧されたが，数十人とも300人ともいわれるフランス人が街路や時には病院で虐殺されたほか，多数の兵士が都市内の要塞に避難を

余儀なくされるなど，町は一時無政府状態に陥った。暴動鎮圧後主な指導者は処刑され，都市は多額の賠償金と軍服，長靴，さらに美術品の提供を要求される。ナポレオンはヴェローナに懲罰を加えるために，5月6日，「都市であれ個人であれ，その所有物であるすべての絵画，植物，貝殻などのコレクションはフランス共和国のために没収される」と布告する。

この後ヴェローナでは，5月15日から22日まで様々な美術品を筆頭に，自然史の標本，法典と初期印刷本などの押収が連続して行われることになる。押収作業を担当したのは4人の委員，すなわちオージュロー将軍が指名した2人の芸術家とフランス政府委員の化学者ベルトレ，画家のアッピアーニ（Appiani）であった。押収の対象となったのは，サン・ゼーノ・マッジョーレ教会を始めとする市内の4つの教会，ベヴィラックア（Bevilacqua），セルピーニ（Serpini）といった貴族の館あるいは市民の邸宅のコレクション，教会参事会や諸修道院の図書室である。とりわけベヴィラックア伯爵のコレクションからは，ランドリュー（Landrieux）将軍の命令でペッレグリーニ（Pellegrini）の館に疎開してあった10点の絵画と12点の彫刻，さらにメダルが奪われた。収奪された絵画の数は，サン・ゼーノ教会の主祭壇のマンテーニャの三幅対祭壇画を別にして，延べ34点に上ったが，それらのうち芸術的価値が低いと判断されたかなり多くのものは元の所有者に返還された。

こうして最終的にフランスへ送られた絵画は14点にとどまったのであるが，それらはマンテーニャの三幅対祭壇画「聖母と諸聖人」とそのプレデラ（パネル3枚），ヴェロネーゼの「聖ゲオルギウスの殉教」を始めとする6作品，さらにティツィアーノの「聖母被昇天」，ティントレットの「天国」の下絵から成っており，質的には非常にすぐれたものであった。それらの絵画はいくつかの木箱に詰められた後，ヴェローナにしばらく止め置かれたが，8月末になって，ヴェネツィアからの輸送品と合体させるためにアドリア海へ向けて発送されることになる[28]。

さて，ナポレオンは96年5月以来ヴェネツィア共和国支配下の諸都市に勢力を扶植しつつ，同共和国の弱体化を進めていたが，97年4月20日にラグーナ内に侵入したフランスの哨戒船が撃沈されたのを格好の口実にして，5月1日同共和国に対して宣戦を布告する。ナポレオン

第 2 章　イタリアにおける文化財の収奪（1796-1803 年）　　　　　87

の恫喝に屈して大議会は同月 12 日解散し，15 日には統領（ドージェ）マニンは宮殿を去り，フランス軍がヴェネツィアに凱旋入城を行った。翌 16 日には臨時政府が樹立され，ナポレオンはミラノにおいてヴェネツィア共和国の 3 人の代表と講和条約に調印する。その秘密条項には，相互の領土の交換（第 1 条）のほか，ヴェネツィアは 300 万リーヴルを正貨でフランス軍の支払係の金庫へ支払い（第 2 条），別の 300 万リーヴルを大麻，綱具，船具などで支払うこと（第 3 条），またヴェネツィアは，必要な武装と装備がなされた，良好な状態の 3 隻の戦列艦と 2 隻のフリゲート艦を与えること（第 4 条）が定められていた。そして第 5 条として，慣例に従い美術品の引き渡しに関する次の条項が含まれていた。「ヴェネツィア共和国は最終的に，20 点の絵画と 500 点の写本を総司令官の選定により，そのための委員に引き渡すものとする。」

　7 月 10 日頃ローマを出発した委員のベルテルミーとティネが，リヴォルノ経由でヴェネツィアに到着したのは 8 月初めである。モンジュも，途中ミラノで総司令官から指示を受けてから合流する。彼らは臨時政府が指名した鑑定人ピエトロ・エドワーズの監視のもとに，ドゥカーレ宮殿と主だった教会，修道院においてフランスへ持ち帰るべき絵画の選定に取りかかったが，8 月 21 日には，ミラノ条約に定める 20 点の絵画のうち 2 点を削り，代わりに彫刻 2 点（サン・マルコ図書館の入り口上部の古代ローマの動物供儀《Suovetaurilia》を表す浅浮彫りと，ハドリアヌス帝のブロンズの胸像）を加えることを臨時政府に提案して認めさせた。

　こうして押収された 18 点の絵画は，ドゥカーレ宮殿からの 6 点（ヴェロネーゼ 4 点，ティツィアーノ 1 点を含む）と，サン・ザッカリア教会，サンティッシマ・ジョヴァンニ・エ・パオロ教会など 7 つの教会または修道院，さらにスクオーラ・ディ・サン・マルコから引き出された 12 点（ヴェロネーゼ 4 点，ティツィアーノとティントレット各 2 点，ジョヴァンニ・ベッリーニ 1 点を含む）から成っていた。これらのうちで最も重要なものは，ヴェロネーゼの大作「カナの婚礼」と「レヴィ家の饗宴」であり，前者はサン・ジョルジョ・マッジョーレ島にあるベネディクト派修道院の食堂に，後者はサンティッシマ・ジョヴァンニ・エ・パオロ教会に飾られていたものである。なお，当初のリストには，ドゥカーレ宮殿の大評議の間を飾るティントレットの大作「天国」が含まれていた

出典）Fournoux 2002, Pl. 13.
図2-3　ヴェネツィア　サン・マルコ教会の馬像の押収（1797年12月7日）
（ジャン・デュプレシ=ベルトーの銅版画）

が，この絵は修復されたばかりで長途の輸送に耐えないという理由で，ヴェロネーゼの別の作品「パリサイ人の家のキリスト」に代えられたのである。

　ミラノ条約にもとづく20点（実際には18点）の美術品の押収は以上で終わり，9月11日にその調書が作成された。箱詰めされた絵画と彫刻は，前述のヴェローナからの押収品といっしょにフリゲート艦サンシブル（Sensible）号に積み込まれ，トゥーロンへ向けて出発する。

　ミラノ条約に定められた写本の押収がいつ行われたかは不明であるが，サン・マルコ図書館などからの写本約250点と，インクナブラその他の貴重な印刷本230点が引き渡されたことが判明している[29]。

　委員たちは9月17日に自らの任務が終了したことをナポレオンに通告し，ティネとベルテルミーは輸送船とともにヴェネツィアを離れたが，しかしこれをもってフランス軍によるヴェネツィアの富の収奪が終わったわけでは決してない。特に97年10月17日のカンポ・フォルミオ条約によってヴェネツィアのオーストリアへの引き渡しが決まると，

第2章　イタリアにおける文化財の収奪（1796-1803年）

収奪は一層激しさを増したのである。

12月7日にはサン・マルコ聖堂の正面を600年近くにわたって戦勝記念品として飾っていたブロンズ製の4頭の馬像が，大勢の市民とフランス兵が見守る中，引き下ろされ，馬車で運び去られた。その光景はデュプレシ＝ベルトーの銅版画（図2-3）にリアルに描かれている。ヴェネツィアの勢威と壮麗のシンボルであるこの馬像は，第4回十字軍の際に統領エンリコ・ダンドロがコンスタンティノープルのヒポドロームから奪ってきたものであり，紀元前3世紀の作ともいわれている。この馬像はヴェネツィアに到着したばかりのフランス人委員の注意を引き，彼らは絵画の押収数を4枚減らすことを条件にその獲得をナポレオンに進言していたのだが，結局交換条件なしにフランスの手に落ちたのである。この馬像は，ヴェネツィアのもう1つのシンボルである有翼の獅子像，サン・マルコ小広場の円柱上のそれと一緒に，フリゲート艦ディアナ（Diana）号に積まれてフランスへ送られ，後にカルーゼルの凱旋門を飾ることになる[30]。

しかし，このような美術品の収奪よりもはるかに衝撃的だったのは，97年末に起こったヴェネツィアの国立造船所（アルセナーレ）の徹底的な破壊である。フルヌーの叙述によると[31]，ナポレオンと総裁政府は造船所にあるすべての船が全く使いものにならなくなるほどに破壊されるか，よそへ移されることを要求したが，この指令は文字通りに実行され，造船所にはいかなる船も火砲も船具も一切残らないように略奪，破壊がなされたのである。そして，最も恥ずべき蛮行は有名な統領座乗船ブチントーロ《Bucintoro》の破壊である。毎年キリスト昇天祭の海の婚礼の儀式の際にのみ用いられたこの豪華船は，それを飾る華麗な彫刻をうち砕かれ焼かれた上で，残骸は監獄に転用された。今日では，その姿はカナレットやグアルディの絵を通じてしのぶほかはない。

加えて，98年に入るとフランス兵による教会や修道院からの略奪行為も続発したため，民衆による抗議行動が町中に広まったが，フランス軍の出発の日が近づくにつれて騒ぎは静まった。98年1月18日，セリュリエ将軍麾下のフランス軍はヴェネツィアを去り，クレナウ将軍率いるオーストリア軍がメストレ（本土部）に上陸する。

なお，この97年には，ほかに東海岸の都市，教皇領のペーザロにお

いて教会などから7点の絵画が，同じくファーノにおいて3点の絵画が押収されており，両者とも98年7月27日に，後述の第3回の輸送隊によってパリへ到着することになる[32]。

2 押収品のパリへの輸送

　以上1796年5月から97年末までのフランス政府派遣委員によるイタリア各地での美術品その他文化財の押収の経過を述べてきたが，彼らフランス人委員にはなお，イタリアでかき集めた美術品その他の物品のフランスへの輸送という，その任務のおそらくは最も困難な部分が残されていた。ナポレオン美術館の館長となったドノンは1803年10月1日に，国家学士院の美術部会に対してイタリアからの古代記念物の無事到着を報告して，こう述べている。

　　「100個の箱が開かれた。1つの事故も，ただ1つの破壊も，このように珍しい財宝を獲得するというわれわれの幸せを損なうことはなかった。われわれのものとなった1つの運勢の星がこの輸送に関わるすべての出来事を取りしきったのだ[33]。」

　ブリュメールはこのようなドノンの見解を紹介した上で，次のようにいう。「委員の収穫物を入れた箱の数の膨大さ，若干の包みの異常な大きさと重さ，全体の計り知れない芸術的価値を考えても見よ。次に，当時の原始的な輸送手段，ほとんど通行不能なイタリアの道路，無きに等しいアルプスの街道，輸送隊を襲おうと待ちかまえている強盗の群，地中海に出没するイギリスの私掠船を想像しても見よ。かくも多くの美術品が無傷でわれわれのもとへ到着したという事実には，何か奇跡めいたものがないであろうか[34]。」

　ブリュメールは，絵画を入れた箱が2つ3つ途中で失われたことを遺憾としながらも，それは全体の取るに足りない部分に過ぎないとする。そして，フランスへの輸送がかくも好条件のもとで行われたのは，ドノンのいう運勢の星のせいよりも，委員たちが払った細心の注意のお

第 2 章　イタリアにおける文化財の収奪（1796-1803 年）　　　　91

かげであると主張する。彼女は美術品の輸送に関係した人々の書簡や報告を用いながら，3 次にわたるイタリアからパリへの輸送の道のりを次のように再現している。

　すでに述べたように，フランス人委員は 96 年 7 月までに彼らの最初の収穫物，ミラノ，パルマ，モデナ，ボローニャなどで押収した物品をミラノの南方のトルトーナに集結させた。これら最初の収穫物の輸送をパリまで護衛する役は，委員の 1 人，植物学者のラビヤルディエールに託されたのだが，彼はまず 7 月 23 日ミラノへ行き，必要不可欠な馬と荷車を大変苦労して手に入れた。次いで彼はトルトーナへ赴き，以前の教会に預けられていた 72 個の大切な木箱を受け取って，9 月 13 日に同地を出発した。

　輸送隊は始めクネオを経由して南のテンダ峠へ向かったが，強盗団の襲撃を受けるおそれがあったためにクネオに引き返し，より安全ではあるが通行困難なモン・スニ峠越えのルートを取ることにした。山道を通過するためラビヤルディエールは，特にかさばって重い箱 23 個を現地の指揮官に預けなければならなかった。ブリュメールのデータによると，99 点の絵画のうち 80 点が残されたと推定される。また彼が運んで行く 49 箱は，自然史関係の物品，非常に古い版本，貴重な写本，若干の物理学の用具，大画家のカルトーネと若干の絵画で満たされていたという。こうして荷物を減らした輸送隊は，10 月初めにトリノを通過，次いでアルプスを越えてシャンベリーに着き，そこからリヨンまではアルプス方面軍司令官ケラーマンの軍が護衛した。リヨンから先は，通行は安全であったが，馬が大変疲労したため，パリに到着したのは 96 年 11 月 8 日であった。この最初の戦利品輸送隊のパリ入城は全く目立たないものだったらしく，中央美術館の管理人たちも次のようにきわめて事務的に議事録（11 月 9 日付）に書き留めているに過ぎない[35]。

　「昨日，ブリュメール 18 日イタリアからの 6 台の荷車が着いた。それらは布で覆われ荷札が付いた 49 個の包み（ballots）を本美術館にもたらした。それらの包みには様々な種類の美術品が収められているとのことである。それらの美術品は今後イタリアから到着予定の美術品と合体させて，本美術館に展示されなければならず，そ

の後で関係のある種々の美術館に分割されるであろう。」

　さて，イタリアに留まった委員たちは，大分たってから，最初の発送分の一部がクネオに残されていることを知って不安にかられ，それを一刻も早く安全な場所に移そうとした。彼らはその頃モデナにおいて2回目の美術品収奪を行っていたのだが，イタリア方面軍付政府委員のガロー（Garreau）とも協議した結果，後者の友人で元人民代表のエスキュディエ（Escudier）が，モデナに集められた美術品と，ラビヤルディエールがクネオに残した美術品との輸送隊の指揮を任されることになった。また前回のコースは十分安全ではないという理由で，今回はジェノヴァ・ルートをとることに決まった。これが第2回の輸送隊である。
　エスキュディエは96年11月10日頃，秘書のベルトラン（Bertrand）とともにミラノを発った。2人はトルトーナで別れ，ベルトランはモデナでの2回目の押収に由来する18箱（31点の絵画を含む）とともにジェノヴァに向かった。エスキュディエはクネオに赴き，そこに残されていた23個の巨大な箱を12台の馬車に積んで，同月21日ジェノヴァへ向かった。クネオでは，住民は積み荷を焼こうとし，次いで路上で破壊しようとしたが，同行した護衛隊の断固とした態度のおかげで保持することができたという。12月3日エスキュディエがジェノヴァに着いた時には，ベルトランはすでに到着していた。彼らは合わせて41個の箱と荷車を船に積んで，12月11日に出帆し，4日後トゥーロンに着いた。
　以上で，旅行の最も危険な部分は終わったが，ここで1つのトラブルが持ち上がった。エスキュディエはトゥーロンから内相ベネゼクと，輸送ルートや護衛の規模や輸送費の額などについて理由もなく手紙で協議して，輸送隊の出発を大幅に遅らせた。また彼は，絵画の安全な輸送にはばね付の荷車の使用が不可欠であると主張して，内相に認めさせた。その間イタリアにいる委員たちは輸送中の絵画の劣化をおそれて，内相に繰り返し遅滞の理由を問いただしたのである。結局，半年以上が過ぎた97年7月5日に，17台の荷車から成る輸送隊がようやくトゥーロンを出発したのである。以後，パリまでの25日間の旅程についてはわれわれが知るところはほとんどない。
　この第2回の輸送隊のパリ到着も，1回目と同様目立たないもので

第2章　イタリアにおける文化財の収奪（1796-1803年）　　　　　　　　93

あった。7月30日午後8時に，中央美術館の書記は輸送隊が市南部のヴィルジュイフに到着したことを知らされた。翌31日午前10時，荷車はルーヴルの広場に集結し，午後1時半までに積み荷は搬入された。その日美術館の管理部は内相に輸送隊の到着を知らせる書簡をしたためたが，その末尾にはこう書かれていた。「われわれの見るところ，この輸送隊は入念に準備され，指揮されたようである。すべての箱はよい状態にあるように思われる[36]。」

　最後に第3回の輸送隊は，トレンティーノ条約によって教皇が譲渡した美術品をパリへ輸送するものであったが，その途中で前述のヴェローナおよびヴェネツィアからの輸送品を合体して運ぶことになる[37]。まず委員たちは，輸送すべき美術品などの量が1回の輸送隊（convoi）で運ぶには多過ぎたので，全体を5つの部分に分け，5つの分隊が一定の間隔でローマを出発することにした。また輸送品は最初，ボローニャを通ってジェノヴァへ送られ，そこから海路で輸送されることになっていたが，その後ルートは変更され，イタリア西海岸のリヴォルノへ運ばれて，そこで船積みされることになる。こうして97年の4月から7月までの間に4つの分隊がローマを出発することになるが，重くかさばった彫像とその他の彫刻作品を運ぶ5番目の分隊は97年には出発せず，積み荷は海路での輸送が安全になるまでヴァチカンの倉庫に留め置かれることになった。しかし結局それらの彫刻の輸送はその後もなされず，それらの回収のためにルーヴル美術館の管理人で建築家のデュフルニー（Léon Dufourny）が1801-02年にイタリアへ派遣されなければならなかったのである[38]。

　委員たちは押収した美術品の輸送に際してどのように細心の注意を払ったかを，彼ら自身がローマからパリの中央美術館の管理人（administrateurs）に送った97年6月3日付書簡（『哲学旬報』97年7月8日号に公表）において語っているので，ここに紹介しておきたい[39]。

　まず上述の分隊はそれぞれ12台ほどの荷車から成っていたが，それらはすべて特別あつらえのもので，積み荷の重量とかさに応じた強度とサイズを具えていた。また荷車の構造にも，木箱を乗せる床に藺草のござの巻物を並べるなど，振動を減らすように工夫が凝らされていた。そして，各々の分隊の荷車の後には，途中で壊れた場合のための取替え用

出典）Saunier, 1902, Pl. II

図2-4 第3回輸送隊のローマ出発（1797年5月11日）
（J. ボージャンとマランの版画）

の部品と必要な修理用の工具を運ぶ車が続いていた。各々の荷車はまず力が強く長柄を操作できる2頭の牛に，次いで前方のもっぱら牽引用の6つがいの牛に繋がれている。御者たちは輸送隊の重要性を理解しており，委員の1人によって絶えず監視されている。

次いで委員たちは彫刻と絵画の荷造りの仕方を述べている。

「彫像とその他の彫刻作品はこの上なく丈夫な箱に入れられる。それらは箱の中でどの部分も決して動かないように固定されている。箱そのものは物品を衝撃から守るために，外側を藁で梱包されている。」

「絵画について言うと，カンヴァスに描かれた非常に大きなものは，われわれが見ている前で直径の大きなシリンダー（＝ローラー）の回りに巻かれた。最も幅の広い絵を下にして，その上により幅の狭いものが置かれた。絵と絵の間には白い紙が挟まれ，重ねられた絵が触れ合わないようにされた。全体は麻布で包まれ，シリンダーの回りには両方の方向から帯状の紙を螺旋状に巻き付けて締めつけることで，全く動かないようにされていた。……カンヴァスに描かれ

た中くらいのサイズの絵で，少し前に修復されて再びカンヴァスにもどされたものは，少しでも動くことがないように必要な用心をしながら，箱の中にぴんと引き延ばして置かれた。板に描かれた絵はそれぞれ別の箱に入れられた。」

「絵画を入れた箱はすべて，あらゆる湿気から守るためにまず外側にタールが塗られ，次いで防水布で覆われ，さらに藁で梱包され，最後に揺れから守るために彫刻の箱と同様，藺草で編んだござの巻物の上に積まれた。」

委員たちはこの書簡の中で輸送隊のローマ出発の様子をこう描写している。「わが軍隊の勝利の果実が，この上なく整然と丘を越えて行く様は，まことに美しい光景である」（図2-4参照）。

4つの分隊の構成と出発日は次の通りである。彫像を積んだ荷車10台と，1本のローラーに巻いた5枚の絵画を運ぶ荷車1台から成る第1の分隊は，4月9日にローマを出発し，5月にリヴォルノに着いた。第2の分隊は，ティネの指揮のもと5月11日に出発し，6月14日に目的地に到着した。それは彫像の荷車12台と絵画の荷車1台から成り，ほかに事故の場合に必要になる工具を積んだ荷車4台を伴っていた。6月10日に画家グロと彫刻家ゴール（Gaulle）の監督のもとに出発した第3の分隊は，彫像のみを運んでいた。最後に第4の分隊は，彫像の荷車10台から成り，画家ジェルリと彫刻家モンティ（Monti）の指揮のもと7月4日に出発した。

第3の分隊は途中ヴィテルボにおいて敵意を抱く群衆によって阻止されたが，市自治体に訴えて何とか通過した。最後の分隊がリヴォルノに着いたのは8月初めであった。ちなみに，当時リヴォルノ駐在のフランス領事であったルドン・ド・ベルヴィル（Redon de Belleville）は，のち帝政期に県知事や国務院の議員にもなるが，優秀な役人かつ熱烈な愛国者として美術品の船積みの監視に非常に重要な役割を果たし，委員と総裁政府の両方から大いに賞賛されている。

ローマからの荷車と積み荷はリヴォルノに着くごとに，すでに到着していたペルージャからの絵画と同じ安全な場所に集められて，出発を待った。ルドン・ド・ベルヴィルは6月末に総司令官ナポレオンから船

積みするようにという命令を受け取っていたが，イギリス船が地中海を頻繁に往来しているという噂だったので，海軍大臣に対して1～2隻のフリゲート艦による護衛を求めた。

ルドンの強い要求にもかかわらず，彼が受け取ったのは哨戒艇（avisos）3隻とシベック船1隻に過ぎなかったが，ともかくローマからの美術品の箱は荷車とともに13隻の船に積み込まれて，8月9日の真夜中にリヴォルノ港を出帆し，6日後の15日無事マルセイユに到着した。検疫が行われたために，船が港に入ったのは同月27日であり，それから約2週間かけて陸揚げが行われた。絵画のみ倉庫に入れられ，彫像が入った箱は荷車に乗せたまま埠頭に置かれて，兵士が日夜見張りについたという。

彫像を入れた箱は陸路で運ぶには重すぎたので，マルセイユからパリへの運搬は水路によることになった。しかし，マルセイユではいくつかの要因が輸送隊の出発をさらに遅らせることになった。

まず輸送に必要な資金が不足していたが，総司令官に頼み込んで取りあえず2万フランの援助金を支給してもらい，これに総裁政府がパリへの輸送費として6万フランを追加することが決まった。委員たちは直ちに準備にかかり，ローヌ川をアルルまで遡れるように木箱をアレージュ（allèges）という，喫水の浅い平底船に積み込み，アルルにおいて，ローヌ川とソーヌ川の航行に適した別の船に積み替えることにした。委員のトゥーアンとモワットは馬車で移動し，前もって決めた地点で時折輸送隊と合流することになり，積み荷の護衛には3人の助手が当たった。

ところがこの時，ショワズール＝グーフィエ（Choiseul-Gouffier）伯という反革命亡命者の財産で，マルセイユの美術館に預けられていた，54箱の古代ギリシャの大理石彫刻の断片が輸送隊に加えられたのである。さらに委員にとって一層予想外だったことは，パリの自然史博物館の小動物園のために，若干のアフリカ産の動物を連れて行くように依頼されたことである。それはチュニスから連れてきた4頭の雌雄のライオン，2羽のダチョウ，2頭のラクダ，2頭のガゼル，3羽のハゲタカ，である[40]。

7隻のアレージュ船と1隻のタルターヌ船（小帆船）からなる輸送隊は，哨戒艇ラ・フードル号の護衛のもと，11月7日にようやくマルセ

第2章　イタリアにおける文化財の収奪（1796-1803年）

イユ港を出帆した。小船隊はアルルまでは支障なく到着した。しかし，トゥーアンとモワットがアルルの市議会に今後の天候についてたずねたところ，アルルとリヨンの間は冬期には川が氷結して非常に危険である故，春を待つようにという忠告を受けた。

　このようにしてトゥーアンとモワットがアルルにとどまっていた98年1月22日，ヴェネツィアとヴェローナからの45個の木箱を積んだ前述のフリゲート艦サンシブル号がトゥーロンに到着した。2人はこの輸送隊を急いでアルルに向かわせ，自分たちが護衛している輸送隊に合流させようとした。トゥーアンは積み荷の状態の確認のためにトゥーロンへ赴き，ヴェネツィアからの輸送隊は2月28日に同地を出帆し，3月7日アルルに到着する。それを合体させた上で，前年11月以来アルルにとどまっていた輸送隊はようやくパリに向け出発するのである。

　輸送隊はまずローヌ川をリヨンまで遡り，次いでソーヌ川に入ってシャロンに着いた。そこからは中央運河を利用し，5月20日ディゴワンでロワール川に出たが，川の増水のおそれがあったので，同地を出発したのは6月19日であった。その間に，ヴェネツィアからサン・マルコの馬像などを積んだフリゲート艦ディアナ号が3月28日トゥーロンに到着し，そこでアレージュ船に積み替えた上で，委員ティネの護衛のもと，同じコースをたどって追いついてきた。こうしてローマとヴェネツィアおよびヴェローナからの収奪品を積んだ3つの船隊は，今や1つの大輸送隊を形成することになったのである。

　ディゴワンから先，旅程の最後の部分では困難が休みなしに襲ってきた。逆風が輸送隊のヌヴェール到着を遅らせた。増水が心配されたロワール川は反対に水量が少ないことが判り，ベック・ダリエ（ヌヴェールの西南方）では，積み過ぎの船は木箱の一部をほかの船に積み替えないと航行できなかった。ラ・シャリテとコーヌの間では，船を通すためには水夫が川床に水路を掘らなければならなかった。輸送隊はブリアール運河に入り，ゆっくりとモンタルジに到着，次いでロワン運河を通ってついにセーヌ川に到達した。98年7月16日輸送隊はパリのロピタル港（今日のオステルリッツ河岸）に到着する。以上のように，第3回の輸送隊のパリ到着は遅れに遅れ，最初の分隊のローマ出発以来実に1年3か月を要したのである。

98年7月13日，委員たちはフォンテーヌブローから内相フランソワ・ド・ヌフシャトー（François de Neufchâteau）にこう書き送っている[41]。

「われわれは航行の困難に妨げられて，輸送隊が7月14日にパリに着いていないことを大変遺憾に思います。しかし，われわれはそれに劣らず有名な時日がきわめて近いことを考えて，心を慰めたいと思っております。輸送隊がテルミドール1日（7月19日）にパリに着くことは目下確実である故，記念物の入城式を準備し，それを8月10日と一致させるために必要な時間は，十分にありましょう。」

3　イタリア美術品の収奪をめぐる論争

ところで，上述のようなイタリアからの美術品の大規模な収奪について，すぐれた実証的研究を行ったブリュメールは，およそ次のように述べている[42]。武力が与える権利によって，征服された国民からその芸術家たちの最も素晴らしい作品を奪うなどということは，今日のわれわれから見るとけしからんことであるが，18世紀末のフランス人には驚くほどのことではなかった。大革命の諸理念によって，またわが国の戦勝によってひき起こされた高揚の中で，人々は当時，フランスは諸外国の傑作を，たんにそれらの国よりも強いからではなく，とりわけ自らの精神的優越の故に，自国へ運ぶ権利を有すると宣言した。「パリはヨーロッパにおいて芸術の首都でなければならない」とは，当時の新聞に広く見られた言葉である。

このように述べるブリュメールが同時に強調しているのは，この場合の美術品や写本の引き渡しが，要塞や武器の引き渡し，あるいは正貨での賠償と同様，休戦協定と講和条約の条項の中に書き込まれていることである。彼女はミュンツの次のような主張に賛同している。「公正という観点からではないにせよ，少なくとも合法性の観点からは，若き総司令官が要求した引き渡しは非難されるべきものだったろうか。彼は敗者に何を要求したか。あるいは貨幣であり，あるいは絵画である。絵画は

正貨での賠償から差し引かれたのだ。それ故，これは後に起こったような種類の略奪ではなく，双務契約だったのだ」。序章でも触れたように，このような見解は第2次大戦後の革命史家ゴデショの著書にも見られるが，今日受け入れ難いことは多言を要しないであろう。軍隊の力を背景に勝者たるフランスによって一方的に押しつけられた協定や条約を，「双方で自由に論議された」ものとみなすことは到底できないからである。

「自由の国であるフランスこそは傑作美術品の真の祖国であり，最後の住処である。」このような理論は第1章で述べたように，1794年1〜9月にヴィカールからバルビエまでの人物によって練り上げられたものだが，ナポレオンのイタリア遠征はこの「自由の共同遺産」のテーゼあるいは美術品の「本国送還」の理論に対して，それまでにない広がりと反響をもたらすことになる。というのも，長いことヨーロッパ文化の共同財産と見なされてきたローマの古代美術品と，イタリア・ルネサンスの諸傑作を「自由の共同遺産」に加えることが，今や問題となったからである。

さらに，当時のフランス人の多くがイタリアからの美術品の収奪を当然視したとしても，彼らの中にはこれに明確に反対を表明した者もいたのである。ここで，イタリアでの美術品の収奪がローマに及ぼうとしていた1796年夏に，その是非をめぐってパリで起こった論争について述べておかなければならない。この論争については，ポミエの著書がその経過を克明に追跡しているので，われわれもそれに従って述べることにする。

すでに96年の5月から6月にかけて，総裁政府の押収政策を支持する見解とイタリアの利害を擁護する意見とが，『哲学旬報』，『新聞検閲官』，『編集者』などの新聞に発表されていたが，その中で論争の新たな段階を画したのは，『真相あるいは世界通信』6月28日号に掲載された匿名の長い書簡である（筆者は後述のカトルメール・ド・カーンシーの盟友フランシスコ・デ・ミランダと推定される）[43]。「芸術の友」を名乗るその筆者はまず，「芸術に対して戦争を仕掛けること，芸術をその最も神聖な避難所の中まで追いかけ，彫像や絵画をいわば捕虜にすることは，文明国の間で採用されている国際法の一種の侵害ではないか」と問いか

ける。ここでは，押収政策を支持する人々が援用する美術品の「本国送還」のテーゼは，美術品の「虜囚」のテーゼによって否定され，同じく「自由の共同遺産」のテーゼは，他の人々の「国民的共同遺産」の尊重という同様に神聖な主張によって否定されているのである。

次いで書簡の筆者は，押収の実行が芸術の「全滅」へと導くおそれがあると主張する。フランス国民は6年この方，国中の数多くの傑作を保護する代わりに，剣を扱う術しか知らなかった。しかもパリは傑作の「最後の住処」であるどころか，危険な場所であり，「あらゆる徒党の舞台」である。このように押収政策を容赦なく批判した上で，筆者はこう結論づける。「どの観点から見ても，すでに開始された略奪は美術にとって一般的に有害であると同時に，近隣の諸国民をわれわれから遠ざけるだけであるから，非道でありまた不得策でもある。」この匿名の書簡は「自由の共同遺産」の理論の基礎をなすイデオロギー全体を直接やり玉にあげたものとして，きわめて注目に値する。

このような押収政策への激しい攻撃に対しては2つの政府系新聞，『89年の愛国者新聞』7月4日号と『編集者』7月5日号が続けざまに反論を試みた。とりわけ後者はすべての国民が行っている正当な行為を略奪呼ばわりする者はフランス人とは考えられないと述べた。こうして押収への反対は反国民的態度とみなされるようになる[44]。

時を同じくして，『ジュルナル・ド・パリ』紙が論争に参加する。その7月8日号はR.の署名（間違いなく，哲学者，ジャーナリストで学士院会員のレドレール（Roederer）を意味する）のもとに，きわめて重要な論説を掲載した。著者はまず押収の物理的結果，すなわち美術品を国家美術館にすし詰めにすることを批判する。「諸君は，沢山のモデルをただ1つのミュージアムに集めることは，芸術に役立つとお考えか。それは，これらのモデルを窒息させることになる。」

次いで論説の著者は押収を，作品をそのコンテクスト（環境）から分離する行為であると非難する。「アポロン像は，何世紀も前から置かれていた場所から引き離され，パリへ送られる時，わが国の芸術家たちにとって依然，神たりうるだろうか。それは1つの家具に過ぎないのではないか。」最後に論説の著者は，押収品のパリへの集中はフランスの残りの部分には権利を認めないことになり，市民間の平等という道徳的

問題を引き起こすと述べ，フランスは「われわれの利益に引きつけなければならない諸国民を絶望させるおそれがある」と結論する。

　レドレールの論説は，歴史的，地理的なコンテクストから引き離された作品を，首都のミュゼに大量に集中することにはっきりと疑問を表明した点で，論争に新たな側面をもち込んだといえる。彼の主張に対しては，政府系新聞2つが直ちに反論を掲載し，さらにそれに対して反対派の4つの新聞が反駁を加えるというように，論争はますますエスカレートしたのである。その中で言及しておきたいのは，『哲学旬報』7月18号に掲載された学士院会員ルブルトン（Lebreton）の論説である。ルブルトンはそこで，過去の例を見ても，傑作が今後イタリアにとどまるという保証はなく，フランスは現在の有利な状況を利用して，そのミュゼを完全なものにするために介入する必要があると主張する。そして，押収政策の正当性を次のように「自由の共同遺産」のテーゼによって基礎づけるのである。「ギリシャ人の天才のこれらすべての記念物は，もはやそれを所有するに値しない土地を去るべき時である。それらは自由の国において創造された。それらが今日その祖国を再び見出しうるのは，ただフランスにおいてのみである[45]。」

　このルブルトンの論説に対する1つの回答として7月下旬に出版されたのが，当時の最も著名な美術理論家カトルメール・ド・カーンシー（Quatremère de Quincy）の小冊子『イタリアの美術記念物の移動が美術・学術に及ぼす損害に関するミランダへの書簡』[46]である。ミランダとはフランス革命戦争にも参加した南米ベネズエラ出身の軍人＝革命家であるが，本書はこの友人に宛てた7通の書簡の形で，1794年以来のフランス政府の文化財押収政策と，それを正当化する理論に対して根本的な批判を加えたものである。ポミエの整理に従えば，著者の主張は次の4つのテーゼに要約される[47]。

　まず第1に，カトルメールは啓蒙の進歩によって形成された「ヨーロッパ文化共同体」の権利を，ナシオンの権利に対置する。「幸いな革命によって，芸術と科学は今ではヨーロッパ全体に属しており，それはもはや一国民の排他的所有物ではない。」「私は，文明化せるヨーロッパにおいては，芸術と科学の錬磨に属するものはすべて戦争と勝利の権利が及ばないところにあることを示さなくてはならなかった。」カトル

メールはこうして，共和暦第2年以来練り上げられてきた自由のイデオロギー，「自由の共同遺産」の理論を真っ向から否認する。

第2は，この「ヨーロッパ文化共同体の特権的シンボル」としての古典古代の遺産の基本的重要性である。古典古代は文化全体の根本的な準拠枠であり，「古代の芸術の記念物は芸術家と学者の共通の標識燈である。」それらはわれわれが模倣すべきモデルのリストであるだけでなく，わが文明の進歩にとって不可欠な科学の原材料でもある。ここで著者の念頭にあるのは，18世紀にドイツのヴィンケルマンが開拓した美術史という学問である。

第3は，本書の中心をなすテーマであるが，古典古代が具現される特権的な場として「ローマの取り替え不可能で不可侵な使命」である。ここでローマとは，都市の博物館のうちの1つを指すのではなく，「トータルなミュゼ」を形成する全体としてのローマであり，それはトータルであるが故に動かすことができない。「ローマの真の博物館は，フランスの委員が関心をもつ彫像だけでなく，あらゆる種類の記念物から構成される。」そして，それらの記念物とそれを取り巻く環境との間には，歴史によってうち立てられた調和が存在するのである。それ故，ローマは美術品の「最初の住処」であるが，同時に歴史によって指示されたその「最後の住処」でもある。

第4は，このローマとイタリアをその本拠とする「トータルなミュゼ」を解体し分散させるあらゆる政策の根本的拒否である。カトルメールは，古代ローマの正統な継承者としてのローマ国民の権利の尊重を説きながら，とりわけ科学の崩壊を招くという理由から，「ローマ博物館」の分割に反対する。彼によると，古代の彫像は異なる環境の中に置かれ，あらゆる比較から引き離されるや，本来もっていた教育的美点を失うことになる。それは絵画についても同様であり，「おのおのの画派はその全体性においてしか，またその発展の連続性の中でしか，理解され得ない」のである。それ故，イタリア絵画の略奪は「本物の美術教育，イタリアのみがその諸要素を所有するが故に行うことができる教育を殺してしまう可能性がある。」

以上のようにカトルメールは，様々な角度から総裁政府の政策に手厳しい批判を浴びせたのである。政治的には穏健王党派という右寄りの立

第2章 イタリアにおける文化財の収奪（1796-1803年） 103

場にあった人物によって，革命期を特徴づけた外国美術品の押収政策とそれを正当化する理論がラディカルに否定されたことは興味深い。ポミエは，このカトルメール・ド・カーンシーの『ミランダへの書簡』の出版を，2か月にわたる論争の頂点を画するものと位置づけている。ローマの「博物館」の保全を主張する彼の情熱的弁論は強いインパクトをもったようであり，96年8月16日（共和暦第4年テルミドール29日），約50人の芸術家の署名をもつ請願書が総裁政府に提出されたのである[48]。その中で請願者たちは，芸術への愛と，すべての国民が彼らの傑作を鑑賞しつづけられるようにという願いから，このような行動をとったのであるとした上で，きわめて控え目な調子で1つの解決策を提案する。

「われわれはあなた方に，あの重要な問題を慎重に熟慮されるよう懇願するためにやってきた。すなわち，ローマから，この芸術の首都のギャラリーと博物館を形成している古代の記念物と絵画および彫刻の諸傑作とを移動させることが，フランスにとって有益であるかどうか，それが芸術と芸術家一般にとって好都合であるかどうかを知るという問題である。」

そして自分たちは，この問題について何らかの意見を述べようとするものではなく，ローマから何かを移動させる前に，国家学士院が指名する一定数の芸術家と文学者から成る委員会を設置し，その報告を聞いた上で，美術品の将来の運命について決定を下すように求めているに過ぎないと語っている。

この請願書の署名者の中には，先のカトルメール・ド・カーンシーを始め，左右の党派を越えて著名な画家，彫刻家，建築家，版画家，素描家が名を連ねている。画家ではダヴィッドを筆頭に，ヴィアン，ジロデ，ヴァンサン，モロー兄弟，ペロン，シュヴェら，建築家ではデュフルニー，ペルシエとフォンテーヌ，彫刻家ではパジュー，ジュリアンらがいるが，ほかに，やがてナポレオン期にドイツ，イタリアなどからの美術品の収奪に獅子奮迅の働きをすることになる版画家兼素描家ヴィヴァン・ドノンの名が見出されることに注意しておきたい。

この請願書は翌 17 日『ジュルナル・ド・パリ』紙にその全文が公表されるが，それに対して『モニトゥール』の主筆のトゥルヴェ（Trouvé）は 8 月 22 日号において，請願者たちを共和国政府の敵を利する行為をなす者と激しく非難した。そして，まもなく総裁政府の政策を支持する対抗請願（37 人の署名をもつ）が提出され，同年 10 月 3 日に『モニトゥール』に公表される[49]。それは冒頭まず，「狡猾な（イタリア）政府は，われわれに譲渡する振りをした諸傑作を引き止めようとしており，その努力は尊敬すべき芸術家たちによって助けられている」と述べて，先の請願者たちを非難する。そして，同様に芸術家である自分たちが，それらの傑作をフランスへ移すことを要求する理由として，3 つの点を指摘する。

　第 1 点は，フランスがその芸術家の養成と向上のためだけでなく，国民全体の文化と教育のために，「模範（モデル）」を必要としていることである。

>　「かつて粗野であったローマ人は，征服されたギリシャのあの作品を彼らのうちに移すことによって，彼らのナシオンを文明化することに成功した。彼らにならって，われわれの征服物を利用しようではないか。そして，われわれの想像力を広げうるすべてのものをイタリアからフランスへ移そうではないか。」「芸術の真の目的は少数の富裕者の虚栄心を満足させることでは決してなかった。芸術はもっと有益で偉大な目的をもつ。それは一国民を教育すること，その習俗，嗜好を育成することである。」

　第 2 点は，もしフランスがいま介入しないならば，他の政府がその欲望のままにローマの財宝を奪い取るに違いないことである。すでにナポリ王，神聖ローマ皇帝，イギリス人はイタリア各地から多数の貴重な記念物を持ち去った。

>　「それ故，6 か月後にはもはやローマに存在しないもの，ローマ人が貪欲からわが敵どもに売り払うであろうものを……急いでフランスへ到着させようではないか。」「フランス共和国はその力，その知

識と芸術家の優越によって，それらの傑作に対して不可侵の避難所を与えうる世界でただ1つの国である。」

　第3点は，ローマを全世界の博物館にするという考えが，「現状では実行可能であるよりも人を惑わすものであり，不都合でさえある」ことである。なぜなら，「いわゆる博愛精神なるものは，この怠惰で迷信深い都市の無能とうぬぼれを持続させることにしか役立たないからであり」，むしろローマから美術品という「隷属的で不安定な財源」を奪った方が，その国民はより勤勉になり，自らの尊厳に気づくであろう。

　以上（対抗）請願者たちは，フランスの国民教育のための必要，他の国々の脅威，ローマの精神的退廃の3点を根拠として，傑作美術品のフランスへの移送（すなわち「本国送還」）こそが唯一の妥当な解決法であると主張している。特に第2点に関連して前述の「最後の住処」の理論が援用されているが，その点を含めて，美術品の押収を正当化する請願者の論拠は格別目新しいものではない。

　なお，この対抗請願の署名者について一言しておくならば[50]，総数37人中，画家が15人，建築家と彫刻家がそれぞれ6人を占める。画家ではイザベー，ルニョー，ジェラール，ヴェルネ，建築家ではユベール，彫刻家ではショーデ，ミシャロンらが署名しており，ほかに「フランス記念物博物館」の館長アレクサンドル・ルノワールの名が見えることが注目される。このように見ると，イタリアからの美術品の収奪に反対する第1の請願書の方が有力な芸術家の署名をより多く集めているように見える。しかし当時のフランスの芸術家を全体としてみると，収奪に賛成する者あるいはそれを容認する者が大多数であったことは間違いのないところであろう。また第1の請願書の署名者の中にも，問題を十分に理解せずに署名した者や，カトルメールとは別の動機から署名した者が少なからず含まれていたようである。いずれにせよ，収奪に反対する運動はナポレオンの勝利に興奮した大多数の新聞から激しく批判され，その運動参加者は「悪しき愛国者」と呼ばれたのである[51]。

　美術品の運命に関するフランス革命期の最も激しい論争は96年秋にはほぼ終息するに至ったが，若干の発言は続いている。カトルメール自身は王党派的活動に関係して，フリュクティドールのクーデタ（97年9

月4日）の後ドイツへ亡命を余儀なくされるが，彼と立場を同じくするレドレールは，97年2月28日『公共経済雑誌』に発表した論文において，芸術作品をその歴史，環境，伝統などのコンテクストから引き離すことの危険をあらためて強調している[52]。レドレールはまた，フランス共和国が傑作の正当な継承者であるという主張を非難する。

> 「最も有名な芸術家たちの祖国から不朽の作品を奪うことで，……彼らの霊の安らぎを乱す芸術愛なるものは，つまるところどのようなものなのだろうか。……もし諸君が本当に芸術を尊敬するのなら，諸君は芸術作品をして戦争の法を超越させないであろうか。……」

しかし，このようなレドレールの激しい抗議も論争に再び点火するには至らなかったのである。

以上，ポミエの分析によりながら，イタリア美術品の収奪と移送をめぐる論争について述べてきたが，さらにもう1点，この問題に対するドイツ人の反応について，主にサヴォワの分析によりながら若干触れておくことにしたい。

1794-95年にフランスがベルギーとライン地方で行った美術品・学術品の押収は，ドイツの啓蒙的知識人の間で何ら特別の反応をひき起こさなかったといわれる。ところが，イタリアにおける美術品の押収は，それがドイツに伝えられるや，直ちに激しい反対論を呼び起こすことになった。サヴォワによると，押収がイタリアに対するドイツの知識人の文化的帰属意識を傷つけるものであったためである[53]。彼らがフランスの収奪政策を非難したのは，世界市民（Weltbürger），コスモポリタンとしてであるが，しかし何よりも，イタリアを第2の祖国とするドイツ市民としてであった。

ところで，イタリアでの押収の進行についていち早く情報を提供したのは，当時ローマにいた芸術家や美術愛好者，あるいはフェルノウ（Carl Fernow）のようなドイツの文芸雑誌のローマ通信員である。主要な月刊誌はまたフランスにおける論争の経過とその内容を逐一伝えるとともに，前述のカトルメール・ド・カーンシーの著作『ミランダへの書

第2章　イタリアにおける文化財の収奪（1796-1803年）　　　107

簡』や，8月16日の請願書のドイツ語訳を掲載するなどして，押収反対論に議論の素材を提供した。こうして96年11月には，ヴァイマルの月刊誌『奢侈と流行ジャーナル』の編集者ベティガー（Böttiger）が，フランス政府の美術品押収政策を明確に批判する論説を発表することになる。ベティガーは，「古今の最も名高い美術記念物が移植され，母国の穏やかな空と静かな土地を奪われることが，芸術の発展に好都合であると考えることは難しい」と書いているが，ここにはカトルメールの影響がはっきりと認められる。フランスによるベルギーやライン地方での美術品収奪については沈黙を守っていた文豪ゲーテは，1798年自ら創刊した雑誌『プロピュレーエン』の序言において，イタリアでの美術品収奪に対して明確な批判を表明したが，その理由も，芸術作品をそれが本来存在した場所から引き離すことがもたらす「重大な結果」への懸念にあった[54]。

　それ故，ベティガーを始めドイツの知識人が，フランスの押収政策を非難する主要な論拠の1つは，ローマにおける大規模な美術品集成（Kunstkörper）の突然の解体は，ドイツの芸術家や理論家のローマ滞在を損なうだけでなく，より長い目で見ると，芸術や理想の美や審美眼の研究そのものを危うくするという点である。そしてもう1つの論拠は，フランス人によるイタリア美術品の扱い方に関するものであり，専門的知識が乏しい彼らには，パリへ移された作品に対して，適切な保存条件と十分な展示場所を提供することができないのではないかという懸念である[55]。

　しかし実際には，イタリアからの押収美術品がパリに到着し，ルーヴル美術館の整備が進むにつれて，ドイツの啓蒙的ミリューが当初示した動揺や不安は，新しい美術品の集合体の出現が生み出す好奇心によって徐々に取って代わられ，議論は次第に鎮静化に向かったのである。そのような空気の変化をよく示しているのが，98年4月にパリ滞在中のヴィルヘルム・フォン・フンボルトがゲーテに送った書簡である。フンボルトはそこで，現在までにパリに到着した絵画が輸送，取り扱いおよび修復によって傷んでいないかどうかを知ることが最も重要な問題であるとした上で，損害を全く否定することはできないが，それは若干の人々が主張するほど重大ではないという。そして次のように付け加えている。

「ここに所有されているすべてのものがきちんと整えられる時，このギャラリーは世界でもユニークなものになるでしょう。そして私は，たくさんの美術品の巨大な集合には，何か人を感動させるものがあることを否定できません。このことは，イタリアが蒙った損失について，私の心を幾らか慰めてくれるのです[56]。」

　98年5月以降，ルーヴル美術館の整備とイタリア美術品の修復および仮展示についての情報は，ベティガーが創刊した新しい月刊誌『ロンドンとパリ』などによってドイツの啓蒙的公衆に広く伝えられた。さらに，このようなフランスの押収政策に対するドイツの世論の好転には，98年7月27・28両日のイタリアでの押収品のパリ入城式典の成功が一役買っていたのである。この祭典については次節で詳しく述べるが，当初フランスの美術品押収政策にきわめて批判的であったドイツ，特にヴァイマルの世論は98年夏以降，次第に好意的なものへと変化して行くのである。
　サヴォワはフランスにおいて採用された美術品の様々な保存措置がドイツにおける議論を鎮静化させたことを強調しながら，批判から称賛へと評価が逆転したことを示す1つの例として，イエナの『一般文芸雑誌』の1801年1月号に掲載された（匿名の）論文を挙げる。これは前年11月のルーヴルの「古代美術品ギャラリー」の開館に関するものだが，論者はその序文で次のように主張しているのである。イタリアの傑作は「うぬぼれか見せびらかしのためにせよ，それらを最も上品に展示し，最も確実に保存し，それらに最大限の公的有用性を与えることができる国民」の手に渡った。「フランスの委員たちがこれらの美術品の梱包と発送に払った細心の注意」，「パリにおいてそれら作品に用意された熱烈な歓迎」，そして「それらの展示と公衆への宣伝に伴った賢明な措置」から見ると，「共和国の過去および現在の指導者たちが，これらの財宝に対する自らの義務を常に真剣に受け止めたことは，何ら疑う余地がない[57]。」

4 イタリア美術品のパリ入城パレード
　（共和暦第6年テルミドールの祭典）

　さて，前述の1798年7月イタリアからの3回目の輸送隊のパリ到着に際しては，1回目，2回目の輸送隊の場合とは異なって，盛大な入城式典＝凱旋パレードが催されることになるのだが，その計画はイタリア派遣委員の1人トゥーアンと，パリの国家学士院（トゥーアン，モンジュ，ベルトレの3名はその会員である）とから，ほぼ同時に提出され，総裁政府によって採用されたのである。以下まずその経過を追っておこう。
　1797年6月16日，当時リヴォルノ港にあってローマからの美術品の船積みを監視していたトゥーアンは総裁政府宛書簡において，輸送隊にフランスを通過させることが「その軍隊の勝利，その政府のエネルギーと国家の勢威を住民に高く評価させる」ために有益であると述べた。ここに示唆されている凱旋入城のアイディアはリヴォルノ駐在の領事ルドン・ド・ベルヴィルが外相ドラクロワに宛てた7月14日付書簡では，より明確に表明されている。ルドン・ド・ベルヴィルは，「記念物が共和国の一部を通って意気揚々と運ばれて行く華々しい光景をフランス人に」示した後に，旗で飾られた輸送隊のパリ入城を「祝祭の日」にすることについて語っているのである[58]。
　同じアイディアはやや遅れて国家学士院でも芽生える。その文学・美術部会は8月25日の会議において，イタリアの記念物のパリ入城（アントレ）に関する報告を提出するための委員会を設置するのである。一方，トゥーアンは輸送隊の移動を監視するためにマルセイユへ移っていたが，9月27日の総裁政府議長ラ・ルヴェリエール＝レポー（La Revellière-Lépeaux）宛私信において，以下のように主張した[59]。
　「ローマの貴重な戦利品」のパリ入城は「共和国政府」の優越を示すための国民的で教訓的な儀式にしなければならない。フランス人はこのスペクタクルから「偉大な真理」を，すなわち「彼らの魂を高めることによって，彼らをより勝れたものにし，その土地，法律，政府そして祖

国により一層結びつける」真理を引き出すべきである。そして，教訓がより確実に伝わるように，最後の車には「きわめてシンプルな文章」が掲げられることを提案している。それは実際にはかなり長い文章なのだが，古代の栄光の記念物が辿った運命について，すなわちあの諸傑作がエジプトからギリシャへ，次いでローマへと渡り，そして「迷信によって無気力になり，奴隷状態に陥ったローマ人から」フランス人が獲得するに至ったことについて述べ，その上でフランス人に向かって，「イタリア遠征軍の勝利の記念物を保持しようと望むのなら，君たちの徳と勇気を保持したまえ」と呼びかけるものである。

　結論としてトゥーアンは，それらの戦利品の到着を「公共の精神の発展に役立つ一種の公的祭典」にしなければならないかどうかを決めるのは政府の役目であるとしながら，肝腎なことは，美術品ができるだけ速やかに展示されることであると主張する。

　この書簡を受け取ったラ・ルヴェリエール＝レポーは，それを内相のルトゥルヌー（Letourneux）に伝え，後者は10月10日トゥーアンに対して，押収品の「凱旋の盛儀」については自分たちの方が先に計画を立てており，国家学士院自体もそれに関わってきたと返答した。この時トゥーアンは押収品の木箱に付ける掲示文を提案するよう求められた。ただし，ボナパルトに盛大な祭典を組織させるという，トゥーアンが先の書簡で行った提案は，受け入れられなかった[60]。

　その2週間後の10月25日，学士院が8月25日に任命した委員会が報告を提出する。その作者アンドリュー（Andrieux）によると，戦利品の凱旋式はフランス国民に対して「その偉大と力の明白な証拠」をもたらし，自らを誇りに思う新たな動機を与えるものであると同時に，「わが芸術家たちの想像力を高揚させる……芸術に捧げられたオマージュ」でなければならず，また大革命に対して不当に浴びせられたヴァンダリスムの非難をはっきりと打ち消すものでなければならない。アンドリューが特に強調するのは祭典の民衆教育としての側面であり，そのために輸送隊の木箱に掲示を付け，また主要な傑作の来歴と作者を記した簡潔な解説を加えることを提案するのである。この学士院の報告に対して，総裁政府は11月3日原則的同意を与え，ここに祭典のプログラムの指導理念が大筋において定まったのである。

第2章　イタリアにおける文化財の収奪（1796-1803年）　　　　　111

　しかし，輸送隊の歩みが前述のように遅れに遅れたために，祭典の準備が実際に開始されたのは翌98年の春になってからである。3月10日には先のアンドリューの報告が『哲学旬報』に発表され，始めて世論の知るところとなった。4月22日には内相ルトゥルヌーが総裁政府に対して次のような報告を行った。内相はまず，祭典の挙行が美術品の選定と輸送に当たった委員たち，国家学士院の文学・美術部門，詩人，哲学者および政治家の一致した願いであることを想起させる。次いで凱旋入城のプログラムについては，委員（トゥーアンのこと）がすでに若干のアイディアを提出しているが，自分は学者，芸術家，学士院の意見を徴することで，それを補完するつもりである。そして肝要なことは，戦利品の入城を1つの「民衆祭典」にすることであり，共和国の諸権威（学者，芸術家，学校，軍隊）を集めて印象的な行列を組織することによって，入城式典に「政治的目的」を与えることであると主張している[61]。
　この報告を踏まえて総裁政府は，4日後の98年4月26日（共和暦第6年フロレアル7日）の布令（アレテ）によって次のように布告する[62]。

　　第1条　イタリアで収集された学術・美術品はパリにおいて盛大
　　　　　かつ厳粛に迎え入れられる。
　　第2条　学者，文学者，あらゆるジャンルの芸術家は，彼らの才
　　　　　能によって，この盛大な入城式典の美化に協力することを求め
　　　　　られる。
　　第3条　内務大臣はできるだけ早くそのプログラムを提出するも
　　　　　のとする。

　ところで，この布令と上述の4月22日の内相の報告は，祭典の日取りという重要な細部について明確にしていない。実をいえば，政府はこの時点では祭典の日取りをまだ決めかねていた。本来はバスチーユ陥落の記念日である7月14日に行うことが望ましかったが，輸送隊の到着が遅れたために，結局ロベスピエールの失脚と恐怖政治の終末の記念日であるテルミドール9日（7月27日）に挙行することになったのである。テルミドール9日は大革命の根本原理である「自由」の勝利の日として，7月14日，8月10日（王政の転覆），ヴァンデミエール1日（9

月22日，共和制の宣言），1月21日（国王の処刑）とともに総裁政府期の年々の革命祭典の1つに定められたのであり，それは「王党主義」と「アナーキー」という左右の「専制」を排除して，政治的安定を確保しようとする総裁政府にとっては，まさに「体制の祭典」ともいうべきものであった[63]。

実際，7月18日になってようやくパリの新聞『日刊・世界通信』は次のように告げた。「イタリアで収集された記念物の輸送隊はここに到着した。それの凱旋入城はテルミドール9日に行われて，この不滅のジュルネ（歴史的な日）を記念して挙行される祭典を一段と美しく見せるのに役立たなければならない。フランソワ・ド・ヌフシャトー（以下，ヌフシャトー）が内務大臣としてそれを指揮するのは確実である。」

それ故，ポミエがいう通り，この「自由の祭典」のプログラムにイタリアでの押収品の凱旋入城を加えるアイディアは，総裁政府があらかじめ立てた計画に由来するものでは全くなく，輸送隊の遅れという偶然事が与えた好機をすかさず捉えた内相ヌフシャトーが土壇場で採用したものなのである[64]。

以上，イタリアからの押収品の入城式典が開催されるまでの経緯について述べてきたが，次に式典そのものの模様を，『共和暦第6年テルミドール10日の行政総裁政府の会議の議事録抜粋』[65]と若干の新聞報道によりながら，示しておきたい。

式典1日目のテルミドール9日（98年7月27日），式典行列に参加するすべての市民は午前9時前にセーヌ左岸の河岸，植物園に隣接した自然史博物館の近くに集合する。イタリアからの物品を運ぶ45台の荷車は南大通り（おそらく現在のロピタル大通り）に沿って並べられ，武器飾り，3色の飾り布，花飾り，題辞，敵から奪った軍旗などで飾られていた。

行列は騎兵隊と軍楽隊に先導され，シャン＝ド＝マルス広場へ向けて動きだす。それは大きく3つの分団から成る。第1の分団の前には三色旗が掲げられ，それには「自然史」と記されていた。まず自然史博物館の教授兼管理人と彼らが指名した学生および愛好者が鉱物，ヴェローナの化石，外来の植物を積んだ4台の車の両側を行進する。次いで雌雄のライオンの檻を運ぶ荷車が来，その後にはラクダとヒトコブラク

第2章　イタリアにおける文化財の収奪（1796-1803年）　　　113

ダがつづく。最後の2台には，イタリアで用いられていた農業用具と，水晶の塊2個が積まれていた。

　第2の分団に先行する旗には次の題辞が記されていた。「書籍，写本，メダル，楽譜，東洋語の印刷所の活字。学術と芸術は自由を支え，美しく飾る。」写本，メダル，珍しい書籍などを積んだ6台の荷車には，パリの主な劇場の芸術家の代表団，コレージュ・ド・フランスと理工科学校の教授，中央学校の教授と彼らの生徒，パリの公共諸図書館の司書たちが，また学生，植字工，書店主などの代表団が付き従っていた。

　第3は美術の分団であり，その先頭の旗には「芸術は月桂樹が生育する土地を求める」というジョゼフ・ラヴァレの12音節の詩句（アレクサンドラン）が書かれていた。

　祭典に関係する歌を歌う合唱隊の後に，政府が開いたコンクールで受賞した芸術家たちが，次いで中央美術館，フランス派専門美術館，フランス記念物博物館の管理人たちが行進する。その次には絵画・彫刻・建築学校の教授たちが来る。その生徒たちは，この分団を形成する29台の荷車の縦列の両側を進む。これらの荷車のうち27台は古代彫刻の傑作を運んでまわる。その先頭の旗には次の2行詩（詩人エルネストの作）が記されている。

　　　ギリシャはそれらの彫刻を譲り渡し，ローマはそれらを失った
　　　それらの運命は二度変わったが，もはや変わることはなかろう

　これらの彫刻の大部分は安全のために木箱に閉じこめられたままであったが，ヴェネツィアのサン・マルコ広場を飾っていたブロンズの4頭の馬像は，観衆に強い印象を与えるためにむき出しのまま荷車に積まれていた。その題辞には，「コリントからローマへ，ローマからコンスタンティノープルへ，コンスタンティノープルからヴェネツィアへ，そしてヴェネツィアからフランスへと運ばれた馬」，「それらはついに自由の地にあり」と記されていた。

　最後の2台の車には絵画が積まれ，その旗には「芸術家たちよ，駆けつけたまえ！ 諸君の師はここにあり」と読めた。1台には「キリストの変容」を始めとするラファエロの傑作とローマ派の絵画が積まれ，もう1台にはヴェネツィア派の絵画が満載されていた。行列の最後を占めるのは古代のユニウス・ブルートゥスのブロンズの胸像を意気揚々

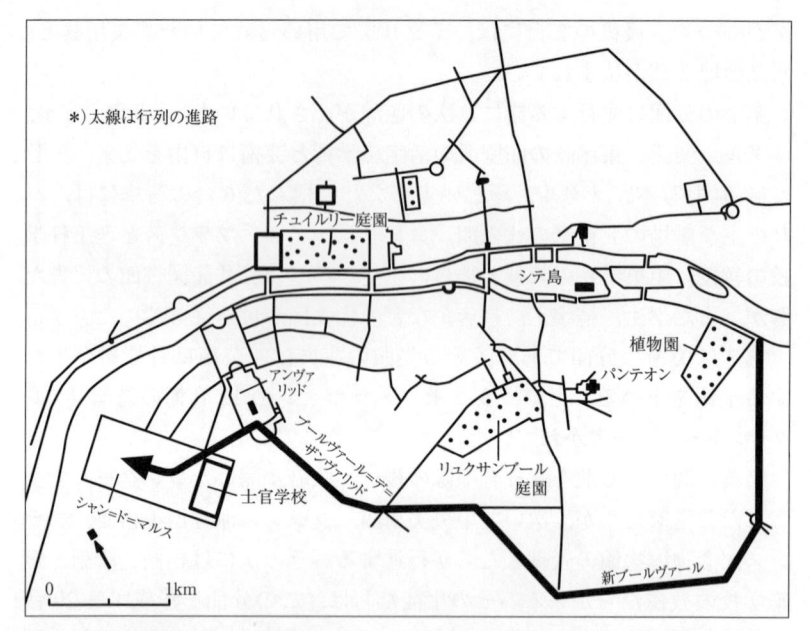

114　第Ⅰ部　文化財併合の展開過程

図2-5　イタリア美術品のパリ行進の経路（1798年7月27日）
出典）Ozouf 1971, Carte 20 により作成。

とかつぐ「共和国の擁護者」の集団である。彼らの後にはその帽子に3色の羽飾りを付け、月桂樹の冠を手にもって、イタリアに派遣された委員たちが来る。モンジュとベルトレはこの年の5月ナポレオンとともにエジプトへ赴いたので、式典に参加したのはトゥーアン、モワット、ベルテルミー、ティネの4名である[66]。

　行列は南の「新しいブールヴァール（boulevards neufs）」を通過してアンヴァリッドに至り、次いで式典の会場であるシャン＝ド＝マルス広場に到着する。これは共和暦第4年テルミドール（1796年7月）の「自由の祭典」を含めて、それまでの革命祭典の行列がパリ北部のブールヴァールを通過したのと対照をなしている（図2-5参照）[67]。

　行列の道筋には群衆がぎっしりと集まったが、彼らがこのスペクタクルをどう考えたかについて、『哲学旬報』の1798年8月7日号はこう書き記している[68]。

第2章　イタリアにおける文化財の収奪（1796-1803年）　　115

出典）Saunier 1902, Pl. IV.
図2-6　シャン=ド=マルス広場でのイタリア押収品の行進（1798年7月27日）
　　　（ジラルデのデッサンにもとづくベルトーの版画）

「この行進の間，人民に最も強い印象を与えたのは，その覆いによって人々の目から隠されていない品物，すなわち若干の外来の樹木，檻の中の猛獣であり（ローマ人がやったようにそれらをむきだしで，荷車に縛り付けて見せた方が一層よかっただろう），立派な馬具を付け，人が手綱で引張っている4頭のヒトコブラクダであり，最後にヴェネツィアで獲得され，むき出しで引っ張られている4頭のブロンズの馬像である。」

　午後4時，行列がシャン＝ド＝マルス広場に到着すると，学士院の2人の議長とともに先に到着していた内務大臣ヌフシャトーは，中央にしつらえられた祖国の祭壇の自由の女神像の前に着席する。すべての荷車はアリーナの中に3列をなして整列する。祖国の祭壇の左側には自然史の物品が，右手には写本と書籍が，そして中央には古代の記念物と絵画が置かれる。行列に参加したすべての人々は祭壇の前に半円形をなす。軍人たちは同じ祭壇の前により大きな半円形をなして整列する（図2-6

参照)。

　そして自由の女神像の前にユニウス・ブルートゥスの胸像が置かれる。国立音楽院の芸術家たちが，この日のために用意された賛歌を演奏した後，イタリア派遣委員たちが祖国の祭壇の前に進み出る。そのうちの1人トゥーアンが，彼らの収集した品物のリストを内務大臣に手渡し，大臣に向かって以下のように演説する[69]。

　　「フランス帝国の樹立この方，これほど多数の，これほど豊富な，学術と芸術の進歩にとってこれほど有益な，また国民にとってこれほど名誉ある，学術的な戦利品の獲得を歴史はどこにおいてもわれわれに示していない。その天才がイタリアにおける勝利を組織した総司令官（ナポレオン）は，その先見の明によって学術的な貢献を組織するに至ったのだ。」

　実は，2日間の式典において，ナポレオンへの言及がなされたのはこの演説においてだけであった。
　次いでトゥーアンは秩序と正当性をもって行われた収奪を弁護して，以下のように主張する。「ヨーロッパの他の強国の軍隊が征服した地域においては，学問と芸術の保管所はこれまで無知で破壊を好む兵士たちの略奪にさらされていたし，今なおそうである。総司令官の命令によって，これらのコレクションはフランス共和国の保護下に置かれたのだ。」しかも学術・美術品委員は，敗北した政府の所有物と修道院の所有物の中でしか，国のコレクションの補充に必要な記念物の収奪を行わなかったのである。トゥーアンは「委員会がその選定において常に，共和国の種々のコレクションの補充という欲求に導かれていた」と繰り返し言う。そして，古代の諸民族の作品がローマと他のイタリア都市に集積されて行ったことを述べた後，次のように結論する。

　　「これら天才の作品の運命は，地上において，武器により，学問によって次々に抜きん出る諸民族に所属すること，そして絶えず勝者の戦車の後に続くことである。」わが国民的コレクションの中に置かれたこれらの傑作は，「それと同じだけの光の中心をなす巨大な

第2章　イタリアにおける文化財の収奪（1796-1803年）　　　117

集合体を形成するであろう。それらの中心の光線はヨーロッパを照らしつつ，そのすべての部分へと分岐する。それらの傑作は人類を幸福にし，フランス国民に対してその知識，勢力，そしてその勝利の輝きがすでにもたらした高度の優越を確実にするであろう。」

　なお，この結論に先立ってトゥーアンは，3つの注目すべき指摘を行っている[70]。第1に，イタリアからはフランス国民の農業資源を増加させうるような珍しい植物，様々な野菜，果物，種子が，さらには強壮な品種の家畜がもたらされた。第2に，委員たちは彼らが訪れた場所で出会った芸術家および学者と密接な関係を結んだが，その結果，両国民の間の知識の交流が促進されることになった。最後に，幾人かの委員は，正確な旅行日誌をつけ，「農村・家内経済や学問，芸術の状態や，通過した地方の人間と記念物に関して自らの観察を書き留めた」のである。こうした著作は，以前の旅行者が犯した間違いを正し，イタリアについてより広い見方をもつのに役立つであろう。

　さて，以上のようなトゥーアンの演説に答えて，この式典の組織者である内相ヌフシャトーは，学者と芸術家の名において，委員たちに感謝の言葉を述べる。それは，式典のやま場における非常に誇張した調子の大演説であり，ポミエによると，「共和暦第2年にヴィカールからグレゴワールへと鍛え上げられた理論の完璧な解説」であり，「ボナパルトのクーデタに先立つこと15か月のこの時点では，政治的遺書の調子を帯びるもの」であった[71]。

　ヌフシャトーはまず，あらゆる世紀の傑作のかくも数多くかつ豊かな集合を可能にした，フランス共和国の勇敢な軍隊に対して感謝の念を表明した後，自由の姉妹である哲学に対してオマージュを捧げる。哲学のお陰でわれわれは，かつて天才たちの作品が征服者の戦車の後を運ばれて行った時代にはもはやいないのだ。本日，テルミドール9日の盛儀を動かしている精神は，無知で傲慢なかつてのローマ貴族のそれとは異なっている。「フランス人の武勲の証拠であるこれらの傑作は，われわれのもとに到着する前に，イタリアの一部が解放されるのを見た。」

　内相は，それゆえ古代とルネサンスの傑作が現在パリにあるのは，自然と歴史の法に適っているという。「傑作は，数多くの国民の自由のゆ

りかごをここで飾ることによって，それに与えられるべき場所を占めるためにやってきたに過ぎない。」

こうして内相は，フランスこそが傑作の「最後の住処」であるという「自由の共同遺産」のテーゼを正当化するのだが，しかしそれだけにとどまらず，この理論をより完全なものにしようとする。そのために彼は死者たちに語りかけ，自分たちは来るべき自由の統治のために制作したのだと彼らに言わせるのである。

ヌフシャトーは，ラファエロ，ティツィアーノ，ヴェロネーゼらの名を挙げながら言う。

「いな，これらの偉人たちが制作したのは，王たちのためではなく，高位聖職者のためでもなく，誤謬のためでもない。……彼らが制作したのは，彼らの時代のためよりも，はるかに多く栄光を求める本能に従うためであり，またこう言ってよければ，未来の良心に従うためである。」

ヌフシャトーは，この盛儀の目に見えぬ観客としての，ギリシャ，エジプト，2つのローマの偉大な芸術家たちに呼びかける。

「その感嘆すべき作品がこの囲いの中に集められている名高い死霊たちよ！　神のごとき天才たちよ！……しかり，あなた方がその傑作を産み出したのはフランスのためであった。それ故，それらの傑作はついにその目的地を見出したのだ。喜びたまえ，名高い死者たちよ！　あなた方はその名声を手に入れるのだ。」

内相は美術品に続いて，委員たちが初期の刊本の豊かなコレクション，貴重な写本とメダルをもたらしたことを称える。さらには，わが国土を豊かにする貴重な植物や，「地球の素晴らしい年代記」である鉱物や，遠方からの香料，異国の種子や樹木に触れつつ言う。

「疑いもなくあのローマ人の自由の建設者（ユニウス・ブルートゥス）の胸像に対して，またアポロン像に対して敬意を表さねばならぬ！

第 2 章　イタリアにおける文化財の収奪（1796-1803 年）　　119

しかし，われわれの注意はとりわけ自然の恵みに，農業上の獲得物に向けられねばならぬ。それは貧者の間に富裕を広め，すべてのアトリエに幸福を行き渡らせる。」

ポミエが言うように，ヌフシャトーの次の言葉は総裁政府の人々がこの日の式典によって，1789 年に始まった革命に封印を押そうとしていたことを示している[72]。

「これこそが勝利の盛儀であり，これこそがテルミドール 9 日に転覆された専制の罪を償う盛儀である。これこそは諸国民の間で前代未聞の祭典であり，あらゆる（悪しき）記憶を消すことを引き受ける祭典である。それは自然の凱旋，芸術の凱旋，自由の凱旋である。」

それはアポロンとブルートゥスの凱旋である。共和国がブルートゥスの模範に忠実に従ったが故に，アポロンはパリにその「最後の住処」を見出したのであり，また行列の中に示された「貴重な植物」に象徴される「自然の恩恵」が共和国に約束されたのだ。
　さらにヌフシャトーは続ける。

「あらゆる時代の傑作の巨大な集合は，諸氏に対して大国民を特徴づける力の大きさを知らせる。諸氏はそこに……諸氏の自由の力を見出す。諸氏はそこに軍隊の力の刻印を見る。諸氏はそこに憲法と，それによって組織された政府の力を認める。……諸氏の議員たちと総裁は協力して，あらゆる嵐に立ち向かい，あらゆる徒党を制圧し，一方の手で流血を好む王党主義を窒息させ，他方の手で最悪のアナーキーを抑圧しながら，諸氏が今楽しんでいる偉大な光景（スペクタクル）を準備することができた。……あらゆる世紀の偉人たちが共和国に遺したこの財産を注意深く守りたまえ。」

内相は最後に，これらの記念物の保管がその才能，品性，愛国心において勝れた人々に委ねられるが故に，委員たちはこの財宝の運命につい

て心配する必要がないこと，翌日には総裁政府当局が自由の祭典と美術の祭典を祝賀することを付言して，その長大な演説を終えるのである。

演説が終わると，多数の見物人がこぞって喝采する中で，内相は委員一人ひとりに友愛の抱擁を与え，彼らを近くの席に座らせる。

国立音楽院がルブラン作詞，ルシュウール作曲の愛国的頌歌を演奏する。一発の祝砲が式典の閉幕を告げ，行列は「共和国万歳」と叫びながら解散する。

夕刻，シャン＝ド＝マルスの館（士官学校）には明かりがともされ，群衆は夜遅くまでダンスに興じた。彼らの合唱の中では，次の言葉がリフレインとして繰り返された[73]。「ローマはもはやローマにはなし，ローマはすべてパリにあり。」

翌日，テルミドール10日（7月28日），自由の祭典の2日目は以下のように進行する[74]。午後3時に総裁政府のメンバーは馬車に乗り，シャン＝ド＝マルス広場へと向かう。第17師団の参謀部，多数の将官，大臣，事務総長が随行する。シャン＝ド＝マルスの館では，破棄院の判事，政府当局のメンバー，セーヌ県とパリ市の公的機関のメンバー，諸外国の大使らが総裁たちを待ち受けていた。夥しい数の老若男女の市民がシャン＝ド＝マルスの広い土手を埋めつくしていた。

午後4時，行列は祖国の祭壇へと向かう。一発の祝砲が式典の開始を告げ，国立音楽院が交響曲を，次いで「自由への祈り」を演奏する。4人のイタリア派遣委員は戦利品を積んだ荷車を後に従えて祖国の祭壇へと近づく。トゥーアンは手に三色旗をもって先頭を歩む。囲いの至るところから一斉に，天にまで届く歓呼の声がわき起こる。共和国万歳！ 大国民万歳！ 祖国の擁護者万歳！ わが不滅の軍隊万歳！

戦利品を積んだ荷車は祖国の祭壇の前に半円形をなして並ぶ。

内相は委員たちを祖国の祭壇へと導き，彼らを記念物のリストとともに総裁政府に紹介する。そこで内相は，総裁たちに向かって，前日のものよりはずっと短く，また抑制された調子の演説を行う[75]。彼はまず，「われわれがわが軍隊の勇気のお陰で享受している諸傑作，記念物，自然史，学問と芸術の貴重な物品の数多いコレクション」を総裁たちに紹介して言う。

今日，共和国の懐に委ねられた戦勝記念物は，勝利によって獲得され

た沢山の軍旗と比べても一層神聖な性格をもつ。

>「それら以上に美しいどんな奉納物を，フランス人は自由に対して差し出すことができたであろうか。フランス人は自由のうちに，諸国民の第1の幸福を見出す。彼らはまた，そこに美術の保護者を見ることを好む。なぜなら，自由は美術の魂であるからだ。自由は美術の存在そのものである。なぜなら，自由は人間の中のすべての偉大なものの豊かな源泉であるからだ。」

内相はさらに，フランスがこうした財宝を所有することから，学問と芸術に秀でた人は知識と嗜好に関する情報を入手するために，必ずフランスを訪れることになるだろうと言う。

次に内相は，その配慮，知識，勇気，識見，忍耐力において卓越した委員たちを総裁たちに紹介し，彼らの行動をほめ称える。

>「かくも記念すべき盛儀は委員たちがその任務についてなす厳粛な報告である。そして，数多くの世紀の傑作の凱旋入城は彼らの（押収）調書の最後の1頁であり，彼らの旅を閉じるものであり，彼らの偉大な作業の厳かな完成である。」

内相の演説に続いて，病気の五百人会議長ルベル（Reubell）に代わって元議長のメルラン・ド・ドゥエ（Merlin de Douai）が政治的意図の強い演説を行う[76]。彼は，今日の盛儀は「わが革命の有名な一時期の思い出に捧げられている」，「テルミドール9日も学問と芸術にとって一つの恩恵であったのと同様に，今日この日もまたそれらにとって凱旋の日である」と述べ，2つの出来事を明確に結びつける。

メルランは，テルミドール9日以来すでに4年の歳月が流れ，自由にとってきわめて有害な犯罪が犯された時から何世紀もがわれわれをへだてているように見えるという。しかし，警戒を怠ってはならない。「自由に対してすでに新たな大罪が企てられた。」「今や，犯罪と徳の，光と闇の，王政と共和国の破廉恥な闘争に終止符を打つべき時である。」フランスはヴァンデミエール13日（王党派反乱の鎮圧）とフリュクティ

ドール 18 日（王党派議員の追放）の事件を経験し，今や「徒党の残骸の上に確立された共和国はもはや曇ることのない輝きを放っている。」

このようにテルミドール 9 日事件による自由の回復を称揚する一方で，メルランはフランスによる他の国々の征服と収奪を正当化しつつ，次のように呼びかける。

「フランス人よ！ 隷属した諸民族に与えられた自由の正当な代価に過ぎないこれら高貴な野心の獲得物を，誇りをもって眺めたまえ。……高潔な精神によって崇拝されるかくも強力で心地よいこれらすべてのものは，この祭典に対して，それを全人類の祭典たらしめる性格を刻印する。」

メルランはさらに続ける。

「諸国民の尊敬に囲まれ，幾世紀もの貢ぎ物で豊かになり，世界の希望となる国民は幸いなるかな！ フランス人よ，かかるものが諸君に用意された運命である。他の諸民族は地上において光り輝いたが，彼らの偉大さの無言の証拠しか遺さなかった。諸君は人間の永久の諸権利を宣言し，諸国民をその本来の尊厳へと呼び戻した。これこそは決して滅びることのない記念物である。その不滅の声は，すべての人間に対して彼らの幸福の源を明らかにすると同時に，われわれの栄光をすべての時代に知らしめるであろう。自由万歳！ 共和国万歳！」

演説が終わると，メルランは祖国の名において，派遣委員一人ひとりにメダルを手渡す。そのメダルには一方の面にフランスの図像が，他方には「感謝する学術と芸術」という銘文が記されている。メルランは委員たちに向かって，「行政総裁政府は諸君に託した名誉ある任務を，諸君が見事に果たしたと宣言することを自らの義務と考える」と称える。

再び音楽が奏でられ，元議長メルランを先頭に総裁政府のメンバーと大臣たちはブルートゥスの胸像の前に月桂樹の枝を置く。総裁たちは再び祖国の祭壇に上り，国立音楽院は人民代表シェニエが作詞した「テル

第 2 章　イタリアにおける文化財の収奪（1796-1803 年）　　123

ミドール 9 日の賛歌」（メユル作曲）を演奏する。

　儀式の最後に，アリーナに陣取っていた軍隊が演習を行い，花飾りと三色旗で飾られた気球が空中高く舞い上がる。そしてこの日の夜も，明々と灯がともされたパリの街では，群衆がダンスに興じたのである[77]。

　イタリアで獲得された傑作が中央美術館に着いたのは 7 月 31 日である。積み荷はルーヴル宮の中庭と庭園に下ろされた。派遣委員たちは木箱を開けるのに立ち会い，彼らの前で美術館の管理人が中身の目録を作成した。委員の任務はこれをもって終了したのである[78]。

　以上，共和暦第 6 年テルミドール 9・10 日の祭典について詳しく述べてきたが，最後にこの式典の幾つかの重要な側面に触れておきたい。

　まず確認しておきたいのは，この祭典の「古代ローマ的性格」（romanité）である。この点はあまりにも明白で，詳説を要しないように見えるが，重要なのはその点についての祭典の主催者の意識である。テルミドール 9 日の『モニトゥール』紙の論説は，「わが祭典のうち最も素晴らしいもの」は「ローマ人のもとでの，ルキウス・アエミリウス・パウルスの凱旋式と同じくらい盛大な」ものになるであろうと主張している。しかし，フランス共和国の凱旋式はローマのそれに勝っている。なぜなら，そこには「鎖でつながれた敵たちも，征服された国民の破滅の記念物である黄金の山も」見ることはないからである（『編集者』98 年 7 月 29 日号）。ローマの凱旋式は圧制のそれであり，革命の凱旋式は自由のそれである[79]。

　このように，征服者たるコンスルの凱旋式の模倣によってローマ的であるテルミドール 9 日の祭典は，この日，木箱から出して自由の祭壇に供えられた唯一の古典古代の作品が，ユニウス・ブルートゥスの胸像であったことでもローマ的である。翌 10 日，総裁政府の全メンバーが「ローマ共和政を樹立した勇敢な市民」の胸像にオマージュを捧げたことは前述の通りである。

　次に注目したいのは，随所でフランス国民に式典の意味を伝えるための教育的解説がなされていることである。イタリアからの押収品が木箱に詰められたままで，その中身が群衆には見えなかっただけに，3 つの分団の先頭の荷車や，サン・マルコの馬像あるいはルネサンス絵画を運

ぶ荷車に掲げられたのぼりの銘文が重要な意味をもった。そこには内容の指示を越えて，それらの美術品がパリに存在する理由が述べられていたのである。また祭りの雰囲気を生みだすためのシャンソンは，「勝利を得た自由なフランスと，アポロンによって栄光の神殿へと導かれる美術との結合」というこの祭典の教訓を，やさしい詩句で歌っていた。しかし，祭典の深い意味を伝えるために政府が最も頼りにしたのは，上述のトゥーアンやヌフシャトーらの演説に示された公式の言説なのである[80]。

　ここで，このような形の祭典を組織した総裁政府の意図について，いま一度確認しておきたい。すでに述べたように共和暦第6年テルミドールの祭典は，イタリアで押収された学術・美術品の入城式を，総裁政府期の国民祭典の1つであるテルミドール9日の祭典と合体ないし融合させたものであった。ところで，革命期の国民祭典は，バスチーユ占領（1789年7月14日）にしろ，王政の転覆（92年8月10日）にしろ，暴力と排除の事件（ジュルネ）を祝賀することによってしか，祭りが本来もつ全員一致の使命を根拠づけることができないという矛盾をはらんでいた。テルミドール9日の「自由の祭典」も同様であったが，ポミエによると，この難問に対してほとんど奇跡的ともいえる解決をもたらしたのが，イタリアの記念物の凱旋式典なのである[81]。

　テルミドール9日の祭典は前述のように革命を終結させようとするものであったが，しかし，1797年3〜4月の議会選挙において王党派が，翌98年4月の選挙ではジャコバン派が多数当選した時，総裁政府はいずれも（フリュクティドールとフロレアルとの）「クーデタ」によって反対派議員を議会から排除しなければならなかった。このようにして総裁政府体制の動揺が強まる中で，テルミドール9日事件が革命の終結を意味しないこと，したがってそれを祝う祭典が「全員一致の祭典」たり得ないことは，誰の目にも明らかになったのである。このような状況のもとで，総裁政府はテルミドール9日の「自由の祭典」に，学術・美術品の凱旋パレードを加えることによって，それを「自由と芸術の祭典」たらしめ，全員一致の祭りの外観を与えようとしたのである。それ故グールドのように，古代ローマの凱旋式を模倣した1798年のイタリアからの戦利品のパレードに，「大革命の自信の頂点」を見るのは正しくない

であろう[82]。この祭典を組織した総裁政府は，左右の反対勢力（専制）の脅威を強く感じつつ，体制の維持，存続に必死の努力を傾けていたのである。

　この共和暦第6年テルミドールの祭典については，最後にもう1点，それとナポレオンとの関連について付言しておかなければならない。前述のように，2日にわたる式典においてナポレオンへの言及がなされたのは，第1日目のトゥーアンの演説においてのみであり，ヌフシャトーの饒舌な演説も彼については触れるところがない。そもそもトゥーアンは，イタリアからの美術品のパリへの凱旋入城を提案した前述の97年9月27日の書簡において，「厳粛な式典を選ぶ場合には，その組織をボナパルトに求めなければならない」と述べていたのだが，実際には，ナポレオンは総裁政府によってこの祭典の準備から外されることになった。とはいえ，米国の美術史家メイナディが指摘するように，「このような祭典の，ボナパルトの将来の野心にとっての利益は明白である。なぜなら，この祭典は，それが模倣したローマの凱旋式と同様に，征服された財宝と同様に征服する将軍をほめ讃えるものであったから」である[83]。

5　小括　1796-97年の押収美術品の特徴

　ここで，1796-97年にイタリアで押収された美術品の内容について，統計的分析が可能な絵画を中心に，いま一度考察を加えておきたい。
　この2年間，より正確には1796年5月から97年9月までに絵画の収奪をこうむった都市は，先の表2-1が示すように合計16にのぼる。そのうち押収点数が多いのは，北イタリアのミラノ，パルマ，モデナとヴェローナ，ヴェネツィア，中部のボローニャとペルージャおよびローマであり，以上8都市で押収総数227点中190点と84％を占める。なお，同じブリュメールの資料によると，上記の227点の中には教会，修道院など都市の宗教施設に由来する絵画が合計135点（59％）見出されることに注意しておこう。さらに，ローマは絵画よりも古代彫刻の提供先として圧倒的に重要であったこと，また当時ロンバルディアの諸

表2-2 イタリアからの画家別押収絵画数（1796-97年）

ロンバルディア・ボローニャ派	
アルバーニ	6
カラヴァッジョ	3
アゴスティーノ・カラッチ	3
アンニバレ・カラッチ	10
ロドヴィコ・カラッチ	7
ガロファロ	3
グイード・レーニ	14
グェルチーノ	32
スパーダ	4
ティアリーニ	3
ドメニキーノ	3
プロカッチーニ	3
ルイーニ	2
ヴェネツィア派	
ジョヴァンニ・ベッリーニ	2
ティツィアーノ	6
ティントレット	3
パオロ・ヴェロネーゼ	17
ローマ派	
コレッジョ	4
ジェンナーロ	2
バロッチ	8
ペルジーノ	23
マンテーニャ	7
ラファエロ	8
ローザ	2
ジュリオ・ロマーノ	3
その他	
ブリューゲル(ビロードの)	5

註）押収絵画2点以上の画家のみ示す。
出典）Blumer 1936 により作成。

都市には一般に第一級の古代美術品が乏しかったことも想起しておきたい[84]。

　一方，この時期に収奪をまぬがれたイタリア都市も結構多いのであって，ジェノヴァ，パドヴァ，ヴィチェンツァ，パヴィア，ベルガモ，ブレシア，それにフィレンツェとトリノは，少なくとも公式の美術品収奪はこうむっていない。ただし，このうちフィレンツェとトリノは，後述のように1798-99年に大規模な収奪を受けることになる。さらにナポリは，込み入った事情の故に，ナポレオン期を含めてもごくわずかな美術品しかフランスに提供していない。フランス人は結局，グレゴワールが

第2章　イタリアにおける文化財の収奪（1796-1803年）

前述の94年8月31日の報告で言及した最も重要な2つの作品の1つ，ナポリにあった「ファルネーゼのヘラクレス」像を手に入れることができなかったのである[85]。

次に表2-2によって1796-97年にパリへ運ばれた225点の絵画の作者別を見ると，以下の2つの特徴が認められる。その第1は，表ではロンバルディア派に含まれているが，カラッチ一族に始まるボローニャ派の作品が最も多数見出されることである。中でもグェルチーノの作品は32点と全画家の中でも抜群の首位を占めており，以下グイード・レーニ14点，アンニバレ・カラッチ10点，ロドヴィコ・カラッチ7点，アルバーニ6点と続いている。これらのうちカラッチ従兄弟は主に16世紀後半に，その他は主に17世紀前半に活躍した画家たちである。

次に第2の特徴は，ヴェロネーゼ，ティツィアーノ，ティントレット，ジョヴァンニ・ベッリーニといったヴェネツィア派の作品が目立つことである。それらの大多数はヴェネツィアとヴェローナで押収されたものであるが，特にヴェロネーゼの作品は17点と飛び抜けて多く，その中には「カナの婚礼」や「レヴィ家の饗宴」のような有名な絵が含まれている。そして第3に挙げるべきは，ラファエロおよびその師ペルジーノの作品の重要性である。ラファエロの作品は8点を数え，その中には最晩年の大作「キリストの変容」をはじめ，「聖チェチーリア」，「フォリーニョの聖母」などが含まれている。ペルジーノは作品数（23点）でグェルチーノに次いで第2位を占めるが，そのほとんどはペルージャ1都市から収奪されたものである。以上のほか，重要なイタリア人画家としては，コレッジョ（4点），カラヴァッジョ（3点），さらに15世紀のマンテーニャ（ヴェローナ，サン・ゼーノ教会の三幅対祭壇画とそのプレデラほか1点）が注目される。最後に，ごく少数ながらイタリア以外のフランドル，フランス，オランダの画家の作品も見出されるが，その中では，いずれもミラノに由来するヤン・ブリューゲル（ビロードの）の作品5点（ほかに彼とルーベンスとの共作1点）の存在が目を引く。

グールドによると[86]，18世紀末〜19世紀初頭のフランスにおいてイタリア人画家に対する評価はラファエロが最も高く，次いでコレッジョ，ヴェロネーゼ，ティツィアーノの順であった。なかでもラファエロの絶大な人気は信仰に近いものであり，彼の師ペルジーノの作品が非常に熱

心に求められた1つの理由もそこにある。これに反して，この時代のフランス人はボッティチェリにはさほど関心を払わず，またレオナルド・ダ・ヴィンチとミケランジェロに対しても，両者の絵画作品がきわめて少数であったために，比較的注意が向けられなかったとされる。

次に問題になるのは，イタリア派遣委員による上述のような美術品の選定は適切なものであったのかどうかである。この点についてブリュメールは，一定の芸術的教養をもち，よい手引き書を備えていた委員たちは，押収すべき作品の選定において過つことはほとんどなかったとする。確かに押収された多数の作品の中には，時として取るに足りないものや二流の作品も見出されたが，しかし傑作が数多く存在するとして，委員たちの活動に高い評価を与えている[87]。

これに対して，グールドとマクレランは，イタリアにおける押収品の選定に関わる問題点をより詳しく考察している。まず両者は，1796年5月にナポレオンによって現地で任命された「委員」のティネが，パリから派遣された委員たちが到着するより前にミラノ，クレモナ，モデナなどで独力で行った美術品の選定には大きな問題があったと主張する。たとえば，当時の最も権威ある鑑定家ルブランは，イタリアから最初に到着した絵画があまりにも凡作揃いであるとして，ティネの美術的知識の不足を厳しく批判した。また『哲学旬報』の96年11月30日号も，最初の輸送分の中には，エトルスキの壺5個のほかには，フランス共和国に提供される価値のあるものは何もなかったと酷評している[88]。

たしかに96年11月8日にパリに着いた最初の輸送分には，絵画は19点しか含まれておらず，その中には第一級の作品は乏しかったが，しかしティネがモデナで選んだ絵画の大多数は輸送の途中で留め置かれ，第2回の輸送隊によってパリへもたらされたことを考慮しなければならない。さらにティネがその後も画家のベルテルミーとともに，絵画の選定に中心的役割を果たしていることを思うと，彼の能力にそれほど問題があったとは考え難いのである。

マクレランは，ティネ以外の「公式の委員らははるかに玄人であり，少なくとも絵画に関しては，何を探索すべきか前もって知っていた可能性が高い」とした上で，彼らが利用したと思われるガイドブックの具体例を挙げている。その1つは，トゥーアンがイタリア旅行の際に携行

第 2 章　イタリアにおける文化財の収奪（1796-1803 年）　　129

したと語っているラランド（Le Français de Lalande）の『あるフランス人のイタリア紀行』（1769 年刊）であり，これが共通の情報源だったかも知れないと述べている。また絵画については，1795-96 年に刊行されたばかりのランツィ（Luigi Lanzi）の 2 巻本『イタリア絵画史』も参照された可能性があるという。本書はイタリア絵画についての最新の権威ある記述から成っており，ルーヴル美術館が 1800 年頃，未収蔵のフィレンツェ芸術家のリストを作成した時に利用したものである。

　マクレランはさらに，美術品が作品の名声と稀少性という 2 つの基準のどちらかに従って選定されたことを指摘する。第 1 の範疇には，世界中で尊重されている規準的な絵画と彫刻が含まれる。ローマから押収された品物の最終リストの冒頭には，ヴァティカンとカピトリーノ美術館からの有名な古代彫刻が載っており，全体で 83 点に上る古代の大理石像の多くは，今日ではなじみの薄いものだが，その当時には愛好家によって等しく嘆賞されていたのである。ローマからの 17 点の絵画についても同様であり，リストの初めにはフランス人がローマで最も偉大な絵画と考えていた 3 点のうちの 2 点が載っている。すなわち，ラファエロの「キリストの変容」と，ドメニキーノの「聖ヒエロニムスの最後の聖体拝領」である。同じリストには続いて，それらに劣らず有名なグェルチーノ，カラヴァッジョ，アンドレア・サッキ，グイード・レーニらの祭壇画が並ぶ。長い間愛好家たちが嘆賞してきたこれらの絵画も，ローマのフランス・アカデミーにおいて何世代もの画学生によって忠実に研究され，模写されてきたものである。

　以上のような明らかな傑作を選ぶのには，手引きはほとんど必要がなかったであろうが，第 2 の基準である稀少性の故に選ばれた多数の絵画については，事情は異なる。派遣委員の第 2 の任務は，ルーヴル美術館が所蔵するイタリア絵画のコレクションの欠落部分を埋めるような作品をもち帰ることであった。このような野心は，美術史の教育を提供しようという欲求にもとづくものであるが，そのために押収品の中には，ジョルジョーネやドッソ・ドッシのように，その模写を画学生に勧められない画家の作品も含まれることになった。芸術家の教育よりも美術史の教育が優先された結果，各派の画家の代表的な作品だけが要求されたが，その画家を誰にするかは美術館当局が決める事柄であった。同

様に，委員たちがペルジーノやグェルチーノの作品を求めてペルージャやチェントへ赴いたのも，パリからの指令によるものと考えなければならない。2人の絵が異常に多いのも，委員の無分別の結果というよりは，中央美術館の教育計画の産物と見るべきである[89]。

6 イタリアにおける再度の収奪（1798-99年）

以上において筆者は，1796年および97年にイタリア諸都市で押収された美術品と学術資料について詳しく述べたが，しかしイタリアからの文化財の収奪はこの両年だけにとどまるものではない。先の表2-1によると，イタリアからは1798年から1803年に至る間に，合計200点を超える絵画が収奪されているのであり，中でもローマ，トリノ，フィレンツェ，パルマから多数の絵画がもたらされている。このような収奪の第2波はいかなる事情の下で起こったのか，順を追って見て行くことにしよう。

まず1798年のローマについて述べよう。総裁政府はトレンティーノ講和条約によってその領土の大きな部分を奪った教皇国家ローマに対して，新たな介入の機会をうかがっていたが，97年12月28日に起こったデュフォ（Duphot）将軍の殺害事件は，そのための格好の理由を提供するものであった[90]。デュフォはフランスの大使ジョゼフ・ボナパルト（ナポレオンの兄）付の武官としてローマに来ていたのだが，同日「民主化」を要求してフランス大使館前に押し掛けたジャコバン派のデモ隊に向かって教皇の警邏隊が発砲した際，運悪く銃弾を胸に受け，死亡したのである（彼はその翌日，ジョゼフの義妹デジレ・クラリーと結婚する予定であった）。

大使から通報を受けた総裁政府は，教皇庁がジョゼフ・ボナパルトとデュフォの暗殺をたくらんだと公然と非難し，98年1月11日，当時パリにいたナポレオンの同意の下に，イタリア方面軍総司令官ベルティエ将軍に，ローマへ進軍して教皇を追放し，民主的共和国を樹立するよう命令したのである。フランス軍の接近によりローマは2月10日降伏し，同月15日にはジャコバン派によってローマ共和国が宣言され，教皇ピ

ウス6世は17日，トスカナのシエナに亡命した。

これより先，総裁政府は1月31日，新しい共和国の体制作りのためにローマへ派遣される文民委員として，哲学者で政治家のドーヌー（Daunou），数学者のモンジュ，文学の教授で後に県知事になるフロラン（Florent），外交官で元財務大臣のフェプーの4名を任命した（「ローマ委員会」とも呼ぶ）。さらに同日，総裁政府はベルティエ将軍に対して，ローマの最も富裕な50家族から租税を取り立てるとともに，教皇と貴族アルバーニ家の財産をフランス共和国のために没収するよう明確に指示した。その上，2月10日にはベルティエ自身が，「フランスへ運ぶに値すると考えられる絵画，書物，写本，彫像および美術品はローマ市から奪取される」と布告したのである[91]。

こうして2月23日，パリから派遣された委員がローマに到着した時，都市はフランスの軍隊による大規模な略奪のただ中にあった。教会，修道院と貴族の邸宅だけでなく，ヴァティカン宮自体も兵士による略奪の対象になった。宮殿内の教皇の私室も侵入を受け，絵画，彫像のほか，4万冊以上といわれる教皇の個人的蔵書も2月17日，フランス軍主計総監アレール（Haller）によって徴発された。その数日後には，ヴァティカン宮の図書館自体が収奪を蒙り，多数のメダルに加えて，千個近いカメオと精巧な彫刻石などが持ち去られたと言われる。

このようなヴァティカンの略奪の最中の2月20日，ベルティエに代わってマッセナがフランス軍総司令官となったが，「略奪者」として悪名高い将軍は，略奪を抑えるどころか，同月23日，外国に所属するものを含むローマの教会の略奪を命じたのである。それによって教会に保存されていた美術品，なかでも金銀細工品が甚だしい被害を受けた。

文民委員＝「ローマ委員会」の最も重要な任務は，新しい共和国のための憲法の公布と，政府の健全な財政的基礎の確立であったが，同時に彼らは，ローマにおける学術・美術品の規律正しい接収を組織する権限を与えられていた。ローマ市民から助けを求められた委員らは，軍隊による無秩序な徴発や略奪を非難したが，それを阻止する力はもたなかった。彼らが事態を自らの統制下に置くのは，総司令官マッセナが部下の士官の反抗によって指揮権を奪われ，軍隊による略奪が終息に向かう3月末になってからである。

文民委員は軍隊によるむき出しの略奪に代えて,「美術財宝を捕獲する組織的な官僚的方式」(ターナー)をうち立てようとしたとされる。文民委員は財産没収に関する権限を独占し,すべての押収に市役人を立ち会わせ,押収した物品を記載した領収証を彼らに渡すことにした。
　とはいえ,この文民委員の統制下の押収活動がより穏やかなものであったとは必ずしも言えない。彼らは1796年のトレンティーノ条約にもとづき選定された作品で,かさばり過ぎるという理由でまだローマに残されていた彫像などの押収にも従事したが,それだけにとどまらず,1月末に命令されていたアルバーニ家の財産の没収を実行する。そもそも,アルバーニ家が迫害の対象になったのは,同家がもつ富と威信,そして教皇庁との密接な関係の故であり,デュフォ将軍の暗殺への関与は表面上の理由に過ぎなかった。
　文民委員のドーヌーが伝えるところでは,「1つの見事な博物館」をなしていたヴィラ・アルバーニからは,夥しい数の大理石の彫像(立像)と胸像,ヘルメス柱像,浅浮彫り,カメオ,メダル,モザイクなどが収奪された。フランスへ送られた物品は全部で290箱に上ったといわれる[92]。
　次に,ドーヌー自身が中心になって行った書物と写本の押収がある。彼は特にアルバーニ家の素晴らしい蔵書に興味を抱き,多数の最も美しい写本や印刷本をパリの国立図書館や自らが館長をしていたパンテオン(サント・ジュヌヴィエーヴ)図書館のために押収したが,その数は最終的には500点以上に上ったという。彼はまた,教皇の個人蔵書の売り立てに介入して,15世紀の貴重な印刷本を数冊入手したほか,パリ国立図書館の求めに応じてヴァティカンおよびローマの他の図書館からの書物の押収にも従事したのである。また委員のモンジュも,彼が校長をしていたパリの理工科学校の図書館へ送るために4～5箱分の科学書を選定した。
　最も大きな被害を蒙ったのはアルバーニ家であったが,ローマの他の貴族家門も様々な形の迫害を経験した。教皇ピウス6世の甥で枢機卿のブラスキ公はその美術品の大きな部分を失った。ブラスキ家からは,アルバーニ家の場合よりも数はずっと少ないが,彫像,胸像,壺などのほか,特に絵画が収奪されている。この98年春にローマからフランスへ

第2章　イタリアにおける文化財の収奪（1796-1803年）　　133

送られた絵画の総数は，ブリュメールのリストによると 14 点であったが，そのうち 8 点はブラスキ家所有のものであり，3 点はイギリス人からの没収品，2 点はアルバーニ家所有のもの，そしてもう 1 点は，1797 年以来ロレートからブラスキ家に疎開していたラファエロの「ロレートの聖母」である。ただし，この最後の作品は梱包中にカンヴァスが模作とすり替えられ，そのままパリへ送られてしまったのである[93]。

　ところで，文民委員たちは，ローマ共和国の体制の確立という緊急の責務をも果たさなければならなかったので，実際の押収作業に当たっては助手に頼らざるを得なかった。こうして 3 月 3 日には，97 年初にイタリアにおける美術品収集委員団に加わった画家のヴィカールが助手に任命され，きわめて有益な役割を果たすことになる。

　ヴィカールの活躍もあって，98 年夏の初めまでに徴発された物品の総数は，2,800 点の書物と写本を含めて，実に 12,878 点に上った。その中には，60 数枚のメダルのほか，彫像，胸像，モザイク，絵画，エトルスキの壺が含まれていた。この時ポムルル将軍ら一部の熱狂者は，ローマにあるトラヤヌスの記念柱をも奪取しようとしたのだが，この無謀きわまる企てはドーヌーの反対によって取りやめになった[94]。

　5 月末にドーヌーは，総裁の 1 人ラ・ルヴェリエール＝レポーに宛てて，美術品の押収の終了を知らせた。時を同じくして，4 人の文民委員のうち 3 人は別のキャリアへと転出し，フロランだけが当初の委員会を代表して留まることになる。

　さらに留意すべきは，この 98 年に教皇が失った個人財産の中には，トレンティーノ条約が定めた巨額の賠償金の支払いのためにフランス側に提供されたものも少なくないことである。とりわけ教皇は，4 つの 3 重宝冠を含む大量の宝石をフランス側に引き渡したのであり，その総額は 2,500 万フラン以上にのぼったといわれる[95]。

　ただし，このように膨大な量の美術品，学術品をパリへ輸送するには異常に多くの日数を要することになる。ドーヌーの命令で箱詰めされた押収品のうち 99 箱は，99 年 4 月にローマを出発したが，そのうち同年 7 月にパリへ到着したのは 41 箱だけで，残りの 58 箱は輸送資金の不足のためにニース，次いでリヨンに 1800 年末まで留め置かれた。実際，ブリュメールのリストにある 14 点の絵画がパリへ到着した日時は，

1799年7月19日が7点,1800年2月か3月が1点,1801年が6点となっている。さらに,以上のもののほかローマには,120箱に上る押収品が残されていたのだが,それらは99年9月にローマを占領したナポリ軍によって,彼らの退却時にナポリへと運ばれたのである[96]。

　上述のローマの事例からも明らかなように,総裁政府はナポレオンが97年11月にイタリアを離れた後も,美術品と学術資料の収奪を続行することを望んでいたのだが,99年になると,政府の欲望は一層あからさまに表明されることになる。すなわち,同年2月の布令によって,「イタリアにおける第2次学術・美術委員会」の派遣が決定され,学士院会員ルブルトン,学士院の彫刻家ロラン(Roland),歴史画家ムリコー(Mouricault)の3名が委員に任命された。ただしル・ブルトンは辞退したので,代わりにトリノ駐在大使のエマール(Eymar)が実質上の委員を務めることになる[97]。

　次いで99年4月10日(共和暦第7年ジェルミナル21日)に前述の内務大臣ヌフシャトーは,新しい委員の任務と押収の対象について定めた指令書(Instructions)に署名した。それによると,委員たちは学術・美術品のうちわが国家美術館に入るに値すると思われるものを選定するとともに,それを迅速かつ安全にパリへ届けるのに必要な措置を講じること,またイタリア各地の農業,工業技術,商業に関する情報と,有用な植物,家畜,家禽,自然史研究に適したあらゆる物品を収集することを,その任務としていた。そして押収の対象については以下のように詳細に規定されていた。すなわち,「王侯たちの宮殿ではふんだんに取り出してよい」こと,ミュゼは王侯の所有である場合もあるが,公衆に役立つが故に,そこでは「わがコレクションを補充するのに役立つものだけを取り上げるべきこと」,教会では,最大限控え目に取り出すべきであり,その稀少性ゆえにあえて収集せざるをえない物品の押収によって生じる空隙を,できる限り他の物品によって埋めるようにすること,公的記念物は尊重されねばならないこと,私人のコレクションは,彼が反逆者と宣言された場合を除いて,より一層神聖でなければならず,私人がきわめて稀少な物品を所有している場合には,交換によってそれを手に入れるように努めるべきこと,などである。以上に続いて指令書には,委員たちが派遣先の各都市においてなすべき仕事が具体的に指示さ

第2章　イタリアにおける文化財の収奪（1796-1803年）　　　135

れていたのである[98]。

　上述の第2次委員会の第1の派遣先に挙げられていたのは，サルデーニャ＝ピエモンテ王国の首都トリノである。フランスは97年4月以来サルデーニャ王国と攻守同盟を結んでいたが，98年に入ると両国関係はにわかに緊張をはらむことになる。同年9月，総裁政府はかねてピエモンテ地方のジャコバン派に好意的であったトリノ駐在フランス大使ジャングネ（Ginguené）を罷免し，後任に元貴族のエマールを任命した。さらにサルデーニャ国王がロシア，オーストリアと結んで反フランス的行動をとることを恐れる総裁政府は，11月30日，同国王に対して9,000人の兵士と武器の提供を要求するよう大使のエマールに命じた。そして，この「最後通牒」が拒否されると，エマールは直ちに，チザルピーナ共和国（97年6月にナポレオンがロンバルディアを中心に作った従属国）のフランス軍司令官ジューベール将軍に対して，ピエモンテ地方を軍事占領するように命じたのである。こうして同年12月5・6両日，フランス軍はピエモンテのすべての都市に侵入し，サルデーニャ国王カルロ・エマヌエレ4世はピエモンテに対する権利を放棄して，サルデーニャ島に逃亡した。その後にはジャコバン派による臨時政府が結成され，翌99年2月には，住民投票によってピエモンテのフランスへの併合が「圧倒的多数」で承認された。しかし，この投票の正当性を疑問視する併合反対派は反フランス陰謀を企て，それに対してトリノのフランス軍司令官グルーシー将軍が厳しい弾圧を加えるなど，混乱が続いた[99]。

　カルロ・エマヌエレ4世の退位の後，ピエモンテはフランス軍による占領地と見なされ，フランス人による教会，図書館，文書館などの収奪が始まり，それはやがてトリノの王宮の絵画ギャラリー（ガッレリア）にも及ぶことになる。この絵画ギャラリーは当時ヨーロッパで最も有名なものの1つで，1741年にカルロ・エマヌエレ3世がウィーンのベルヴェデーレ宮に保存されていたサヴォイア公オイゲン（＝プリンツ・オイゲン）のコレクションをその女相続人から購入したことで飛躍的に拡充されたのである。上述のエマールは99年2月，建築家ルグラン（Legrand）を中心に現地の画家，彫刻家ら数名からなる委員会を任命し，パリへ送るに値する絵画を指定させた。注意すべきは，この美

術品の押収のための委員会に，フランス人だけでなくピエモンテ人が加わっていたことである。こうして2月から3月にかけてルグランの指揮下に王宮のギャラリーから64点，近郊の修道院から1点，合計65点の絵画が押収されたのであり（国王が贈与した1点を除く），そのうち25点は5箱の書物とともに同年3月8日にパリへ向けて送り出されたのである。

　一方，パリで任命された2人の委員，ロランとムリコーがパリを出発したのはそれよりも遅く4月14日であり，彼らがトリノに到着したのは同月26日であった。それ故，トリノにおける絵画の押収はパリからの委員が到着するより1月以上前に終了していたのである。しかも押収された絵画の一部はすでに発送ずみであり，また残りの40点の絵画の輸送隊もルグランの護衛のもとに，まもなく出発しようとしていた。それ故，新来の委員がやったことは，ルグランに押収品のパリ発送を急がせる一方で，王宮とトリノ大学の図書館および自然史陳列室を訪れて，収奪すべき物品の調査を始めたことだけであった。そして，4月28日にミラノに入城したスヴォーロフ（Souvorov）将軍麾下のロシア軍がトリノに向かって進軍中との報に接して（トリノ到着は5月26日），委員たちは5月3日，早々に帰国の途についたのである[100]。

　それでは，トリノで押収された絵画はどのような内容のものであったのだろうか。ブリュメールのリストによると，上述の65点の絵画のうち25点は早くも99年4月11日に，また残りの40点も同年5月22日にパリへ到着しており，きわめて迅速に輸送されたことがわかる。ところで，グールドはこのトリノで収奪された絵画について，ほぼ同じ時期のフィレンツェにおける「べらぼうな獲物」に比べると，興味の乏しいものに見えるという。確かにイタリア絵画は12点に留まっており，ボローニャ派のアルバーニ6点，同じくグイード・レーニ3点が目立つ程度である。これに対して，オランダ派の作品は33点と総数の半ばを占めており，以下フランドル派が8点，ドイツ派が7点，フランス派が6点で続いている。しかし，これら圧倒的多数を占める北方絵画も傑作揃いとは言い難い。実をいえば，このように王のコレクションを丸ごと送ることは，パリの政府や美術専門家の意向に反していた。彼らが欲していたのは何よりも「王宮を飾っていた有名な絵画」であり，ある

第2章　イタリアにおける文化財の収奪（1796-1803年）　　　137

いは「中央美術館がその作品を全く所蔵していないか，ごくわずかしか所蔵していない巨匠たちの作品」であった。しかし，その例として挙げられていたソリメーナ，チーマ，カラブレーゼ（別名プレーティ），レスパニョーレ（別名リベーラ）の4人の画家の作品は押収品の中に1枚もないのである。

　オランダ派絵画の中には，レンブラント1点，ヘラルト・ダウ3点，ワウウェルマン3点，ポッター1点が見出されるが，最も多数を占めるのは，17世紀末〜18世紀初頭の有名な戦闘場面を描いたフフテンブルフの10点の戦争画である。なお，ダウの作品のうち「水腫の女」と題する1点は，前述のように，ナポレオンが熱望していたといわれるが，1798年12月にイタリア方面軍旅団長クローゼルがサルデーニャ王から与えられ，その後総裁政府に提出したものであって，他の押収絵画とは別に，99年1月16日にパリへもたらされたことを，言い添えておかなければならない。

　フランドル派の絵画では，ビロードの（ヤン）ブリューゲルの4点と，ファン・ダイクの「イングランド王チャールズ1世の子供たち」が，またフランス派ではプッサンの「聖マルガリタ」とヴァランタンの「聖アンデレの殉教」が，ドイツ派ではホルバイン（子）の3枚の肖像画が注目されよう。

　なお，トリノでは1800-01年に，フランスの軍司令官や臨時公使を務めたフィオレラ，デュポン，スルト，ジュールダンの各将軍が，王宮のギャラリーなどから多数の絵画を獲得している。それはトリノの行政当局による自発的な譲与という形を取っているが，実質的には，将軍たちが自身の私的コレクションを作るために行った「横領」にほかならなかった。また，1801年にピエモンテの総行政官であったジュールダンは，氏名不詳のフランス政府委員に3枚の絵画を引き渡させたが，それらは同年7月28日にパリの中央美術館に到着している[101]（前掲表2-1参照）。

　次にフィレンツェについては，上述のヌフシャトーの指令書に付された委員への指針にもこう書かれている。「それは文句なしに，委員たちが最も豊富な収穫をなすことができる都市である。ガッレリア全体が運ばれるに値するということもできよう。だが，ガッレリアを当然にも富

の1つの源と見なしている住民に不満を抱かせないために，最も有名な記念物のみをそこから引き出さなければならないであろう[102]。」ところがフィレンツェの場合にも，実際の美術品押収は新しい委員が任命されるよりも1年近く前に完了していたのである。

　それでは，実際の学術・美術品の押収はどのように行われたのであろうか。

　フィレンツェを首都とするトスカナ大公国は，1796年以来ほぼ中立を維持することができたが，98年イタリア半島での戦争再開とともに，再び外国軍隊の侵入をこうむることになる。北イタリアからトスカナを縦断してナポリに至るルートを確保しようとするフランス総裁政府は，98年3月12日トスカナに対して宣戦し，ゴーティエ（Gauthier）将軍麾下の軍隊が同月25日フィレンツェに入城，大公フェルディナンド3世はオーストリアへ亡命する。新たにトスカナにおいて実権を握ったのは，以前の公使でフランス政府政治委員（政府代表）のレナール（Reinhard）を中心に，占領軍司令官のゴーティエ将軍および軍隊への文民委員のローモン（Laumond）の3人である[103]。

　この時期にフィレンツェにおいて，フランス人による大規模な収奪の対象となったのは，ウフィツィのギャラリーの絵画ではなく，ピッティ宮に収められたトスカナ大公のコレクションであった。政府委員のレナールはいち早くフィレンツェの美術行政を掌握したが，彼は収奪すべき絵画の選定を前述のヴィカールに委ねた。ヴィカールはほぼ同じ時期にローマにおいても初期印刷本や写本などの押収に当たっているが，2人のイタリア人画家に助けられて，ピッティ宮のギャラリーから絵画63点と堅石のテーブル（tables en pierre dure）25点を選び出した。

　ブリュメールのリストによると，絵画の押収は98年の3〜4月に行われ，輸送の途中何らかの理由で失われた7点を除いて，大半の47点が1800年の1〜2月に，残りの9点が1801年8月9日に，それぞれパリへ到着している。ただし，この到着日の正確さには疑問が残る。詳細は省くが，史家ボワイエは，文民委員のローモンとその代理人らがフィレンツェで準備した美術品の大箱を，マクドナルド将軍が99年5月ナポリからジェノヴァへ撤退する際に陸路で運び出したのであり，それらはいくつかの輸送隊に分けてパリへ運ばれたらしい，と述べている

第2章 イタリアにおける文化財の収奪（1796-1803年）　　139

のである。

　話を収奪品の選定に戻すと，ヴィカールは美術品のうち絵画に専念し，中でもラファエロを重視して，彼の作品を8点選んでいる。そのうちの1枚，当時フィレンツェで最も有名な絵である「(小)椅子の聖母」が展示されていたのは，ウフィツィのギャラリーではなく，ピッティ宮であった。ラファエロの作品としては，ほかにも「教皇レオ10世の肖像」，「教皇ユリウス2世の肖像」などが含まれている。ラファエロに次いでは，ティツィアーノの「ラ・ベッラ（美しき婦人）」，「マグダラのマリア」など4点が注目されるが，ほかにも，ミケランジェロの「3女神パルカ」を始め，アンドレア・デル・サルト4点，ジュリオ・ロマーノ4点，サルヴァトール・ローザ3点，ジョルジョーネ2点，コレッジョ，グイード・レーニ，ペルジーノ，パルミジャニーノ各1点など，代表的なイタリア画家の名品が数多く含まれている。さらにヴィカールが押収した絵画の中には，イタリア以外の画家の作品も正当に選ばれていた。すなわち，ルーベンスの「戦争の惨禍」ほか5点を始め，ファン・ダイクの「グイード・ベンティヴォリオ枢機卿の肖像」，レンブラントの「ある老人の肖像」などである[104]。

　委員たちは以上の絵画とテーブルのほかにも，大公が所有していた高価な銀器や，チェッリーニ（Benvenuto Cellini）作の金銀細工品などを奪って，貨幣に鋳造するために造幣局へ送ったといわれている。このように総裁政府の代理人たちは，退位した君主の個人財産と宣言されたピッティ宮に対しては，その財宝を容赦なく収奪したのだが，トスカナ人民の所有物とされたウフィツィのギャラリーへと彼らの収奪を拡大するには至らなかった。それは，ギャラリーの館長でトスカナの美術総監でもあったトマーゾ・プッチーニ（Tommaso Puccini）の巧妙で頑強な抵抗によるものである。プッチーニは総裁政府への請願書において，自分は総裁政府の委員のカラース（Calas）がこのギャラリーに保存されている最も美しいカメオと最も珍しいメダルを引き渡すよう命令した時，それに従うのを拒否したこと，しかし，差し迫った危険や自分の祖国への愛着，また芸術への愛などから，あなた方に頼ることにしたのだと述べた後，以下のように主張している。

「市民たる総裁諸氏よ。これまで几帳面に守られてきた国家の基本法によって，ギャラリーを形づくる物品はトスカナ大公のものではなく，まさに国民のものであることを考慮されたい。フェルディナンド3世は出発前にそれら物品を力づくで奪うことができたのに，その権利を持たないが故に，そうすることを思いとどまったのであることを，考慮されたい。……あなた方は非武装で平和的な国民に対して，戦争の権利を行使しようとされるのか。あなた方はこの(トスカナ)国民を，あなた方に対して武器を取り，この上なく残酷で激烈な戦争を行った諸国民から寛大に区別するよりも，この国民がもつ最も神聖なものを奪い取ることを望まれるのであろうか。」

こうしてウフィツィのギャラリーには総裁政府の代理人たちも手を触れることができなかったのであるが，フィレンツェでは前述のピッティ宮を例外として，個人や教会が所有するコレクションや図書館はフランス人による収奪から比較的よく守られたようである。これには，上述のプッチーニの抵抗だけでなく，フランス政府代表のレナールが美術品や学術品，貴金属類の収奪に慎重な態度をとったことが影響していると思われる[105]。

さて，98年3月のフランス軍によるトスカナ占領は，同年5月5日以降のマクドナルド軍のナポリ王国からの撤退を容易にしたが，長続きするものではなかった。5月6日にアレッツォで始まった，ヴィヴァマリア(Vivamaria)の徒党による反フランス的・反革命的暴動が7月初めにフィレンツェに波及し，ジャコバン派の家屋が略奪を受けると，フランス軍は撤退を余儀なくされたからである。その後には元老院によって臨時政府が樹立され，数週間後フェルディナンド3世がオーストリア軍とともに帰還する。

7 執政政府期における収奪

さて，共和暦第8年ブリュメール18日(1799年11月9日)のクーデタによって政治権力を掌握したナポレオンは，自らの名声と権威を一層

第 2 章　イタリアにおける文化財の収奪（1796-1803 年）　　　141

高めるために，革命戦争の終結，対外平和を掲げて新たな戦争に乗り出すことになる。ナポレオンは 1796 年の総裁政府と同様に，オーストリア軍をイタリア戦線とドイツ戦線において撃破することを目指した。

　1800 年 5 月 6 日大軍を率いてパリを出発したナポレオンは，アルプスの有名な大サン・ベルナール峠を越えて北イタリアに進撃し，6 月 14 日のマレンゴ（アレッサンドリアの南東の地）でオーストリア軍と激突した。戦況は初めフランス側に明らかに不利であったが，ドセー将軍の援軍の到着により形勢は逆転し，ナポレオンは辛くも勝利を収めた。この結果，ミラノ地方とピエモンテを再び支配下に収めたフランス軍は，イタリア半島をさらに南下して，10 月 10 日にはデュポン将軍がフィレンツェを占領した。一方，ドイツ戦線では，同年 12 月 3 日に，モロー将軍のライン方面軍がミュンヘン東方のホーエンリンデンにおいてヨハン大公のオーストリア軍に決定的勝利を収め，ウィーンへの道が開かれた。こうして翌 1801 年 2 月 9 日にはフランスとオーストリアの間にリュネヴィルの講和条約が結ばれる。この条約でオーストリアは 1797 年 10 月の両国間のカンポ・フォルミオ条約の内容を再確認して，ヴェネツィアを保持する一方，ベルギーの割譲，ライン川の国境を受け入れるとともに，チザルピーナ共和国などのフランスの姉妹共和国を承認し，さらにイタリアにおけるフランスの覇権を認めたのである。そして早くも同年 3 月 28 日フランスとナポリ（両シチリア）王国の間でフィレンツェの講和条約が締結され，ナポリ王国はフランスの従属国の地位に置かれることになった[106]。

　このような状況の中で一部のフランス人の間では，1799 年以来第 2 次対仏同盟軍の攻勢によって中断していたイタリア美術品のパリへの移送を再開しようという願望が現れた。確かに，史家ボワイエも認めているように，総裁政府期に多数の傑作が獲得された北イタリア都市では，執政政府の手による新たな収奪は行われていない。たとえば，ピエモンテはフランスの軍事占領下に置かれた後，1802 年にフランスに併合されたが，そこでは公表されたいかなる文書も，ルーヴル美術館のために新たに傑作が要求されたことを語ってはいない。トリノで報じられている押収は前述の将軍たちによる「横領」であった。またミラノでは，1802 年 1 月にチザルピーナ共和国がイタリア共和国に改組されたが，

フランスへ向けての美術品の新たな出発は見られなかっただけでなく，その翌年には後のブレラ美術館の創設へ向けた動きが生まれている[107]。

これに反して，ローマとナポリには，フランスが押収済みの美術品で，未だ確保していないものが大量に存在した。すなわちトレンティーノ条約によって教皇が譲渡した古代美術品の一部（特に，重すぎるためリヴォルノ港まで荷車で運べず，ローマ（ヴァティカン宮）の倉庫に入れられていた2つの「川」像，「テヴェレ川」と「ナイル川」）がそうであり，また1798年のローマ共和国時代に総裁政府が派遣した委員が没収したアルバーニ家やブラスキ家の絵画や彫刻なども大部分が未発送のままであった。しかも，それらの美術品の多くは，99年9月30日にローマを占領したナポリ軍によってローマからナポリ王国内へ移されていたのである。最後にフィレンツェでは，ウフィツィのギャラリーはなお手が付けられておらず，多くの魅力的な作品を所蔵していたのである[108]。

まず，フィレンツェの場合から述べることにしよう。デュポン将軍のフランス軍が1800年10月にフィレンツェを再占領すると，イタリア方面軍総司令官のブリューヌ将軍は「フランスの敵によってトスカナに残されたすべての作品を収集するために」美術委員会を任命し，トスカナの臨時政府はこの委員たちがウフィツィのギャラリーを攻撃するのではないかとおそれた。

一方パリでは，共和国中央美術館（ルーヴル美術館）の管理人である芸術家たちによって，フィレンツェの美術品を入手するための行動が起こされた。彼らは1800年11月から翌年3月にかけて，内相のリュシアン・ボナパルトとその後任のシャプタル（Chaptal）に対して，彼らが獲得を望むフィレンツェの古代彫刻とルネサンス絵画のリストを提出して，第1執政ナポレオンが必要な命令を下すよう働きかけてほしいと懇願した。しかし，ナポレオンは次のような理由で，トスカナから美術品を獲得することを望まなかったのである。

ナポレオンは1801年2月9日のオーストリアとのリュネヴィルの講和条約でトスカナ公国をその君主から奪い，同年3月21日のスペインとのアランフエス条約でそれをパルマ公フェルディナンドの息子のルドヴィコに与え，「エトルリア王」とした。このルドヴィコ（ルイージ）はスペイン国王カルロス4世の婿であり，ナポレオンは1800年10月1

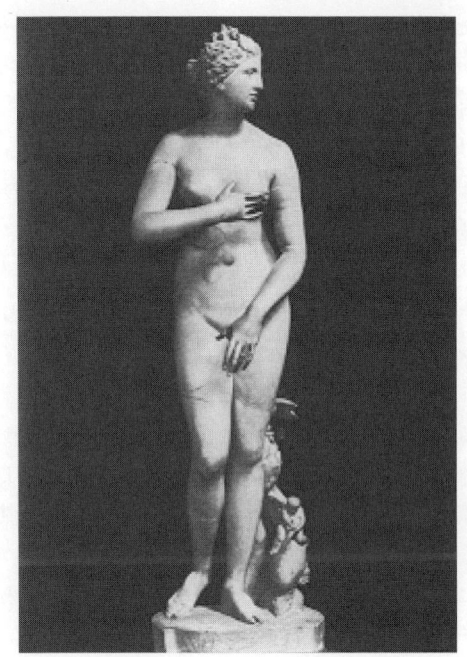

第2章　イタリアにおける文化財の収奪（1796-1803年）　　143

出典）Wescher 1976, Abb.13.
図2-7　「メディチのヴィーナス」像

日のサン・イルデフォンソ条約の秘密条項によりスペイン国王からルイジアナ（ミシシッピ川以西の）を譲渡される代償として，ルドヴィコにトスカナを与えたのである。この時点でナポレオンにとってスペインとの同盟関係の維持は最優先事項の1つであり，ブルボン家の利害に反するトスカナからの美術品の押収は避けられなければならなかった[109]。

このような理由でフィレンツェは，執政政府期にフランスによる新たな美術品収奪をまぬがれたのであるが，ただしそれには「メディチのヴィーナス」像（図2-7）という重要な例外があった。ナポレオンは1796年にフィレンツェを通過した際，この有名な古代の大理石像を見て感嘆し，後にこれを「ベルヴェデーレのアポロン」像の花嫁として獲得することを望んだと伝えられる[110]。この傑作は上述のエトルリア王ルドヴィコ1世の反対と，それを保管していたナポリ政府の抵抗にもかかわらず，03年7月14日ルーヴル美術館のコレクションに加えられ

た。それはどのようにして獲得されたのであろうか。

　その動きの発端になったのは，パリ駐在スペイン大使アサーラ（Azara）が外相タレーラン（Talleyrand）に宛てた01年4月12日付書簡である。アサーラはそこで，フランス軍がフィレンツェを再占領する直前の1800年10月5日に，ウフィツィ・ギャラリーの多数の美術品（最も大切な美術品が入った74の大箱）が前館長プッチーニの手によって秘かにイギリス艦に積み込まれ，トスカナのリヴォルノ港からシチリアのパレルモへと運ばれたことを知らせ，それらをエトルリア王の手に戻すためにフランスの援助を求めた。実は「メディチのヴィーナス」はその中に含まれていたのである。タレーランは2日後の4月14日，ナポリ駐在のフランス大使アルキエ（Alquier）に訓令を送り，第1執政ナポレオンもそれを強く望んでいるとして，ナポリ政府に美術品の返還を要求するよう指示した。こうして，パレルモへ移された傑作のフィレンツェへの返還をナポリ王から勝ち取り，それに対する感謝の印として，エトルリア王に「メディチのヴィーナス」をルーヴル美術館に贈与させるというアイディアが，タレーランもしくはナポレオンの心中に芽生えたのではないか，とボワイエは推測している。

　それから7か月後の1801年11月14日にタレーランは，フィレンツェ駐在大使クラルク将軍に宛てた書簡において，ナポリ政府は大使の要請があり次第パレルモへ運ばれたくだんの美術品をトスカナ（＝エトルリア王国）へ返還する意向であると述べながら，クラルクに対して，「貴殿はフランス政府のために，少なくともメディチのヴィーナスを獲得することに努めるべきである」と命じたのである。この明確な要求に対してエトルリア王の宰相モッツィ（Mozzi）は，翌02年2月4日になって拒否を告げた。ルドヴィコ1世は第1執政に改めて感謝の意を表した上で，「国民の神聖な所有物」であるメディチのヴィーナス像を自由にはできないとし，フランス軍が2度のフィレンツェ占領時にも手を触れなかった有名な大理石像を平和時に譲渡すれば，フランスによって玉座に据えられた王位からトスカナ臣民を離反させることになろうと主張したのである。

　フランス政府は当時，ナポリ軍が1799年にローマから持ち去った美術品の返還についてナポリ政府と交渉していたこともあって，なる

第 2 章　イタリアにおける文化財の収奪（1796-1803 年）　　145

べく穏便にヴィーナス像を引き渡させようとしたが，最後には強硬手段によって要求を貫徹しなければならなかった。約 7 か月後の 9 月 2 日，ナポリ駐在フランス大使アルキエはパレルモ駐在の領事マルソン（Marsson）に対して，ヴィーナス像を受け取りに行き，それをフランスへ送るように命令した。マルソンはシチリア政府議長ピニァテッリ（Pignatelli）らと打ち合わせた上で，9 月 7 日ヴィーナス像が保管されていたイエズス会の教会へ赴き，同行の芸術家や要人たちとともに彫像の確認を行った。そして翌 10 日午前 5 時にマルサンはヴィーナス像の引き渡しを受け，入念に荷造りして，サン・ルイ号に積み込ませた。ただし，嵐のために，マルセイユへ向けての出帆は 9 月 17 日まで延びることになる[111]。

　次に以上のヴィーナス像の返還交渉と並行して，フランス執政政府とローマ教皇庁およびナポリの宮廷との間で進められていた別の 2 つの美術品の返還交渉に触れておかなければならない。その 1 つは，フランス政府の委員が押収済みの美術品でローマの倉庫に入れられていたもののうち，99 年秋にローマを一時占領したナポリ軍が持ち帰った部分（120 箱分といわれる）であり，もう 1 つは，ローマにそのまま残された部分である。このうち前者については，タレーランは 01 年 3 月 28 日のナポリ（両シチリア）王国とのフィレンツェ講和条約の第 8 条において，「ナポリ軍によってローマから奪われた彫像，絵画およびその他の美術品をフランス共和国に返還させること」をナポリ（両シチリア）王に約束させた。そしてもう一方の「フランス政府の委員または代理人が共和国の名で収集しローマに預けていたすべての美術品」については，執政政府は 01 年 5 月 3 日の布令において，それらのパリへの発送を命じることになる[112]。

　しかし，この条約と布令の内容はそのまますんなりと実行に移されたわけではない。問題は何よりも，返還されるべきとされた物品の内容が明確でないことにあった。そのため内相シャプタルは新たにイタリアにおける「美術品の回復と保存のための委員会」を立ち上げ，建築家でルーヴル美術館管理人の 1 人デュフルニーを委員長に指名し，詳細な指令をしたためた。それには「共和国の絵画・彫刻作品の最も貴重な財宝は主にローマにある」と記されており，ローマにおいて要求すべき物

品の一覧表が添えられていた。

　1801年夏の初めローマへ向けて出発したデュフルニーら委員は，途中フィレンツェにおいて，ナポリ軍によりパレルモへ運ばれた美術品について情報を得ると，それの奪回にも強い意欲を示すようになる。しかしローマ駐在大使カコーから通報を受けた外相タレーランは，「第1執政が最終的決定を下すまで以後運動を控えるべきである」として，「委員たちの熱情を抑制するように」カコーに勧めた。「要するにこの場合にも，トスカナの傑作の場合と同様，第1執政はルーヴル美術館の管理人たちの激しすぎる欲望をはねつけたのである」(ボワイエ)。

　ルーヴルの管理人たちは屈することなく，同年10月17日ナポレオンが美術館を訪れた機会を捉えて直訴した。彼らがアルバーニ家の貴重なコレクションがルーヴル美術館にとって失われることに遺憾の意を表明したのに対して，ナポレオンはフィレンツェ条約の第8条は厳格には実行できないと返答したようである。そして内相シャプタルは同年11月20日，美術館の管理人たちにこう告げたのである。「3人の執政はイタリアでの美術品の権利要求に関わることはすべて外交的に処理されると決めています[113]。」この時点でヴィーナス像はまだナポリにあり，それの獲得を最優先させるナポレオンは，それ以外の美術品の要求によってナポリ政府を不必要に刺激することを避けたかったのではなかろうか。

　ところで，99年にローマからナポリへ移された美術品のうち絵画については，ブリュメールのリストのほか，フランス政府委員デュフルニーの書簡と彼の絵画リストとに依拠するベガンの論文によって詳細を知ることができる[114]。まずブリュメールのリストによると，1802年にはローマにおけるフランス人の国民的教会であるサン・ルイージ・デイ・フランチェージ教会から26点の絵画が押収されており，またナポリからもカポディモンテ宮殿などから7点の絵画が押収されている。そして両者はともに1803年または04年にパリに到着している。ところが，デュフルニーの書簡(02年5月20日付，ルーヴルの管理人宛)によると，サン・ルイージ教会から送られてきたとされている絵画は元々この教会に所属していたのではなく，1798年のローマ占領時にフランスの文民委員によって押収されて，この教会に預けられていたものにほか

ならないのである。そして一層重要なことは，この02年に再度押収され，パリへ発送された絵画の数が，ブリュメールが挙げる数字よりもはるかに多かったことである。

　デュフルニーはローマに到着するや，1799年にナポリの委員ヴェヌーティ（Venuti）がサン・ルイージ教会の長に与えた押収物品の領収証の写しを入手したが，そこには10点のカルトン（下絵）と50点の絵画が記載されていた。彼はそれにもとづいて，ローマとナポリの公共および私人のコレクションを根気よく探索し，10点のカルトンと50点中41点の絵画とを「再発見」することができた。しかし，残る9点の絵画の行方がどうしても判らなかったが，幸いにもそれらの代わりとして，別の9点の絵画をナポリの宮廷に特別に提供してもらうことができた（このうち6点は，ブリュメールが02年にナポリから押収された絵画として挙げている7点の中に見出される）。それらの絵画はファルネーゼ公やレギーナ公など大貴族のキャビネットや教会の聖具室にあったものを，宮廷が買い上げてフランスに提供したのである。

　また以上とは別にデュフルニーは，代替絵画の収集活動の間に出くわした古い絵画（5〜13世紀のギリシャ＝ビザンツ絵画）を6点，「値段が安いので購入することに決めた」と記している。こうして彼が書簡に添付した「カルトンと絵画のリスト」には，10点のカルトンのほかに，元々ローマのサン・ルイージ教会に預けられていた絵画41点，その紛失分の代替物としてナポリの宮廷から提供された絵画9点，そしてナポリで獲得した「ビザンツ」絵画6点，合わせて56点の絵画が掲載されることになった。そして，それらの絵画の全体は8つの箱に詰められて，デュフルニー自身によってナポリからマルセイユへと発送され，04年1月までにパリに到着した。

　さらにデュフルニーの書簡には，発送された絵画の内容についても貴重な情報が含まれているが，注意しておきたいのは，代替物として獲得された9点の中に，それまでルーヴル美術館に欠けていた作品が何点か存在することである。すなわち，チマブーエ，アンドレア・ダ・サレルノ（別名サッバティーニ），カラブレーゼ（別名プレーティ），ヴァザーリ，スキドーネ，とりわけレスパニョーレ（スペイン名リベーラ）である。これらの画家のうちカラブレーゼとレスパニョーレは，99年に総

出典) Leroy-Jay Lemaistre 2004, p. 184, Fig. 228.
図2-8 「ヴェッレトリのパラス」像

裁政府がトリノへ派遣される委員に対して，特にその作品の獲得を求めた画家であった[115]。

　ここで，フランスとナポリの間でその帰属が争われたもう1つの重要な作品である「ヴェッレトリのパラス」像（ヘルメットを被ったアテネ像　図2-8）について一言しておきたい[116]。この大理石の立像は1797年の9月頃ローマから数キロメートルのヴェッレトリ近辺の葡萄園で発見され，ブラスキ家の手に渡っていたものを，98年4月15日，ローマ共和国へ派遣されたフランスの委員が押収し，サンタンジェロ城に保管していたものだが，99年秋ナポリ軍によって奪取され，シチリアのパレルモに隠されていた。1801年9月ナポリに着いたデュフルニーが，前述のフィレンツェ条約にもとづきその返還を要求したのに対して，ナ

ポリ政府は，パラス像はトレンティーノ条約による譲渡品には含まれていないこと，その上ナポリ王フェルディナンド4世はそれを葡萄園の所有者から合法的に買い取ったのであることを挙げて拒否した。ナポレオンや外相タレーラン以上にパラス像の返還を強く望んでいたデュフルニーは，パリの政府から半年以上，何らの指示も与えられないことに不安を抱き，02年5月20日付書簡においてパラス像の扱いについて，さらにはローマで回収すべき古代美術品についても，速やかな決定を求めたのである。デュフルニーに続いて，ナポリ駐在大使アルキエも02年7月4日のタレーラン宛書簡において，これをフランス政府の威信の問題として強力な介入を求めたが，このアピールよりも一足先に，外相は6月28日，第1執政はパラス像がフランス人委員に委ねられることを熱望しているとパリ駐在のナポリ大使ガッロ（Gallo）侯に知らせた。その結果，ナポリ政府も引き渡しを認めるに至り，ナポリ駐在大使アルキエは共和暦第10年テルミドール（02年7～8月）の間にパラス像を受け取ったのである。さらにローマでは，委員たちは先にデュフルニーが不安視していた2つの「川像」をも獲得した[117]。

以上に述べたように，ローマとナポリに対するフランスの押収美術品の返還要求は，また「メディチのヴィーナス」像の引き渡し要求も，ローマおよびナポリ政府の引き延ばし戦術にもかかわらず，最終的には軍事力を背景とした外交的圧力によって貫徹されたのである。派遣委員のデュフルニーにとって残る仕事は，「奪回」された美術品をパリへ安全に輸送することだけであった。輸送の日時と運ばれた物品について詳細は明らかにできないが，少なくとも4回に分け，ナポリからマルセイユを経由して運ばれたこと，最初の輸送隊の到着は1803年3月28日であり，最後の輸送隊の到着は04年1月30日であったことがわかっている[118]。

執政政府下のイタリアでの美術品収奪としてはもう1件，翌03年のパルマからの絵画の押収がある。これは，前年11月に中央美術館の館長に任命されたヴィヴァン・ドノンが，第1執政ナポレオンの命令という形を取りながら，実際には自らの主導で行ったものである。パルマは02年10月にフェルディナンド公が死ぬと，君主不在のままフランス軍の占領下に置かれたが，そこへ行政長官として，革命中アメリカ合

衆国に亡命していた元王党派のモロー・ド・サン=メリー（Moreau de Saint-Méry）が派遣され，彼の手によって1805年までにフランスの様々な制度が導入された。ドノンは03年3月9日，このモローに対して書簡を送り，第1執政の求めにより「国家美術館のコレクションを補充するのに役立ちうるような，パルマ国家に存在する絵画，彫像，古美術品およびその他の美術品のメモ」（の複本）をそれに添付したのである。この書簡にはドノンが獲得しようとしていた絵画について，次のような注目すべき記述が含まれている。

> 「われわれの美術館は，偉大な巨匠たちの作品がどれほど豊富であるとしても，われわれはすべての巨匠の作品を所有し，芸術家と勤勉な愛好家に対して，芸術のルネサンス以来今日までの様々な流派において抜きん出た巨匠の作品の完全な連続を提示することを望まなければなりません。
> ここに添付されたメモが作成されたのは，このような意図によるものです。貴殿はそこに，それを失うことが貴殿が治めておられる国家に大きな影響を及ぼしかねない有名な（画家の）名前や，最重要な作品を見出されることはないでしょう。そこには，ほとんど2流の大家の作品しか指示されておりません。しかし，それらはわが美術館に全く欠けているか，もしくは，美術館が彼らの余りに不出来な作品しか所有していないか，どちらかなのです。」

美術史家ムジアーリ（Musiari）によると，ドノンのこの書簡は「美術品押収の新しい時期を開いた」とされるが，それに続いてモローの直接の上司である外務大臣タレーランが3月17日に同様の内容の書簡を送る。それは今回の押収計画がフランス政府の最高レヴェルでの決定であり，ナポレオン自身の承認を得ていることを確認するものであった[119]。

それでは，実際にパルマからパリへ送られた絵画はどのようなものであったのか。パルマのモローは同年6月7日付け外相宛返書において，自分は要求された18枚の絵画の代わりに25枚の絵画を収用させたが，そのうち12枚はドノンが添付したリストに指示されていたものであり，

第 2 章　イタリアにおける文化財の収奪（1796-1803 年）　　151

それ故リストに含まれていない絵画がほかに 13 枚存在すると記している[120]。モローはそれら 25 枚の絵画について逐一説明しているが，ここでは煩雑さを避けるために，ブリュメールが作成した前掲のイタリアからの押収絵画リストに基づいて述べることにしよう。それによると，パリへもたらされた絵画は合計 27 点（うち 1 点，サマッキーニの作品は 4 枚の肖像画から成るので，枚数では 30 枚）であり，それらのすべてが 03 年 5 月 3 日に大聖堂を始めとするパルマの諸教会から押収され，翌 04 年 8 月にパリへ到着したことになっている。これらパルマからの押収絵画の中では，ドノンが 04 年 9 月 10 日の皇帝宛書簡で強調しているように，「最も貴重で，最も類いまれな画派の 1 つ」であるコレッジョ派の作品が大部分を占めていた。ただし，パルマにおいて最高の評価を受けていたコレッジョ自身の作品は含まれていない。また，それらの絵画のうち 05 年 8 月にルーヴルのサロン・カレで開催された臨時展覧会で陳列されたものは 7 点にとどまるのに対して，パリの諸教会へ送られたものが 11 点の多きを数える[121]。

　美術史家ボワイエは上述のパルマの事例には言及していないが，それ以外のイタリアの諸事例，および 1800 年にドイツへ派遣された委員ヌヴー（Neveu）の活動を挙げながら，ナポレオンら執政たちは外国の傑作美術品をフランスへ移すために総裁政府のメンバーのような貪欲さを示さなかったとする。またボワイエは，執政たちがローマ，アーヘン（エクス゠ラ゠シャペル），ベルギーにおいて，若干の押収品の返還に同意したことを指摘している。ローマでは，教皇政府はアルバーニ枢機卿とブラスキ公に対して，1799 年にフランス軍によって差し押さえられた彼らの財産を回復させたのであり，そのためルーヴル美術館は 99 年に奪取した物品だけを獲得することになった。またアーヘンでは，住民の強い要求を代弁する県知事の働きかけによって，1794 年にパリへ運ばれたシャルルマーニュ像が 1805 年に返還された。さらにベルギーでは，アントワープの大聖堂からのルーベンスの絵の収奪が住民の間に消しがたい遺恨を残していたが，1802 年ブリュッセルに新設された美術館に，国民公会期に収奪された 3 点とルイ 16 世が購入した 1 点から成る 4 点のルーベンスが送られたのである。ボワイエはこうした事実から，執政政府は外国からの美術品の収奪に関して総裁政府とはかなり異

なる政策をとったと見るのであるが[122]，その点の評価のためには，執政政府期にドイツで行われた押収活動の2つの事例を考慮に入れる必要があろう。

その第1はボワイエも触れているヌヴーの活動であるが，以下ではサヴォワのより詳細な分析に従って述べることにする[123]。第1章で述べた1796-97年の委員カイルの企てが「失敗」した後，フランスにおいてラインの彼方の文化財を収奪する計画が再び持ち上がったのは，1800年のことである。この年の4月25日にはモロー将軍麾下のフランス軍がライン川を渡り，シュヴァーベン盆地とバイエルン平野を席巻して，7月にミュンヘンに入城したが，このような軍事情勢を背景に執政政府は，同月新たに「ドイツにおける学術・美術品探索のためのフランス政府委員」として，理工科学校でデッサン理論を教えていた画家のヌヴーを任命したのである。ヌヴーは7月から12月半ばまで，中断を挟んでミュンヘンに滞在し，押収活動に従事した。次いでザルツブルク地方に移り，さらに01年1月末から3月初めにはニュルンベルクで活動したが，2月9日のリュネヴィルの講和により任務を終えて帰国する。

サヴォワによると，ヌヴーの任務は革命期の前任者たちの場合と同様，美術品や稀少な書物（また時には楽譜のコピー）の収集と同時に，国の経済と社会組織に関する有用な情報の収集（具体的には生産技術や機械の模型の獲得）という実用的側面をも含んでいた。だが，他面においてヌヴーの任務はいくつかの新しい特徴を示している。まず彼はそれ以前の委員とは異なって単独で活動しなければならない。またその際，軍隊司令官の指揮下に置かれ，その上でパリの中央美術館や国立図書館などの管理人たちの指令に従わなければならないために，現地での活動の自由は従来の委員に比べて大きく制約されていた。

ボワイエと同様にサヴォワも，ヌヴーの押収活動の結果が美術品と書物に関する限りぱっとしないものであり，パリの中央美術館や国立図書館の期待に応えるにはほど遠いものであったことを認めている。ヌヴーが持ち帰った絵画は，ミュンヘンと近くのシュライスハイム（Schleissheim）の選帝侯のギャラリーおよび居殿で収集した72点と，ニュルンベルクの市庁舎で押収した5点とであるが，サヴォワはこのうち前者のパリ到着時における中央美術館の専門委員の次のような評言

を引用している。

　「これら72点の絵画のうち，利用可能なのは9点だけである。その他のものは，凡庸な作品であるか，決して押収するべきでなかったコピーである。その上，これらの絵画は非常にまずく荷造りされており，擦れたために，どれも多少はげ落ちているか，すり減っている。」

　ここで「利用可能」とされているのは，ルーベンスの作品3点と，ティントレット，ヴァランタン，フランドル派のブーケラールの作品各1点，および16世紀前半のドイツの3人の大家の作品1点ずつである。なお，後者のうちのアルトドルファー作「アレクサンドロス大王の戦い」については，「この貴重な絵は運搬中に損なわれた (souffert)」と記されている。

　一方，書物や写本についても，押収の結果は決して満足すべきものではなかったが，ザルツブルクにおいては，ヌヴーは領主＝司教と教会，修道院の図書館から80点近い写本と50点以上の初期印刷本を押収してパリへ送っており，一定の成果をあげたといえよう。

　ところで，ヌヴーによる美術品の押収が「失敗」に終わった最大の理由は疎開にある[124]。ヌヴーはルーヴルの管理人と内相に対して，自分はマンハイム，ミュンヘン，デュッセルドルフのギャラリーにおいて選り抜きの絵画20枚を入手したいと思ったのだが，貴重な絵画はすべて6か月以上も前によそへ移されていたために，残り物で満足しなければならなかったのだと弁明している。ザルツブルクでも，フランス軍の到着前に司教は最も大切な作品を安全な場所へ疎開させており，ヌヴーが絵画の収められていた宮殿を捜索した時，20ほどの場所は空っぽだった。またミュンヘンの選帝侯の図書館でも，職員が多数の珍しい写本や初期印刷本を隠そうとしたといわれる。

　さらにこの時期には，パリの中央美術館や国立図書館の収集方針が，未だ所蔵していない美術品や書物の入手に重点を置くようになったことも，ヌヴーの押収品の性質に関係している。彼は内務大臣への報告において，自分が送った絵画はラファエロの「キリストの変容」や，アン

トワープのルーベンスの「十字架降下」ほど素晴らしくはないが，しかし，若干の絵はきわめて高い価値をもつ。なぜなら，それらは美術館を補完し，美術史に役立ち，愛好家に対して，世界の最も素晴らしいコレクションの中でそれなりの地位を占める画派のことを知らせるが故である，と語っている。またこれと関連するが，ヌヴーの実際の行動が，それまでのフランスの押収活動に見られた実力手段の行使を抑制し，被征服者の側からの自発的な贈与や話し合いによる物品の交換に期待する，「節度」あるものへと変化していたことも重要である[125]。

　次に考慮すべき第2の事例は，1802-04年にモジェラール（Maugérard）がライン左岸の4つの県（レール，ザール，ラン＝エ＝モーゼル，モン＝トネール）とルクセンブルクのフォレ県とにおいて行った押収活動である[126]。このモジェラールのミッションは，1794年以来ライン左岸を標的とした3回目の収奪であるが，今やフランス領となった地域＝併合諸県で行われた点で，前2回の活動とは異なっている。モジェラールは元ベネディクト会の修道士で，メッスの修道院の司書を務めた後，革命期には宣誓忌避僧としてドイツに亡命していたのだが，1802年7月帰国すると直ぐに，その専門的能力と現地に関する知識を買われて，「ライン4県における学術・美術品探索のための政府委員」に任命されたのである。このモジェラールの場合に始めて，押収活動は1人の人物の責任において行われることになった。

　モジェラールは任地へ到着するや，亡命中に知った様々な図書館の司書や書籍商らを足繁く訪問しながら，特にパリの国立図書館に欠けている書物の収集に努めた。彼の収集活動は3つのタイプから成る。第1は，当時活発化していた書物市場において重要なコレクションを形成していた個人からの買い上げである。第2は，世俗化（国有化）された修道院の図書室の探索であり，第3は修道院の蔵書の一部を引き継ぐために若干の都市に設立された中央図書館と，同様に修道院の蔵書を受け取った中央学校とにおける集書である。

　モジェラールは，数年前にカイルが徹底的な収奪を行ったトリーアの図書館ではほとんど何も見出し得なかったが，ボン，ケルン，コブレンツ，マインツの4都市においてはある程度の成功を収めることができた。彼は1802年の秋から04年の夏までの間に少なくとも12箱をパリ

第2章　イタリアにおける文化財の収奪（1796-1803年）

へ発送させているが，その中には，上述の諸都市で発見された800冊以上の印刷本，写本，あるいは証書が含まれていた。またそれらの大部分は，1815年以後も旧所有者に返還されることがなかったのである。

　このように見てくると，執政政府の文化財押収政策は，外交的，軍事的な理由から十分に所期の成果を収めることはできなかったが，それが総裁政府の政策に比べてより抑制されたものであったとは言い難いように思われる。

第3章
ヴィヴァン・ドノンの登場と収奪の新たな波
（1806-13 年）
——ドイツ・オーストリア・スペイン・イタリア——

1 ナポレオンの「美術大臣」ドノン

　1802 年 11 月 19 日，ドノンが共和国中央美術館館長に就任し，これとともにルーヴルの従来の運営体制は廃止される。中央美術館は 1797 年 1 月の改組以来，専任の官吏である 3 名の管理人，1 名の専門委員と，5 名の芸術家の理事会とから成る管理運営評議会（Conseil d'administration）の管理の下に置かれており，管理人としてはデュフルニー，フベール，ラヴァレの 3 名が，専門委員としては鑑定家ルブランが，芸術家理事としては画家のジョラン，ユベール・ロベール，シュヴェ，彫刻家のパジュー，建築家のド・ヴァイイの 5 名が，その職にあった。シャトランによると，このような集団行政システムが執政政府発足後も 3 年間存続したのは，1 つには第 1 執政ナポレオンの主たる関心がこの時期，美術以外の面に向けられざるを得なかったためであるが，同時にまた，彼が美術行政の責任を委ねる人物の指名をためらっていたためでもある[1]。

　ナポレオンが中央美術館の館長に据えようと最初に考えたのは，おそらくダヴィッドであったと思われる。ダヴィッドはテルミドール反動後一時公的生活から離れていたが，96 年に総裁政府によって新しい学士院のメンバーに指名されて以来，フランス派画家のリーダー役に復帰しており，ナポレオンも 97 年以来，ダヴィッドを手放しで賛美するようになっていた。しかし，1800 年 2 月にダヴィッドが「政府の画家」

出典）Wescher 1976, Abb. 7.
図3-1　ドミニーク＝ヴィヴァン・ドノン
（ピエール＝ポール・プリュドン画）

（peintre du gouvernement）に任命された時，その権限が不明確であるという理由で断ったことは，ナポレオンの感情を害することになった。ナポレオンはその後もダヴィッドに好意を持ち続けるが，彼が夢見ていた美術総監の地位を決して与えなかったのである。

　第2の確実な候補は，自ら立候補した画家のルブランである。中央美術館のメンバーであった彼は，革命前にアルトワ伯やオルレアン公の絵画の管理人を務めたことや，絵画に関する豊富な知識，外国旅行による絵画収集の経験などを挙げて，ナポレオンに対して共和国の絵画監督官の地位を願い出たが，無論聞き入れられなかった。それだけでなく，ルブランは，ドノンの館長就任後美術行政の中枢から遠ざけられ，それまで振るっていた影響力を完全に失うことになる。

　その他の館長候補については確証はないが，一部には，ナポレオンは当代第一の画家ダヴィッドを候補から外した後，一時，当代第一の

第3章　ヴィヴァン・ドノンの登場と収奪の新たな波（1806-13年）　159

「古美術研究家（antiquitaire）」とみられていたヴィスコンティ（Ennio Quirino Visconti）を指名することを考えたという説がある。ヴィスコンティは元ローマのカピトリーノ美術館の館長で，1798年につかの間のローマ共和国の5人の執政の1人となった後，99年フランスに亡命してきた人物である。彼は1800年に共和国中央美術館の古代美術品ギャラリーの責任者に任命されて，母国イタリアからの収奪品の展示に敏腕を振るった。それ故，有能で信頼できる人物であり，自身秘かに館長のポストを狙っていたが，フランス人となって日が浅いこと，また最近までジャコバン派であったことが難点であった。

　以上のように，ダヴィッドを初めとして，ドノンのほかにも候補となりうる人物はいたのだが，ナポレオンの腹は決まり，1802年11月19日の執政政府の布令によって中央美術館の従来の管理組織の廃止とそれに代わる館長職の設置が決定され，同日の別の布令によって，市民ドノンが年俸12,000フランの新しいポストに任命されたのである[2]。

　ドノンは1815年10月初めに辞任するまで館長職に留まるが，彼が13年にわたって引き受けることになる仕事は実に膨大なものであった。ドノンはいわば「諸美術館の館長」（directeur des Musées）として，中央美術館のほかにも以下の機関と業務を自らの監督下に置いたからである。すなわち，フランス記念物博物館，ヴェルサイユ宮のフランス派専門美術館，政府所有の諸宮殿のギャラリー，ルーヴル宮の中のメダル鋳造所，銅版彫刻工房，貴石およびモザイクの彫版工房，美術品（すなわち主として押収品）の獲得と輸送，セーヴル（磁器），ゴブラン（綴れ織），サヴォヌリー（絨毯）の各国立マニュファクチャーである。さらにこれら公式の職務に加えて，ドノンは芸術と装飾に関するすべてのことについてナポレオン夫妻の顧問＝助言者となった。また，建築は原則上彼の管轄ではなかったが，しかし，皇帝は特別な記念物の建造を企てた時にはドノンの意見を求めた。たとえばヴァンドーム広場の円柱や，カルーゼルの凱旋門や，実現はしなかったがバスチーユ広場に計画されたブロンズ製巨象などの場合である。その上ドノンは，多忙の中にあっても，版画家としての活動を完全に放擲していたわけではない。彼は1809年に，当時としては新しいリトグラフィの手法による1枚の版画を残している。また彼は，ドイツとイタリアの全戦役の挿し絵入り歴史を書く

という壮大な計画を実行に移していた。

　驚くべきことに，ドノンはこれらすべての仕事をほとんどひとりでやってのけたのである。彼がもった常任の協力者はごく少数であるが，そのうち最も献身的に協力した人物は，中央美術館の事務総長になった上述のラヴァレ（Athanase Lavallée）である。彼は頻繁な館長不在の間美術館を管理する行政上の「よろず屋」であった。また中央美術館の3人のキュレーターとして，古代美術品担当のヴィスコンティ，銅版彫刻とデッサン担当のモレル・ダルルー（Morel d'Arleux），絵画担当のデュフルニーの3名がいた。

　最後に，ドノンの役割を正確にはかるためには，彼が大幅な行動の自由を享受していた事実に注目する必要がある。シャトランによると，「諸美術館の館長」が内務大臣の提案にもとづいて任命されるという布令の条項からすれば，ドノンが内相に従属することは明らかであった。他方，芸術家に対する奨励や報償，とりわけ政府の注文が，帝室経理総監が管理する皇室費に依存することも，王朝の古い伝統からして異論の余地がないことであった。こうしてシャトランに言わせれば，ドノンは直接の上司を2人もつという幸運に恵まれたのであり，そのため実際には1人の上司もいないかのように振る舞うことができたのである。そして彼の上司であった内相の中で，美術に関心をもつ者がシャプタル一人であったことも，ドノンに幸いした。また帝室経理総監のフルリュー（Fleurieu），次いでダリュ（Pierre Daru）はといえば，彼らは財政面を除けば，ドノンに大幅な自立性を認めていたらしいのである。その上，ドノンは皇帝が通常の行政的ヒエラルヒーを越えて，個人的信頼を公然と寄せる人物でもあったから，内相らもドノンを大切に扱わざるを得なかった。このようなわけで，「ドノンは13年間，非常に重い役目をほとんど自立して，またほとんど独りで引き受けることになる」。彼が事実上，ナポレオンの「美術（芸術）大臣」（チュラール）であったといわれるゆえんである[3]。

　ドノンは館長就任後間もない03年1月28日に，革命前のアカデミーに代わって1795年に創設されたフランス学士院の第4＝美術部門のメンバーに指名されている。またこの年の3月には，ドノンは前述のようにナポレオンの承認のもとパルマからの第2次の美術品収奪に乗り出

している。この時彼は自ら現地に赴くことなしに，希望する美術品のリストをパルマの行政長官モロー・ド・サン＝メリーに送って，収用を行わせた。次いで同年7月末には，共和国中央美術館は「ナポレオン美術館」(Musée Napoléon) と改称される。このような名称の変更は第2執政カンバセレスが7月22日にドノンに指示したものといわれるが，このアイディアはその1週間前（7月14日）にドノンが第1執政への書簡の中で提案しているものである[4]。いずれにせよ，これはナポレオンという洗礼名が王名のように用いられた最初の機会であった。

　ここで，中央美術館の館長に就任するまでのドノンの経歴を跡づけておきたい。ドミニック＝ヴィヴァン・ドノンは1747年1月4日，フランス中部，ブルゴーニュ州の都市シャロン＝シュル＝ソーヌに裕福な地方貴族クロード・ド・ノン (De Non) の子として生まれた。それ故，ドノン自身もフランス革命以前には貴族としてシュヴァリエ・ド・ノンと称していたのである。ドノンは家庭教師であるビュイソン神父の厳しい指導のもとに古典学を修めた後，1764年，17歳の時，父の意向で法律の勉強のためにパリへ上った。そして，ヴェルサイユ宮殿に日参するうちに，国王ルイ15世の目に止まり，68年に王の寝所付侍従に任じられ，翌年からは王の愛妾ポンパドゥール夫人が残したメダルと彫刻石のコレクションの保管掛を務めることになる。彼の宮廷人としての素養の基礎はこの時期に国王との親密な関係の中で習得されたのである[5]。

　その後ドノンは，1772年，25歳の若さで外交官の仕事に就き，以後約3年間の中断をはさんで1785年までその職に留まることになる。まず帝政ロシアの首都サンクト・ペテルブルクのフランス大使館に2年余り勤務したが，74年5月ある事件に連座して（スパイとして逮捕された女優の逃亡計画に加わって）帰国を命じられた。その後ドノンはストックホルムにおいて数か月，時のフランス大使ヴェルジェンヌ伯の第1書記を務めたが，ヴェルジェンヌが外務大臣に就任すると，75年には外交上の任務のためにスイスに派遣された。その年の7月にはかねて尊敬していたヴォルテールをフェルネーに訪問している。

　その後パリに戻ったドノンは，77年に «Point de lendemain»（『一夜限りの恋』）なるリベルタン小説を発表したりするが，同年10月，当時芸術家のキャリアにとって不可欠と考えられていたイタリア旅行に出発す

る。彼はローマに立ち寄った後，11月にはナポリに至り，翌78年3月初めまでナポリ市とその近辺の歴史的記念物や，当時発掘され始めていたポンペイとヘルクラネウムの遺跡の研究に専念する。次いで彼は，サン・ノン神父が組織した旅行団の一員として，カラブリア地方を通過してシチリア島に至り，78年5月から11月までそこに滞在して各地を周遊するとともに，マルタ島へも2週間の旅行を試みている。

1778年の暮れにナポリに戻ったドノンは，翌79年2月同地のフランス大使館付参事官に任命され，82年からは公使（代理大使）となって，85年までそこで勤務することになる。当時のナポリ宮廷では，反フランス的な王妃マリア・カロリーナとその寵臣アクトンが実権を握っており，外交官としてのドノンの活動は思うに任せなかったようである。しかし，77年から数えて7年余におよぶイタリア滞在は，ドノンが考古学者，素描画家兼銅版画家，さらにはコレクターとして成長する上で大きな意義をもったと考えられる[6]。

反フランス的なナポリに嫌気がさしたドノンは，1785年夏自ら希望してフランスへ帰った。この時彼は国王からの2,400リーヴルの年金に加えて，外務省から1万リーヴルの特別手当を受け取っている。当年38歳にして一切の定職を離れたドノンであるが，彼には父から相続した葡萄園などから年2万リーヴルもの収入があったので，経済的な不安は全くなかった。ドノンは画家ダヴィッドや考古学者カトルメール・ド・カーンシーら有力芸術家とのコネと，銅版画家としての自身の才能によって，87年7月絵画彫刻アカデミーに入会を認められたが，美術に関する教養を一層深めるべく再びイタリアへと旅立つことになる。ナポリから持ち帰ったエトルスキの壺525個を国王に売却した彼は，88年6月にパリを発ち，トリノ，パルマなどを経由して10月ヴェネツィアに着き，そこに5年近く滞在するのである[7]。

ドノンはヴェネツィアにおいて銅版画家およびコレクターとしての仕事と教育活動に従事するとともに，サロンやカフェ，劇場などに出入りして社交生活を楽しみながら日を送っていたようである。しかし，フランスにおける革命の進行はドノンのヴェネツィア滞在を居づらいものにする。ドノンは1790年8月，国家審問官に呼び出されて尋問を受けたが，以後密偵の監視を受けるようになった。他方母国フランスにおいて

第 3 章　ヴィヴァン・ドノンの登場と収奪の新たな波 (1806-13 年)　163

は，ドノンは反革命亡命者と宣言されたため，財産を没収されるおそれも出てきた。93 年 7 月，国民公会のスパイとして即時退去を命じられたドノンは，やむなくヴェネツィアを離れ，同年 12 月パリへ帰ることになる。時はまさに恐怖政治時代であり，彼は告発を避けるために，シュヴァリエ・ド・ノンという貴族的な呼び名をやめて市民ドノンと称するようになる。幸いにも彼は，革命派画家また愛国的祭典の組織者として当時絶大な勢力をもっていたダヴィッドの庇護を受けることができ，94 年 6 月には亡命者のリストから抹消され，財産の返還を受けた。

　テルミドールの反動以後，ドノンは再開された定期美術展 (ル・サロン) やルーヴル美術館に足繁く通うとともに，芸術家だけでなく，バラスやタレーランなどの有力政治家とも交際を深めた。1795・96 両年には定期展に自作の版画を出品しており，また美術品の取引にも従事している。この時期には，ドノンの生活の重点は芸術活動よりも社交に置かれていたようであるが，第 2 章で述べたように，1796 年 8 月カトルメール・ド・カーンシーらが総裁政府に提出した，ローマからの美術品の収奪に反対する請願書にはドノンも署名している[8]。

　このようにドノンは，総裁政府下のパリでいささか安逸に流れた生活を送っていたのだが，それに終止符を打ったのが，98 年 5 月からのナポレオンのエジプト遠征への参加である。ドノンはかねてタレーランが催すレセプションにおいて青年将校ナポレオンに会い，言葉を交わしたことがあった。ナポレオンと親しかった詩人アルノー (Arnauld) の回想録によると，エジプト遠征への参加を熱望するドノンはかねて好意を示されていたジョゼフィーヌに頼み込み，彼女の依頼を受けたアルノーがナポレオンを説得して，参加を認めさせたという[9]。ドノンはこの時すでに 51 歳であったが，約 160 人の学者，芸術家，技師らから成る「学術・芸術委員団」の一員として遠征隊に加わることになる。98 年 5 月フランス (トゥーロン港) を出発したドノンは，エジプト上陸後ドセー将軍麾下の軍隊に従ってナイル川をさかのぼり，ヘルモポリス，ティンティラ，テーベなどの古代遺跡を訪れることができた。彼はその後再び北に向かい，シリア戦役から帰還したナポレオンと合流した後，99 年 8 月 23 日アレクサンドリアから同じ船で帰国の途についた。ドノンはそれらの遺跡を通じて発見した古代エジプト美術に魅了されたこと

を，帰国後公刊した報告書『ボナパルト将軍の戦役中の下および上エジプト紀行』(1802年)において感動を込めて語っている。

ドノンのパリ帰着から1月後の1799年11月には，ブリュメール18日のクーデタによってナポレオンが第1執政として独裁的権力を掌握するが，エジプト遠征中にドノンが示した類いまれな勇気と行動力は，彼に対するナポレオンの評価を一挙に高めることになり，以後ドノンは第1執政夫妻が住むマルメゾン宮を頻繁に訪ねるようになったといわれる。元ルーヴル美術館長のロザンベールによると，ドノンはナポレオンのいわばマルロー（ドゴール大統領の文化大臣）だったのであり，ナポレオンは全幅の信頼が置ける大秘書官を，また大臣であると同時に行動家でもある人物を自分のそばに置きたかったのである[10]。

以上，ドノンが宮廷人，外交官，作家，彫版家，デッサン画家，考古学者，コレクター，あるいは社交界の人としてのマルチな能力の持ち主であったことを示すために，彼が55歳で共和国中央美術館（ルーヴル）の館長に就任するまでの経歴をやや詳しく述べた。

ところで，ドノンがナポレオン美術館の館長に任命されたことは，共和国中央美術館の運営体制の変革を意味しただけでなく，外国からの美術品収奪のシステムをも変革することになった。以後，スペインの場合を例外として，美術品の公的な収奪は，専門家として任命された委員たちに委ねられるのではなく，館長自身が現地に出向いて自ら選びつつ行うものとなる。グールドが言うように，ドノンは「戦時における略奪の根本原理をすばやく理解したが，それは，休戦協定や講和条約の中で似非合法的な正当化がなされているか否かにかかわりなく，収奪行為を即刻実行しなければならないというものである。それ故，責任ある者は先鋒部隊に直ぐ続いて美術品の保管所に到着しなければならず，その場合には彼は意のままに選ぶことができる」のである[11]。

2 ドノンの収奪欲とナポレオンの立場

まず，外国の美術品の収奪をめぐるナポレオンとドノンの関係について，著名なドノン研究者シャトランが述べるところを紹介しておきた

い。
　1803年1月学士院の第4＝美術部門のメンバーとなったドノンは，同年10月1日同部門の公開会議において「イタリアから到着した古代の記念物に関する講演」を行っている[12]。美術部門の同僚たちを前にしてドノンは，まずイタリアから送られた「珍しい財宝」をただの1つも失うことなしに入手できたことを誇らしげに語った後，ナポレオンの功業を賞揚して次のように言う。

　　「彼（ナポレオン）の命令によって送られた何千もの写本はわが図書館を豊かにしました。無数の絵画や浅浮彫り，珍しくまた貴重な肖像，壺，柱，墓，巨像，そして細工された岩石に至るまでが，敵国の領土と領海を通過し，山々を越え，わが国の河川と運河を遡って，莫大な戦利品の不朽の記念碑をうち立てるためにわが展示室まで到着したのであります。」

　次いでドノンは，それら古文書から美術品までの合理的カタログが館員たちによって作成されることを告げた後，主要な物品とそれらから受けた感銘について話す。彼が実際に言及しているのは一部の古代彫刻についてのみであるが，最後にこの時点ではまだ到着していない「メディチのヴィーナス」に触れ，その素晴らしさを讃えた後，次のように言う。

　　「わが世紀において，賛嘆に値するすべてのものをかくも正しく評価しうる英雄（ナポレオン）は，この上なく重大な仕事のただ中において，この傑作を手に入れるために心を込めてあらゆる手段を尽くしたのであります。彼がそれを中央美術館に贈ったことは，この驚くべきコレクション，途方もない情況の産物でありすべての世紀における芸術の完成の結果であるあのコレクションを，あの記念物の中の記念物を，完全なものにしたのであります。」

　このようにナポレオンの業績を口を極めてほめたたえるドノンは，その事業を続行することに惜しみなく身を捧げる。彼が12年余にわたっ

て執拗に，貪欲に追求することになる目標は，ルーヴル＝ナポレオン美術館をかつて世界が知った最も素晴らしい美術館にすることであった。

かつて1796年にはイタリア美術品の収奪に反対する請願書に署名したドノンであったが，今やそうしたためらいは全くもっておらず，むしろリアリストとして，ナポレオンに対して敵国美術品の押収には正当な理由があることを説得しようとしたのである。

ドノンの考えでは，皇帝は自身の栄光の手段としての美術館に対してどれほど現実的な関心を抱いているにせよ，芸術への情熱には限られた地位しか与えておらず，政治的，外交的な配慮から美術品の押収について敵国に対して寛大な態度をとるおそれがあった。それ故，皇帝の関心をそのつどかき立て，フランスの要求には正当化されない点は何もないことを皇帝に納得させなければならなかった。敗者に対して美術品の提供を要求する論拠は様々であり，彼らのコレクションが豊富であること，公衆には隠されたままであること，それらが教会や亡命者の財産であることなどが持ち出される。フランス側の要求の理由は常に同じであり，さらに何点かの彫像，絵画，メダル，金銀細工品を加えるならば，ルーヴルの優位は明白かつ決定的に確保されるであろうというのである。ドノンが皇帝に提出した20通に及ぶ覚え書は彼のそのような態度を証明している[13]。その具体例を示す前に，1803-05年のヨーロッパ情勢とドノンの行動について簡単に触れておこう。

1801年以来一時平和が保たれていたヨーロッパであったが，03年5月イギリスによるマルタ島撤退拒否を契機として英仏両国間に再び戦争が勃発する。

1804年5月世襲皇帝となったナポレオンは，翌05年にはロンバルディアを中心としたイタリア共和国をイタリア王国に改組して自らその国王になるとともに，02年のピエモンテに続いてリグリアを併合，03年には君主不在となったパルマを軍事占領下に置き，さらにルッカ公国を妹エリザに与えるなど，イタリアにおける勢力拡大に努めた。このようなナポレオンの一存でのイタリア政策は，列強に強い不安と不満を抱かせ，05年8月にはイギリス，ロシア，オーストリアによって第3次対仏大同盟が結成されるに至る。

ナポレオンはこれより先，イギリス上陸作戦を断念して，オーストリ

第3章　ヴィヴァン・ドノンの登場と収奪の新たな波（1806-13年）　167

アをたたくべく大軍をドイツ方面に移動させていたが、10月18日のウルムの会戦でマック将軍指揮下のオーストリア軍をうち破り、11月14日には自国の軍隊に見棄てられたウィーンに入城した。次いで、トラファルガーの海戦敗北の報に接した後、ナポレオン軍は12月2日アウステルリッツの会戦でオーストリア・ロシア連合軍に対して決定的勝利を収め、同月26日オーストリアにプレスブルクの講和条約を結ばせた。この条約によってオーストリアは、イタリア王国を承認するとともに、同王国にヴェネツィアを、またフランスにイストリアとヴェネツィア領ダルマチアを割譲し、さらに4,000万フラン（5,000万フロリン）という巨額の賠償金を支払うことになる[14]。

　さて、ナポレオン美術館長ドノンは、1805年4月パリを発ってミラノに赴き、5月26日同地でのナポレオンのイタリア国王戴冠式に出席した後、同年9月までイタリアに留まっていたが、その間、フランス軍が英仏海峡沿岸からドイツへと移動を開始した8月の後半にはウィーンへ出向いて、同地の美術品コレクションの調査を行っている。10月初めに彼はアンコーナにおいて帰国命令を受け取ったが、ナポレオン軍がライン川を渡河してオーストリアへ向かっていることを知って、ストラスブールへ赴いた。ドノンはその後12月にはミュンヘンに立ち寄り、翌06年1月にようやくパリへ戻ったのである。ちなみに彼がストラスブールで出会った有能な素描画家バンジャマン・ズィス（Benjamin Zix）は、ドノンのドイツ、ポーランド旅行に同行することになる。

　この06年の2月には、軍隊の栄誉のためにカルーゼルの凱旋門の建造を命じる勅令が発せられ、ドノンはその装飾と彫刻の作業を担当することになった。また彼は別の勅令によってイタリア・ドイツ戦役のイラスト作成を委託された。さらにドノンは7月には、サン・クルー宮殿を飾る絵画のリストを作成するなど、多忙な日々を送っていたようである[15]。

　ボワイエによると、ドノンはかねてよりナポレオンへの書簡において、来るべき戦争による征服地からの美術品の収奪とそのパリ移送を熱心に勧めていたのだが、それに対してナポレオンは明確な指示を与えなかったといわれる。ドノンは何通かの書簡において、自分は陛下の命令を受けるために何度も参上したのだが、会ってもらえなかったので、手

紙を書くのだと弁明している。

　ドノンがストラスブール滞在中の05年11月13日に皇帝に宛てた書簡は，新たな美術品の収奪を具体的に提案したものとして注目に値する。

> 「陛下，フランスには，かつてイタリアにおける戦勝の記念碑（トロフィー）が存在したのと同様に，ドイツにおける陛下の戦勝の記念碑が存在しなければなりません。もしお許し下さるなら，私は，陛下が条約（traités）を命じられることでその戦勝記念碑をお作りになることができるような，様々な種類の物品を陛下にご指示いたします。」

　続いてドノンは，ウィーンから運び去ることができると彼が考えるあらゆる物品を数え上げる。すなわち，ブルゴーニュ公シャルル・ル・テメレールが身につけていたダイヤを始めとして，カメオ細工（第1級の彫石12個），上オーストリアのザンクト・フロリアン修道院にある，多くの肖像を含むメダルのコレクション，墓碑1基と6つほどの珍しい胸像，50点余りの絵画，兵器庫にある戦利品としての武具（カール5世らの甲冑など）である。そして絵画についてはこう書かれている。

> 「フランスのコレクションはなお，少なくとも40点の絵画を，とりわけヴォルゲムート（Wolghemut），マルティン・ショーン（Martin Schonn），アルブレヒト・デューラー，ホルバインと，（ルーヴル）美術館が全くもっていない他の画家たちのような，ドイツ派の絵画を欲することができます。イタリア派とフランドル派については，さらに12点の絵画を選ぶことができましょう。」

　この書簡の最初の部分についてボワイエは，「宮廷人らしいお世辞」とした上で，征服地から獲得した美術品がもはや国民公会期のように自由の国フランスへのオマージュではなく，また総裁政府期や執政政府期のように共和国を飾り立て，国家のコレクションを増やそうという欲望に応えるものでもなく，ナポレオン個人の戦勝の記念碑になっているこ

とに注意している[16]。

　ところで，ウィーンを占領したナポレオンはこのようなドノンの提案を実行に移すことはなかったが，彼は1805年12月27日，まだシェーンブルン宮にいた時，ブルボン家によるナポリ王国の統治を廃止することに決め，軍隊の一部を新たな国王に予定していた兄ジョゼフとともに南イタリアへ向かわせた。この時ナポレオンがブルボン家のコレクションの一部の収奪を自ら考えついたのかどうかは不明であるが，ドノンは1806年1月31日付ナポレオン宛書簡において，イタリアからの美術品の押収の必要を強く訴えている[17]。

　「もし誰かが，『ファルネーゼのヘラクレス』，『ボルゲーゼの剣闘士』，フィレンツェの『アポリーノ』を，またファルネーゼ家，ボルゲーゼ家とフィレンツェのコレクションの中にある第2級の作品100点と第3級の作品200点を集めたとしたら，ナポレオン美術館に匹敵し得る美術館を作ることになったでしょう。」

　ドノンは収奪すべき古代美術品のリストを書簡に添えているが，そこには「前世紀末にローマからナポリとカゼルタへ運ばれたファルネーゼ家の古代美術品」（ヘラクレス像ほか20品目の大理石像，浅浮彫り，石棺など）と，ヘルクラネウムから発掘された大理石像とブロンズ像，近くのポルティーチ（Portici）の美術館にあるモザイクのコレクション，「かつてはポンペイとヘルクラネウムの壁面を飾っていた」フレスコ画が列挙されている。ナポレオンはこの場合にもドノンの提案を実行に移すことはなかったが，彼はローマにおいて有名な建物をわが物とすることを真剣に考えていた。彼の大使のフェシュ（Fesch）枢機卿は06年3月初めにファルネーゼ宮，ファルネジーナ宮とヴィッラ・マダマを接収したのであるが，ナポリ王となったジョゼフは翌年末にそれらの返還を勝ち取っている[18]。

　ここで話を1806年のドイツに戻そう。ナポレオンは同年7月，神聖ローマ帝国から離脱した南および西ドイツの16か国によってライン連盟を結成したが，これに危機感を抱いたプロイセンはロシアと軍事同盟を締結した。ナポレオンは9月25日サン・クルー宮殿を発ってプロイ

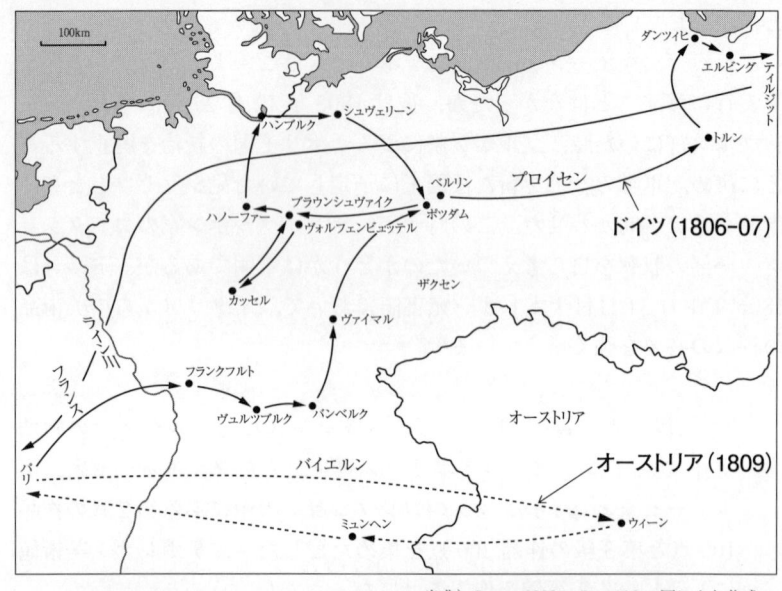

170　第Ⅰ部　文化財併合の展開過程

出典）Savoy 2003, t. I, p. 116 の図により作成。

図3-2　ドノンのドイツ・オーストリア押収旅行（1806-09年）

セン遠征の途につく。フランス軍は10月14日，イエナとアウエルシュテットの戦いでプロイセン軍に大勝利を収め，ナポレオンは同月27日ベルリンに入城する。11月21日にはヨーロッパ大陸諸国に対してイギリスとの通商を禁止するベルリン勅令が発せられる。12月11日，ナポレオンはプロイセンの側に立ってフランスと戦ったザクセンとポーゼン（ポズナニ）において講和条約を結び，ザクセン選帝侯に王の称号を与えて，同国をライン連盟に加入させた。

　翌1807年にはフランス軍はポーランドに攻め込み，ワルシャワを占領した後，アイラウ（2月8日），次いでフリートラント（6月14日）の会戦においてロシア軍に勝利を収めた。フランスはニエーメン河畔のティルジットにおいて7月7日にはロシアと，同9日にはプロイセンと講和条約を締結したが，ロシアがほとんど無傷で和睦することができたのに対して，プロイセンはエルベ川以西および旧ポーランドにおける全領土を放棄して，そこにワルシャワ大公国とヴェストファーレン王国を建設することを認めさせられたほか，1億2,000万フランという巨額

第 3 章　ヴィヴァン・ドノンの登場と収奪の新たな波（1806-13 年）　171

の賠償金の支払いを義務づけられたのである[19]。

　一方，ドノンも 06 年 9 月，ナポレオン軍にすぐ続いて，秘書および素描画家ズィスとともにドイツ遠征に出発する（彼の旅程については図 3-2 を参照）。フランクフルトを経由して 10 月 17 日ヴァイマルに着いたドノンは，旧知の文豪ゲーテの家に泊めてもらっている。かつてヴァイマル公の事実上の宰相であったゲーテは，前述のように 1798 年にはフランスによるイタリア美術品の収奪を明確に批判していたのだが，この時には 1790 年にヴェネツィアで知り合ったというドノンを歓待している。デキュルトによると，「ゲーテはドノンのうちに，開明的な芸術愛好者を，だが同時にまた良好な関係を維持しておいた方がよい有力な人物を見ていたようである[20]。」

　さて，ドノンとズィスは 10 月 21 日ヴァイマルを発ち，ライプツィヒなどを経て，同月 27 日，ナポレオンと同じ日にベルリンに到着した。ドノンはベルリンに 2 か月近く留まることになるが，その間会計検査院評定官ピーパー（Christian Wilhelm von Piper）の家に宿泊する。11 月 2 日，ドノンはこれまた旧知の地理学者アレクサンダー・フォン・フンボルトと一緒に，彫刻家ゴットフリート・シャドウ（Gottfried Shadow）を訪問した。ベルリンのブランデンブルク門上の 4 頭立て 2 輪馬車の作者であるシャドウは，初対面のドノンの印象をヴァイマルのジャーナリスト，ベティガー宛て書簡でこう語っている。「ドノンの芸術的センスは独特です。彼は芸術家の独創性と芸術の諸時期を完璧に見分けることができます。彼は一般に考えられているよりもはるかに重要な学者です。」

　ドノンは 11 月 5 日以後，画家でドイツ語の通訳を兼ねるズィスおよび秘書のペルヌとともにベルリンの王宮において美術品の押収を行い，同月 10 ～ 18 日にはポツダムに赴いて，サン・スーシの宮殿と絵画ギャラリー，庭園，大理石宮殿および新宮殿において押収を続けた。次いでドノンは 12 月 19 日にベルリンを発って，ブラウンシュヴァイクへ行き，同地の美術館と近くのザルツダールム（Salzdahlum）のギャラリーにおいて押収を行い，翌 07 年 1 月には，ヘッセン選帝侯国の首都カッセルにおいて，絵画ギャラリーとフリデリチアヌム美術館を訪れ，大規模な収奪に専念した。そして再びブラウンシュヴァイクに戻った後，

ハノーファー，ハンブルクなどを経て，07年3月にはシュヴェリーン（ライン連盟に編入されたメクレンブルク公国の首都）に立ち寄って収奪を行った。ドノンは3月末～4月初めに再度ベルリンとポツダムを訪れてから，ナポレオン軍を追って東プロイセンへと向かい，トルンを経て5月にはダンツィヒに至り，同地の攻囲戦を目撃している。そして6月末にティルジットに到着した後，帰国の途についた。9月24日には学士院の会議に出席していることから見て，それ以前にパリへもどったことは確実である[21]。

以上が1806-07年におけるドノンの美術品押収旅行のおよその行程である。上述の各地におけるドノンの活動についてより詳しく述べる前に，この時期にドノンがナポレオンに強く進言して，聞き入れられなかったザクセンからの美術品の収奪に触れておくことにしたい。

ドノンはベルリン到着の翌日，10月28日にナポレオン宛書簡において，パリの楽しみの1つである定期展（ル・サロン）を構成する芸術家たちに対して，皇帝が今後も保護を与えるよう要望した後，プロイセンにおいて，また選帝侯がプロイセンに味方したザクセンにおいて収奪すべき美術品について，次のように主張した[22]。

「かりにいくつかの美術品が軍税に含められるとしましても，プロイセンはごくわずかなものしか生み出し得ないでしょう。しかし，ザクセンはイタリアにほとんど匹敵するものを提供することができるでしょう。（首都の）ドレスデンには100点の絵画があり，それらの中には，絵画において彫刻における『メディチのヴィーナス』に匹敵するとみなされる1点（コレッジョの『夜』）があります。この絵はその評判からして，それだけで1つの戦勝記念碑となりましょう。」

「ここ（ベルリン）には，ヘルクラネウムで最初に発見された2つの古代の大理石像があるに違いありません。それらを発掘したのはプリンツ・オイゲン（註：オーストリアの軍人・政治家，1663-1736年）であります。それらはポーランド王たるザクセン（選帝侯）のアウグストによって買い取られ，フリードリヒ2世によってドレスデンからもたらされました。コリントとヴェネツィアの馬像と同様

に，これらの彫像がナポレオン美術館を装飾しにやってくるのは，十分理に適ったことでしょう。」

ドノンはさらに 1806 年 12 月 3 日，ベルリンからナポレオンに長文の書簡を送り，ドレスデンのギャラリーの傑作美術品数点をルーヴルに確保する条項を講和条約に含めるように勧めている[23]。ドノンはザクセン選帝侯の美術館の館長のマルコリーニ（Marcolini）伯がやって来て，選帝侯が自分と会いたがっていると告げたこと，また同館長との会話の中で，選帝侯が自分の所有する傑作について何ら特別な好みをもっていないことがわかったことを述べた上で，選帝侯は支払わなければならない軍税を減らすために，若干の作品を提供することを容易に決心するであろうと断言しつつ，次のように主張している。

「諸条約において決して完全には履行されることがない金銭に関する条項は，この場合，実質的価値あるものとなるであろう若干の作品によってそれを補うことができましょう。と申しますのも，それらの作品は陛下の栄光の財宝の中にすっかり収められ，また永久にそこに留まるでしょうから。陛下が要求なさる品物の数がどれほど少なくても，それらは常に大きな価値をもつことでしょう。ドレスデンのコレクションのラファエロの 1 枚の絵（「サン・シストの聖母」）だけのために，アウグスト王は 9,000 ルイを支払いました。それは陛下には 2 倍の値打ちがあります。コレッジョの『夜（ラ・ノッテ）』は少なくともそれと同じ価値があります。コレッジョの別の 2 点とホルバインの 1 点はそれと同じランクのものです。この後の画家（の作品）は陛下の美術館に欠けております。」

さらにドノンは，自分が勧めていることは略奪には当たらないとして，ナポレオンの決断を強く促すのである。

「私が，きわめて重要なものを 200 点含む 2,000 点の絵画を所蔵し，また沢山の黄金，ダイヤ，真珠を含む（ドレスデンの）コレクションから，4 点ないし 6 点の絵画を要求することを陛下に求めること

で，陛下に提案しているのは，略奪では全くありません。しかし，陛下に繰り返し申し上げなければなりませんが，陛下はヨーロッパの残りの部分を征服することによって，現在ザクセンが陛下に提供しているチャンスを再び見出されることは決してないでありましょう。陛下，あなたに話しかけているのは，私の熱情ではなく，私の義務意識なのです。」

しかし，ナポレオンがかねてザクセンについて抱いていた計画は，ドノンの提案とは相容れないものであった。前述のようにナポレオンは，この書簡から1週間後の12月11日，ポーゼンの講和条約によって，ザクセン選帝侯に王の称号を与えて，同国をライン連盟に加入させたのである。こうしてドノンは，ドイツのある雑誌のベルリン通信員の言葉を借りると，「そこで芸術と自然の美しさを嘆賞するために」ドレスデンへ行くことに満足しなければならなかった[24]。

外相タレーランは『回想録』で，ドノンの書簡が司令部に届いた時のナポレオンの様子について，次のように記している[25]。

「ナポレオンは私が彼の執務室に入った時，ドノンの手紙を読んでおり，それを私に示した。──もし陛下が，と私は言った。ドレスデンの絵画を何枚かもち去らせるなら，陛下はザクセン王があえて自らに許さなかったことをなさることになります。なぜなら，王は自分の宮殿にどれかの絵を置かせる権限をもっているとは考えておりません。王はギャラリーを国民の財産として尊重しております。──その通り，とナポレオンは言った。あれは立派な人物だ。彼に辛い思いをさせてはならない。余は何物にも手を触れてはならないと言う命令を出すことにする。」

上述のザクセンの事例は，ナポレオンが外交的理由から，ドノンの略奪欲を抑止した代表的ケースとしてよく挙げられるものである[26]。しかしドノンはその後も，1807年と08年の2度にわたって，フィレンツェ美術品の収奪を訴えている。

1年近くに及んだドイツ各地とポーランドでの押収旅行を終えてパリ

第 3 章　ヴィヴァン・ドノンの登場と収奪の新たな波（1806-13 年）　　175

に帰ったドノンは，07 年 12 月 28 日のナポレオン宛書簡において以下のように主張している[27]。

「エトルリア王国の目下の状況においては，私は陛下に次のことをお知らせするのが自分の務めであると信じます。すなわち，フィレンツェの町からその最も立派な飾りであるもの，そのガッレリアを奪うことを提案するものではありませんが，恐らく今こそナポレオン美術館の卓越せるコレクションに，8 点の第 1 級の彫刻，なかんずくアポリーノ像（それは本来ヴィーナス像と対になるべきものです）と，知られている限り最も素晴らしい 2 点の浅浮彫りを付け加えるまたとない機会でありましょう。」

次にドノンは，自分が保管している「堅石製の装身具の財宝」と帝国図書館が所有している同種のものにフィレンツェのコレクションを加えるならば，「フランスが陛下のお陰で手に入れた世界の驚異の 1 つ」になるであろうという。そして，「絵画のコレクションにはまだ，フィレンツェ派の幾人かの画家，ヨーロッパにおける芸術復興の最も古い画家たちが欠けている」と述べ，さらに，フィレンツェのキャビネットから 300 点のデッサンを精選することを提案するのである。彼が添付するリストには，上述のアポリーノ像など 8 点の彫刻名と，押収する絵画が 12 点であることが記されている。

さらにそれから 10 か月後の 08 年 10 月 31 日，ドノンはいま一度，ナポレオン宛て書簡において，フィレンツェの美術品（ただし，この時は絵画には言及していない）の押収を勧めているのである[28]。この書簡は，皇帝がその数日前，10 月 25 日に，すぐ後で述べるボルゲーゼ家の古代美術品を見にナポレオン美術館を訪れた時，ドノンに向かって，「ヨーロッパにはまだ素晴らしい彫刻記念物がいくつか残っているのか」とたずねたのに対して，ドノンが「フィレンツェの美術館に対して，その高い評判を傷つけることなしに要求することができる品物のメモを皇帝に送る」という形を取ったもので，そこには「うずくまるヴィーナス像」を始め 11 点の最も重要な彫像と，400 点以上の貴重な古代美術品（彫像・浅浮彫り・ブロンズ製品），「古代のカメオと貴石の壺の最もすばらし

いコレクション」が挙げられている。それ故，ドノンの側からの一方的な提案であることは明らかであり，ナポレオンはおそらく一顧だに与えなかったであろう。ナポレオンは08年5月エトルリア王国をフランスに併合して3つの県を設けたが，妹エリザの強い希望によってその地にトスカナ大公国を建て，彼女に名目上の統治権を与えようとしていたのであり（翌09年3月2日の元老院議決により実現），その首都となるフィレンツェから美術品の新たな収奪を行うつもりは全くなかったと考えられる。

　その一方で，ナポレオンは軍事力を背景にした収奪とは別の方法で，イタリアからのさらなる美術品の獲得に努めている。次にボワイエの研究によって，ローマの有力貴族ボルゲーゼ家からの古代美術品コレクションの購入の事例を紹介しよう[29]。

　ナポレオンは1803年に妹ポーリーヌをボルゲーゼ公家のカミッロと結婚させたが，同家が深刻な財政難に陥っているのを見て，カミッロが所有する有名なコレクションを買い取ろうとしたのである。ナポレオンはそれによって首都パリの宮殿と美術館を飾るのに不可欠な美術品を増やすと同時に，彼の家族の一員で優秀な軍人でもあるカミッロ・ボルゲーゼを窮境から救い出そうと考えたのであり，05年5月14日経理総監ダリュに対して，ボルゲーゼ家のすべての傑作の見積もりを極秘のうちに行うよう命じた。

　この件には，ナポレオン美術館長のドノンのほか，同美術館の古代美術品部長ヴィスコンティが関わっていた。ドノンは前述のように1806年1月の書簡で皇帝に対してボルゲーゼ家のコレクションの獲得を進言していた。ヴィスコンティは1796-97年にボルゲーゼ・コレクションの目録を作ったことがあり，その古美術品を熟知していた。

　ヴィスコンティが述べるところでは，ボルゲーゼ・コレクションは523点の品物から成り，そのうち159点が立像と群像，160点が胸像とヘルメス柱像，170点が浅浮彫り，壺，祭壇，石棺，スフィンクス像などであり，ほかに30本の貴重な円柱と，4つの大理石のテーブルが数えられた。彼はずば抜けた価値をもつ7点の大理石像を挙げているが，その中には今日もルーヴル美術館に展示されている「ボルゲーゼの剣闘士」，「幼いバッカスを抱く牧神」，「眠れるヘルマフロディトス」，「ボル

ゲーゼの壺」が含まれている。

　以上からも，ボルゲーゼの古代美術品の豊かさが理解できよう。借金を返済するためにコレクションの売却を考慮していたカミッロにとって，それを買い取るというナポレオンの申し出は渡りに船であったが，問題はその価格である。1806年6月時点でのフランス側の提示額は500万フランであったが，その15か月後の07年9月27日の皇帝の購入勅令に記された売買価格は驚くべきことに1,300万フランであった。ボワイエは，カミッロの側が価格の引き上げを要求して抵抗したために，皇帝が「気前の良さ」を示さざるを得なかったのではないかと見ている。

　ただし，カミッロが現金で受け取ったのは300万フランだけであり，残りはピエモンテのルチェディオ（Lucedio）の領地と，30万フランのラント（年金）の形で受け取ることになっていた。このように通常の商取引の形態で譲渡されたが故に，ボルゲーゼの古美術品は，カミッロが1815年にその返還を要求したにもかかわらず，ローマに戻されることはなかったのである。ドノンは，彼の予想をはるかに超える多額の費用を要したにもかかわらず，ボルゲーゼ・コレクションの獲得を大いに喜び，ナポレオンに宛てて次のように書いている（08年10月14日付書簡[30]）。

「ヴィッラ・ボルゲーゼの彫刻の最初の荷が先ほど到着しました。私は展示した後直ぐに（箱を）開くことにします。そして，陛下がご命令下さるなら，それら傑作の展示場はパリにとって，今日サロン展が抱かせている関心に取って代わる1つの見所（une curiosité）となりましょう。」

3　ドノンの押収活動とその「成果」

3-1　ベルリンとポツダム

　ナポレオンはザクセン（ドレスデン）においては外交的配慮から，ドノンが美術品の収奪を実行するのを阻止したが，プロイセンにおいては

表3-1　ベルリンとポツダムからの絵画の押収

押収場所	絵画点数
ベルリンの王宮	51
ベルリンまたはポツダム	3
ポツダムの王宮	1
ポツダム／クストリン＊	55
サン・スーシ王宮	1
サン・スーシの絵画ギャラリー	1
ポツダムの新宮殿	2
ポツダムの大理石宮殿	2
ワルシャワ	6
ダンツィヒ	1
合　計	123

註）＊印はサン・スーシの絵画ギャラリーからクストリンへ疎開していたものを指す。
出典）Savoy 2003,t.II,pp.355-362 により作成。

ドノンに自由に事に当たらせたように見える[31]。では，ドノンは実際にどのように収奪を行ったのであろうか。この問題については序章で述べたように，近年美術史家サヴォワによって決定版ともいうべき大部な研究書が公刊されており，その第2巻・資料編には各都市における押収目録が収められている。それ故，以下主にこの書とサヴォワ編の証言集とによりながら，時間的順序を追って見て行くことにしよう。

　まず，ドノンがベルリンとポツダムの宮殿その他から押収した絵画は合計123点に上る。その内訳は表3-1の通りであり，ベルリンの王宮からの51点とポツダムのサン・スーシ宮殿の絵画ギャラリーからの56点とで圧倒的部分を占める。ベルリン王宮からの絵画の中では，クラーナハ父子が16点と断然多数を占め，デューラーが3点で続き，そのほかはドイツ，フランドル，オランダ，イタリア，フランス，イギリスの画家たちの作品が入り混じっている。16世紀前半に活躍したクラーナハとデューラーの作品の多さは，当時ドイツのプリミティヴと呼ばれていた「絵画の最初の時代の巨匠たち」に対するドノンの強い収集欲を示している。一方，ポツダムからの絵画の中では，イタリア派の作品が30点，フランドル派が25点を占める。画家別では，コレッジョ8点，ルーベンス7点のほか，ファン・ダイク5点，レオナルド・ダ・ヴィンチとドメニキーノの各3点，ラファエロ，ティツィアーノ，グイード・レーニ，ヘリット・ダウの各2点が重要である。なお，この表のもとになった押収記録には，ナポレオンがドノンにワルシャワから持ち帰

第3章　ヴィヴァン・ドノンの登場と収奪の新たな波（1806-13年）　179

らせた作品6点（カナレット作「スタニスワフ・アウグスト・ポニャトフスキの国王選出」など）と，ドノンが07年5月にダンツィヒで押収した1点（メムリンク作「最後の審判」で，当時はヤン・ファン・エイクの作とされていた）が含まれていることにも注意しておきたい[32]。

　ところで，サン・スーシ宮殿の絵画ギャラリーからの押収品は1点を除いて，ナポレオン軍の到着前に同ギャラリー館長のプールマン（J. G. Puhlmann）によって，ベルリン東方の要塞都市クストリンへ疎開させられていたものである。プールマンはその時の様子を後に国王フリードリヒ・ヴィルヘルム3世宛て書簡（1810年3月10日付）において次のように語っている[33]。

　　「私はアウエルシュテットの戦いの悲しむべき結末を知った時，ギャラリーの178点の絵画の中から最も貴重なもので，かつ損傷なしに輸送されうると思われた62点を直ちに選び出しました。私は使用人の助けを借りて，それらを秘かに荷造りし，顧問官レンツの承認のもとに，ベルリンへと送らせました。そこから絵画はクストリンへ運ばれ，無事到着しました。私としては，この部分的な消失をできるだけうまく隠すために，ギャラリーに残こされた116点の絵画を並べ変えました。私は残っている作品をできるだけ離して架け，どうにもならない隙間はギャラリーの廊下から取った絵画や，私の個人的収集品から引き出した作品と私が描いた作品，あるいは私自身が画家だった時に手に入れていた絵画によって，塞いだのです。」

　しかし，館長のこのような涙ぐましい努力も実を結ぶことはなかった。クストリンは1806年11月1日に陥落し，隠されていた絵画はフランス人の手に落ちたからである。
　ベルリンとポツダムのギャラリーから押収された絵画に関しては，グールドの次のような指摘にも触れておかなければならない[34]。彼によると，ドノンがルーベンスの後期の傑作「聖チェチーリア」を押収し忘れたことは「ほとんど説明不可能」である。さらにまた，両地のギャラリーはフリードリヒ大王が若い頃から熱心に収集した同時代のフランス

表 3-2　ベルリンとポツダムからの彫刻の押収

押収場所	古代彫像	古代胸像	現代彫像・胸像
ベルリン			
王宮	3	6	2
絵画ギャラリー		4	
図書館		6	
ポツダム			
サン・スーシ王宮			1
絵画ギャラリー	3	6	1
新宮殿	3		
大理石宮殿	8	6	
古代美術品神殿		28	
合　計	17	56	4

註）　パリで展示される前に返還された10点の古代大理石像と，ベルティエ元帥に与えられた3点の現代彫刻を含まず。
出典）　Savoy 2003,t.II,pp.362-365 により作成。

美術のコレクションで目立っており，そこには18世紀フランス最大の画家ヴァトーの主要な作品が，有名な「シテール島への船出」（あるいは「シテール島の巡礼」）や晩年の大作「画商ジェルサンの看板」を始め12点ほど揃っていた。その上，ドノン自身はヴァトーを賛美しており，「ジル」を含む彼の作品数点を自ら所有していたのである。このように見ると，「飽くことを知らぬ美術館長」ドノンがヴァトーの作品を押収対象から除外したことは，1つの謎といわなければならない。ただし，「シテール島への船出」に関しては，ドノンはその第1ヴァージョンをすでにルーヴルにもっていたが故に，プロイセン王のために描かれた第2ヴァージョンを押収しなかったのではなかろうか。

　以上の絵画のほかにも，ベルリンとポツダムの宮殿からは，表3-2が示すように，古代の彫像17点と胸像56点，さらに現代の彫像4点が押収されている。古代の彫像の中には，当時ベルリンにあった最も有名な作品「お手玉遊びをする少女」（1730年にローマで発見され，サン・スーシの絵画ギャラリーに置かれていたもの）が含まれていた。押収された現代彫像にはフリードリヒ2世のブロンズの騎馬像が含まれていたが，ベルリンの王宮を占領したベルティエ元帥はそこにあった別の現代彫像3点を要求し，ドノンもやむなく引き渡さざるを得なかったと言

第 3 章　ヴィヴァン・ドノンの登場と収奪の新たな波（1806-13 年）　　181

われている[35]）。

　ところで，プールマンは上述の国王宛書簡において，敵方の正しさも認める必要があるとして，「ドノンはわがギャラリーにおいてその選択を行う際に多大の節度を示したと断言できる」と語っている。すなわち，ドノンは，皇帝が彼に対してサン・スーシのすべての胸像を運び去るようにはっきりと命令していたにもかかわらず，実際にはそれらの半分を残しておいたのである。その中には，非常に珍しいマルクス・アウレリウスの胸像があったが，すでにパリの美術館にはこのローマ皇帝の胸像が 3 つあったので，ドノンはあえて 4 つ目のものを押収しなかったのである。また，クストリンへ送られていた絵画がフランス人によってベルリンへ運ばれてきた時にも，ドノンは，自分は 9 点しか押収しなかったといって慰めてくれたのだが，残念なことに，皇帝はすべての絵画を征服物と見なしてパリへ送るように命令したのである。それでもなお，14 点の絵画，ラファエロ，ティツィアーノ，コレッジョ，ジュリオ・ロマーノらの傑作が「私にはまだ分からない理由で」ベルリンに残されたのであり，それらは「わがギャラリーに対してなされた慎み深い贈り物」とみなすことができる，というのである[36]）。

　しかし，ドノンがベルリンとポツダムから押収した美術品は以上にとどまるものではない。ドノンは 06 年 11 月 5 日ベルリン王宮へ赴き，美術品陳列室（Kunstkammer）から夥しい数の美術品と珍奇品を押収したのである。その内容は，大理石像 34 点，ブロンズ製品 190 点，煉瓦製品とテラコッタ 40 点，エジプトでの発掘品 15 点，カメオを主体とする彫刻石と宝石が 538 個，古代ローマのものが大半を占めるメダルが 7,079 個，貨幣 5,283 枚，象牙彫刻品 24 個，琥珀細工品 34 個と膨大かつ多種多様であり，さらにインドとシナの製品（被り物，織物，タブリエなど）や日本の高価な刀剣 1 本も見出される[37]）。

　ここで美術史家サヴォワに従って，ドノンの押収作業のやり方について補っておきたい。ドノンは征服した都市のギャラリーを訪れる時には，厳格にかつ整然と事を進め，押収の手順は場所によってほとんど異なることがなかったという。収奪を受けたギャラリーの責任者たちの中には，ウィーンのフューガー（Heinrich Füger）やサン・スーシのプールマンのように半ば芸術家である者と，ブラウンシュヴァイクのエンペ

リウス（Emperius）やカッセルのフェルケル（Ludwig Völkel）のように新しいタイプの行政官である者とがいたが，彼らの証言によると，ドノンはどこにおいても，これら行政官がいる前で行動する。彼がギャラリーを収奪しようとする時，まず最初に接触しようとするのは彼ら行政官である。ただし，ベルリンの王宮の美術品陳列室の場合に限っては，押収作業は管理責任者のいないところで行われざるをえなかった。というのも，室長のアンリ（Jean Henry）がフランス軍の到来を聞き，収蔵品の一部をもって逃亡していたからである。しかし，他のすべての場合には，その場の責任者がドノンの仕事を助け，彼に対してギャラリーや展示室の扉を開いたのである。

　押収する物品の選定が終わると，その目録が作成され，押収調書にその地の軍隊指揮官，当該美術館の館長，およびドノンが署名する。この押収調書は，いかなる講和条約によっても予定あるいは承認されていない収奪に合法的な外見を与えるために，フランス当局が入念な努力を払ったことを証明するものである。かりに美術館の館長の体調が悪い場合には，ドノンは訪問を延期した。実際，後述のカッセルのフリデリチアヌム美術館の館長フェルケルは風邪で床に就いていたため，ドノンは訪問を翌日に延期している。すべての証言が一致して述べるところでは，コスモポリタンな人物で元外交官，加えて場を和ませる会話の達人でもあったドノンは，収奪相手のドイツ人に対して「まさしく好人物」（プールマン）という態度で接したのである[38]。

　最後に忘れてはならないのは，06年12月2日から8日にかけて行われた，ブランデンブルク門上の4頭立て2輪馬車（Quadriga）の押収である。ブランデンブルク門自体は建築家ラングハンス（Langhans）によって1788-91年に凱旋門として建設されたものだが，門上の2輪馬車は前述のように彫刻家シャドウの作品であった。このモニュメントの収奪はドノンが発議したのではなく，フランス軍隊の要求によるものらしいが，しかしそれを解体し荷造りさせたのはドノンである。それは12個の巨大な箱に分けて収められ，12月21日に水路でパリへ送られた。この4頭立て2輪馬車は到着後直ぐに多くの費用をかけて修復されたが，結局しかるべき場所に一度も展示されることなく，馬車と4頭の馬像と勝利の女神像は帝政期を通じて，フォーブール・ポワソニエール

第 3 章　ヴィヴァン・ドノンの登場と収奪の新たな波（1806-13 年）　　183

街にあったチュイルリー宮殿の倉庫に眠ったままであった[39]。

　この 4 頭立て 2 輪馬車は，明らかに美学的もしくは歴史的な価値の故にではなく，戦勝記念品として押収されたものである。サヴォワによると，ドノン自身，このような戦利品としての価値しかもたない物品の没収に若干のためらいを覚えていたようである。確かに，象徴的な意味をもつ戦利品の押収は長い伝統をもっており，帝政期においてもとりわけ 1805-06 年と 09 年のオーストリア戦役の際には，ウィーンの帝国兵器庫とインスブルック郊外のアンブラス城の武器保管所から，最も素晴らしい甲冑のいくつかが収奪された。こうした押収は，パリにおいてなかんずくプロパガンダのために利用されたのだが，ドノンはそうした軍事的略奪に対してははっきりと距離を取っていた。とはいえ，ドノンによる収奪が彼自身の美術館の教育的で美学的な計画と常に一致していたわけではない。とりわけベルリンと，次に述べるブラウンシュヴァイクやシュヴェリーンで押収された物品のリストからは，芸術的な価値のない珍奇品が幅広く収集されたことがわかるのである。たとえば，1749 年にシュヴェリーン湖で発見された野牛の化石化した角であるとか，最初のプロイセン国王フリードリヒ 1 世と王妃ゾフィー・シャルロッテの聖別式の塗油の際に用いられた 2 枚のリンネルの布といったものであり，芸術の進歩を促進するとは思えないような品物である。さらに，ドノンが 07 年 2 月 14 日にブラウンシュヴァイクから帝室経理総監ダリュに宛てた書簡には，彼の宮廷人らしい動機が示されている。ドノンは自分が押収するよう命じられた絵画に，「皇帝陛下がきっと大変喜んで皇后にお与えになるであろうかわいらしい小物をいくつか」加えようと常に努めたと記しているのである[40]。

　話をシャドウ作の 2 輪馬車に戻すと，ドノンは前掲の 12 月 3 日付書簡の前段で，ブランデンブルク門上からのそれの引き下ろしをナポレオンに知らせながら，自分はベルリン市民とすっかり仲違いしてしまったと述べているが，シャドウの 2 輪馬車像の奪取がベルリン市民の強い恨みを買ったことは疑いをいれない。2 輪馬車像がパリにあった間，むき出しのブランデンブルク門の姿はプロイセン国王の臣民には「国民的恥辱の印し」と感じられた。だが注目すべきことに，収奪された彫像の作者であるシャドウとは，ドノンはその後も親密な関係を保ち続けたの

である。2人の関係は稔り多いものであり，彼らはおたがいに魅惑されていたのである。ドノンはシャドウのところで数点の作品を手に入れたが，そのうち1点は当時15世紀ドイツの画家マルティン・ショーンガウアーの作とされていた絵画「マナの収集」である。ここにも，ドノンがドイツのプリミティヴ絵画に抱いていた強い嗜好が現れている。ドノンはまた，1807年の春ダンツィヒの南方トルンにいた時，そこに保存されていたコペルニクスの肖像画を模写して，シャドウに送っている[41]。

3-2 ブラウンシュヴァイク

ベルリンとポツダムの次に，ドノンが美術品の収奪のために向かったのは，ブラウンシュヴァイク市（同名の公国の首都）であり，押収作業は06年12月25日から31日にかけて，同市の美術館と近隣のザルツダールム（Salzdahlum）の城館のギャラリーにおいて行われた[42]。フリードリヒ大王の甥に当たるブラウンシュヴァイク公カール・ヴィルヘルム・フェルディナントは，プロイセン軍の総司令官に任じられたが，アウエルシュテットの戦いでフランス軍に敗れた際致命傷を負って死亡したのである。ところが，彼はまさにその頃，公国内の王宮に分散している美術品と写本を首都に統合しようとしており，まず手始めに，約1,500点を数えたザルツダールムの絵画コレクションを移すために，1754年に創設されていた美術館に新しいギャラリーを付け加えることに決めていた。そのための場所の整備計画がすでに作成され始めており，多額の資金が用意されてもいた。サヴォワが指摘するように，傑作美術品の統合計画は18・19世紀の交におけるヨーロッパの美術館誕生の全般的な動きの中に位置づけられるものである。ブラウンシュヴァイク公の宮廷の顧問官で，06年9月以来上記美術館の館長であったエンペリウスは後に，上述のような公の政策についてだけでなく，ドノンによる美術品の押収についても詳細な証言を残しているので，以下それによりながら，述べて行くことにしよう。

10月17日アウエルシュテットの敗戦の報が伝わると，ブラウンシュヴァイクにおいても最も貴重な美術品を安全な場所へ疎開させることが試みられた。エンペリウスはこの日の正午から午後6時までの間に，友

人たちと秘書に手伝わせて,「小ぶりで高価な品物の大部分」を梱包することができた。その中には,美術館の至宝である「マントヴァの壺」を始めとして,宝石,金・銀・ブロンズ・象牙の細工品や,「18,000 枚の古代のメダルの完全なコレクション」が含まれていたが,それらは同日の夜に町を出発し,ハノーファーを通過して,無事デンマーク領に到着したのである。敵軍が町に入城したのは 10 月 26 日であった。

これに対して,ザルツダールムのギャラリーに展示されていた絵画については,そのうちの最も素晴らしい約 90 点が箱詰めにされ,イギリスへ疎開させるためにまずブラウンシュヴァイクへ向けて発送された。しかし,それが到着する前にフランス軍がブラウンシュヴァイクに入城しており,通報者を通じてその隠し場所を知ったドノンは,フランス政府の命令に従ってそれを奪取し,パリへ送ったのである。この時のドノンによる絵画押収の仕方について,エンペリウスは次のように述べている。

「ドノン氏は,少し後にはわが財宝の数を大いに減少させたが,最初は 90 点のうち 50 点あまりしか選定せず,多分彼にはつまらない作品と思われただろうその他の作品は残しておいた。それらは後に(ヴェストファーレン王国の首都になる)カッセルへ運ばれた。ドノン氏は自身で,ザルツターレン(ザルツダールムの誤り?)において……さらに 200 点ほどの作品を押収した。それらの中には,ザルツターレンに残されていた作品中最良のものも存在したが,取るに足りない品物も多かった。ギャラリーに残っていたものはヴェストファーレン政府の手中に入ったのである[43]。」

ザルツダールムのギャラリーから収奪された絵画の目録(1806 年 12 月 29 日付)には合計 278 点の作品が掲載されており,それらが 29 個の木箱に詰められてパリへ発送されたのである。その中では,ドイツとフランドル,オランダの画家の作品が大多数を占めており,特にクラーナハ父子が 14 点,デューラーが 8 点,ホルバイン(子)が 7 点というように,ドイツ・アルテマイスターの作品の多さが際立っている。オランダ派ではレンブラントが 13 点で断然首位を占めるほか,コルネリス・

ファン・ハールレム（4点），ライレッセ（4点），ロイスダール（3点），ヘリット・ダウ（3点）などが見出される。またフランドル派では，ファン・ダイク（4点），テニールス（4点），ルーベンス（2点）らが重要である。これに対して，イタリア派の作品は比較的少なく，ティツィアーノ（3点）のほかでは，コレッジョ，アンニバレ・カラッチ，グイード・レーニ，ジョルジョーネの作品が2点ずつ含まれているに留まる。さらにフランス人画家の作品も，3点のプッサンを含めて，全体で10点ほどが見出されるに過ぎない。以上のほかに，作者不明とされる絵画が約20点に上ることも，収奪品の質が非常に多様であったことを示唆している。

ここで以上の収奪品を前述の疎開のために梱包された90点と比較してみると，後者のうち作品名が明らかな79点のうち，48点（60％）が最終的に押収されるに留まっており，エンペリウスの上記の証言を裏書きしている。またイタリア派の作品は全12点中9点が押収されているのに対して，大多数を占めるオランダ・フランドル派の作品は，3点のレンブラントを例外として半数以上が押収対象になっていないこと，さらにドイツ人画家の作品は1点のデューラーを除いて見出されないことにも注意しておきたい[44]。

以上の絵画の押収と並行して，エンペリウスが館長を務めていたブラウンシュヴァイクの美術館からは，夥しい数の美術品と珍奇品がパリへ輸送するために収奪された。ドノンらの署名がある06年12月31日付の目録には，大理石の胸像7点（近代の作品であるスウェーデン女王クリスティーナの胸像以外は古代の彫像），より小型のブロンズ像とその他の古代美術品約70点，象牙細工品80点，マジョリカ焼930点，木彫り品32点，インド，中国の様々な珍奇品約50点，中部フランスのリモージュの工房に由来する七宝焼（エマイユ）177点，デッサン243点，古代および15世紀のメダル70点などが列挙されている[45]。

ところで，これら美術品の押収に立ち会った館長のエンペリウスは，前記の証言の中で次のように語っている[46]。ドノンが最初に押収した品物は，彼が熱愛するデッサンであった。彼は「われわれのコレクションの中に，パリの美術館のコレクションに統合されるに値すると思われる作品を350（正しくは250）点ほど見出した」のである。ドノンはまた，

第3章 ヴィヴァン・ドノンの登場と収奪の新たな波 (1806-13年)   187

われわれの古代美術品のうちから6点の胸像と60点ほどのより小型の彫像を押収したが、その中には、ドノンが特に高く評価していたクラウディウス帝の頭部像（これはマルクス・アグリッパの頭部像とされていたが）が含まれていた。ところで、エンペリウスはこれら以外に4つの見事なブロンズの胸像について、それと同じ人物の大理石像がパリにあるという理由で反対し、それらの押収を阻止することに成功したと言っている。

しかし、マジョリカ焼と七宝焼のコレクション（ドノンはブラウンシュヴァイクへ来るまでそれらの存在を知らなかったのだが）については、「私の反対は全くむだであった。ドノンはマジョリカ焼の中に、よそでは失われてしまったラファエロとローマ派画家の思想とデッサンが沢山含まれていると考えていた。そして、これらの豊かな名残りを大版画集の形で公衆の知識に供することに決めていた。」エンペリウスは、それらマジョリカ焼のいくつかについて、その元絵になった版画が存在すると言って懸命に反対したのだが、ドノンは「全体をそのまま保持する」という考えを変えず、マジョリカ焼のコレクション900点を荷造りさせた。また彼は「これに劣らぬ貪欲さで」、七宝焼のコレクションを奪取した。この七宝焼も版画にして、公衆に提供されるはずであったが、これら2つのコレクションとも、パリにおいて利用されることがなかったというのである（実際には、両者は1807年に一時的にせよナポレオン美術館で展示されたのであるが）。

美術品その他の収奪は6日間続いたが、「征服者の熱情はもうけが減るにつれて弱まり、1807年1月2日には、今後はもう美術館から何物も奪わないと言う保証がわれわれに与えられ、約束は守られた。しかし、ドノン氏はわれわれに、しばらくの間ブラウンシュヴァイクに残されている若干の価値ある品物を隠しておくように忠告した。それはたまたまミュゼを訪れたフランス人か別の見張り人がそれらを欲しがるのを避けるためである。」

美術品の中で版画だけは幸いにも手が付けられず、自然史関係の物品も同様であった。押収品の全体は23個の木箱に入れられて、ザルツダールムの絵画と一緒に、軍用車でパリへ運ばれたのである。

以上の美術品のほか、ブラウンシュヴァイク近郊のヴォルフェン

ビュッテル（Wolfenbüttel）の図書館から，318点に上る貴重な写本と，40巻近い初期印刷本が収奪された。帝室経理総監のダリュは12月24日，同図書館の写本のカタログをパリへ送るよう要求し，それにもとづいてパリの帝国図書館の館員たちが最も貴重なものを含む多数の写本を選定したのである。押収品の中には，古典古代から西欧中・近世，ビザンツ，イスラム世界の写本が含まれており，とりわけ重要なものとして，魚皮に書かれたアイスランドの英雄叙事詩『エッダ』，四福音書の古いシリア語翻訳，ルターら宗教改革者の自筆書簡集などが挙げられる。また印刷本としては，犢皮紙に印刷されたものが特に求められたが，1461年にバンベルクで印刷された『ボネリウス寓話集』，1470年ヴェネツィア刊の『ビブリア・イタリアーナ』2巻本などが見出される。ちなみに，この時パリの帝国図書館へ写本のカタログをもたらしたのは，若き陸軍主計官補アンリ・ベール（後の作家スタンダール）であり，彼は翌年2月ブラウンシュヴァイクへ戻ってからも，パリからの指示に従って選書を行ったのである[47]。

ところで，上述のようにエンペリウスはその回想の中で，押収品をできる限り少数にとどめるためにドノンの説得に努め，一定の成果を上げたと主張しているが，しかし彼自身，その努力は結局は失敗に終わったことを認めざるを得なかった。なぜなら，ドノンは「最初はその要求を少数の品物に限ろうとするように見えたが，しかし一旦，作品の収奪が始まると，パリに運ぶに値すると思われる品物をますます多く見出すことになった」からである。また，以上のブラウンシュヴァイクの場合にも，戦勝記念品の収集と，「世界最大の美術館」の完成のための物品の選定という，帝政期に彼が行った押収活動の二重の意図が示されていることを確認しておこう[48]。

3-3　カッセル

まずベルリンとポツダム，次いでブラウンシュヴァイクにおいて美術品，学術品の収奪に従事した後，ドノンが赴いたのはヘッセン選帝侯国の首都カッセルであった。彼はそこに少なくとも07年の1月4日から26・27日まで滞在して，一方では選帝侯の絵画コレクションにおいて，他方では古代彫刻やメダル，珍奇品を保存するフリデリチアヌム美

第 3 章　ヴィヴァン・ドノンの登場と収奪の新たな波（1806-13 年）　189

術館においてきわめて重要な押収活動を行ったのである[49]。同美術館は 18 世紀末のヨーロッパで最も重要な博物館の 1 つであったが，その館長であったフェルケルは 1813 年 1 月 9 日，ドノンがボーレン（Bohlen）伯爵（カッセルの宮廷の式部長官）と画家のズィス，秘書と一緒にやってきた時の印象を次のように語っている[50]。

「私はドノンに，ここにはパリですでに所有されていない物は何も見出されないでしょうと指摘しながら，彼を迎えた。……彼は答えて曰く。皇帝はパリの美術館のための作品をあなた方のところで選ぶために，自分を送ったのですと。」「盗奪あるいは『選定』は翌 10 日にも古代美術品室で続けられ，ホメロスのすばらしい小像を含む最良のブロンズ像が奪われた。……彫刻石と古代貨幣の順番が来た時，私は徴発者に対して，この 2 つのコレクションは皇帝の特別の保護下にある近くの（ゲッティンゲン）大学の教育にとりわけ役立っていることを指摘したが，間違いなくその結果として，ドノンはそれらを持ち去らなかった。」

「11 日朝，ドノンは古代美術品室での収奪作業を終えることができないと弁解した。……彼はこの部門では特に厳しくしなければならないだろうと前もって述べていたのだ。何故なら，彼は皇帝から，古代の彫像をすべてパリへ移送するようはっきりと命令されていたからである。私があちこちで，われわれの古代彫像のどれ 1 つとして，その芸術的な質と保存状態の点で，パリにある傑作に匹敵しうるものはないと言って，ドノンの略奪を阻止しようと試みた時，彼はこう答えたのである。古代の作品はどのようなものであろうと，すべて一定の価値をもっている。そして彼は語気を強めて言った。『あなたは一体何をお望みなのか。私が何も持ち去らないことなのか。そうしたら，誰かほかの者が来て，全部持って行くだろうよ！』これは私にとって恐ろしく，またつらい時間であった。ドノンはすべての部屋を 1 つ 1 つ検査し，至るところで作品を奪った。略奪が終わると，ドノンは選定した品物の目録を作成し，ボーレン伯爵とマルテリエール（ヘッセンの経理官）が署名してから私に渡した。私は荷造り作業に立ち会うことを望まなかった。すべては公

然と行われたが，にもかかわらず，美術館は『手つかず』のままであると，ずうずうしくも日誌に書いた者がいたのである。」

　この館長フェルケルの証言が正しいとすれば，美術品押収者としてのドノンの態度には宮廷人らしい慇懃さは全く認められず，皇帝の権威を笠に着た強引きわまるものであったといわなければなるまい。いま上述の07年1月9日付目録によって，フリデリチアヌム美術館からの押収品の内容を示すならば以下の通りである。

　まず貴重品の陳列室からは，ミニアチュアの肖像画，小胸像，壺，象牙・琥珀・木の彫刻など合わせて72点，古美術品および彫刻石の陳列室からは，古代エジプト，エトルスキ，ローマその他の主にブロンズ製の古美術品が合計51点，武具陳列室からは，インドの短刀など5点，モザイク陳列室からは2点，古代美術品ギャラリーからは大理石の彫像15点を含む計21点，そして衣装陳列室から，板に描かれた16世紀の君主たちと有名な人物の肖像画120点が押収されている。さらに，以上とは別に，1月10日付目録によると，ドノンは選帝侯の宮殿の磁器ギャラリーなどから，367点に上る物品をパリへ送るために選定している。その内訳は，172点の中国磁器を主体としながら，古い漆器（大・中・小の鍵のかかる引き出し付の方形箱など）38点，木・石・土製の人形の置物49点，ガラス絵とデッサン34点，15世紀の陶器（マジョリカ焼，ザクセンの褐色土製を含む）70点と多種多様であり，さらにザクセン（マイセン製？）の磁器4点が含まれていることも注目される[51]。

　ところで，カッセルの場合にも，フランス軍の到着前にヘッセン選帝侯家の大事な物品と美術の収蔵品，そして48点の「最良の絵画」が，箱詰めされてカッセルの北方ザバブルク（Sababurg）に疎開させられ，狩猟小屋の主階段の後に閉じこめられた。しかし，この隠し場所は密告者によってフランス占領軍に知らされ，軍司令官ラグランジュ将軍はこの財宝を手中に収めたのである。美術館長フェルケルは結局，疎開した品物の目録をドノンに見せなかったようである。ラグランジュが獲得した物品全体がどのように処理されたのかは不明であるが，絵画に関しては次のことが明らかになっている。

　グールドによると，疎開していた上述の48点の絵画の中には5点の

第3章　ヴィヴァン・ドノンの登場と収奪の新たな波（1806-13年）　191

クロード・ロランと同数のレンブラントが含まれていたが，そのうち36点はラグランジュ将軍によって，たまたま軍隊随行者としてマインツに来ていた皇妃ジョゼフィーヌに送り届けられたという。彼女は以前から自分のために絵画を貪欲に収集していたのである。ジョゼフィーヌが1814年5月29日，ナポレオンの第1次退位後に死ぬと，ロシア皇帝アレクサンドル1世はマルメゾン宮から，彼女の所有する絵画37点を買い取ったが，そのうち21点のみが上述のカッセルからの収奪品であり，6点を除いてすべてオランダ絵画であった[52]。

　以上のものとは別に，ドノンはカッセルにおいても合計299点に上る絵画を押収し，パリへ送ったのであり，その数は前述のブラウンシュヴァイクの場合を凌駕している。それらは，07年1月8日付の目録中の，「カッセルの絵画ギャラリー，絵画・彫刻・建築アカデミーの会議場，および選帝侯の宮殿において選定された絵画」263点と，1月16日付の「目録補遺」の中の，「玉座の間の隣の，ヘッセン方伯のかつての特別キャビネットにおいて選定された絵画」36点とから成る。地域別に見ると，オランダ派の作品が断然多数を占め，フランドル派とイタリア派がそれに続き，ドイツ派とフランス派はごく少数に留まっている。オランダ派の中では，ワウウェルマンが25点でトップであるが，レンブラントも有名な「ヨゼフの息子を祝福するヤコブ」を始め21点を数えている。その他では，ピーテル2世とヤンのブリューゲル兄弟（10点），ヴァン・デル・ウェルフ（7点），ステーンヴィック父子（6点），フランス・ハルス（4点），ダウ（4点）などが注目される。グールドはブラウンシュヴァイク，カッセル，シュヴェリーンの各コレクションが，いずれも17世紀オランダ絵画における卓越を最大の強みとしている点を挙げているが[53]，この特徴はカッセルの場合特に際立っているように思われる。

　次にフランドル派では，ルーベンスとブリューゲル兄弟（ピーテル2世とヤン）がそれぞれ10点で首位を占め，テニールスが9点で続き，ピーテル・ネーフス（7点），ファン・ダイク（4点），ヨルダーンス（4点）らが上位に位置している。一方，イタリア派では，ティツィアーノ（4点），ヴェロネーゼ（4点），ティントレット（3点），カラヴァッジョ（2点）ら巨匠たちの名が見えるが，全体で30点以下と思われる。

さらにドイツ派の中では，16世紀末〜17世紀初の画家ロッテンハマーが9点で突出しているが，アルテマイスターの作品がクラーナハ2点，デューラー3点，ホルバイン3点というように，前述のブラウンシュヴァイクからの押収絵画に比べるとはるかに少ないものの，一定の地位を占めている。最後にフランス派は，プッサンとブールドンの各3点を数えるものの，ここでもきわめて少数に過ぎない。以上，カッセルからの約300点の押収絵画は，そのすべてが一級品揃いであるとはとうてい言えないけれども，16〜17世紀の北ヨーロッパとイタリアを代表する有力画家の作品を数多く——50〜60点以上——含んでいたことは，十分評価しておく必要があろう[54]。

3-4　シュヴェリーン

　ドノンがカッセルに続いて最後に美術品の押収を行ったのは，07年3月，北方のメクレンブルク公国の首都シュヴェリーンにおいてである。押収品の内容は，3月10日付「シュヴェリーンの公爵宮殿から押収された絵画とその他の美術品および珍奇品の目録」に記されている[55]。それによると，絵画は合計209点が押収されているが，そのうち圧倒的多数——おそらく4分の3以上——は17世紀黄金時代のオランダ絵画から成っており，その他の地域の画家の作品は前述のカッセルの場合以上に少数にとどまっている。さらに一層重要な相違点として，シュヴェリーンからの押収絵画の中には，レンブラント，ルーベンス，ファン・ダイク，ドイツのデューラー，クラーナハ，ホルバイン，イタリアのラファエロ，ティツィアーノ，ヴェロネーゼ，コレッジョ，ティントレットといったビッグ・ネームがほとんど見当たらないことが挙げられる。そのように呼びうる画家としては，わずかにカラヴァッジョ（2点），ロイスダール（2点），ヨルダーンス（1点）を見出しうるに過ぎない。またオランダ派およびフランドル派の画家の中には，バックハイゼン（11点），ネール（8点），ヘルスト（8点），ボル（6点）のように，シュヴェリーンにおいてのみ多数の作品が押収されている者もいるが，ヴァン・デ・ヴェルデ（9点），ワウウェルマン（6点），ブリューゲル兄弟（5点），ネーフス（5点），ヴァン・デル・ウェルフ（4点）のように，すでにカッセルにおいて数多くの作品が押収済みの画家の名前が再度頻出す

第 3 章　ヴィヴァン・ドノンの登場と収奪の新たな波（1806-13 年）　193

ることにも注意しておきたい。

　絵画に続いて，ドノンは上記公爵宮殿の続き部屋にあるその他の美術品と珍奇品を選定した。すなわち，様々な七宝焼の肖像画 28 点，ミニアチュアの肖像画 7 点，カメオ細工品 3 点，光沢ある石（碧玉・瑪瑙・紅玉髄・水晶など）の製品（壺・コップ・椀・瓶など）計 60 個，ザクセン製の磁器 6 個，そして皇妃ジョゼフィーヌのための象牙の彫刻品（壺・人物像など）14 点，スウェーデン国王グスタフ・アドルフの金張付け肖像画などであり，それらに前述の 1749 年にシュヴェリーン湖で発見された野牛の角の化石が加えられている。しかし，これらシュヴェリーンにおける絵画以外の押収品は，前述のベルリンとポツダム，ブラウンシュヴァイク，カッセルの場合に比べて量的にはるかに及ばないだけでなく，古代美術品（大理石やブロンズの彫刻など）を全く含まないことが示すように，その芸術的価値の点でも明らかに見劣りするものであった。

3-5　ウィーン

　ドノンの次なる押収ミッションはスペインでのそれであったが，説明の都合上，スペインの後のウィーンでの活動について先に述べることにしたい。ドノンはナポレオンの対オーストリア戦の計画を聞いて，1809 年 1 月末急遽スペインからパリへ引き返した。そして，4 月 16 日付皇帝宛て書簡において，ナポレオンの生涯を描く歴史的デッサンの収集のために，「大砲の最初の一撃が放たれるや否や（前線へ）出発する許可」を求めた。ナポレオンはこれより先，4 月 13 日に兵を率いてパリを発ち，5 月 13 日にウィーンに入城した。皇帝がオーストリア軍に対して勝利を収めるのは 7 月 6 日のヴァグラムの会戦によってであり，講和の締結には 10 月 14 日を待たなければならなかった。しかしフランス軍による長期のウィーン占領は大量の美術品収奪を可能にすることになる。ドノンは，ナポレオンの押収許可状を携えて，6 月初めダリュ，ズィスとともにウィーンに到着し，早速ベルヴェデーレ宮のギャラリー，図書館とメダル陳列室において美術品の押収に取りかかる[56]。

　ところで，ウィーンでは，ベルヴェデーレ上宮のオーストリア皇帝のコレクションは，18 世紀後半のヨーゼフ 2 世以来公開の美術館となっ

ていたが，1805年にフランス軍が近づくと，その一部，48箱分をハンガリー西部，プレスブルク（現スロヴァキアの首都ブラチスラヴァ）近辺の片田舎へ疎開させた。それらは数か月後，危険が去るとともに，一旦ウィーンへ戻されたが，09年にはより多くのもの，すなわち最も貴重なものを含む54箱が再度疎開させられたのであり，ドノンはそれらを決して手に入れることができなかった。グールドによると，ドノンが押収した絵画は401点の多きを数えるが，それらは彼が選定したものではなく，オーストリア人が第2級の作と見なして，避難させなかった作品なのである[57]。では，ドノンが手に入れた絵画とはどのようなものだったのか。

　ドノンがベルヴェデーレのギャラリーにおいて館長フューガー立ち会いのもと選定した絵画の調書（09年6月18日付）には，合計316点（367枚）の絵画が記載されている[58]。それらの中では，先のカッセル，シュヴェリーンの場合と同様オランダ派絵画が最も多数を占めているが，ここではイタリア派の作品が90点前後と，前2者の場合に比べて明らかに多くなっている。画家別に見ると，オランダ派ではブリューゲル父子3人が断然トップであり，特に父ピーテルの作品が7点を数える。フランドル派では，ファン・エイクの作品が3点，ルーベンスとヨルダーンス各1点が含まれており，ドイツ派では，デューラー4点，クラーナハ（父），ホルバイン（子）各2点のほか，15・16世紀「古えのドイツ派」の作品9点が見出されるが，両派とも全体としては少数に留まる。イタリア派は，ティツィアーノの12点を筆頭に，バッサーノ8点，パルマ・イル・ヴェッキオとスキアヴォーネ各5点，ティントレット4点，ジョルジョーネ3点，ヴェロネーゼ2点などが重要である。最後に，17世紀スペインの宮廷画家ベラスケスの作品が3点含まれていることが注目される。

　ところでグールドは，当時ウィーンにあった絵画の中で最も貴重なものとみなしうるティツィアーノ，コッレジョ，ルーベンス，ラファエロ，ティントレット，ピーテル・ブリューゲル（父），ベラスケスらの作品が，ナポレオン美術館の1814-15年のカタログの中に確認できないことを指摘している。確かにドノンの押収リストには，上記の巨匠たちのグールドが挙げる作品は見出されないが，コレッジョとラファエロ以

外については，同じ画家の別の作品が含まれていることを見逃すべきではないであろう。たとえばドノンはルーベンスの聖イルデフォンソ祭壇画を獲得することはできなかったが，同じ画家の傑作「聖母マリア被昇天」を押収することができた。この絵は余りに大作であったために，3つに裁断してから輸送しなければならなかったと言われる[59]。それ故，300点を超えるウィーンからの押収絵画の大部分が2級品，3級品から成っていたことは否定できないとしても，その一方でドノンは，各国の巨匠の作品をも数多く獲得することができたことを強調しておかなければならないのである。なお，ベルヴェデーレ宮殿からは，以上の絵画のほかに，モザイク2点（皇帝ヨーゼフ2世とレオポルトを描いたもの他1点）や，中国の高官たちをかたどった陶製の人物像69点などが押収されたことを付け加えておきたい[60]。

3-6 ドノンの押収活動の問題点

　以上において筆者は，ドノンがベルリン，ブラウンシュヴァイク，カッセルおよびウィーンにおいて押収した絵画の中に，デューラー，クラーナハ，ホルバインらドイツ・プリミティヴ画家の作品が数多く含まれていたことを述べたが，このことはサヴォワがとりわけ強調する点である。ルーヴル（ナポレオン）美術館の管理人たちはすべての画派の作品を網羅的に収集することを目指しており，1800年に南ドイツへ派遣されたヌヴーは，若干のプリミティヴ絵画の収集を命じられていたのであるが，前述のように彼はその任務を果たすことができなかった。そしてドノンの登場とともに，それら「古えのドイツ画家」の作品の探索は情熱的な様相を帯びることになるのである。ベルリンでドノンと会った彫刻家シャドウは，彼についてこう語っている（1807年3月5日付ベティガーへの書簡）。「古えのドイツの大家の作品はドノンをひどく興奮させます。彼はどこかにそれの痕跡を嗅ぎつけるや，敬意の印として，即座にそれを保管するのです[61]。」

　しかし，それまで閑却されていた画家たちに対するこのような激しい嗜好は，ドイツの美術館の館長を困惑させずにはおかなかった。執政政府下でヌヴーによる収奪を受けたが，帝政期には押収をまぬがれたミュンヘンのギャラリーの館長マンリッヒ（Mannlich）は，1809年11月，

ウィーンからの帰途のドノンの訪問を次のように回想している。

「私が大変驚いたことに，ドノンはドイツ派のプリミティヴ絵画に余りにも夢中になっていたので，ほかのものには目もくれなかった。……私はフランス人である彼が，現代のわが画派とは非常に異なるこれらプリミティヴ派の作品をかくも愛好していることに関して，彼に私の驚きを伝えずにはいられなかった。……（ドノンがいうには）これらの作品には，かくも純粋な独創性，かくも感動的な素朴さ，かくも真に迫った表現，かくも豊かな簡素さ，かくも深い敬神の心が存在するが故に，自分はそれらの作品の方を，たがいに模倣し合い借用し合っているわが大多数の巨匠たち（の作品）よりも，はるかに好むのである。」

サヴォワによると，このようなドノンの言は，マンリッヒの記憶の中でゆがめられていない限りにおいて，18世紀最後の四半期以来イタリアで始まった中世絵画に関する省察のほとんど文字通りの反響というべきものである。それは，収集家で美術史家のスルー・ダジャンクール（Seroux d'Agencourt）らイタリア・プリミティヴ絵画の推進者に見られるような，「慎ましさ modestie」，「素朴さ naïveté」，「神聖 sainteté」といった言葉をめぐる省察である。「それ故，ドノンは1806-14年の間，古えのドイツ巨匠の（作品の）フランスへの移送，次いでその公開展示を率先して組織することによって，第1級の拡声器の役割を果たす」のである[62]。

ここで話をドイツ各地におけるドノンの押収活動全般にもどし，サヴォワが挙げているいくつかの問題点に触れておくことにしたい。その第1は，ドノンが自分の趣味や能力に合わない分野を避けながら，絵画・古代美術品・珍奇品のコレクションの探索と収奪に専念していること，すなわち，絵画ギャラリーと美術館の収奪に際しては，「60歳代の男の熱烈なエネルギー」を示したのに対して，写本や稀覯本の押収には熱意をもって当たっていないことである。ドノンは1807年3月24日付の経理総監ダリュ宛て書簡において，次のように主張している。

第3章 ヴィヴァン・ドノンの登場と収奪の新たな波 (1806-13年)

「貴殿は，私が旅行中に，医学校に必要な解剖学のコレクションに出会ったかどうかたずねておられるが，私が見つけた自然史関係の品物は雑然としたがらくたばかりで，われわれのコレクションに付け加えるところは何もない。書物に関しては，ヴォルフェンビュッテルの図書館だけがわが政府の注意を引くに値するものであり，私は無用の混乱を招かないために，(パリの) 帝国図書館の管理人たちに写本のカタログを送り，彼らの要求を聞いた……。帝国図書館はヴォルフェンビュッテルの図書館から，その欲するすべてのものを手に入れることになるであろう。」

実際ドノンは，前述のようにヴォルフェンビュッテルの図書館から押収すべき写本の選定についてはパリの専門家の指示に従っており，自身はほとんど名目的にしか介入していない。次いでドノンは，07年5月から6月にかけてダンツィヒに近いエルビングのギムナジウムにおいて，また09年にはウィーンにおいて，若干の書物の押収を行ったが，いずれの場合にも彼自身は押収に必要な選別作業にあまり熱心に従事してはいないのである。ドノンはウィーンの帝国図書館にある東洋の写本の中から必要なものを選ぶよう依頼されていたのだが，実際にはパリの図書館員に選定を委ね，「最も無用なものも含めて，すべての写本をひとまとめに押収することに決めた」と言われている[63]。

次に第2の問題点は，ドノンが訪問地に到着する前には，現地についてそれほど正確な知識をもっていなかったように思われることである。前述のようにドノンは，1809年にウィーンで実際に押収活動を行うのに先立って，1805年8月に同地に2週間ほど滞在し，美術品のコレクションの調査に従事している。また1806-07年に北ドイツの国々で活動した時，彼が探索したコレクションはどれも印刷されたカタログを備えており，そのいくつかはフランス語で書かれていた。たとえばヘッセン＝カッセル選帝侯の絵画は，1783年以来その目録をもっており，ウィーンには1784年以来，有名な『帝室ギャラリーの絵画のカタログ』のフランス語版が存在した。ドノンは押収に際して，恐らくこれらのカタログに依拠したことであろう。

それ故ドノンは，ドイツの絵画コレクションについてはかなりよく

知っていたであろうが，しかし古代彫刻と様々な珍奇品については，それらの調査目録の作成自体がより遅れていたのである。1806年に，カッセルのフリデリチアヌム美術館のコレクションはなお体系的な目録出版の対象になっていなかったし，シュヴェリーンとブラウンシュヴァイクでは，貴重品の手書きのカタログが作られているに過ぎなかった。ただし，プロイセン王のコレクション，とりわけベルリン王宮の美術品陳列室の所蔵品（その一部は有名なベッローリ（Bellori）のコレクションに由来した）については，18世紀の初めからラテン語の挿絵入りカタログが刊行されており，その上1805年には陳列室長のアンリによって，『国王の美術・自然史・アンティーク博物館総目録』が出版されていた。

　以上のカタログ類に加えて一般の旅行案内書が用いられたが，重要なものとしてドノンが美術品の「玄人」，「目利き」から集めた情報がある。たとえば，ドノンはポツダムにおいて2体の勝利の女神像を押収したが，これについてはナポレオン美術館の古代美術品部長ヴィスコンティから事前に情報を得ていた可能性が強いのである。とはいえ，全般的には，ドノンが出発前にもっていた情報はかなり漠としたものにとどまっていたようである。そのことは彼が，前掲の06年10月28日付皇帝宛て書簡において，「プロイセンはごくわずかのものしか生み出し得ないでしょう」と述べているところからも推察されよう。

　それ故，ドノンが狙いをつけたコレクションに関する知識を深めたのは，何よりも現地においてであった。そのために彼は，その土地の博物館の館長たちの能力に頼ったが，しかし新しい入手物に関しては，現地で見つけた手書きの目録をも利用したのである。そして，この目録はドイツ文字で書かれていて判読困難な場合もあったのだが，ドノンのまわりには進んで協力しようとする人物がいたのである。たとえばブラウンシュヴァイクとカッセルにおいて，かつて君主の宮廷に迎えられたフランス人亡命者ビゴ・ド・プレアムヌー（Bigot de Préameneu）はドノンに対するそのような協力の故に，ドイツ人からみると「裏切り者」と非難されるに値したのである[64]。

　以上のようにドノンは，実際に美術館やギャラリーを訪れてから，その収蔵品の内容や芸術的価値を知る場合が多かったのであり，従って彼が要求する美術品の量は，滞在が長引くにつれて増加するのを常とし

第 3 章　ヴィヴァン・ドノンの登場と収奪の新たな波（1806-13 年）　199

た。この点は，前述のようにブラウンシュヴァイクの美術館の館長エンペリウスが指摘しているところであるが，ポツダムやカッセル，シュヴェリーンについても同様に確認されるのである[65]。

　ところで筆者はこの第 2 点に関連して，サヴォワが言及していない次のような重要な問題があるのではないかと考える。それは，ブラウンシュヴァイク，カッセル，シュヴェリーンとウィーンに関する限り，ドノンがルーヴル（ナポレオン）美術館のコレクションを補充するのに必要な範囲をはるかに超えて大量の絵画を押収したのではないかという問題である。上記の 4 都市からの押収絵画は合計 1,100 点に達するが，それらの中では 17 世紀オランダ派の絵画が圧倒的多数を占めており，その中にはルーヴル美術館にすでに何点かの作品が所蔵されている画家の作品も数多く含まれていた。またフランドル派，イタリア派の場合を含めて，押収絵画の中にはルーヴル美術館に展示するには明らかに相応しくない第 2 級，第 3 級の作品も少なからず含まれていたのである。こうした事実から見ると，ドノンが滞在中に 1 点 1 点の絵画の品質と内容を吟味した上で，必要なものだけを選び出して押収したとは考え難く，むしろ現地で発見したコレクションを丸ごと持ち去るような場合が多かったのではないかと思われるのである。

　さて，サヴォワに戻ると，彼女が挙げる第 3 の問題点は，ドノンが押収委員として，とりわけナポレオンの命令に対して行動の自由あるいは自立性をもっていたかどうかである。ボワイエの前掲論文では，ドノンはプロイセンにおいてはザクセンの場合とは反対に，自由に振る舞うことができたようだとされる。しかし，ポツダムのサン・スーシの絵画ギャラリーの館長プールマンによると，ドノンは 06 年 11 月末に再度ギャラリーを訪れ，こう語ったという。ドノンが皇帝に，選定した品物のリストを差し出したところ，皇帝は怒り，ドノンが押収するべきであった古代の胸像と彫像のリストを執務室へ取りに行った。それ故ドノンは，今はギャラリーの入り口に展示されていた 2 つの胸像を荷造りさせなければならなくなった。またカッセルにおいても，前述のようにドノンはフリデリチアヌム美術館の館長フェルケルに向かって，皇帝は自分に古代の彫像をすべてパリへ運ぶように厳命されたと語っている。

　サヴォワはこのようにドノンが収奪に際してナポレオンの命令を持ち

出した事例を挙げた上で，しかしながら，そもそもドイツで収奪された作品の選定にナポレオンが関わったことを証明するものが何もない以上，ドノンは自分の性に合わない手段，すなわち軍隊の力による強制的収奪を避けるための「1つの武器」として，こうした言辞を用いたのではないかという。そして，前述の1806年秋のドレスデンのギャラリーのケースが証明するように，イニシアティヴをとったのは全面的にドノンであり，現実には，「ナポレオンはむしろ，自らの美術大臣の収集欲に対してブレーキの役を演じたように思われる」と結論づけているが，筆者もこのサヴォワの見解に同意したい[66]。

　最後に第4の問題点として，ドノンの美術品収奪に対するドイツ人の反応についてのサヴォワの分析結果を簡単に述べておきたい。結論から言うと，ドイツのジャーナリズムは一般に，1806-07年の北ドイツ各地におけるドノンの押収行動に対してきわめて控え目な態度に終始していたのである。確かに執政政府期にフランスの委員が収奪した物品は，並以下の質の絵画であるか（ミュンヘンでのヌヴーの場合），廃止された宗教施設が所蔵していた写本や初期印刷本であった（ライン地方でのモジェラールの場合）。しかし，帝政下で「美術品の征服」がカッセルやブラウンシュヴァイク，ベルリンの有名なコレクションに及んだ時に，かつてイタリアの美術品集合体の解体に抗議した人々が「慎み深い態度」を取ったことには，意外の感を抱かざるを得ない。実際，ドイツの主要な新聞雑誌の中でドノンが北ドイツ諸都市のギャラリーを訪れたことに言及しているのは，07年1月に創刊された『教養階層のためのモルゲンブラット』紙だけである。サヴォワはその理由として，フランスが占領地で実施した宣伝と検閲の効果に加えて，ドイツの側にも全般的な自主規制の動きがあったことを指摘している[67]。

　1807年になると，『モルゲンブラット』紙には美術品のパリへの移送に反対するどころか，むしろそれを好意的に見る論説が現れる。たとえば同紙の1月8日号に掲載された「パリにおける古代美術品の複製の販売」という論説は，ヨーロッパの幾つかの国が蒙った美術品の「大量殺戮」に触れた上で，何と言われようとそれらの作品は「良き人々の手中に落ちた」のだと主張する。フランス人はかつてはヨーロッパ中に分散していた作品をルーヴル美術館に集中し，かつ自由な観覧に供するこ

とで，大陸全体に利益を与えているからである。

　そして同年10月にドイツからの戦利品の展覧会が始まると，同じ新聞の11月2日号は次のように書くことになる。「ドイツ人観客がこれら祖国からのあの沢山の略奪品（spolia opima）を眺めて抱く憂鬱な感情が静められるのは，美術品は学者たちの発見と同様，狭い国家の領域に限られるのではなく，人類全体に属するのだというコスモポリタンな考えをもつ場合だけである。」かつてはイタリアにおけるフランスの収奪政策を批判するのに用いられたコスモポリタンな理想が，ここでは北ドイツのコレクションの解体とそれらのパリへの移送および展示を許容できるものにするために動員されているのである。

　サヴォワは，ドイツ人がドノンの押収行動に対して目立った反応を示さなかったことを理解するためのもう1つの手がかりとして，ベルリンの作曲家ツェルター（Zelter）が07年春，友人のゲーテに送った書簡を紹介している。その中でツェルターはコスモポリタンな見地に立って，「すぐれたものは，それがどこにあろうと世界全体のものなのです」と述べた後，次のような重要な意見を付け加えている。「われわれはこれらの素晴らしい美術品にはふさわしくなかったのです。獲得と保存は1つになった2つのものであり，一方をなしえない時には他方をもなしえないのです。わが国の芸術家はたいがい，自分たちの作品もが没収されなかったことに不満を漏らしていますが，彼らはアルブレヒト・デューラーとルーカス・クラーナハをなおざりにしたことを罰せられるべきなのです。」ツェルターはそれまでドイツにおいて，画家や美術愛好家がこれら「古えの巨匠たち」の作品に敬意を払って来なかったことを嘆いているのであり，そこに彼らドイツ人が収奪に強く反対しなかった1つの理由を見出しているのである[68]。

4　スペインにおける収奪とドノン

　ドノンがベルリンからシュヴェリーンまでのドイツにおいて収奪した絵画の総数は約900点，ウィーンからの収奪品を加えると1,200点を優に超える。これと比較すると，ドノンのスペインでの収奪の結果は「滑

稽なほど貧弱」（グールド）なものであった。スペイン王室の絵画コレクションは恐らく他のどの王室のそれよりも豊かであったであろう。当時スペイン国外で名声が確立していた唯一のスペイン人画家はムリーリョであるが，彼の作品は王宮よりも出身地セビーリャの諸教会に数多く存在した。しかし，ベラスケスの最高傑作はほとんどすべてマドリード地域の諸王宮にあったし，スペイン人画家以外でも，ルーベンスの素晴らしい作品やティツィアーノの最大のコレクションの1つがここに存在したのである[69]。にもかかわらず，スペイン王室の絵画が結局，ルーヴル美術館にわずかしかもたらされなかったとすれば，それはなぜであろうか。

　ナポレオンは1807年大陸封鎖をイベリア両国に適用するためにポルトガル占領を決意し，11月にはジュノー将軍の率いるフランス軍が同国に侵攻した。また翌08年には，スペインの王位継承をめぐる内紛に介入して，ブルボン家の新国王フェルナンド7世を退位させ，その後がまにナポリ王であった実兄のジョゼフを据えた。スペインでは，同年3月以来駐留するフランス軍とこれに反抗する国民との間で激しい戦闘が拡大したが，ナポレオンは同年10月末に自ら軍を率いてパリからスペインに向かい，12月4日にはマドリードに入城して，封建的諸権利や異端審問制度の廃止，既存の修道院のうちの3分の2の解散などの「近代的改革」を布告した。しかし，翌09年1月初めには，オーストリアにおける軍隊の動員とパリにおける陰謀の計画を知って，急遽帰国の途につくのである。

　これに対して，ドノンは皇帝の命令に従って，1か月遅れで11月末にズィストとともにパリを発ち，ブルゴスを経て12月26日にマドリードに到着した。行き違いにナポレオンは，4日前の22日，ラ・コルーニャへ向け退却中のイギリス軍を追撃するためにマドリードを進発していたのである。ドノンは現地の接収・賠償委員会から，逃亡した貴族（廃位されたフェルナンド7世を支持した貴族）の邸宅にある美術品の調査を依頼され，翌年1月8日までそれに従事したと語っている。

　しかし，ドノンはまもなくナポレオンの後を追って帰国の途につき，09年1月18日にはマドリードの北160キロメートルのバリャドリーにいた。2月にパリに戻ったドノンは次のオーストリアでの押収活動の準

第 3 章　ヴィヴァン・ドノンの登場と収奪の新たな波（1806-13 年）　203

備に余念がなかったという[70]。

　それ故，ドノンがマドリードにいた期間は 3 週間足らずと考えられる。グールドは，このようなドノンの滞在の短さのうちに，彼が絵画の収奪に失敗した 1 つの理由を求めている。しかし，失敗の主な理由は，スペイン国王であったナポレオンの兄ジョゼフが傑作絵画の譲渡に抵抗したことにある。ドノンは 1809 年 1 月 18 日にバリャドリーから皇帝に宛てた書簡で次のように述べている[71]。

　　「もしも，誰であれ陛下の兄君以外の君主がスペインの王座を占めていたとしたら，私はスペイン派の絵画 20 枚を（ナポレオン）美術館のコレクションに加えるために，陛下の命令を懇願したことでしょう。それらの絵画は当美術館には全く欠けており，またそれらは永久にこの度の戦役の戦勝記念物となったことでしょう。」

　そして，それら 20 点の絵画はスペイン王の数限りないコレクションの中から選んでもよいし，また平和公（前宰相ゴドイ）の邸宅に残っているものから持ってきてもよろしいが，「いずれの場合にも，私はそれらの絵画に関する十分なメモを陛下に差し上げることができますし，あるいは，陛下が必要と判断されるなら，私自身それらを押収しに戻ることもできましょう」と記されていた。
　歴史家ボワイエはこの書簡にもとづいて，この場合にも美術品の収奪とパリ移送を最初に提案したのはドノンであるというが，実はこれより先にナポレオン自身がジョゼフ王に対して絵画を要求しているのである。09 年 1 月 15 日付のナポレオンのジョゼフ王宛て書簡にはこう書かれている[72]。

　　「ドノンは何枚かの絵画を押収したいと思っています。私は没収された（貴族の）邸宅と，廃止された修道院にあるすべての絵画を貴殿が収用すること，そして，パリの美術館には欠けている傑作を 50 点ほど貴殿が私にプレゼントしてくれることを希望するものです。私はしかるべき時と場所において，貴殿に別の傑作を差し上げましょう。ドノンを呼んで，このように話していただきたい。彼は

貴殿にいろいろと提案をすることができます。よくご承知のように，必要なのは勝れ物だけであり，世評では，貴殿はその種のものを非常に沢山所有しておられるとのことです。」

　しかし，ジョゼフは兄ナポレオンの命令を急いで実行しようとはしなかった。スペイン王は自らの宮殿を飾るために，あるいは彼がルーヴル美術館に対抗してマドリードに設立しようとしていた美術館に収めるために，最良の作品を手放したくなかったのである。そこでジョゼフ王はルーヴルへの傑作絵画の発送をできる限り遅らせようとした。彼がマドリードにギャラリー（今日のプラド美術館の起源である）を創設する王令を発布し，その中に，フランス皇帝ナポレオンに対して「スペインの大画家たち全体にわたるコレクション」を贈ると定めたのは，ドノンがスペインを離れてから10か月以上経った09年12月20日のことである。ドノンはまた，上述の逃亡貴族から没収された絵画をも獲得しようとしたが，こちらの計画の実現にも異常に時間がかかったのである[73]。

　上記の王令からさらに9か月近く経った1810年9月6日，マドリード駐在フランス大使ラ・フォレ（La Forest）伯は，50点の絵画の荷造りがまだ終わっていないと書いているが，その3週間後の9月26日には，ジョゼフ王も承認済みの送付予定絵画のリストの中に，王自身の居室に架かっている絵画が何枚か含まれていることが判明した。そこで王はマドリードのアカデミーの教授である3人の画家（そのうちの1人はゴヤ）に新しいリストを作成させたのだが，大使の報告によると，選び直された50点の絵画のうちスペイン派の作品は27点のみであり，その上最良のスペイン人画家でも全く作品が含まれていない者がいた。

　ところが，梱包の段階で新しいリストにある絵画のうち何枚かは盗まれているか，損傷を受けていることが発覚したため，補充が必要になり，そこからまた信じ難い遅延が生じることになったのである。ジョゼフ王の贈り物の50点の絵画の最終的なリストが作成されたのは，何と1813年のことであった。ジョゼフは13年3月に最終的にマドリードを離れたが，イギリス＝スペイン連合軍とフランス軍の間で激しい戦闘が繰り広げられる中，マドリードに集められた50点の絵画が国境のバイヨンヌに到着したのは13年7月のことであった。じりじりしながら

待っていたナポレオン美術館の館長ドノンは，同年8月5日にようやく内務大臣モンタリヴェ（Montalivet）から，6箱の絵画が到着したことを知らされたのである[74]。

スペインからは以上の50点の絵画のほかに，ドノン自身もマドリード滞在中に選定に関わった250点の絵画が，現地の接収・賠償委員会によって送られてきた。その到着の日時は明確にできないが，13年9月3日に上記の50点とともにルーヴル美術館に寄託されている。ドノンは同日付の帝室経理総監カドール（Cadore）公（＝シャンパニー）宛て書簡で，これら両方の輸送品についてこう書いている[75]。

「私は謹んで閣下に，スペイン国王陛下が皇帝陛下に贈ったスペイン派の50枚の絵画と，マドリードの臨時国有財産管理局が収集した250枚の絵画との目録をお送りいたします。閣下，私は前者（50点）の中で，（ナポレオン）美術館に入ることができる絵画はせいぜい6点であることを認めざるを得ません。また国王陛下（ジョゼフ）がこれらの絵画を選定する仕事を託した人々によってどれほどだまされたかに容易に気づくことができます。王権の臨時管理局が収集した絵画について申せば，数ある中には第1級の絵画2点と，陛下の諸宮殿，とりわけ狩猟の集合場所に置くのに大変ふさわしい別の絵画150点が含まれております。」

筆者はドノンが触れている2つの目録の所在を確認できなかったので，彼が受け取った絵画の詳しい内容は不明であるが，少なくともスペイン国王からの50点の絵画の内容がドノンをいたく失望させるものであったことは，上述の書簡から明らかであろう。ただし，この点については，美術史家バティクルが言うように，スペイン絵画についてのドノンの知識の不足を考慮に入れる必要がある。彼女によると，この輸送分の中には何枚かの大傑作が含まれていた。すなわち，ヘレスのカルトジオ会修道院にあった3点のスルバラン（「東方三博士の礼拝」を含む），2点のベラスケス（うち1点はゴドイのコレクションに由来），何枚かのムリーリョとリベーラ，そしてマイノとリバルタの各1点である。不幸にしてドノンは黄金世紀（17世紀）のスペイン絵画のことは何も知ら

かった。その上，慎重な無神論者であったドノンは，ラファエロとは非常に異なる，信仰心によってリアリズムを超越したスルバランの作品には心を打たれることがなかったのである。またドノンは，その短いマドリード滞在中，王宮の国王カルロス4世と王子たちの居室を飾っていたベラスケスの傑作（「ブレダの開城・槍」，「官女たち」など）から感銘を受けたようには思われないのである。ドノンの行政書簡は，そもそもスペインが彼の関心事の中心にはなかったことを証明している。

結局，1814年のナポレオン美術館のカタログによると，この年の7月にドノンがイタリアから持ち帰ったプリミティヴ絵画と一緒に展示されたスペイン絵画17点のうち12点のみが，ジョゼフ王が送った上述の50点の絵画に由来するに過ぎない[76]。

このようなバティクルの見解に照らしてみると，スペイン絵画について知識が乏しかったドノンは，パリへ到着した絵画の価値を正しく評価しえなかった可能性が残るのである。

ドノン研究者ルリエーヴルは，スペインにおける収穫が乏しいものであった責任がドノンの側にもあることを次のように指摘している[77]。ドノンは前述の09年1月18日の皇帝宛て書簡において，20枚の絵画を獲得しようと考えたと語っているが，国王および個人のコレクション，修道院と教会の絵画を自由に処分できる時に，20枚というのは少な過ぎる。ドノンはプロイセンやイタリアではより多くの要求を行った。それらなじみの場所ではドノンは居心地がよかったし，現地のコレクター，芸術家，美術作品はずっと前から見知っていたものであったからである。これに反して，初めて——それも異常な状況下で——訪れたスペインにおいて，ドノンは当惑してしまったのである。

これに対してグールドは，ドノンは「スペイン美術をフランスに持ち込むという立派な考え」を抱いて出発したのだが，彼の計画は結果として失敗に終わったと考える。グールドによると，「大変皮肉なことに，スペイン戦役の結果ルーヴルに到来した最も素晴らしい絵画は，ドノンとは関係なしにもたらされた」。すなわち，1814年に展示されたムリーリョの素晴らしい3作とスルバランの「聖トマス＝アクィナス礼賛」の4枚がそうであり，それらはスルト元帥によって，彼がスペイン遠征の間に数多くの美術品を様々な方法で獲得したことに対する「罪滅ぼ

しの納金」（グールド）としてルーヴルへ譲渡されたものであった。

　さらに上述のもの以外に，スペイン国王の絵画で，ルーヴルが惜しくも取り逃がした作品が何点か存在する。ジョゼフ王は1813年3月にマドリードを最終的に離れた時，若干の絵画を所持していたのだが，それらの多くは帰国の途中でウェリントン公爵によって奪取され，後に王位に復したフェルナンド7世によって同公爵に贈られたのである。とはいえ，12枚ほどの絵は無事フランスに到着したのであり，その中にはラファエロ2点と，彼の工房の作品3点が含まれていた[78]。

5　イタリアにおける最後の任務

　ナポレオン美術館の収蔵する絵画を真に網羅的，包括的なものにしようとするドノンの押収活動は，1809年のウィーンでの任務で終わったのではない。その2年後，64歳のドノンは1811年の8月から12月までイタリアに派遣され，初期イタリア絵画を大規模に収集したのである。これはドノンの最後の遠征であり，「多くの点で彼のキャリアの頂点をなすもの」（グールド）であるが，注目すべきは，押収にのぞむ彼の態度，従って方法が一変したことである。ドノンは以前のように「略奪者」として振る舞うのではなく，用心深くまた駆け引きをもって事を進めなければならなかった。今回の彼の対象地域は基本的に，フランスに併合された諸地域，すなわち「フランス諸県」であり，かつ彼の活動は公式には，前年の9月に廃止された修道院の財産に限られていたのである。

　1810年9月13日，ナポレオンは宗教大臣ビゴ・ド・プレアムヌーの報告にもとづいて，イタリアのすべての男女の（隠修および律修）修道会を最終的かつ全面的に廃止する3つの勅令に署名した。勅令が適用されるのは，アルノ，メディテラネ，オンブローネ，ジェノヴァ，アペニン，モンテノッテ，アルプ・マリティム，タロの8つの県である[79]。

　この3勅令は美術品の歴史に対して重要な結果を及ぼすことになる。県知事たちは今やフランス政府の手に帰した修道院の絵画と彫刻を倉庫に集めさせ，そのリストを作成した上で，それらを競売に付すべきかど

うか，また絵画の中にはナポレオン美術館の関心を引くものがないかどうか，内務大臣モンタリヴェに問い合わせた。内相はドノンに県知事が作った絵画のリストを見せたが，それが——特にジェノヴァの場合——選定を行うには余りにも簡略であったので，ドノンはジェノヴァへ「絵画の知識のある人物」を送ることを提案した。そこで内相は皇帝の許可を求め，ドノンが最適任者として指名されたのである。

それ故，ドノンはまず第1にジェノヴァへ赴くことを命じられたのであり，次いで勅令の対象となるすべての県で押収された絵画を調査しに行くことを求められ，さらにその権限が拡大されて，ローマまで行かなければならなくなる。

この旅行はドノンが長年抱いていた願望の1つを実現することを可能にした。ナポレオン美術館は元外相ドラクロワの表現によると，「人が同様のものを2度と眼にすることがないような驚異の（傑作の）集合」であったが，ドノンの考えでは，それには1つの欠落部分があった。すなわち，当時「プリミティヴ」と呼ばれ始めていたイタリアの最も古い画家たちが，そこには代表されていなかったのである。ドノンはナポレオン美術館の館長就任から間もない1803年3月9日に，先に引用したモロー・ド・サン＝メリー宛て書簡においてそのことに言及している。

しかし，ヴェネツィア派やフィレンツェ派の起源について若干の学者が関心をもち始め，少数の美術愛好家がプリミティヴ画家の作品を収集する決心をしたのは，ほぼ18世紀末のことに過ぎない。これらの画家のことは，1796年にイタリアへ派遣された委員たちの念頭にはなかったのである。ドノンは前述のように，1807年に皇帝に対して，ナポレオン美術館の絵画コレクションにはなおフィレンツェ派の若干の画家が欠けていることを指摘したが，彼が望んだ押収は実行できなかった。それ故，コレクションを補完するためには1810年の修道院廃止を待たなければならなかったのであり，ドノンはこの貴重な機会を喜んで利用しようとしたのである[80]。

美術史家プルティ・アマールは，この時期にルネッサンスに先行する「中世絵画」の重要性を指摘した著作が何点か出版され，それらがドノンの絵画収集政策の方向付けに確実に影響を及ぼしたと見ている。たとえばアルトー・ド・モントール（Artaud de Montor）は1808年刊行の

第3章 ヴィヴァン・ドノンの登場と収奪の新たな波 (1806-13年)

『ラファエロに先立つ3世紀における絵画の状態に関する考察』において，こう主張している。

> 「ヨーロッパの君主のすべてのギャラリーにおいて，われわれはイタリアの最も偉大な巨匠たちの絵画の豊かなコレクションに見とれる。だが一般に，これらの絵画のうち最も古いものでも15世紀末以前にさかのぼることがない。これらの作品の中に芸術の揺籃期を見出すことは不可能である。……そして人は，ギャラリーの中を歩き回りながら，わが美術館において名誉ある地位を占めるに値する画家たちがそれ以前には存在しなかったのだろうかと訝しく思うのである。」

それ故，プリミティヴ画家はこの時期にパリの知的サークルにおいて流行の話題をなしていたのであり，ドノンはますます多くの専門家がその到来を願っていた絵画を入手するための機会をつかまえることができたという意味で，この場合にも「状況の人」であった[81]。以下，ブリュメールの論文によりながら，ドノンの旅行の跡をやや詳しくたどってみよう。

ドノンは，修道院廃止令から1年近く経った1811年8月18日に，イタリアへ向け出発する。ドノンの同年7月3日付の皇帝宛て書簡によると，彼の旅の目的は次の3つである。第1に，旅の途中，特にブルゴーニュにおいて，公共記念物に用いることができる花崗岩と大理石の採石場を訪れること，第2に，ナポレオンのイタリア，特にリグリア地方における戦役の素描を制作させること，第3に，イタリアのフランス併合地域で廃止された教会と修道院に由来する絵画，彫像およびすべての美術品を調査し，特にナポレオン美術館がほとんどもっていないジェノヴァ派の絵画30点を選定することであった。

ドノンの旅行には助手としてデッサン画家のズィス，書記としてラヴァレ（ナポレオン美術館の事務総長），それに「ポン・ヌフのオベリスク」のための花崗岩を求めていた建築家のルペール（Lepère）が同行する。一行は，オセール地方の採石場に立ち寄った後，ソーヌ川とローヌ川の流域を南下して地中海に至り，沿岸沿いに東進してイタリアに入っ

た。ドノンが最初に廃止された修道院の絵画を受け取ったのはサヴォーナにおいてであり、県知事が示した絵画のうちから6点をナポレオン美術館のために選定した（以下、各都市で彼が受け取った絵画の点数は前掲表2-2の通り）。

1796年にナポレオンの最初の戦闘の舞台となった地域を通過しつつ、その風景を何枚か素描した後、一行は9月末にジェノヴァに到着する。ドノンはそこで絵画を調査した後、最も素晴らしい絵画は市民が望む美術館設立のために残し、凡庸な作品は市内の教会に配るか、より価値のある作品と交換することに決め、ナポレオン美術館のためにはフィレンツェ派のフィリッピーノ・リッピの「聖母マリア」と、ジェノヴァ派の巨匠の最良の絵画8点を収用した。

次いでドノンらは海岸沿いの崖っ縁道を進みながら、キアヴァリで絵画2点と角礫岩の柱2本、レヴァントで絵画1点、ラ・スペツィアでは絵画と浅浮彫り各1点と大理石の柱4本を選定した。そしてカッラーレの大理石採石場に立ち寄った後、10月13日にピサに到着する。ピサでは絵画9点と大理石の浅浮彫り1点を押収したが、その中にはきわめて重要な2作品、ジョットの「聖痕を受けるアッシジの聖フランチェスコ」と、チマブーエの「荘厳の聖母」が含まれていた[82]。

10月16日一行はフィレンツェに着いたが、ドノンはそこでの絵画の扱いについてフィレンツェのアカデミーの会長でガッレリアの館長のアレッサンドリと話し合ったことを、内相モンタリヴェに報告している。

「私はアレッサンドリ氏にメモを渡して、そこに指示されている大家それぞれの絵画1点を閣下の自由に委ねるように頼み、またその保存の良さと美しさの点で、陛下のコレクションに何よりもふさわしい数点の絵画を同氏に指示いたしました。私は閣下に謹んでお知らせしますが、この選定においてフィレンツェのガッレリアの素晴らしい絵画を1点たりとも指示しませんでした。それらはすべて修道院から引き出された絵画です。」

ガッレリア、すなわちウフィツィのコレクションには一切手を触れなかったことを強調する文面である。ドノンがフィレンツェで選定した旧

修道院に由来する絵画は9点であり，ブリュメールによると，そのうち何点かは，フラ・アンジェリコやドメニコ・ギルランダイオの作品のように，ルーヴル美術館の「7メートルの部屋」（イタリア・プリミティヴ絵画の展示室）の栄光をなすものである[83]。

　ドノンはフィレンツェ滞在中に，ローマまで旅を続けるようにという命令を受け取った。ローマ（ティブル）県とトラジメーヌ県（県庁所在地スポレート）とは内務大臣ではなく，王室財産管理部の管轄に属しており，10年9月の修道院廃止令の対象外であった。ナポレオンは11年2月25日，「両県の様々な公共建築物に存在するあらゆる美術品と古文化財は王権に所属する」と定めた勅令に署名しており，それ故にドノンはそれら美術品の調査のためにローマ，次いでトラジメーヌ県へ赴くよう命じられたのである。

　ドノンはローマにおいて帝室経理総監ダリュと県知事トゥルノン（Tournon）伯の案内で，発掘現場やモザイクと銅版彫刻の工房，フランス・アカデミーなどを訪れるとともに，当時始まっていた都市の美化のための大規模な土木工事を視察し，あるいは貴族の有名なコレクションで売りに出されそうなものを調査した。さらに，ドノンが企てたのはイタリアの多数の礼拝堂を飾っているフレスコ画を剥がしてよそへ移すことである。ローマ近郊のグロッタフェッラータ修道院の礼拝堂は，ドメニキーノが1610年に描いた45枚のフラスコ画で飾られていたが，ドノンはそれらを剥がし，ローマとパリの美術館で分割することを提案したのである。幸か不幸か，フランス政府はローマ教皇との関係悪化のために，この文化破壊行為（ヴァンダリスム）を実行することはなかった[84]。

　ドノンは11年11月23日にローマを発ち，トラジメーヌ県の修道院にあった絵画で，皇帝の宮殿用に留保されているものを見に赴いた。彼は県の事務総長とともに，スポレート，フォリーニョ，アッシジ，ペルージャ，トーディを訪れたが，ペルージャでの10点以外には，パリへ送るために少数の絵画しか選んでいない。

　ドノンがペルージャに滞在していた12月7日，素描画家ズィスが病を得て急死した。よき協力者を失ったドノンであったが，その後も旅行を続け，再びフィレンツェを通過して，12月16日パルマ（タロ県）に

到着する。県知事は廃止された修道院にあった美術品をミュゼに集めていた。ドノンはそれらを吟味し，5枚の絵画をパリへ送るために選定した。またドノンは，サン・パオロ修道院を訪れ，そこを飾っているコレッジョの素晴らしいフレスコ画を引き剥がして，一部はパルマのアカデミーに，一部はナポレオン美術館に置くことに決めたが，パルマの美術アカデミーの反対に遭い，また始まった引き剥がし作業の結果も思わしくなかったので，取りやめた[85]。

ドノンは12月20日か21日に最後の訪問地ミラノに到着する。ミラノは無論併合地域ではなく，フランスの従属国家イタリア王国の首都である。同王国では，副王ウジェーヌ・ド・ボーアルネ公が都市の美化と美術館の形成に関心を抱いていた。草創期のブレラ美術館を訪れたドノンは，そこにパリの美術館には全く存在しない画家の作品がそれぞれ重複して存在することを知り，ロンバルディア派とヴェネツィア派の絵画5点を，ナポレオン美術館にあるフランドル派の作品3点（ルーベンス，ファン・ダイク，ヨルダーンス各1点）と交換に譲って欲しいとウジェーヌ公に申し出て，承諾を得たのである[86]。

ドノンは1812年1月初めにパリへ帰ると，帝室経理総監カドール公に知らせた上でミラノへ送る3点の絵画を指定し，両美術館の間での絵画の交換は2月1日に皇帝の承認を得た。ところが，一旦交換を承諾したウジェーヌ公は，発送を求められると，ミラノのアカデミーの意見を盾にとって拒否した。アカデミーの反対理由は，「その作品がきわめて珍しい15・16世紀の巨匠の絵画5点を，非常に多数の絵画を残した17世紀の巨匠の絵画3点と交換することは，ミラノの小ギャラリーには好ましくない」ということであったが，それに加えて，ブレラ美術館に1点しかないボルトラッフィオの作品がドノンの要求に含まれていることがあった。

そこで副王ウジェーヌ公は，ボルトラッフィオを除く4点をフランスからの3点と交換することを提案した。カドール公からこれを聞いたドノンは，その返信で憤りをぶちまけたが，ボルトラッフィオを要求し続ける代わりに，もし皇帝が命令されるなら，フランス側はファン・ダイクとレンブラントの肖像画各1点を追加すると新たに提案する[87]。そして，カドール公とともに，もう一度ウジェーヌ公に働きかけ，後者

第3章　ヴィヴァン・ドノンの登場と収奪の新たな波（1806-13 年）　213

は皇帝が与える命令を実行することを約束する。その際彼は，当時ローマのある教会にあったドメニキーノの祭壇画を，ブレラ美術館のために獲得することを強く望んだ。ローマ側は反対したが，6か月以上に及ぶ困難な交渉の後，13 年 1 月になってローマ側が折れて引き渡しを認め，問題はドノンとウジェーヌ双方が満足する形で解決をみたのである。

　これより先，パリに帰ったドノンは内相モンタリヴェに長文の報告を提出して，彼が選定した絵画をフランスへ運ばせる許可を求めた。

　「ナポレオン美術館は，それに欠けている美術の歴史的部分によって補完されるでしょう。また同美術館は大臣の管理のお陰で，チマブーエに始まりラファエロに終わるイタリアにおける美術ルネサンスの画家たちの大変興味深いコレクションをもつことになりましょう。このような系列を形成できるためには，閣下，イタリアにおける修道院の廃止という特別な状況が必要でした。……初期の大家たちの板絵の稀少性に鑑みますと，このような機会は再び見出し得ないでしょう。それ故私は，……すでに素晴らしいものであるナポレオン美術館に対して，そこに欠けている唯一の絵画分野をもたらすために目下現れている有利な状況を利用されるよう，大臣にお勧めするものです。」

　また，ドノンがどのような精神で任務を遂行したかは，同じ報告の次の文章に示されている。

　「私が注意深く調べた 4,000 点以上の絵画のうち私が選んだのは，フランスで全く知られていない 60 人の大家の作品だけであることを，大臣は知られるでありましょう。それ故私は，最大限控え目に行動したのです。私は各々の画家の絵画 1 枚，せいぜい 2 枚を，それら芸術家の作品のすべてをその都市から奪うことにならないことが分かった時に，指定したに過ぎません。」

　ドノンはこの報告に，彼がナポレオン美術館のために指定した絵画の一覧表を付した[88]。こうしてドノンが上述のイタリア諸都市で選定した

絵画はフランスへ運ばれることになるが，しかしその発送は，しばしば論争とかなり長い交渉をひき起こしたのである。また，廃止された修道院のものではない絵画が何枚かパリへもたらされることになる。

パリへの輸送の経過を見ると，まずサヴォーナで選定された6点の絵画は，先頭を切って12年2月に無事パリに到着した。ただし，同市のドゥオモのシスティーナ礼拝堂にあったマッソーネの3幅対祭壇画に目を付けたドノンは，それを3,000フランで買い取って別便で送らせた。

次いで12年6月にはパルマからの絵画5点（8枚）が，8月にはフィレンツェからの9点が到着した。このうち後者については，ドノンは失望を味わうことになる。

ドノンは前述のアカデミー会長アレッサンドリから，選定した9点の絵画の梱包調書を受け取ったが，そのうちの1点であるボッティチェリの絵は，ドノンがアカデミーのガッレリアで選んだものとは違っていた。彼が求めたのは「聖母，幼子イエスと4聖人」を描いたものであったが，梱包調書に載っていたのは「聖母，幼子イエスと4天使」を描いた円形の絵であった。ドノンは取り替えを要求したが，アレッサンドリの「恐らくは計画的な」間違いは訂正されず，どちらとも異なる「マニフィカトの聖母」，ないしはそのレプリカが到着したのである。さらにドノンを落胆させたのは，到着したフラ・フィリッポ・リッピの絵が彼の希望したものと異なっていたことである。ドノンは取り替えを要求したが，新たに発送された絵を受け取るのに，1年以上待たなければならなかった。

一番もめたのはミラノの場合であるが，これについてはすでに詳述した。

地中海沿岸のレヴァント，ピサ，ラ・スペツィア，キアヴァリ，ジェノヴァからの絵画は，12年の9月から11月までの間に2隻の船にまとめて積み込まれ，ローヌ川経由で運ばれたが，そのパリ到着日は1813年中としか分かっていない。ジェノヴァでは，選定された10点の絵画は12年3月に押収，梱包されたが，それがフォリーニョなどからの絵画と一緒に，19個の木箱で発送されたのは13年11月であり，パリへ着いたのは実に14年1月のことであった。

フィレンツェでは，前述のようにドノンは旧修道院の絵画9点を選定

第3章　ヴィヴァン・ドノンの登場と収奪の新たな波（1806-13 年）

した後，さらにアカデミーの会長アレッサンドリにリストを渡して，それに記載された画家各々の作品1点を受け取りたいと告げたのだが，アレッサンドリは依頼された探索を遅らせた。そこで内相がアルノ県知事を通じて督促し，ようやく13年2月に12点の絵画が梱包され，その1年後にパリに到着することになる。その中にはピエロ・ディ・コジモ，ヴァザーリ，リドルフォ・ギルランダイオ，フラ・フィリッポ・リッピらの勝れた作品が含まれていた[89]。

　それ故，ドノンが1811年にイタリアで選定した絵画のパリ到着は，1812年2月から14年2月まで約2年にわたっている。ルーヴルではそれらを洗浄し，簡単な修理を施してから，しばしば金縁の額に入れた。そのうち最も有名な絵の1つ，フラ・アンジェリコの「聖母マリアの戴冠」は修復家アカンの手に渡され，次いで画家パラン（Parant）がそれを「修理」した。ドノンはイタリアからの絵画をすべて受け取ってから公衆に展示しようと考えていたが，1811年にすでに，このプリミティヴ絵画の展示についてこう書いている（11年10月28日付内相宛書簡）[90]。

　　「これらの絵画がパリに着いたら，私はすでにミュゼにある14・15世紀のドイツおよびフランドル派の何枚かの素晴らしい絵画とそれらを合体させます。そして私は，特別な1室でのそれらの展示が，芸術家たちの関心を強く引きつけ，絵画が大傑作を生み出すために出発した地点と，イタリアにおける芸術の栄光の時代を彼らに指し示すだろうことを疑いません。」

　しかし，絵画を納めた最後の木箱がルーヴルに着いた時，反仏同盟国軍はすでにフランス国内に侵入していた。ドノンが展覧会を組織したのは同盟国軍のパリ占領下においてであったが（14年7月25日開幕），それは大成功を収めたと言われる。この展覧会の内容については後に第6章で述べることにして，最後に，ドノンがイタリアで選んだ絵画のその後について若干触れておきたい[91]。

　その点に関して注目されるのは，ドノンがイタリアで選んだ絵画の大部分がナポレオン帝国崩壊後もフランスに留まったことである。ブリュ

メールによると，1796-99 年にイタリア諸国が条約によって譲渡した絵画を要求するために，1815 年にフランスにやって来た委員の中には，トスカナからの委員のようにプリミティヴ絵画に対して軽蔑しか示さない者もいた。前章の表 2-1 が示すように，ジェノヴァ，サヴォーナ，ペルージャからの絵画は 25 点中 14 点が返還されているが，フィレンツェとピサからの絵画合わせて 30 点は，ただ 1 点を除いて返還されていないのである。

　無論，トスカナの委員のアレッサンドリとピエトロ・ベンヴェヌーティ（Pietro Benvenuti）が，プリミティヴ派絵画をルーヴルに残しておくことに同意した理由は，それらの絵画に対する彼らの関心の乏しさだけではない。プルティ・アマールは，アレッサンドリの 1815 年 11 月 30 日付報告にもとづいて，考慮すべき他の要因として次の諸点を挙げている。すなわち，何よりもまず，プリミティヴ絵画の返還に対するフランス政府の反対，次にフィレンツェのコレクションの中には，「古えの美術革新者たち」の重要な作品が他にも存在すること，また，重い木の板に描かれた，壊れやすいそれら絵画の高い輸送費，そして最後に委員たちが高く評価していた他の作品，とりわけ絵画と堅石のテーブルを取り返したいという願望である。

　とはいえ，ドノンがイタリアで選定した絵画の大部分，73 点中 50 点がルーヴル美術館に留まったことに変わりはない。それらはブリュメールがいう通り，同美術館が所蔵するイタリア・プリミティヴ絵画の最初の核を形成したのであり，ここにフランス国民のコレクションの形成史から見たドノンの任務の重要性がある。多数のプリミティヴ絵画が再びルーヴルに入るのには，第 2 帝政期におけるイタリアのカンパーナ・コレクションの購入を待たなければならないが，それがもつ芸術的な価値は全体として，イタリアの旧修道院に由来する作品には及ばない。それ故ドノンは，ルーヴル美術館のイタリア・プリミティヴ絵画コレクションの真の創設者とみなすことができる。しかし，イタリア・プリミティヴ絵画がフランスに留まったことの意義はそれだけではない。プルティ・アマールがいうように，それは「歴史的で教育的なタイプの美術館が，帝国の建設者の考えた文化的ヘゲモニー計画の破産を越えて生き延びた」ことを意味するのである。

6 おわりに

　以上，ナポレオン美術館館長としてのドノンの押収活動について述べてきたが，最後に彼が自らの美術館のために獲得し損なった古代ギリシャの重要な彫刻作品について一言しておきたい[92]。

　実をいうと，ナポレオン美術館が所蔵していた古代美術品は，革命期に没収された亡命貴族ショワズール＝グーフィエ伯の収集品の一部，パルテノン神殿のフリーズ（帯状装飾）の断片を除くと，すべて紀元前3世紀以後の作品であり，古典期ギリシャ，いわんやアルカイック期ギリシャの作品は含まれていなかった。ところが，1812年にイギリスとドイツの各2人の若い芸術家（もしくは考古学者）は，エーゲ海のエギナ（アイギナ）島において17体の大理石像（うち15体はほぼ等身大の）を発見したが，それらはアフェア（Aphaia）神殿の破風の群像彫刻で，紀元前500-480年頃の作品であった。それらの大理石像が12年11月にザキントス島で売りに出された時，買い手として現れたのはナポレオンの代理人とバイエルン宮廷の代理人の2人だけであった。フランスはアテネ駐在副領事フォーヴェル（Fauvel）の見立てでは16万フランで購入できたところ，ドノンが代金は物品がル・アーヴルへ輸送されてから支払うと主張して譲らなかったために，結局エギナ・マーブルはバイエルンの王太子（後の国王ルートヴィヒ1世）が獲得するところとなった（現在はミュンヘンの彫刻美術館にある）。

　同じ頃フランスは，12年夏に同じ英独のチームが発見したもう1つの古代ギリシャ彫刻をも取り逃がすことになる。それはアルカディア地方（ペロポネソス半島）のフィガリア（バッサイ）に紀元前420年頃に建てられたアポロン・エピクリオスの神殿のフリーズであり，長さ29メートルという大きなもので，保存状態も良好であった。売却に当たったイギリスのアテネ駐在副領事は16万フランを要求したのに対して，その価値を十分理解していなかったドノンは9万フランを提示し，結局イギリス人がはるかに高価格で買い取ることになる（現在はロンドンの大英博物館にある）。

このようにしてドノンはナポレオン美術館に決定的に不足していたアルカイック後期および古典期のギリシア彫刻を獲得するまたとない機会を逸したのであるが，この点を論じた美術史家ダニエラ・ガロはドノンの側の事情を次のように説明している。「もはやフランス人だけが古美術品の市場における主要な買い手でなくなったことは明らかであった」。また「グレコ・ローマン美術はついに発見されたギリシャ美術によって格下げされようとしていた」のだが，ドノンは時代の変化を理解していなかったのである。加えて，「1811年にイタリアから帰国して以後，プリミティヴ絵画がドノンの新たな強迫観念となり，それは古代彫刻に対する関心よりも優越したと言わなければならない」。

第Ⅱ部

フランスにおける収奪美術品の利用

第4章

フランス革命とルーヴル美術館の創設

―――――

1 旧体制末期におけるパリの「美術館」

　ルーヴル美術館はフランス革命によって創設されたが，そこに至るまでには長い準備期間があった。革命の文化史研究者ポミエは言う。「大革命はミュゼの問題を作り出したのではない。大革命はこの領域では旧体制の願望を実現したとさえ言える。18世紀は，コレクションの発展（教育，記憶，快楽という三重の目的をもっての）と，コレクションの公開への社会的圧力との二重の運動によって，実際に特徴づけられている。国王のコレクションを提示する大美術館の開設は，君主政最後の王室建造物局総監ダンジヴィレ伯（d'Angiviller）が構想しながら，最後までやりとげる時間がなかった政策の到達点となるはずであった。教会，亡命者，王室およびアカデミーの美術財産が公的領域へ入ったことが，この計画の実行を緊急のものにすると同時に，容易にもしたのである[1]。」以上には，ルーヴル美術館の成立前史が見事に要約されているが，以下その過程をより具体的に述べておこう。
　さて，国王が所有する絵画を公開展示するためのギャラリーの開設は，1747年にラ・フォン・ド・サン＝ティエンヌ（La Font de Saint-Yenne）によって提案されている。1729年から37年までヴェルサイユ宮殿に王妃マリー・レクザンスカの侍従として滞在したラ・フォンは，1747年に『フランスにおける絵画の現状の若干の原因に関する考察』なる小冊子を公刊し，政府に対して，王立ギャラリーをできればルー

ヴル宮に創設し，そこに国王の絵画を芸術家と公衆の両方に役立つように展示するよう要求した。ラ・フォンはそこで，ヴェルサイユ宮殿に関する深い知識を披瀝しながら，国王のコレクションがひどい放置と破損の悲しむべき状態にあることを批判したのである。マクレランはこれを「フランスにおける公的美術ギャラリーに対する最初の公表されたアピール」と呼んでいる[2]。

このようなラ・フォンの提案から3年を経て，1750年10月にフランス最初の公的な絵画ギャラリーが開設されたが，それはルーヴル宮ではなく，セーヌ川左岸のリュクサンブール宮においてであった。それを実現させたのは王室建造物局総監（旧体制下の美術大臣に当たる）のルノルマン・ド・トゥルヌエム（Lenormand de Tournehem）であり，彼の主要な助言者となったのは首席画家のコワペル（Coypel）である。

文化史研究者プーロによると，このフランス最初のミュゼは二重の機能を果たすことになる。すなわち，「批判を阻止する」ために国王コレクションの保存を確実にすること，そして，若い画家を養成するのにも，また鑑定家たちを満足させるのにも適した展示を提供することである。設置場所が決まると，約1,800点に上る国王のコレクションの中から展示絵画を選び出す作業が開始された。その際，ヴェルサイユにおいて常時装飾に用いられていた若干の傑作は利用不可能であった。国王コレクションの大部分は1683年までにパリからヴェルサイユへ移されていた。1680年代以来正殿の諸室はなかば公的なギャラリーとみなされ，そこでは絵画は訪れる貴顕たちに感銘を与えるという政治的に重要な機能を果たしていたからである。

このようにしてきわめて多数の作品の中から精選された99点の絵画と20点のデッサンが，リュクサンブール宮の東翼の4つの部屋に展示されることになる。絵画の内訳は，イタリア派が47点，フランス派が37点，北方派（ドイツ・フランドル・オランダ派）が15点であった。一方，宮殿の西翼の壁には，元々この宮殿用に制作されたルーベンスの巨大な連作「マリー・ド・メディシスの生涯」（「メディチ・サイクル」）21枚が掛けられていた（リュクサンブール宮はアンリ4世の王妃マリー・ド・メディシスのために建てられたものである）。そして両翼とも，週に2日，水曜と土曜にそれぞれ3時間だけ，冬期は午前，夏期は午後に公衆に開

かれていた。その他の日は芸術家のために取って置かれたのである[3]。

　このようにリュクサンブール宮の絵画ギャラリーは，理論上はすべての人に開かれており，かつ入場は無料であったが，しかし教養ある階級が主要な観客であったことは明らかである。これに対して，ダンジヴィレ伯がルーヴル宮に創設しようとした美術館は，リュクサンブール宮がその要求を満たした上品な美術愛好家のサークル（芸術家と愛好家のエリート）よりもずっと広い公衆を考慮に入れたものであった。マクレランによると，ダンジヴィレはミュージアムのもつ政治的潜在能力を認識しており，公教育の重要性に関する啓蒙思想の影響を受けていたので，その声が私的道徳，公共奉仕，国王と国家への献身の問題に関する「世論」を形成するような社会の部分に語りかけるために，ミュージアムを利用しようとしたのである[4]。

　ところで，リュクサンブール宮ギャラリーをより充実したものに置き換えるアイディアは，ダンジヴィレの建造物局総監就任以前から存在したのである。実際，国王コレクションの一部分を展示するに過ぎないリュクサンブール宮ギャラリーは，多くの人々にとって，やがてルーヴルにおける国王コレクションの最終展示に道を譲ることになる臨時の施設に過ぎないと思われていた。1751年ルノルマンの死後総監職を継いだマリニー侯爵は，1773年までその職にあってルーヴルの整備にも力を注いだ。さらに当時のフランスでは，ルーヴルを視覚芸術だけでなく知識の様々な分野を包含する「博物館」（Muséum）に変えることを望む世論の大きなうねりが見られたのである。1765年に刊行された『百科全書』第9巻の「ルーヴル」という項目で，ディドロがそのような案を提出していることは意味深いものがある。しかし，マリニーの行政は当初から資金難にあえいでいたため，構想の一部分さえも実現できなかった。

　マリニーの死後，1773年7月財務総監のアベ・テレーが建造物局総監職を兼ね，ルーヴル宮の大ギャラリーを新しいミュージアムに変えようとした。74年4月工事が始まったが，その1月後にルイ15世の死によってテレーは失脚し，8月に建造物局総監職はダンジヴィレ伯の手に渡ったのである[5]。

　リュクサンブール宮は1778年にルイ16世の弟プロヴァンス伯（後の

ルイ18世）に住居として与えられたため，そのギャラリーは翌79年に閉鎖されたが，その時にはすでにダンジヴィレ伯を担い手として，ルーヴル宮の大ギャラリーにより壮大な美術館を創設する計画が進行していた。ダンジヴィレ伯にとって，ルーヴル美術館は国王の栄光と同時に国民の誇りの源泉となるべきものであった。そのためにダンジヴィレは，国王のもつ「古えの巨匠たち」の並ぶものないコレクションの大部分をそこに展示するだけでなく，数多くの歴史画と著名なフランス人の彫像を注文制作させ，陳列しようとしたのである。

ダンジヴィレの美術館計画は新国王ルイ16世と財務総監チュルゴーの後援を受けたが，彼が取り組むべき第1の問題は，大ギャラリーを美術品の公開展示にふさわしい空間に変えることであった。古い（ヴュー）ルーヴル（東側の中世の城塞の部分）をチュイルリー宮とつなぐ翼棟の2階の部分のこの長いギャラリーは，セーヌ川に沿っていることから「水際のギャラリー」とも呼ばれたが，17世紀末以来フランスの防備都市および港の縮尺起伏模型図の置き場になっており，それらは戦略的および政治的な理由からきわめて重要視されていた。ところが，ダンジヴィレは国王の支持の下に，1776年の冬から翌春に，時の陸軍大臣の反対を押し切って，それらの模型図をアンヴァリッド（廃兵院）へ移させたのである[6]。

1776年10月ダンジヴィレの依頼を受けた有名な建築家のスフロ（Soufflot）は，大ギャラリーの改造計画を作成したが，それによると，解決を要する3つの主要な問題があるとされた。すなわち，第1に長大な大ギャラリーは複数のより小さな単位に分割されるべきか否かであり，第2に17世紀の画家プッサンが未完成のまま残した天井画（丸天井の装飾）は保存されるべきか否か，第3に大ギャラリーの採光または照明をどのようにすべきか，である。これらの問題，わけても採光の問題は美術界の大部分を巻き込む論争を引き起こし，それは10年近く続いて，ダンジヴィレのルーヴル計画の挫折の重要な原因となったのである。

最大の難問は大ギャラリーの採光・照明であった。当時の大ギャラリーの採光は両側の壁面に設けられた46箇所ずつの縦長の窓に頼っていた。採光の方法については様々な意見があり，ダンジヴィレは1778

第4章　フランス革命とルーヴル美術館の創設　　　　　　　　　225

年に主だった建築家や画家，彫刻家からなる委員会を任命して，コンセンサスを得ようとした。スフロをはじめ，大方の委員は「天井からの採光」（top lighting）に賛成したが，建築家ブレビオン（Brébion）のように莫大な経費がかかることを理由に反対する者もいた。時あたかもアメリカ独立戦争のさ中であり，ダンジヴィレは必要なコストとのかねあいで，なお決断をためらっていた。「上方からの照明」を強く支持していたスフロが1780年に死んだことも混乱を増大させた。

　アメリカ独立戦争が終結した1783年，国王は建造物局に対して6年払いで1,300万リーヴルという多額の支出を約束したが，ダンジヴィレは天井からの採光の具体的方法について建築家の意見を求めるのみで，行動に踏み切らなかった。ようやく1788年になって，丸天井の頂上に鉄とガラスでできた採光用の越し屋根（lanterne）を設けることを決断したが，この時点では国家財政の破綻の故にその実行は問題外であった[7]。

　以上のようにダンジヴィレは，ルーヴル宮の美術館を国家的な記念物にするために，大ギャラリーに印象的な構造を与えようとしたのだが，それと同時にそこに展示される国王コレクションの拡充にも力を入れた。すなわち，1775年から89年までに200点を超える新しい絵画が美術館のために獲得されたが，それらの多くは今日までルーヴル美術館において高位を占める傑作なのである。

　国王のコレクションは当時，1,800点余りの絵画を擁していたが，北方諸国とフランスの絵画が比較的弱く，ダンジヴィレが購入を集中したのは第1にこれらの領域であった。絵画購入の決定的基準は質と稀少性であり，国王コレクションになお十分に代表されていない芸術家による，優秀で保存状態の良好な絵画が第1に求められた。1780年代にダンジヴィレのエイジェントたちはそのような基準に従って，ネーデルラントとパリにおいて絵画を購入したのである。ダンジヴィレはまた，スペイン絵画の収集にも早くから関心を抱いており，1780年代に5枚のムリーリョをパリの収集家から買い取っている。

　ダンジヴィレは，とりわけ指導的なフランス画家による歴史画を手に入れることを望み，パリの教会や邸宅の壁に張り付けられた絵画をもカンヴァスに移して，ルーヴルのギャラリーの絵画にしようとした。最も

重要な例を1つ挙げると，彼は1776年6月パリのカルトジオ修道会が所蔵していたル・シュウールによる連作「聖ブルノーの生涯」を長い交渉の末に手に入れた。この連作の名声は当時ヨーロッパ中に広まっており，フランス派絵画の代表作と見なされていたのである。

ダンジヴィレはその建造物局総監時代に国王コレクションの充実のためにおよそ100万リーヴルを費やしたと言われるが，このように積極的に傑作絵画の購入に努める一方で，新しい美術館の展示作品に加えるためにアカデミーの芸術家たちに多数の絵画と彫刻を注文（奨励）制作させたのである。田中佳の研究によると，その数は1777年から89年までに絵画が93点，彫刻が27点に上っている。絵画は歴史主題が大半を占める物語画（peintures d'histoire）であり，彫刻はフランス史上で活躍した偉人たちの大理石による全身像であった[8]。

以上を要約するならば，ダンジヴィレの美術館開設計画は，美術品の展示場所としてのルーヴル宮大ギャラリーの改装と，そこに展示されるべき美術品の充実という，2本の大きな柱から成っていた。そして，展示されるべき作品が既存の有名絵画の購入や新たな作品の注文制作を通じて着実に増加して行ったのに反して，展示空間である大ギャラリーの改装に関しては，とりわけ採光をめぐる議論に多くの時間が費やされたために，具体策の実行に至らないままに革命の勃発を迎えることになった。ダンジヴィレ伯は89年7月のバスティーユ陥落の後，同年のサロン展が開催される前に国外へ逃亡したのであり，90年1月に一旦帰国するが，1年後には再度亡命生活に入ったのである[9]。

2　革命前フランスの「地方」における「美術館」の形成

以上では，18世紀のパリにおいて国王コレクションの一部が公開展示され，次いで一層壮大なルーヴル美術館の創設が計画されたことを述べたが，同じ時期にはフランスの地方都市においても美術館の創設を求める動きが広範に存在したのである。

ポミエの研究によると[10]，18世紀のフランスでは美術品や学術品の私的コレクションの「公開」がある程度行われていた。たとえば東部の

ブザンソンでは，1694年にあるベネディクト会修道士が自ら収集した書物と絵画を修道院に遺贈した。その際彼は，市当局がそれを修道院の建物の中に維持し，公衆が自由にアクセスできるようにすることを条件としたのだが，市当局は1696年にコレクションの公開を決め，「学者およびそれに興味をもつすべての人々」に週に2日，午前と午後に2時間ずつ入室することを許可したのである。また西部の都市ラ・ロシェルでは，ラファイユ（Lafaille）という国王役人が1770年に，陳列室を公衆には週に2日，愛好家と外国人には毎日，公開するという条件で，自然史の素晴らしいコレクションを土地の学術団体であるアカデミーに寄贈した。そこでアカデミーは市役所の隣の建物を購入して，「ラファイユ美術館」を設置したのである。

　しかし，フランスの地方都市の中で，18世紀に美術館の原型の最も目覚ましい発展が見られたのは，トゥールーズとディジョンである。

　まずトゥールーズでは，17世紀前半にすでに市庁（Capitole）によって町役人たちの肖像画のギャラリーが形成されていたが，世紀後半には都市の歴史を主題とする絵画のギャラリーが市庁のコレクションに加わった。次いで18世紀に入ると，市庁とともに地方アカデミーが都市のコレクションの拡充とミュゼの観念の発展に中心的役割を果たすようになる。1726年には有力な画家リヴァルス（Rivalz）がその工房の中に「本物の学校」を開設し，市庁から補助金を受けたが，彼の死後1735年に学校は画家兼建築家のカマ（Cammas）によって受け継がれた。1746年になると，トゥールーズ市庁は町役人，名望家，芸術家が運営する「美術協会」を創設し，カマの学校はそれに吸収される。「美術協会」は1751年にパリの政府と王立アカデミーによってその規約を承認され，「王立絵画・彫刻・建築アカデミー」と称する権利を与えられたのである。

　以来トゥールーズのアカデミーは，「完璧な教育」を与える一方，フランスの内外においてその会員組織を拡大して行き，多数の作品を受け入れることになる。1768年には国王ルイ15世から4枚の絵画を下賜されたが，こうして勝れたコレクションを備えるに至ったアカデミーは，芸術家の競争心をかき立て外国人の好奇心を満足させようとして，1751年から91年まで実に40年にわたって，毎年1か月間の，また毎

回カタログ付の展覧会を開催するのである。そこでは生徒のコンクール出品作や，472人に上る外部の私的所有者からの貸与品を合わせて合計約6,700点に上る作品が展示され，アカデミーはさながら「臨時の美術館」（musée temporaire）の観を呈したといわれる。

　一方，ディジョンでは，1766年に開設された無償のデッサン学校がブルゴーニュ州3部会の支援のもとに，ミュゼの開設に大きな役割を果たすことになる。素描画家で傑出した教育者のドヴォージュ（Devosge）の提案で創設されたこのデッサン学校は大きな成功を収め，年間150人の生徒を受け入れたといわれる。校長となったドヴォージュは，学校の美術品コレクションの形成に努めるとともに，1775年に生徒のローマへの留学制度を設け，州3部会の承認を受けて，絵画と彫刻について1名ずつを1776-87年に4度ローマに派遣した。そして，留学生に対して有名な絵画と彫刻の複製を作って送付することを義務づけたので，学校のコレクションは著しく増加した。それらに相応しい展示を行うために，州3部会は1786年，竣工したその宮殿の中にデッサン学校を設置することを決め，翌87年には宮殿内の2室に美術館を開設する。それは学校の美術館であるだけでなく，ブルゴーニュ州の美術館でもあったのである。そのうちの1室，「彫像の間」には，「ベルヴェデーレのアポロン」像を始めとする古代の大理石像の模刻が陳列され，もう1室，「コンデの間」には，17世紀の戦争で活躍した大コンデ公の生涯を題材にした絵画と彫刻が飾られた。ポミエによると，これら2つの部屋は大革命の前夜に，王室建造物局総監ダンジヴィレ伯に対して，彼がルーヴル宮に設立しようと準備していた王立大美術館の「縮小モデル」を提供するものであった。

　このように革命前のフランスにおいては，美術館形成へのイニシアティヴの点でパリよりも地方の方がより積極的であったといえるのだが，しかし中央政府は自らの決定権を主張しつつ，地方都市における美術館の創設を正式に認めようとはしなかった。このような中央の姿勢は，後述のように革命期に入っても変化しないのである。

3　18世紀ヨーロッパにおける美術品公開の進展

　ルーヴル美術館は一般に，近代的な意味での最初の美術館（ないし博物館）とされているが，しかしそれの開設以前にも，パブリックな性格をもった美術館（あるいは博物館）が存在しなかったわけでは決してない。王侯のコレクションやギャラリーを一般の人々にも公開しようという動きは，18世紀にフランスを含む数多くの国で始まっていたのである。フランスについては以上で述べたので，以下ではフランス以外の国々の状況について手短に述べておくことにしたい。

　1793年のルーヴル美術館の開館時に存在したヨーロッパの主要な美術館あるいは博物館の中で最も古いものは，1683年にヨーク公（後のジェームズ2世）が創設したオクスフォードの「アシュモリアン・ミュージアム」であるが，これは未だ独立の機関ではなく，大学の一部であった。また1753年設立の大英博物館（British Museum）の場合には，「最初の約50年間は美術作品の展示場ではなく，書物や写本の文献コレクションであった」（シュバート）のであり（1753年に国が買い取ったスローン卿のコレクションも主に自然史関係のもの），学識者以外の入場はきわめて限られていたのである[11]。

　次に大陸諸国では，18世紀後半までにイタリアとドイツを中心に，何らかの形で美術品を公開展示するミュゼが数多く創設されている。まずローマでは，教皇シクストゥス4世が1471年に創設したカピトリーノ美術館が，1734年にクレメンス12世によって公衆に開放され，1750年には最初の総目録が出版されている。「公衆」の実態については明確にできないが，「学者・芸術家・美術愛好家」と「すべての外国人」が主体であったことは確実である。一方，ヴァティカンでは，1770年代初めにクレメンス14世は，それまでベルヴェデーレ宮殿の中庭に置かれていた彫刻のうち最も重要なものを室内に移させた。これが「ピオ・クレメンティーノ美術館」の始まりである。その後ピウス6世（在位1775-99年）は彫刻展示室の建設を続行するとともに，それに絵画展示室を付け加え，1790年に完成した。「ピオ・クレメンティーノ美術館」

は1784年には公衆に開かれていたと推定できるが，観客の受け入れにどのような制限が設けられていたのかは定かでない。

次にフィレンツェのウフィツィ美術館（その建物にかつてフィレンツェ公国の行政局 uffici が置かれていたことからこう呼ばれる）は，15世紀以来のメディチ家の膨大な美術コレクションを1743年に継承したが，それが広く公開されるのは，オーストリア皇帝ヨーゼフ2世の弟レオポルトが1765年にトスカナ大公となってからである。大公は美術館を教育の改善に役立てようとして，外国人，芸術家，模写生の必要に応えることを目指した。当初，来館者は「伝統的な階層」に限られていたが，1795年以後は絵画の脇に作者と主題についての説明のラベルが付されるなど，広範な公衆をつかまえるためにかつてない革新的な努力がなされたといわれる[12]。

一方ドイツ（神聖ローマ帝国）の内部では，マンハイム（1769年，古代美術品陳列室），デュッセルドルフ（1710年，絵画ギャラリー），ドレスデン（1744-58年，絵画ギャラリー），カッセル（1769-79年，フリデリチアヌム美術館），ミュンヘン（1779-83年，ピナコテーク），ポツダム（1756-64年，絵画ギャラリー），そしてウィーン（1781年，ベルヴェデーレ宮の帝室ギャラリー）において，初期的な美術館あるいは博物館とみなしうるものが開設されている[13]。

ハプスブルク家の皇帝は17世紀のバロック期に購入，遺贈，領土併合，他王家との交換を通じて，そのコレクションを増加させた。同じ時期にドイツの多くの領邦君主は，国の威信と自らの栄光を高めるために，競って美術品や珍奇品を蓄積するだけでなく，そのコレクションを自国の内外に知らしめようとした。そのような君主の栄光のために創出されたコレクションのうち最も野心的なものが，ドレスデンの絵画ギャラリーであり，その収蔵品は1742年に第1級の絵画だけでも1,900点，総数では4,700点に達したといわれる[14]。

ところで，上述のドイツの君侯のギャラリーは公衆のアクセスを容易にするために，幾つかの都市において独立した展示場所を使用していた。ドレスデンの場合には，ザクセン選帝侯の以前の厩舎をギャラリーに改装したのであるが，新たに絵画の展示のための建物が造られる場合も少なくなかった。その早い例は，プファルツ選帝侯ヨハン・ヴィルヘ

ルムによって1710年に創設されたデュッセルドルフの絵画ギャラリーである。彼は宮殿に付属してコレクションを収める専用の建物を造らせたのだが，1719年に刊行された最初のカタログなどから，絵画ギャラリーには芸術家や美術愛好家がかなり容易に入ることができたと推測される。さらに，1778年にカタログを作成したフランス人建築家ニコラ・ド・ピガージュ（Nicolas de Pigage）は，複雑な専門用語を使わずに，すべての読者が理解できるような簡明な記述を行いたいと語っており，編者がこのカタログをより広範囲の公衆のための道具にしようとしていたことが窺える。また，ヘッセンの首都カッセルのフリデリチアヌム美術館は，1779年に方伯フリードリヒ2世のもとでその豪壮な建物が完成されたが，方伯が収集した古代美術品を中心に，メダルや種々の彫刻などのコレクションを展示する美術館であると同時に，文献資料を収蔵する図書館でもあった。

　ウィーンでは，18世紀の初めに皇帝の美術品コレクションは君主のクンストカマーから分離されていたが，皇帝カール6世は1718-31年の間に絵画全体を王宮の一部，シュタルブルク（Stallburg）の部屋に移させた。その後1776年に女帝マリア・テレジアがそのコレクションをベルヴェデーレ宮殿に移すことを決定する。そして，館長ヨーゼフ・ローザを助けるために招かれたバーゼルの版画家メーヒェル（Christian von Mechel）によって展示室の改装が行われ，1781年に「帝室ギャラリー」が完成する。美術館の正確な開館日は分からないが，公衆は毎週，月・水・金曜日に無料で入館することができ，若い芸術家は好みの傑作を模写する許可をきわめて容易に得ることができたと言われる[15]。

　以上に述べたところから見て，美術史家マクレランの次のような指摘は正鵠を射ていると考えられる。ナポレオン時代のルーヴル美術館は，「一般に典型的な国家美術館にしてその後の全世界のナショナルな美術館のモデルであると見なされており，それは正しい。しかしそれはまた，それ以前の様々なイニシアティヴの最終結果にしてその頂点とも見なされるべきなのである[16]。」

4　フランス革命の開始と国家美術館開設への道のり

　さて，フランス革命勃発後ルーヴル美術館の開館に向けての決定的な一歩となったのは，1792年8月10日の革命による王政の転覆である。実はそれより先，立憲国民議会は，閉鎖された教会などの美術品の安全に対する不安から，1791年5月26日のデクレ（法令）によってルーヴル宮に美術館を設置することを宣言していた。議員バレール（Bertrand Barère）の報告にもとづき採択されたこのデクレは次のように定めている。

　　「結合されたルーヴルとチュイルリーは国王の住居と，あらゆる学術および芸術の記念物の集合とに充てられる国民宮殿となるものとする。そして立憲議会は，この施設をその用途に相応しいものにする権利を自らに留保する。」

　その際バレールは，提案の趣旨が国王を住まわせることよりも，コレクションを収用し展示することにあるのだと強調した。そして，両宮殿の改修のために必要な措置について今後国王との協議がなされるべきであると述べたのである[17]。
　このデクレはルーヴル美術館の設置を初めて明確に宣言したものではあるが，またそれの採択はしばしば，革命勃発後ルーヴル美術館の開設へ向けてなされた最初の重要な決定と見なされているが，実際の効果には乏しかった。ルーヴル美術館の開設が具体化するためには，政治の領域での劇的な変化が必要な前提であり，それは1年余り後に迫っていたのである。王政の廃止とともに，それまで王宮であったルーヴルは王室のコレクションとともに国有財産となった。立法議会は王権の停止を宣言した8月10日の革命の翌11日にすでに，王権の動産に属する絵画，彫像，その他貴重な美術品の探索のために1つの委員会（＝美術館委員会）の設置を命じていた。その後，旧体制のあらゆるシンボルの破壊を目指すイコノクラスム運動が拡大するのに不安を感じた議員の間から，

第4章　フランス革命とルーヴル美術館の創設　　　233

芸術的価値のある美術品を破壊から守るために，それらを美術館（ミュゼオム）に集めるべきと言う主張が現れる。このような背景の下で立法議会は，美術館の創設を早めるために92年9月19日次のようなデクレを発した。それは，「様々な場所に散在する絵画とその他の美術関係の記念物を国家美術館（ル・ミュゼオム）に集めることが重要であることに鑑み，それが緊急の問題であることを布告」した後に，「記念物委員会は現在，以前のいわゆる王宮およびその他の国有の建物にある」それらの絵画および記念物を「ルーヴルの保管所へ直ちに移送させるものとする」（第1条）と布告したのである。ただし，「ヴェルサイユ宮の庭園に置かれている彫像は，別の命令があるまでその場にとどめる」（第2条），とした[18]。

　さらに，内務大臣ロランが1792年10月17日に，政府の文化政策の主要な黒幕であった画家ダヴィッドに宛てた書簡は，創設される国家美術館（ミュゼオム・ナショナル）の「組織者兼監督者」の立場から，美術館が共和国の計画において果たすべき重要な役割をもつことを明確に説明している。すでに第1章でも言及したが，もう一度，より長く引用しておこう。

　　「ルーヴル宮のギャラリーに国家美術館（ミュゼオム）を創ることが問題です。この美術館はデッサン，絵画，彫刻，その他の美術記念物といった国民が所有する沢山の貴重な品々を展示するものでなければなりません。……私が考えますのに，国家美術館は外国人を引き付け，彼らの注意をそこに集中させなければなりません。それは美術への嗜好を育て，愛好家たちを楽しませ，芸術家たちには学校とならなければなりません。それは万人に開かれていなければなりません。そして，誰もがこれこれの絵画，これこれの彫像の前に画架を立て，思うままに素描し，彩色し，型を取ることができなければなりません。この記念物はすべての国民のものとなり，それを享受する権利のない者は1人としていないでしょう。……思うに国家美術館は，精神に対して強い影響力をもち，魂を非常に高尚にし，人々の心を大いに奮い立たせるので，フランス共和国の名を高めるための最も強力な手段の1つとなるでしょう[19]。」

美術館委員会は，ルーヴルに展示するに値すると思われる作品を国内の保管所から取り立てるために全権を与えられた。委員会は92年11月12日にはチュイルリー宮へ，12月5日にはプチ゠ゾーギュスタン元修道院の保管庫に赴いて，収蔵品の吟味を開始した。プチ゠ゾーギュスタンの管理人のルノワールは，フランスの（歴史）記念物のミュゼを作る野心を抱いていたので，美術館委員会による作品の移送要求に抵抗した。その上，委員会を構成する芸術家たちは自分の作品の制作を続けており，美術館には少しの時間しか充てなかった。さらに，委員たちがダヴィッドに相談せずには何ごともなさなかったことも，あらゆる遅滞の原因になったといわれる[20]。

　ポミエが論じているように，このように美術館に革命のシンボルとしての力が一見自然に付与されたのは，1789年11月2日の教会財産の国家への接収に続く「国民の共同遺産」（patrimoine national）の創出にその起源があった。一夜にして莫大な芸術的・歴史的な遺産が，それまで宗教の領域で果たしていた重要な機能を止めて，「国有財産」として公的管轄下に入り，国民が自由に処分できるものとなったのである。そして，92年2月9日には反革命亡命者の財産が国家に没収され，同年8月の王権停止の後には王室の財産が，さらに93年8月8日の王立諸アカデミーの廃止の後にはその財産が続くことになる[21]。

　この前例のない事態に対応して，立憲国民議会は1790年10月13日，議員タレーランの提案にもとづいて「美術傑作を破壊と略奪から守るデクレ」を可決する。タレーランは演説において次のように主張した。「美術傑作は重要な教育手段であり，それによって才能は後続の世代を絶えず豊かにする。傑作を開花させるのは自由であり，それ故それらが注意深く保存されねばならないのは，自由の支配の下においてである。」

　上述のデクレの結果，国有財産の譲渡委員会は学者と芸術家から成る委員会を指名し，それはパリ市当局が創設した委員会と同年12月1日に合同して，「記念物委員会」を形成する。それは何が保存されるべきであり，何が売却，転用，あるいは破壊されうるかを決定するためであった。これら新たに発見された国民の芸術的・文化的財産の最もよい使用法は，保存に値するとみなされる品物を美術館に送り，公教育と楽しみのために展示することであろう。記念物委員会は創設の翌日，12

月 2 日の報告において，国民に所属するすべての記念物を公衆が近づきうるものにするために，全国 83 の県の各々に美術館を設けること，美術館はなるべくならすでに教育施設が存在する大都市に置かれること，また美術館には放棄された教会を充てることができること，を主張している。

この頃首都パリでは，保管庫に物品があふれるのを見て，ルーヴルを「知識の有形の百科全書」に変える案が再び持ち上がった。先に述べたようにバレールは 91 年 5 月 26 日国民議会での演説において，ルーヴルを国民が所有するあらゆる学術および美術の記念物を 1 つ屋根の下に統合する国民的殿堂として描いた。同じ 91 年の末に議員のケルサンは，第 1 章で触れた「公的記念物に関する演説」（翌 92 年公刊）において同様のアイディアを提示したが，しかし彼は美術館を稀少で有用な品物の集合以上のものと見なした。ケルサンによると，ルーヴル宮とチュイルリー宮の複合体の中に置かれた美術館は，「ナシオンの意思」と「旧体制に対する新体制の優越」とを同時に確証する国民的記念物となるであろう。ケルサンの計画において印象的なのは，彼が芸術的達成と新しい政治秩序の創出を同一視し，この達成を自由の勝利を公然と確認するために用いていることである。だが，今日振り返ってみて一層注目すべきは，完成されたルーヴルはパリを「芸術の首都」にして現代世界のアテナイにするであろうという，ケルサンの予言である。

マクレランが言うように，ケルサンがルーヴルを完成することのもつ象徴的価値を説いたのに対して，内相ロランとその後任者たちは，旧体制末期の長い遅滞の後に美術館を開設することの潜在的可能性を理解していたのである。ロランは 1792 年 9 月，ルーヴルとすべての国有財産の責任者となり，美術館計画を監督する委員会を正式に任命する。ルニョー（Regnault），ヴァンサン（Vincent），ジョラン（Jollain），コサール（Cossard），パスキエ（Pasquier）の 5 人の画家と数学者ボシュ（Bossut）をメンバーとする美術館委員会であり，大ギャラリーを展示のために準備する仕事と，国民に属する莫大なコレクションの中からどの品物を展示用に選ぶかは，以上の 6 人の委員に任されたのである。

上述のバレールとケルサンの百科全書的な計画はなお机上のプランに留まっており，実際に注意が集中されたのは，1789 年以前と同様，大

ギャラリーと美術品であった。また美術館に対して，革命前にダンジヴィレ伯がそのルーヴル美術館計画において追求したような完璧さを与えることは今では問題外であった。すでに1791年にギャラリーで行われた新たな実験の結果，現状の採光は不十分であり，スペースは狭すぎることが確認されていたが，美術館は現状のままでも開館されなければならなかったのである。

ところで，1793年の一連の出来事——1月のルイ16世紀の処刑から，7月のマラーの暗殺までの——は革命を左へ押しやり，ルーヴルに対する政府の態度にも影響を及ぼすことになる。王党派の陰謀のおそれから，社会を共和主義路線に沿って完全に再生させることを目的にした「公教育」のキャンペーンがあおられ，重要な国家制度である美術館はこの再生の過程において果たすべき役割をもつとされた[22]。

93年1月ロランに代わって内相となったガラ（Dominique Garat）は，同年4月21日美術館委員会に長文の書簡を送り，大ギャラリーの整備を急ぐように促した。ガラは次のように主張する。92年9月19日のデクレは国家美術館の設置場所をルーヴルに定め，そこに受け入れるに値する貴重な品物を直ちに移送させるように命じたが，現下の情勢はこの作業の重要性を一層増大させている。正しく現在において国内の騒動と国外の敵どもに対して勝ち取るべきこの勝利（美術館の完成）は，国民の努力が向けられねばならない勝利のうちで最も重要性の乏しいものでは決してないであろう。とりわけこの勝利は，非常にしばしば諸帝国の運命の最高の支配者である世論に対して，限りない影響を及ぼしうるのである。

決定的な一歩は，国民公会が93年5月31日公教育委員会に対して，同年8月10日にパリで挙行される，共和国誕生1周年を記念する公的祝典のプランの作成を命じた時に踏み出された。ガラはその1か月あまり後の7月4日，国民公会の議長に書簡を送り，国家美術館とその年の定期展（ル・サロン）を同じ日に開くことで祝賀に貢献することを提案した。ルーヴルの開館を国民の統一の祝典に融合させようとするガラの提案は，大変な熱狂をもって迎えられたのである[23]。

以後，8月10日の開館までの数週間，ルーヴル宮には新たに発見された国民の美術財宝の規模を十分に示すために，あらゆる種類の美術品

が蓄えられた。絵画と彫像，貴重な大理石と班岩のテーブルや壺，ブロンズ製品，磁器が，見物人を幻惑させ，圧倒するために，様々な倉庫からもたらされた。内相ガラは 7 月 21 日に美術館委員会へ書簡を送り，ルーヴルにおける国家美術館の公的な開館が来る 8 月 10 日に行われるように命令を与えたこと，「その開館は，（同日開幕する）わが現存の芸術家たちの作品の展覧会とともに，国民公会がこの記念すべき日のために準備するよう命じた市民祭典の一部を形成すること」を告げた。そしてガラはこの開館のために，「この種の財宝の貴重なコレクションを豊かにするのに役立つようなあらゆるものを集め」，この共和主義の祝祭に参加するために駆けつけた人々に感銘を与えるべきである，彼らはわが国の政治的混乱が芸術に対するわれわれの崇敬の念を決して損なわなかったことを知るであろう，と述べた[24]。

国家美術館の開館は 93 年 7 月 27 日のデクレによって正式に告知された。同日，国民公会は，公教育・記念物両委員会の報告（バレールの提案を受けて版画家セルジャン（Sergent）が行った）にもとづいて，以下のように布告したのである。

第 1 条　内務大臣は，共和国美術館（Musée de la République）が来る 8 月 10 日に，ルーヴルを国民宮殿（チュイルリー）とつないでいるギャラリーにおいて開館されるために必要な命令を下すものとする。

第 2 条　プチ＝ゾーギュスタンの館，以前の国王の館，その他すべての公共記念物と国の保管所に寄託されている絵画，彫像，壺，大理石の高価な家具は，記念物委員の監視の下で，直ちにこの美術館へ移送されるものとする。ただし，現在ヴェルサイユの城館，庭園，両トリアノンに保存されているものは除かれる。

第 3 条　以前の国王の館，亡命者の城館，庭，庭園，公園，およびその他，国の記念建造物において将来発見されるであろう絵画，彫像，古代の胸像も，同様にそこへ移送されるものとする。

さらに，デクレの第4条は内務大臣に対して，「外国への流出を防ぐことが共和国にとって重要であり，かつ当美術館に保管されるべきであるような絵画と彫像を，個人が売却する際に買い取らせるために」，さしあたり年間10万リーヴルの国庫金を自由に使用する権限を与えている。カルモナはこのことのうちに，「国民の共同遺産の管理についての新しい考え方の出現」を見ている[25]。

国民公会からの指令に従順なルーヴル宮の管理部は，予定通り93年8月10日に美術館の扉を開いたが，しかしこの時点ではまだ作品の配置は終わっておらず，美術品が実際に公衆に開放されたとは言い難かった。そして9月末には大ギャラリーは緊急の修理が必要との理由で一旦閉鎖されている。公衆が入館を認められ，美術館委員会が彼らのために準備した傑作を鑑賞することができるようになるのは，同年11月18日（共和暦第2年ブリュメール28日）以後のことである。これに先立ち美術館委員会は，11月2日市民に対して，「フランス美術館」が各旬日（10日間）の終わりの3日間を公衆に開放すること，また各旬日の初めの5日間は，美術館で勉学することを希望する芸術家に開放することを通告した。美術館委員会が新設の美術館の教育的機能として，若い芸術家の養成をとりわけ重視していたことが分かる。先回りして言うと，ナポレオン期になると，週のうち土曜と日曜だけが一般民衆に開放され，その他の日には模写生と外国人だけが入館できるようになる[26]。

ところで，美術館委員会自体はその後まもなく別の機関によって取って代わられる。この時期に文化政策の領域で大きな力を振るっていた画家ダヴィッドは，ジロンド派のロランの息がかかった美術館委員会にかねて批判を強めていたが，94年1月16日美術館委員会の廃止を要求し，新たに10人のメンバーから成る美術館管理委員会（Conservatoire du Muséum des arts）を設置させる。その顔ぶれは，フラゴナール（Fragonard），ボンヴォワザン（Bonvoisin），ル・シュウール（Le Sueur）の3画家，ラノワ（Lannoy）とル・ロワ（Le Roy）の2建築家，ダルデル（Dardel）とデュパキエ（Dupasquier）の2彫刻家，ヴィカール（Wicar）とヴァロン（Varon）の2名の古物研究家，そして絵画修復家のピコー（Jean-Michel Picault）であった。

この美術館管理委員会は97年1月まで約3年間存続するが，メン

バーはその間に大幅に入れ替わっている。まず94年テルミドールのロベスピエールの失脚とともに，ダヴィッドの右腕であったヴィカールとル・シュウールはパージされたが，次いで95年3月30日の大改造ではフラゴナールとピコーだけが残留し，新たにユベール・ロベール（Hubert Robert），パジュー（Pajou），ヴァンサンが加わった。このうちヴァンサンは元美術館委員会のメンバーであり，他の2名はルイ16世の下での行政官の経験をもつ人物であった。それ故，5人のメンバーから成るこの改組後の管理委員会は「旧体制への復帰」という色合いが濃いが，「よりスリムで効率的な行政部」たることを目指していた（一般に，これ以前を第1次管理委員会，以後を第2次管理委員会と呼ぶ）[27]。

5　開館時におけるルーヴル美術館の展示品

次に1793年8月10日に正式開館した「共和国美術館」（「国家美術館」Muséum national des arts，「フランス美術館」Muséum français とも呼ばれた）において公開展示された美術品の内容について述べることにしよう。

開館時において国家美術館（ルーヴル）の収蔵品の主力を形成したのは，今や「国民の財産」と見なされるに至った王室コレクションの美術品である。ルブランが編集したといわれる『フランス美術館のギャラリーに収められた物品のカタログ（1793年）』には，537点の絵画と124点（実数では165点）のその他の美術・工芸品（彫像，テーブル，壺など）が掲載されている[28]。

まず，絵画以外の美術品について簡単にまとめておくと[29]，48点を数える彫像はブロンズ像が最も多く，また過半数が胸像である。ローマ皇帝を初めとする古代の著名人の像が最も多く，ギリシャ・ローマ神話の神々や人物の像がそれに次ぐ一方で，革命前に前述のダンジヴィレ伯が計画中のルーヴル美術館のために注文制作させたフランス史上の偉人の像は見出されない。ブロンズ像の多さが示唆するように，すべてが古代の作品のオリジナルであったわけではなく，近代以降の複製品が相当数含まれていたと見られる。

テーブル（table）は30点ほど見出されるが，その材質は大理石，班

岩，花崗岩と様々であり，東洋のアラバスターのものも少数ながら含まれている。なお，後述の「古代美術品ギャラリー」のカタログ（1814年版補遺）には，以前ルーヴル宮の碑文アカデミーの部屋に置かれていたという2枚の大きな石板「アテナイ碑文」（別称ノワンテル・マーブル）が載っているが，17世紀末にアテネから運ばれてきたこの貴重な銘板は，1793年のカタログ中には確認できない。

　壺は全体で50点を超えるが，有名なセーヴル磁器工場の製品が約半数を占めるほか，エトルスキの壺や中国・日本製のものも少数ながら含まれている。その他には，香炉，振り子時計，小箪笥，小箱，椀，水差しなどが含まれている。これら絵画以外の美術品については情報が乏しいので以上にとどめ，次にメインの展示品である絵画についてより詳しく見ることにしよう。

　開館時に展示された上述の537点の絵画のうち約4分の3は歴代のフランス国王の収集品であり，残りは主に廃止された教会の所有物であった。それらの画派別内訳は，イタリア派と北方派（フランドル・オランダ・ドイツ派）がそれぞれ約190点，フランス派が約150点となっており，ほかにスペイン派が9点含まれていた。画家別に見ると，イタリア派ではグイード・レーニの18点を筆頭に，ラファエロ，ティツィアーノ，ヴェロネーゼ，ドメニキーノらが目立っており，北方派ではルーベンス，フィリップ・ド・シャンパーニュ，ワウウェルマン，レンブラントらが上位を占め，フランス派ではプッサンを先頭に，ル・シュウール，クロード・ロラン，ヴェルネらが数多く展示されている[30]。

　ところで，この王室コレクションに属する絵画は，革命の前夜には全体の半数以上（1,100点余り）がルーヴル宮ではなくヴェルサイユ宮に所蔵されており，とりわけ最良の絵画の多くは1680年代以来国事用のアパルトマンを飾るのに使われていた。しかし，革命期に入り，1792年8月10日の革命によって王政が廃止されると，王室の動産に属する美術品やその他の貴重品は国家に収用された。こうして同年9月17・18日，内相ロランの命令によって，ヴェルサイユ宮から押収された125点の絵画がルーヴル宮へ運ばれたのである。その内訳は，イタリア派66点，フランドル・オランダ・ドイツ派が27点，フランス派が32点であり，イタリア派絵画が半数強を占めていた。またこれより先91年

12月28日には，同じくヴェルサイユから別の9点の絵画（うち6点がイタリア派）がチュイルリー宮へ送られていたが，これらもその後ルーヴル宮へ移された[31]。

それ故，93年8月の開館時にルーヴル宮の大ギャラリーに展示された絵画の中には，革命以前にヴェルサイユ宮に置かれていた絵画が相当数含まれていたのである。筆者が確認し得た限りでは約40点である。しかも，それらの絵画の中には，国王の寝室に架かっていたシャルル・ル・ブラン（ルイ14世の首席画家）の「ダリウスの家族」とヴェロネーゼの「エマウスの巡礼者たち」を始めとして，フランスのプッサンの作品数点や，ラファエロ，ティツィアーノ，コレッジョ，カラッチ従兄弟，グイード・レーニ，ドメニキーノ，グェルチーノらイタリアの巨匠たちの名品が数多く見出される。

一方，廃止された教会に由来する絵画は，平均して質が高く，その数的比重以上に重要であったといわれる。それらは特に国王のコレクションには少なかった17世紀のフランスの巨匠たちによる祭壇画を数多く含んでいたのである[32]。

なお，ルーヴル美術館への絵画の供給元としては，ほかに，ルーヴル美術館開館の2日前に廃止された絵画アカデミーのコレクションと，亡命貴族が所有していた絵画とがあった。前者には，少なくともヴァトーの「シテール島への船出」（正しくは「シテール島の巡礼」）という重要な傑作1点が含まれていたが，美術館の開館時にはまだ1枚の絵画も到着していなかった。後者については，ケネディが美術館委員会の記録にもとづいて，合計85点の絵画がルーヴルへもたらされたと指摘している。ただし，それらのうちルーヴルに展示されたことが確認できるものは，ダンジヴィレ伯が所有していた多くの名画のうちの1点，レンブラント作「エマウスの巡礼者たち」だけである[33]。

6　展示品の選定と展示方式

ルーヴル美術館が共和国の市民を育成するための学校であり，同時に芸術家の教育にも役立ちうるためには，そこに展示される美術品はどの

ようなものでなければならないか。またそれらの美術品はどのように展示されるべきであろうか。

1794年1月16日にその職務に就いた第1次美術館管理委員会は，公教育委員会のダヴィッドが革命的感情の強さを基準に入念に選んだ10人のメンバーから構成されており，自ら「美術の再生」に参加すること，なかんずく公衆に提示される作品から一切の「封建制の痕跡」を消滅させることを望んでいた。とはいえ，管理委員会はその会議録を読むと，そのような行動指針の適用において大いに慎重であったことが判る。

94年6月19日の会議では，「管理委員会の倉庫に収められているすべての封建的な絵画」を探索し，そのリストを公教育委員会に提出することが決定されたが，しかし，管理委員会が実際に取った処置は次の例が示すようにはるかに穏便なものであった。同年8月20日の会議において，大ギャラリーにジュリオ・ロマーノのカルトンに代えて，ルーベンスの「メディチ・サイクル」のうちの何枚かを展示することが論議された時，管理委員会は「リヨンにおける国王とマリー・ド・メディシスの会見」という絵を展示しないことに決めた。それは「幾人かのメンバーが，専制君主アンリ4世とその妻を神話のユピテルとユノの姿で表現している絵画は（国王夫妻と）驚くほどよく似通っているので，今すぐ公衆の視線にさらすことはできないのではないかと，正当にも不安を表明した」からである（実際には，この絵は封建制のいかなる特色も帯びていないのであるが）。

こうして，管理委員会は妥協策として，あまり大っぴらに王党派的でない2つのエピソードを描いている「アングレーム条約の締結」と「アンジェにおける講和の締結」を選んで，展示することを受け入れたのである。なお，この日の会議では，かつてのリュクサンブール宮のギャラリーにあるルーベンスのすべての絵画が吟味された結果，「これらの素晴らしい絵に満ちあふれている封建制の不愉快な表象」を，一般の人々に見せないようにする必要があると公教育委員会に報告することが決まっている[34]。

以上の例は，どのような絵画を締め出すべきかの基準がそれほど明快ではなかったことを示している。その理由はマクレランによると，完璧

第 4 章　フランス革命とルーヴル美術館の創設　　　　　　　　243

な美術館を作りたいという欲求が，以前の習慣や忠誠心の記憶を消し去ろうとする革命の野心と衝突したからである。一方では，君主政の賛美を本来の目的としていたルーベンスの「メディチ・サイクル」のような絵画が，王党派的感情を再び目覚めさせることへの懸念があったが（この 94 年の夏までには，パリの街から国王の記念物と記章がすべて撤去されていたことを，心に留めておかなければならない），しかし他方では，この有名な連作は長い間芸術家や鑑定家によって，美術史上の最高の記念碑の 1 つと見なされてきたという事実があった。

　もう 1 つの面倒な絵画は北方の風俗画である。風俗画は当時パリの公衆の間で人気があり，貴族の収集家やサロンの客らにもアピールしていたが，オランダ・フランドル美術にしばしば見られる卑俗な主題——農場や居酒屋の光景など——は，恐怖政治期における美術館の教育的・教化的な目的とは相容れないと見なされた。94 年春には風俗画は，「民衆的共和主義芸術協会」の会合で一度ならず非難された。純粋に技術的な見地から見て，画家にとって有用な風俗画だけを，ルーヴルにおいて別室に展示することが提案されたりもした。しかし，実際には，風俗画の排除は決して体系的には実施されなかった。この場合にも，美術館の完全性の要求が，公衆をあまり教訓的でない主題にさらすことへの不安にうち勝ったのである。

　しかし，とりわけ多くの論議を呼んだのは，最も多数を占める宗教画を美術館に展示することの是非についてである。この点についてもマクレランに従って述べることにしよう。

　奇跡や聖人の法悦や殉教の場面を公衆に示すことは，「ファナティスム」を抑圧し，カトリック教を理性の崇拝によって置き換えようとする革命政府の政策と明らかに衝突した。しかし，もし宗教画が排除されなければならないとしたら，美術館はあらゆる流派と時代の無数の傑作を奪われることになろう。ルーヴル美術館の管理委員会の矛盾した感情は，94 年 3 月の 2 回の会議に示されている。すなわち，3 月 9 日の会議では，パリのサン・ジェルヴェ教会にあったル・シュウールの宗教画を「できるだけ速やかに美術館に配置できるようにするため必要なあらゆる処置をとる」ことが決定されたのに対して，3 月 29 日の会議では，パリのサン・シュルピス教会に由来するクラーヤーの作品「荒野の聖ヒ

エロニムス」を,「狂信を維持する」おそれありとして美術館に受け入れないことが決定されたのである。94 年 9 月ベルギー絵画の最初の到着とともにジレンマは強まった。その中には,アントワープの大聖堂に由来するルーベンスの有名な「十字架降下」を始め,多くの宗教画が含まれていたからである。実際,『哲学旬報』の 94 年 11 月 10 日号のある論説は,このような絵画をフランスへ持ち込み,その「カトリックの神話学をカトリックの迷信から解放された国民に押しつける」ことに疑問を表明している[35]。

それにもかかわらず,宗教画を美術館に受け入れることに対する公けの批判はまれであった。宗教美術に潜む人を堕落させる力は,重大な関心事ではあったが,結局のところ,美術館の最終的完成を阻止するほど大きなものではなかったのである。それは一方において,包括的な美術館という理想が世俗的な政治的関心に勝っていたためであり,他方においてこの理想は,共和国が自らの政治的・文化的・軍事的な優越を示すために実現しようと熱望していたものであったからである。

マクレランによると,革命のイデオロギーと過去の美術の目的との矛盾を解決する 1 つの方法は,美術館がもつ脱宗教化の力と,聖画像的な絵画を美術史上に一定の位置を占める美術品として同定し直すことの中にあった。このことは,封建制の印を帯びたものでも,勝れた美術作品を破壊することを違法とした 93 年 10 月の法律の中に含意されていたのであり,破壊を避ける方法が「最寄りの美術館への移転」であった。美術品の元の意味を消し,それに新しい美学的および美術史的な意味を付与するという美術館の力は,今日では了解済みの事柄だが,革命中に始めて認定され,利用された美術館の属性なのである[36]。

ところで,宗教画であっても勝れた絵画を美術館に展示することの積極的な意義は,それが同時代のフランス人画家に与える教育的効果に求められた。そのことは,ポミエが強調する,ベルギー絵画の受容をめぐる論争に示されている。ポミエによると,ベルギー絵画がルーヴルに展示されたことは,フランス共和国こそは自由の共同遺産の正当な相続人であるという「バルビエとグレゴワールの自信過剰の主張と完全には一致しない若干の不協和音を生じさせた。」『哲学旬報』の次のような矛盾した反応は,世論の混乱を反映するものである。同紙の 94 年 10 月 11

第 4 章　フランス革命とルーヴル美術館の創設　　　　　　　　　245

日号は,「公式の言説」に全面的に賛同しつつ,「パリへの途上にある100枚以上の絵画は, その真の祖国へ帰還するのだ」と主張する。ところが, 1 か月後の 11 月 10 日号は, ベルギー絵画のパリ移送に疑問を表明する。この号は, ドイツ人フェルスター (Förster, マインツ大学の司書でパリへ派遣されていた) の旅行記の仏訳を論評しながら, ベルギー絵画のパリ移送に疑問を表明している。フェルスターは同書において, ルーベンスの絵画の主題はギリシャ人の理想美のモデルと一致しないのではないかと自問しているのだが, 評者はフェルスターの批判の正しさを認めた上で, おそらく一層解決困難な次のような疑問を提出する。

　「ルーベンスの『十字架降下』と他の 2 枚の大作は, 莫大な費用をかけてベルギーからわれわれのもとへ到着したが, その移動によって失ったものの方が, われわれがそれから得たものよりも大きいのではなかろうか？」「これらすべての見るも恐ろしいキリストの磔刑図は, それらが宗教的な感情と記憶を呼び起こす場所以外のところにおいて, 人々の視線に耐えられるのであろうか？」

　ポミエはこの書評論文の影響を重視し, それはまず第 1 に, コンテクスト (文脈, 背景) の問題を提起したという。ルーベンスの絵は, 美術館という, それが本来眺められるのとは別の場所において, その力を失わなかったであろうか。しかし問題は「場所に関わる」だけでなく,「精神的な」ものでもあった。自由によって再生させられ, 政治的専制と宗教的熱狂の鎖から解き放たれたフランス国民に対して, 彼らには原理的に無縁となったメッセージがこめられた作品はどのような興味を示し得たのだろうか。
　ポミエはこのような問いかけに対する 1 つの回答として, 建築家クレリソー (Clérisseau) が 94 年 12 月 8 日に公教育委員会に宛てた書簡を挙げている。クレリソーはそこでルーベンスの絵画がもつモデルとしての役割を強調して, 次のように述べる。ルーベンスの絵は「芸術家たちの天分を燃え上がらせるのであり, 彼らはそれらの絵の美しさ, 崇高なエネルギー, 精神の調和を凝視することで, 自らを奮い立たせるのである。」ベルギーにおけるルーベンスの絵の押収は, フランスの画家た

ちに彼らの任務に相応しい画風を与えるものであった。つまり，大革命の政治的・軍事的な成果を不朽のものにするような傑作を制作するための「色彩の熱狂（リリシズム）」なのである[37]。

それでは，以上のような論議を経て選定された絵画は，実際にどのような方式で展示されたのであろうか。

ルーヴル美術館が開館を見た1793年8月において，大ギャラリーにおける絵画の展示方式は美術館委員会とダヴィッドら批判者との間のもう1つの論争点であった。

美術館委員会は1793年6月17日に提出した意見書において，「美術館は芸術と学術のあらゆるジャンルにおける共和国のすべての財宝を集合させるものでなければならない」とし，それを「美術の有形で物質的な百科全書（アンシクロペディー）」と形容している。これに対して，ダヴィッドと彼のジャコバン派の仲間にとっては，そのような幅広い展示は旧体制の貴族主義的なキャビネットをあまりにも思い出させるものであり，同時にまた芸術家のための学校として機能するにはあまりにも種々雑多であり過ぎると考えられた。ダヴィッドの94年1月16日の報告が述べているように，「美術館は好奇心を満足させることにしか役立たないような，贅沢品と下らない品物の空しい集合であってはならない。」それはすべての市民のための，とりわけ年若い学生と息子たちのための「威厳のある学校」（école imposante）にならなければならないのである。

ルーヴルのコレクションをどのように配列するかは1793年に大いに議論された問題である。絵画をナショナルな流派ごとに分類し，年代順に配列することを主張するルブラン，ピコーらの批判に対して，美術館委員会は上記の意見書の中で自らの立場を次のように説明しなければならなかった。

「われわれが採用した配列は，限りなく変化に富んでいるが明確に仕切られた花壇のそれである。……もしわれわれが流派を分けたなら，少数の博学者を満足させることができたかもしれないが，しかし，無益なことをしたという，とりわけ若い学生の研究をさまたげるという十分に根拠のある非難を招くことになったであろう。われ

第4章　フランス革命とルーヴル美術館の創設　　　　　247

われの配置によって学生たちは，巨匠たちと彼らの手法，美的感覚を，最後に彼らの完璧さと同時に欠点をも，たがいに比較することができるであろう[38]。」

　委員たちは，「科学的な」配置法を意識しながらも，芸術家として，若い学生の教育が問題になると，18世紀中葉のリュクサンブール宮で行われていた「流派混合」(mixed school) の絵画展示方式に立ち戻ったのである。リュクサンブール・ギャラリーの場合には，1つの部屋に異なる流派の作品がごたまぜに展示されており，観客（芸術家と愛好家）はそれらの絵画の長所と弱点を比較と対照によって読み取るように配列されていた。このような「流派混合」で非系統的，装飾的な展示法は18世紀にフランス以外の王侯の重要なギャラリーでも行われていたものだが，世紀後半のうちに国別の画派の特徴と大画家の歴史的な連鎖を明らかにするような配架方式によって取って代わられて行くのである。その顕著な例を挙げると，デュッセルドルフとドレスデンの王侯のギャラリーではそのような配置方式の採用が試みられており，またフィレンツェとウィーンでも同様な動きが進行していた。ただし，フランスではダンジヴィレのルーヴル美術館計画が挫折したこともあって，重要な公的コレクションにおいては流派別，年代順の展示方式は未だ採用されていなかったのである[39]。

　この点に関連して，ルーヴル美術館が開館時に刊行した上述の『カタログ（1793年）』の「緒言」を引用しておきたい。そこには上述の美術館委員会の意見書と同趣旨のことが詳しく述べられている。すなわち，今回設立された国家美術館が「この種のものとしてはすでにヨーロッパ中で最も素晴らしく，最も豊富なコレクション」を所有しているとした上で，以下のように主張する[40]。

「いくつかの理由からわれわれは絵画を流派別に分類することができなかった。われわれはそれらを「混ぜ合わせ mélanger」なければならないと考えた。それは，このシステムこそが，学生たちに対して様々なジャンルの傑作を同じ観点の下に提示することで，確実かつ迅速に彼らの才能を発達させ，彼らの美的感覚を育てるのに最

も相応しいと思われるからである。加えて，このような配置は愛好家たちが作品を比較するのを容易にする。……その上，どのようなシステムを採用するにしても，そこには常に若干の恣意性が入り込むであろう。」

こう述べた上で，『カタログ（1793年）』は，「われわれが今日提供するのは仮の配分（distribution provisoire）に過ぎず」，「最も多くの長所を結合した配列様式」は，今後，大ギャラリーの全体が利用可能になり，この巨大な空間を頂上から照らす計画が実現され，彫像やデッサン，古代美術品や物理学・光学の貴重な用具などを受け入れるための部屋が準備された暁に，「芸術家，学者，愛好家たちの討議」によって「最終的に決定される」と断っているのである。

マクレランが述べているように，上述の論争において美術館委員会とその敵対者たちとは，共和主義的芸術家の教育においてそれぞれの提唱する展示方式がより勝れていると主張したのだが，結局，両者ともにそのことを説得的に示すことができなかった。ルーヴルの大ギャラリーでの絵画の配架をめぐる論争は，本質的には絵画展示の2つの方法の対立であった。一方は，観客の注意を何よりもまず額縁の中の絵画に集中させることを目指しており，他方は，1つの絵画をそれが通時的で国民的な連鎖の中で占める位置の点から評価するように勧めるものであった。ただし，大革命期のフランスでは事実上すべての事柄がそうであったように，この論争はより広いイデオロギー的関心の影響をも受けていた。つまり，美術館委員会が革命前にリュクサンブール・ギャラリーなどで採用された「諸流派混合の展示方式」を主張したのに対して，「過去との断絶」を強調する反対者たちには，そのような展示方式は，それが正に旧体制への復帰を意味するが故に，とうてい受け入れ難いものであったのである[41]。

ところで，1794年1月以降ルーヴルの新しい管理機構となった中央美術館管理委員会は，96年のプレリアル（5・6月）に次節で述べる所蔵絵画の展覧会を開催するに当たってカタログを刊行したが，その「緒言」は，展示室となった大サロン（サロン・カレ）の採光の改善を強調しながら，次のように語っている。

「愛好家たちはこのサロンで，絵画が天空から落ちてくる日の光によって照らされているのを見るであろう。美術館のコレクションから精選された3つの画派の傑作は，これら珍しい作品の比較によっても，また若干の作品の場合には，十分な明かりの助けによって細部の描写まで認識し識別することができるという点でも，新しい魅力を示すであろう。」

そうした比較が可能になるのは，この大サロンでの展覧会において絵画が流派別にまとめて配置されているからであるが，「管理委員会は，……当美術館の絵画とデッサンを配置する順序を採用する際には，最も一般的な意見にもとづいて決めた」とした上で，「大ギャラリーは画派別に，連続して集められた絵画を収めるものとする」としている[42]。

7 大ギャラリーの一時閉鎖と1796-97年の2つの展覧会

ルーヴル美術館の管理委員会が1794年1月にその職務に就いた時，大ギャラリーには前年8月の開館のために集められた作品の大部分が存在したが，それらは流派も年代も考慮せずに，雑然と配置されていたといわれる。管理委員会はそのうちの絵画を流派別に整序することを目指したが，その実現のためには多くの難問をクリアしなければならなかった。まず第1に展示スペースの問題がある。93年8月の開館時には全長約500メートルの大ギャラリーは大サロンに隣接する東半分だけが絵画の展示に使われ，残りの部分はなお修理中であった。加えて94年9月以降，ベルギー，オランダなどから多数の美術品が到来し，それに伴って絵画の配置を絶えず変更しなければならなかった[43]。

『哲学旬報』は95年1月29日号に，ルーヴル美術館の状態について公衆の不満を反映した次のような報告を載せている。

「われわれは絵画が恒久的で合理的な順序で配置されるまで待ってきた。しかし，担当者たちは絵画を絶えず並べ替えることを楽しんでいるように見える。ギャラリーの入り口近くに1週間見られた

ある絵画は，その1週間後には向こうの端に見出されたり，あるいは全く姿を消したりするのだ。」

恐らくこのような不満を予想してであろうが，美術館管理委員会のメンバーの1人，古物学者のヴァロンは95年1月18日に公教育委員会宛の報告において，より多くのスペースの必要を力説した。ヴァロンによると，大ギャラリーは現在の不完全な状態では，以前の国王コレクションを展示するのに辛うじて足りる広さに過ぎず，ベルギーからの絵画だけで少なくとも600フィートの壁面が新たに必要になるとされた[44]。

この95年夏には，大サロンに展示されていたベルギー絵画を，現存の芸術家たちの作品の定期展のためによそへ移す必要が生じたが，その移動場所は大ギャラリーの西半分，なお修理中の部分以外にはなかった。そこで政府は資金を投じて96年3月までにその新しい部分を準備したのだが，その作業が終わるやいなや，大ギャラリーのそれまで使用されていた部分が多大の修理を要することが判明したのである。すなわち，93年に急いで張られた床板はすり切れ，壁はまだ塗装されていなかった。そこで補修工事（特に床の寄せ木張り作業）のために美術館は96年5月20日（共和暦第4年プレリアル1日）以後公衆に対して閉鎖されることになったのである。ルーヴル駐在の建築家サン＝ユベール（通称ユベール）は，工事は30〜40日で終わると約束したが，予期しない様々な事情が生じたために，実際に大ギャラリーが再開されるのには丸3年かかることになる[45]。

ところで，美術館管理委員会は大ギャラリーの閉鎖を決めた96年4月26日の会議において，本来，定期的な美術展の会場として用いられていた大サロンへ最も貴重な絵画を集めて，美術の研究と公衆の鑑賞に供することを決定した。こうして，96年から98年にかけて大サロンでの一連の臨時の展覧会と，隣りのアポロンのギャラリーでの「古えの巨匠たちのデッサンの常設展」が開催されることになる。

まず96年の5月から9月まで大サロンで開催された展覧会は，イタリアからの戦利品が到着する前に中央美術館に存在したコレクションの中から選ばれた，フランス派，イタリア派，および北方派（フランドル・

オランダ・ドイツ各派）という3つの派の絵画161点を陳列するものであり，マクレランによると，各派の巨匠の作品の数は彼らの名声にほぼ対応していた。最も多数を占めるのは北方派で，66点が出品されているが，その中では，ルーベンスが9点（うち1点はビロードのヤン・ブリューゲルとの共作）レンブラントが6点，ダウとテニールスが4点ずつ，ファン・ダイク，ロイスダール，ポッター，ミーリス（父）が3点ずつ見出される。イタリア派は総数49点を数えるが，グイード・レーニが7点で最も多く，ラファエロとティツィアーノが5点ずつで続き，ヴェロネーゼとコレッジョが3点ずつ見出される。最後にフランス派では，総数46点中，プッサンが8点で断然トップを占め，以下シャルル・ル・ブラン，ル・シュウール，ヴェルネ，シュブレイラスが4点ずつ，リゴーとブールドンが3点ずつという具合であった。大サロンでのこの展覧会において，絵画が3つの派別に分けられていることと，フランス派が最初に置かれ，北方派がそれに続き，イタリア派が最後に来るという配置の順序とは，来るべき大ギャラリーでの配架の仕方を先取りしていた[46]。

　ところで，上述の中央美術館のコレクションに属していた絵画とは，むろん革命前の王室コレクション（1791-92年にヴェルサイユから移された前述の134点を含む）を主体とするが，その他に1794-95年にベルギー，オランダなどからもたらされた400点近い絵画をも含むはずである。しかし，約200点に上るベルギーからの絵画はその多くが修復中であったこともあり，ほとんど出品されていない。94年9月21日にパリに到着し，いち早くサロン・カレに展示されたルーベンスの4点の作品（うち1点はレプリカ）も，ここには見出されないのである。ただ1点，メヘレンの大聖堂からもたらされたファン・ダイクの「2人の盗賊の間のキリスト」（別名「キリストの磔刑」）のみが，修復家アカンによって新しい木枠の上に引き延ばされて，美術館へ運ばれたことが確認されるに過ぎない（この絵は後に1803年フークによって新しいカンヴァスに移し替えられる）。これに対して，前の年に到着したオランダからの絵画は，押収リストにある185点中，少なくとも14点がすでに出品されているのである。それらはヴェルネの2点を除いて，すべてフランドル派とオランダ派の画家の作品であった[47]。

さらにここで注目しておきたいのは，1793-94年の恐怖政治の時期には非難の対象になっていた種類の絵画が姿を現していることである。ルーベンスの連作「マリー・ド・メディシスの生涯」のうち，「マリー・ド・メディシスの教育」と「ルイ13世の誕生」の2点が展示され，またサンテールのエロチックな「水浴のスザンナ」も含まれていたが，そのことについて何らの弁明もなされていない[48]。なお，大サロンでの臨時の展覧会は，その後も1798年から1805年までに，イタリアからの押収美術品の到着に合わせて合計7回開催されることになるが，これについては第5章の初めに述べることにする。

もう1つの「古えの巨匠たちのデッサン（素描画）の展覧会」は，同じく美術館管理委員会が準備したものであるが，同委員会が97年1月に退任した後，同年8月15日に中央美術館の新しい管理部の下で開幕したものである。美術館2階の「アポロンのギャラリー」において，ガラス張りの額縁に入れて展示されたのは，革命前の国王のコレクションに革命時の国内での押収品を加えた1万1000点を越える作品の中から選ばれた393点のデッサンであり，カタログによると，1～189番がイタリア派，200～287番がフランドル派（＝北方派），300～415番がフランス派のデッサンであった。それらのデッサンは流派ごとにまとめて展示され，目線から上の壁面には大判の作品が，下方には小型の作品が配置されていた。この展覧会の目的は第1に教育的なものであり，画家志望者には入館日について特権が与えられただけでなく，美術館管理部は彼らの理解を助けるために「練習帳」を作ったほどである[49]。

しかし，美術館管理委員会は大ギャラリーの速やかな整備と公開という責務を果たすことができないまま，97年1月5日に退陣し，美術館の新しい管理機関が設置される。それは若干名の芸術家から成る理事会と，専任の官吏である3名の管理人（administrateurs）とから構成されるもので，理事には3人の画家（ジョラン，ユベール・ロベール，シュヴェ Suvée）と彫刻家パジュー，建築家ド・ヴァイイの計5名が，また管理人には建築家デュフルニーとフベール（Foubert），ラヴァレ（Athanase Lavallée）の3名が，それぞれ任命され，ほかにベテランの画家・鑑定家ルブランが専門委員として加わった。ただし，実質的な管理の責任は管理人の1人デュフルニーにあり，フベールとラヴァレ（書

第 4 章　フランス革命とルーヴル美術館の創設　　　　253

記）が彼を補佐した。これに対して，理事会の主な任務は美術品の収集と修復に関して管理人を助けることにあった。それまでの管理委員会では，10 人の芸術家が万事を遂行したが，今や芸術家から成る理事会はほとんど諮問機関的役割しかもたなくなったのである。なお上述の新しい管理部の発足と時を同じくして，共和国美術館は 97 年 1 月 20 日ミュゼオム（Muséum）という擬古代的な名称を放棄して，「共和国中央美術館」（Musée central des arts de la République）と改称されることになる[50]。

　それでは，大ギャラリーが閉鎖された 96 年 4 月以降，その改装工事はどのように進められたのであろうか。まず，床の寄せ木張りが東隣りのサロン・カレまで延長されることになったほか，96 年 5～8 月に建築家ユベールの指揮下に大ギャラリー内部の塗装が行われ，壁面は黄緑色に，軒蛇腹はストーングレイに，丸天井は空色にそれぞれ塗られた。次に，美術館管理委員会は 94 年 12 月の時点ですでに，500 メートルに及ぶ大ギャラリーを柱によって幾つかの部分に区切ることを計画していたのであるが，97 年 7 月から翌年にかけて，両側の壁面に沿って柱頭に胸像を載せた 20 本の円柱が設置されたのである。さらに大ギャラリーの採光をどのようにするかは，前述のように旧体制末期に大いに論議されながら，なお未解決の問題であった。大ギャラリーの両側の壁にはそれぞれ 46 個の窓が作られていたが，それらは狭く採光も不足していた上に，絵画の展示スペースを制限していた。そのため開口部を減らすと同時に，採光を増すことが建築家たちの課題となった。最も近代的で効率的な方法は「天頂からの照明」（éclairage zénithal），つまり丸天井の頂上にガラス窓を設ける方法であったが，しかし 1793 年の開館時には，大ギャラリーでは採光方法は依然変更されておらず，光は南北の壁の窓から差し込んでいた。美術館管理部は 94 年以降天頂からの照明を何度も要求したが，この方法には反対論もあった。画商で鑑定家のルブランは共和暦第 3 年（94 年 9 月～95 年 8 月）に刊行した意見書において，真昼の暑さなどを理由に取りやめを強く主張し，代わりに絵画用の 4 つの区画には上方と両側のガラス窓を設け，彫刻と他の美術品用の 5 つの区画には普通の窓を設けることを提案したのである。これに対して，ユベール・ロベールが大ギャラリーの改修作業の開始に合わせて

出典）Sahut 1979, p.29, Fig. 58.

図4-1　大ギャラリーの改造計画
(ユベール・ロベールの油彩画, 1796年)

　96年度の定期展に提出した油彩画（図4-1）は，画家がギャラリーを4本の列柱で支えられた円形アーチによって少なくとも7つの張り間に分割し，かつ丸天井から採光することを望んでいたことを示している[51]。
　ユベール・ロベールは革命前からルーヴル宮に住み込んでいた画家で，93年には反革命容疑者として一時投獄されたが，テルミドール後釈放され，95年3月には再編された美術館委員会のメンバーに任命された。95年頃から1805年頃までの大ギャラリーの様子は，彼が残した数枚の絵画に正確に描かれており，非常に興味深い。たとえば図4-2は大ギャラリーの最初の公開期間である1795年頃の様子を描いているが，採光は両側の壁面に空けた大きな窓からなされており，部屋を区分するための壁際の柱はまだ存在しない。これに対して，図4-3は98年頃の修理中の大ギャラリーを描いており，天井と壁面の塗装が行われている。また壁面に接して少なくとも4本の円柱が確認され，それぞれの柱頭には小さな胸像が置かれている。さらに右側（北側）の窓の開口部

第 4 章　フランス革命とルーヴル美術館の創設　　　　　　　　　255

出典）Wescher 1976, Abb. 3.
図4-2　1795年頃の大ギャラリー
（ユベール・ロベールの油彩画）

には，ストーブの上に，ローマからもたらされたストア派哲学者ゼノンの立像が置かれているのが注目される。ちなみに，このストーブは入り口側から数えて4台設置されているうちの3台目であったが，窓を塞いで採光を妨げていることが見て取れよう。

ところで，97年7月以降イタリアで押収された絵画が到着するとともに，大ギャラリーはそれらの洗浄と木枠への張り付けのための作業場となった。美術館当局はイタリア絵画に応急処置を加えた上で，それらを大サロンに集めて臨時の展覧会を開催することを計画する。さらに，大ギャラリーの速やかな公開のために，その東半分に大サロンの側からまずフランス派絵画を並べ，次いで北方派絵画を配架しようとしていた。

そうした中で，97年12月20日，イタリアでの勝利の栄光に包まれたボナパルトの軍隊を歓迎する大宴会が，大ギャラリーで挙行されたの

出典) Sahut 1979, p.38, Fig. 93.
図4-3　改修中の大ギャラリー（1798年頃）
（ユベール・ロベールの油彩画）

である。ナポレオンは長い不在の後，同年12月5日にパリへ戻り，同月8日にはルーヴルの幹部たちによって美術館に招かれていた。総裁政府は13日に大宴会の開催を決定し，それは元老会と五百人会の議員がボナパルト将軍に贈るという形を取った。大ギャラリーには長いテーブルに700人分の食器が用意されることになり，絵画や様々な物品を急いで移動させた上で，軒蛇腹には敵から奪った軍旗を飾り，壁には花飾りが付けられた。カルモナによると，「この豪奢なディナーはルーヴルに対する熱狂をいや増し，古い宮殿はかつてないほど国民の共有財産のごとく見えた」のである。

しかし，宴の後大ギャラリーには床に油のシミと厚い泥が付き，壁と軒蛇腹にはランプによる黒い煙の穴があくなど，ひどい傷みが残された。その修理は98年4月1日と定められていた大ギャラリーの再公開の日を，99年4月7日へと丸1年遅らせることになる[52]。

8　国内の他の施設からの美術品の収用

　ここで，いま一度第1次美術館管理委員会が発足した1794の時点に話を戻すことにしよう。ルーヴル美術館の管理委員会は1794年以降も外国からの押収美術品を受け入れるだけでなく，国内の他の美術館，博物館や教会財産および亡命貴族財産の一時的保管庫などから重要な美術品を収用して，自らのコレクションを一層充実させることに努めたのである。たとえば，亡命貴族財産の保管庫であったネル館からは，94年の4月と7月に少なくとも79枚の絵画がルーヴルへ移されている[53]。しかし，94年から総裁政府期にかけてルーヴル美術館にとって傑作絵画や彫刻の主要な供給元になったのは，パリの旧プチ＝ゾーギュスタン修道院に設けられた聖職者財産の保管庫（95年10月以降は「フランス記念物博物館」）とヴェルサイユ宮の美術館である。以下，この両者とルーヴル美術館との関係について手短に述べることにしたい。

　まず旧プチ＝ゾーギュスタン修道院の保管庫と「フランス記念物博物館」の成立事情は以下の通りである。1789年11月の聖職者財産の国有化によって，それまで教会，修道院に置かれていた絵画，彫刻や様々な記念物を収容し保管する必要が生じたが，パリにおけるその保管場所として記念物委員会が91年初めに指定したのが，セーヌ左岸の旧プチ＝ゾーギュスタン修道院（現在，国立美術学校がある場所）の建物であり，同年6月その管理人として画家で考古学者のアレクサンドル・ルノワール（Alexandre Lenoir）が任命されたのである。ルノワールは最初，自らが管理するプチ＝ゾーギュスタンの保管庫がいずれはルーヴル美術館に吸収されるものと考えていたが，彼自身94年1月に発足したルーヴルの新しい管理部にポストを得られなかったことから，ルーヴル美術館とは別個の，古今のフランス彫刻に特化した博物館の設立を望むようになったといわれる。ルノワールは恐怖政治が終結した94年秋以降公教育委員会に対して，プチ＝ゾーギュスタンが所蔵する記念物や彫刻をベースにした博物館をパリに設立する計画を提出していたが，国民公会が解散される5日前の95年10月21日になって，公教育委員会は

彼の提案を受け入れ，「フランス記念物博物館」（Musée de Monuments français）の創設を決定した。内相ベネゼクは翌96年4月8日これを正式に承認する。

　プチ＝ゾーギュスタンの保管庫の管理人であったルノワールは最初，ルーヴルの行政を担当する美術館委員会からの美術品引き渡し要求に対して頑強に抵抗を試みた。彼は1792年12月から93年7月までの間に，委員らがルーヴルのために要求した47点の絵画の引き渡しを繰り返し拒否したのである。しかしルーヴル美術館の開設が決まると，一転して要求された美術品を譲渡するようになる。ルノワールがルーヴルへ送った絵画の中には，ラファエロの「墓の中のキリスト」と「サマリア人」，恐らくは教会から没収されたとみられるフィリップ・ド・シャンパーニュの5点の油絵が含まれていた。ルノワールはその後も，絵画と古代彫刻をルーヴル美術館とヴェルサイユ美術館に引き渡して，自らの博物館を中世から18世紀までのフランスの彫刻と霊廟，石棺などの墓用記念物を世紀別に展示する博物館にする道を選んだのである[54]。

　一方，ヴェルサイユからは前述のように1792年9月に国王の絵画125点がルーヴルへ移されていたが，同宮殿の目録には93年6月の時点で旧国王コレクションの過半を占める970点の絵画が記載されていた。ヴェルサイユ市当局はさらなる絵画の収奪を避けるために，宮殿内に自らの美術館を設立することに決め，それは1794年に国民公会の承認を得てオープンした。

　ヴェルサイユ美術館はその開設時には，美術品だけでなく，革命期にセーヌ＝エ＝オワーズ県で没収された珍奇品，写本，学術標本，墓碑などの雑多な集合体であったといわれる。しかし，ルーヴル美術館管理部はその後も，レオナルド・ダ・ヴィンチを始めヴェルサイユにあるイタリア派巨匠の作品を要求し続けたので，総裁政府期にパリの中央政府はルーヴル美術館管理部と一緒に，ヴェルサイユの美術館をフランス美術専門の美術館に変えることを計画した。内相ベネゼクは96年5月1日の布告において，共和国の美術館のあり方について1つの明確な方針を打ち出したが，そこには，すべての美術館は中央美術館の補充に寄与しなければならないこと，その他の特殊な美術館と個別の保管庫はそれらの設立目的に適った物品だけを収蔵すべきであり，中央美術館と張

り合ってはならないことが，定められていたのである。このような原則をうち立てた上で，ベネゼクは97年2月，「フランス派専門美術館」（Musée spécial de l'École française）の創設を発表する[55]。

こうしてヴェルサイユ美術館にはルーヴル美術館と絵画を交換する道が開かれ，そのことは一見したところ両美術館に等しく利益をもたらすように思われた。ヴェルサイユはイタリア絵画と交換にフランス絵画を受け取ることによって，ルネサンスから当代までのフランス派の作品の包括的な年代順の展示を推し進めることができるであろう。また革命前にダンジヴィレ伯が意図したように，生存中の芸術家の作品も展示品に加えられるであろう。しかし，上述のように96年の内相ベネゼクの決定によって，ルーヴル美術館はフランス絵画をも含めて，あらゆる種類の美術品の最良のものを保持する権利を与えられていたので，ヴェルサイユはルーヴルとの作品の交換によって失うところの方が大きかった。

実際，交換する絵画を選ぶために任命された審査委員会（ルブラン，カトルメール・ド・カーンシー他6名の画家，彫刻家から成る）は，まずルーヴルに架けるべきフランス派の絵画を決めてから，ヴェルサイユへ送ることができる作品を決定したのである。ベネゼク自身，審査委員に向かってこう注意している。「中央美術館はあらゆるジャンルとあらゆる流派の最も勝れた作品を提供せねばならない。」フランス派の絵画は最初まず大ギャラリーに展示されなければならず，そこにおいて世界最高の北方派およびイタリア派の絵画と張り合わなければならないが故に，選り抜きのフランス絵画はパリに留まることが必要不可欠なのである。この交換によって97-98年にルーヴルへ移されたイタリア絵画の中には，「モナ・リザ」（「ラ・ジョコンダ」）を始めとするダ・ヴィンチの4点のほか，ティツィアーノ，ヴェロネーゼらの作品が含まれていた。

マクレランによると，こうして美学的に勝れた作品をパリに引き渡したヴェルサイユのフランス派専門美術館は，フランス記念物博物館とともに「歴史ミュージアム」というあいまいな性格を帯びることになる。ベネゼクは中央美術館の管理部に対して，歴史よりも作品の質に留意するよう強調している。内相によれば，「空隙のない年代順のフランス美術史を構成できる」のは，ヴェルサイユにおいてであった[56]。

とはいえ，ヴェルサイユの美術館は二流の美術品のみを受け取ったの

ではない。パリから送られた約240点の絵画の中には，ル・シュウールの聖ブルーノ・シリーズや，ヴェルネの「フランス諸港眺望」連作のような人気作品が含まれていた。しかし，フランス派の専門美術館として，ルーヴルが要求しない作品を展示したこと，また勝れた絵画よりも歴史的な解説を重視したことから，公衆の評価においては不利な立場に置かれた。1797年にナポレオンのイタリア遠征史を著したポムルル将軍は，翌98年にヴェルサイユの美術館を「二流の陳列所（収蔵庫）」と切り捨て，「芸術家と愛好家は彼らが中央美術館で（フランス派の絵画を）よりよく見ることができるのに，どうしてヴェルサイユへ旅しなければならないのか」と問うている。また，その12年後の1809年にドイツのあるガイドブックは，「フランス派の最良のものを見るためにはルーヴルへ行かなければならない」と断言している。それにもかかわらず，「フランス派専門美術館」は執政政府期に369点の絵画を所蔵していた。それらはヴェルサイユ宮の国王の正殿，鏡の間および北翼2階の庭園側に陳列され，その場の壮麗な雰囲気も魅力となって，パリからも大勢の見物客を引き寄せていたのである[57]。

9 美術品の修復の問題

　本章の最後に，イタリアからの絵画の到着前における美術品の修復について述べておくことにしたい。
　外国からの美術品の収奪を正当化するためには，それらの美術品がフランスにおいて適切に扱われ，良好な保存状態にあることを証明する必要があった。とりわけ1792年夏以降，旧体制のシンボルとしての美術記念物への攻撃（革命的イコノクラスムあるいはヴァンダリスム）が拡大する中で，芸術的価値のある物品の保護を求める声が高まっていた。それ故，外国からの傑作の到着を機に，フランス共和国は美術品を粗略に扱っているという非難を一掃しなければならなかったのである。
　ところが，1794年9月にベルギーから最初の絵画が到着するのに先立って，ルーヴル美術館を管理していた美術館委員会の能力に対して重大な疑問が投げかけられ，進行中だったすべての修復作業が一時停止さ

第4章　フランス革命とルーヴル美術館の創設　　　　　　　　　261

れるということが起こっていた。批判の急先鋒は，国民公会議員で当時最有力の画家ダヴィッドであり，彼は議会において，巨匠たちの絵画が無能な修復家の手に委ねられたために損なわれたとルーヴルの管理部を激しく非難したのである[58]。

　しかし，当時のフランスの絵画修復のレベルは実際にそれほど低かったとは考え難いのである。そのことを示すために，美術史家マクレランの説明に従って革命以前における絵画の修復の歴史について手短に述べることにしよう[59]。

　そもそも，フランスにおいて絵画の保存状態とその修復が大きな問題になったのは，革命に先立つ18世紀中葉のことであり，リュクサンブール宮殿における絵画ギャラリーの開設に関わってである。議論の口火を切ったのは，本章1節で述べたラ・フォン・ド・サン＝ティエンヌの小冊子（1747年刊）であり，著者はそこで，ヴェルサイユ宮にある国王の絵画コレクションがひどい放置と破損の状態にあることを批判したのである。

　フランスにおいては，18世紀の前半に私人による絵画収集の発展と美術品市場の成長の結果，修復が1つの独立の職業として出現したとされる。ところが，ラ・フォンの上述の著作およびリュクサンブール・ギャラリーの計画とともに，王権が修復のイニシアティヴをとり，国王コレクションのメンテナンスの重要性を認識した王室建造物局総監ルノルマンは同ギャラリーの絵画の修復を2人の経験豊富な修復家，ブリュッセル出身のコラン（Colins）とゴドフロワ（Godefroid）夫人（画商兼修復家の未亡人）に委ねたのである。しかし実際に多数の修復が行われたのはギャラリーの開館が迫ってからのようであり，展示された99点の絵画の約半数が1749-50年の2年間に何らかの形の修復を受けたことが確認されている。

　しかしながら，国王絵画のずさんな管理に関する上述のラ・フォンの非難に対して，最も説得力ある反駁となったのは，リュクサンブール宮での多数の絵画の組織的な洗浄と修理といったものよりも，ロベール・ピコー（Robert Picault）なる人物が王権の援助の下に油彩の絵の具を元の基材から新しい基材へ移す「奇跡とも思える術」を完成したという事実であった。ピコーは1748年から国王所有のイタリア絵画のいくつか

の移し替えに従事していたが，1750年には「非常に劣化していた」アンドレア・デル・サルトの板絵「愛徳」をパネルから新しいカンヴァスに見事に移すことに成功し，次いで1752年には国王コレクションの中でも最も有名な美術品の1つであるラファエロの傑作板絵「聖ミカエル」にも同様の処置を施して，それを蘇らせた。この功績によってピコーは7,000リーヴルという法外な報酬を得ただけでなく，国王は彼の年金を600リーヴルから2,000リーヴルに引き上げたのである。

1750年に開館したリュクサンブール・ギャラリーでは，ピコーの「偉業」がカタログに長々と記述されただけでなく，アンドレア・デル・サルトの修復された傑作絵画とそれの使い古されたパネルとが並べて展示された。また同様に蘇ったラファエロの「聖ミカエル」もそこに一時展示されてから，ヴェルサイユ宮殿の「メルクリウスの間」に戻されたのである。

ピコーは実際には移し替え技術の発明者ではなかったのだが，まもなく同様な修復を何分の一かの費用で，より短時間に行う者が現れた。王室建造物局におけるピコーの後任のアカン (Jean-Louis Hacquin) ははるかに安い報酬で，より迅速に仕事を行ったのである。ところが，リュクサンブールのギャラリーが一旦開かれると，修復に対する政府の関心は衰える。ルノルマンの次の王室建造物局総監マリニーは七年戦争 (1756-63年) の間修復作業を事実上中止し，その後もほとんど注文していない。ただし，美術史家エチエンヌは最近の研究で，「絵画の保存状態は1775年頃に作品の獲得プロセスにおいて基本的役割を演じる」と述べており，絵画修復に対する王権の関心は1770年代半ばには再び強まったようである。この時期に修復された作品は主にル・シュウールとラファエロの絵画であり，両画家の作品は1775-80年に修復された絵画の3分の2を表していた。

革命期に入って後，絵画の保存とその修復の問題が大きく取り上げられたのは，1792年8月10日の革命の後である。既述のように同年9月ルーヴルおよびすべての国有財産の責任者となったジロンド派の内相ロランは，6名のメンバーからなる美術館委員会を任命した。ところが，その委員から外されたことに強い不満を抱く画商で鑑定家のルブランと修復家のジャン＝ミシェル・ピコー（上述の絵画移し替えの「発明者」ロ

第4章　フランス革命とルーヴル美術館の創設　　　　　263

ベール・ピコーの息子）が，まもなく同委員会に対する攻撃を開始するのである。

　当時最も有名な鑑定家のルブランは，92年秋に2度にわたり美術館委員会にポストを得ようとしたが成功せず，そこで公衆に訴えるべく，翌93年1月『国家美術館に関する考察』なる小冊子を出版した。彼はそこで，美術館委員会の修復政策を厳しく非難し，鑑定の専門家だけが美術館を経営するにふさわしいと主張した。その間ピコーは，国家美術館における主任修復家の地位を得ようとしたが，これまた失敗に終わった。93年3月4日，ルブランはロランに代わった内相ガラへの書簡において，「共和国の絵画に対する一切の修復の中止」を要求したのだが，その2日後ピコーは「ルーヴルの芸術家協会」で演説して，美術館委員会の委員たちが最も貴重な絵画に加えた修復処置について，「無知な芸術家たちはあたかも神話の中のハーピーのように手を触れるものすべてを台無しにした」と非難したのである[60]。

　しかし，美術館委員会による絵画の修復作業を実際に中止させるには，先に触れたダヴィッドの2度の介入が必要であった。ダヴィッドは93年12月18日美術館委員会の廃止を要求する報告を行ったが，彼はそこで，現在の委員会は「絵画の修理のために未熟な人々を使うことで，いくつもの傑作を台無しにした」のであり，「公会はすべての国々の大芸術家たちの崇高な作品を保存し，後世に伝える世話を，速やかに愛国的で開明的な芸術家に委ねるべきである」と主張したのである。この時には国民公会は彼の要求を受け入れなかったので，ダヴィッドは，翌94年1月16日に，公教育・財務両委員会の名で再度報告を行い，10人の芸術家の名前を挙げて，美術館委員会に代わる美術館管理委員会の設置を要求し，直ちに議会によって承認されたのである。彼はこの報告では，美術館委員会の下での誤った修復によって台無しにされた有名絵画の例を具体的に列挙している。

　以上の美術館委員会に対する攻撃において，ダヴィッドはルブランとピコーという2人の専門家の支援を受けていた。ダヴィッドが行った非難について，マクレランは，それを否定することは難しいが，残存する史料が示すところでは，委員会のもとで絵画の修復に関して大きなケアが払われたとしている。なお，ピコーは上述の美術館管理委員会に加

わることになった[61]。

　その後，94年4月7日にはルーヴル内のすべての修復作業場は閉鎖され，公安委員会と公教育委員会は有能な修復家を見出すためのコンクールを実施することにした。6月24日に開始された最初の試験は6か月続く予定であったが，しかし9月24日以後ベルギーからの絵画の到着によって，修復作業の再開が不可避になったのである[62]。

　公衆は最初に到着したルーベンスの4枚の絵が展示されるのを見ることを待ちこがれていたので，94年9月27日公教育委員会は国家美術館管理委員会の所見にもとづいて，「ベルギーから到着したルーベンスの絵画に若干の仮の修理を施すことが緊急事であると考えて，市民ピコーとルブランが2人だけで，かつ美術館管理委員会の監視の下で，速やかにこの修理を行う責任を負う」と決定する。彼らが行った仮の（応急の）修理とは，ルーベンスの（レプリカ1点を除く）大作3枚を軽く洗浄し，絵の具が剥がれているかそのおそれがある部分を再び取り付けるというごく簡単なものであり，こうしてそれらの絵画は到着の8日後には大サロン（サロン・カレ）に展示されたのである[63]。

　ベルギーからの絵画は94年9月19日から95年2月8日までの間に合計7回にわたって200点近く（うち4点はドイツのアーヘンとケルンから）が送られてきたが，その到着のたびに，ルブランによって（美術館管理委員会の書記ラヴァレの援助を受けながら）目録が作成され，絵画1点1点の保存状態が詳細に記録された。そして，第2回から第4回の到着分の目録では，ルブランによって絵画の修理の必要が繰り返し強調されている。たとえば12月4日の第4回到着分の目録には，75点の絵画についてこう書かれていた。

　　「これらすべての傑作の大部分は，カンヴァスの補強にせよ，他のものにせよ，速やかな修理を必要としている。その大多数には木枠がなく，絵がカンヴァスから離れており，もし修理を遅らせるなら，一層傷むであろう。」

　当時，カンヴァスに描かれた絵画は一般にローラーに巻かれて運ばれたのであるが，注目すべきは，ルブランが直ぐ続けて，「大部分の傑作

は石鹸で行われた丁寧でない洗浄のために損なわれた」と述べ，次のように主張していることである。

「以前の所有者の無頓着のために破損するに至ったこれら不滅の人々の作品を共和国が奪取したのは，彼らの名誉にとってまさに時宜を得たことであった。これら比類なき天才をもつ人々の作品を未来の世代のために保存するという名誉は，フランス人にのみ与えられていたのだ[64]。」

サヴォワが言うように，美術品の押収の企てが天才の作品を暴君どもの目から引き離す必要によって正当化されたのと同様に，修復という動機がフランスの美術館員には，美術に対する彼らの尊敬の念を証明する明白な手段となるのである。「修復という実際的動機が，フランドルの絵画遺産のフランスへの移送をいま一度イデオロギー的に正当化するのに用いられる。」ルブランは第1回到着分の目録に記している。

「（到着した絵画について）綿密細心になされたこれらすべての観察は，後世の人々に対して，われわれがかかる征服物を評価するのに相応しかったことを証明するであろう。これらの絵画がそれを所有していた怠け者の修道士たちの不注意によって蒙った破損（劣化）を，人はわれわれのせいにすることはできないであろう[65]。」

ここで，ブリュメールとエミール=マールの説明に従って，当時における絵画の修復の概要と，それに従事した修復家について簡単にまとめておきたい。上述の仮の（応急）修理とは区別される「本来の意味での修復」は，次の2種類の作業から成る。1つは絵画の基底材の取り替えまたは補強であり，絵を板またはカンヴァスから新しいカンヴァスへ移し替えること（rentoilage），あるいは板やカンヴァスに別の布を強力糊で張り付けて補強すること（marouflage）から成る。板絵の場合には，湿気によってしばしば板にひび割れが生じたり，表面が反り返っていたりしたが，その場合にはパネルに木の枠をはめて補修すること（paquetage）が行われた。もう1つの作業は絵画そのものに対する処理

であり，まず絵を熱湯や黒石鹸で洗い，ナイフとブラシを使って油や塗り直し部分やニスを除去し，時には新たにニスを塗る。その後で，修復作業の最もデリケートな部分である絵筆による修復＝補彩（絵の具の剥落部分の充填や色調の調整など）を行う。

　以上の2種類の作業に対応して修復家の2つのチームが存在した。絵の移し替えや補強には，前述のピコーの指揮のもと，アカン（François Toussaint Hacquin　彼も修復家の息子であった）とフーク（Foulque）が主として当たることになった。絵画の洗浄はレゼール（Reser, Roeser），ミショー（Michau），オーグステル（Hoogstoel），カルリエ（Carlier）らによって行われた。最後の絵筆による修復には主に後者の人々が当たったようである。これら修復職人たちの名前はベルギーからの絵画だけでなく，1797年以後に到着するイタリア絵画の場合も含めて，ルーヴルでの絵画の修復について絶えず見出されることになる。彼らはこの時期に修復すべき作品の殺到によって大きな経験を積んだのである。若干の修復職人は非常に有名であり，たとえばアカンは98年に，ポーランドの収集家から絵画の修復を依頼されたほどであった[66]。

　さて，ベルギーからの絵画の修理を求めるルブランの度重なる要求に対して，政府が明確に答えたのは，1794年12月のことであった。同月13日の公教育執行委員会の布令は，「リエージュとベルギーから木枠なしで（＝巻かれた状態で）到着したすべての絵画」を修復作業場へ移し，それらを木枠の上に引き延ばした後，美術館の大サロンへと運ばせ，公衆が楽しむことができるように配置すると決定したのである。付け加えておくと，彫像については94年8月26日に美術館管理委員会は以下のような考えを基礎にして公教育委員会に報告を行うことを決めていた。すなわち，「最も素晴らしい彫刻作品は古くなった状態で保存されなければならない」こと，また「第2級の作品については，修復すべき人物像と修復芸術家とを決定する選考委員1名が任命されること」である[67]。

　しかし，国民公会期において実際の絵画修復のリズムは著しく緩慢であった。エミール＝マールの資料からは，ルーベンスの最初の3点の大作のように応急の処置をして速やかにルーヴルの大サロンに展示された絵画は，ほかには14〜15点しか確認できない。実際，中央美術館

第4章　フランス革命とルーヴル美術館の創設　　　　　　　　　　267

　管理委員会は95年の末に，緊急に修復を必要とする絵画のリストを作成したのだが，96年7月になってもまだ許可が下りないとこぼしている。作業を阻害したものには，まず，修復家に与えられた場所の狭さがあった。また，カンヴァスと木枠用の木材の補給困難も作業の進行のさまたげとなった。

　エミール＝マールによると，94年に押収された絵画が最も多く修復を受けたのは1798-99年においてである。この両年には30点以上の絵画の修復が確認され，その中には94年9月到着時に応急修理を受けた上記ルーベンスの3点も含まれている。ただし，それら大作3点の修復の内実は，この両年の修復の多くがそうであったように，洗浄とニス塗りおよび若干の補彩という「多分に表面だけの」ものであった。またこの時期の修復は99年4月の大ギャラリーの東半分の開館に備えてのことであったと考えられる。たとえば，94年10月にケルンで押収されたルーベンスの傑作「聖ペテロの殉教」の場合，それが新しいカンヴァスへ移されたのは4年後の98年9月のことであった。もっとも1798-99年に修復を受けた絵画の中には，95年に木枠の上に引き伸ばされて急ぎ陳列された絵画で，保存状態がよくないために3年後に新しいカンヴァスへ移し替えられたものもあった。その代表例としては，94年11月に到着したルーベンスの「十字架を担うキリスト」があり，98年5月に糊による伝統的方法で別のカンヴァスへ移されている。

　それ以後で最も多くの修復が確認されるのは1802-03年である。1802年には，復活祭の日である4月18日にパリのノートルダム大聖堂で，第1執政ナポレオンも出席してコンコルダ（政教条約）とアミアンの講和条約とを同時に祝賀するテ・デウムが開催されることになり，その折に大聖堂を飾るために16枚の大判の絵（ルーベンスの「聖母の戴冠」を含む）が急遽，洗浄，修理されることになったのである。これに対して，ベルギーから獲得された絵画が帝政期になってから修復された例は非常に少ない[68]。

　以上，ベルギーからの押収絵画の修復について述べたが，これに対してオランダからの押収絵画の修復については，われわれが知りうることは非常に少ない。第1章で述べたように，1795年9月のパリ到着時にルブランとマザードが作成した押収品の目録には185点の絵画が掲載

されていたが，そのうち洗浄，ニス塗り，補彩，板やカンヴァスの裏打ちあるいは新しいカンヴァスへの移し替えなど，何らかの修復が必要と注記されていたものは 21 点だけである。また具体的な絵画修復の事例も，美術館管理委員会の委員で修復家のピコーが 95 年 10 〜 12 月に自身の作業場で行った 6 点のケースが，同委員会の議事録に記録されているに過ぎない。その 6 点とは，ルーベンスの「ヴィーナスとアドニス」および（ビロードのブリューゲルと共作の）「アダムとエヴァ」のほか，メツー，オスターデ（アドリアーン），ポッター，ワウウェルマンの各 1 作であり，このうちルーベンスの 2 作は 1799 年に大ギャラリーの東半分が公開された時，そこに公開展示されたことがカタログから確認される[69]。

第5章

ルーヴル美術館と収奪美術品の利用（1）
――総裁政府～執政政府期――

1 イタリア絵画の臨時展覧会（1798-1805年）

　本章と次章では，フランスが大革命期およびナポレオン期にベルギー，オランダ，イタリア，ドイツなどから収奪した美術品が，フランス国内でどのように，またどの程度利用されたのかについて考察する。

　いま絵画についてみると，上述の時期にフランスへ移された作品の数はベルギーとオランダからが約380点，イタリアからが500点，ドイツ諸国とオーストリアを合わせて約1,200点，スペインから300点であり，総計約2,400点に達する。これほど多数の絵画をパリのルーヴル美術館（共和国中央美術館次いでナポレオン美術館）において展示することは到底不可能である。それでは，どれだけの絵画がルーヴル美術館において実際に展示されたのであろうか。あるいは，パリのその他の施設や地方の美術館などに分配されて展示されたのであろうか。以下，1798-1805年に開催されたイタリアでの押収絵画の臨時展覧会から始めて，1799-1804年のルーヴル美術館大ギャラリーにおける絵画の常設展示，1800年における古代美術品ギャラリーの開設と彫刻作品の展示，さらに1807年開催のドイツ戦役での押収美術品の展覧会，1810-14年の大ギャラリーにおける絵画の常設展示，1814年開催のイタリアでの新たな獲得絵画（プリミティヴ絵画）の展覧会について，順次考察して行くことにする。

　それではまず初めに，外国からの押収美術品の最初の展覧会であるイ

タリア絵画の臨時展覧会について述べることにしよう。

共和国中央美術館（ルーヴル）の管理部はイタリアにおいて収奪された美術品の輸送隊がパリに到着するたびに特別の一時的な展覧会を開催し，また展覧会のたびに出品目録（カタログ）である「ノティス」を刊行した。展覧会は1798年2月から1805年8月までに合計7回を数え，いずれもルーヴル宮の大サロン（サロン・カレ）において組織された。それらの展覧会は数か月続き，各旬日の最後の3日間だけ公衆に開放され，残りの日は芸術家だけに留保された。ただし，外国人は毎日，旅券を提示するだけで入場できた[1]。以下，順を追ってみて行くことにしよう。

① まず，1798年2月6日から6月18日まで大サロンにおいて，96年11月と97年7月に到着した2回の輸送隊がもたらしたロンバルディアなどの諸都市（ミラノ，クレモナ，パルマ，ピアチェンツァ，モデナ，チェント，ボローニャ）からの美術品のうち，主要な絵画約90点が展示された。さらにそれらを補充するものとして，ヴェルサイユ宮の旧王室コレクションに由来するイタリア派絵画約50点が加えられたので，展示絵画の総数は142点であった[2]。

この第1回の展覧会の際に刊行された「ノティス」は「イタリア方面軍に捧げられ」ており，本文118頁で，価格は15ソルであった。その緒言には次のように書かれている。これらはイタリアにおける美術品の収穫のごく一部に過ぎず，われわれはなお，他の諸都市，とりわけローマで収集された美術品を受け取らなければならない。「そして，これらすべての記念物が到着し，ベルギーおよびデュッセルドルフ（18世紀初め以来プファルツ選帝侯の重要なコレクションが存在した）に由来する記念物と統合される時に始めて，わが勝利のこの不朽のトロフィーは完全なものとなり，祖国が，なかんずく芸術がわが不敗の軍隊に負っている恩義の大きさが感じられるであろう。」

このように軍隊への讃辞を述べた後，緒言は美術館管理部が，到着した絵画を速やかに展示しうる状態にするために休みなしに従事した作業について述べる。シリンダーに巻かれて送られてきた絵画を引き延ばすために，100枚の木枠，大部分は大型のそれが製造された。それらの絵画のうち50点は金縁の額に入れられ，残りはさし当たり木の額縁に入

れられた。また，絵の表面を覆って見えなくしている煤煙や手垢や古い油を洗い落とすことが行われた。

　緒言はさらにカタログ本体での絵画の解説の仕方について述べる。そこでは絵画はその作者たる画家の名前のアルファベット順に並べられる。名前の後には，画家の生没年が記され，彼の研究・修業歴に関する短い解説が添えられ，さらにその後には絵画自体に関する説明が来る。すなわち，個々の絵画の寸法（高さと幅）と基材の性質（板かカンヴァスか），出所，来歴などが記された後に，特に絵画自体の主題と描写の仕方について詳しく叙述されている。その際，イタリアからもたらされた絵画に関する情報は，ルイジ・ランツィ（Luigi Lanzi）の『イタリア絵画史』（1795-96年刊）のほか，根本史料であるヴァザーリ，ベッローリ，マルヴァジアらの著作に求められている。

　緒言は最後に，諸外国の絵画をパリの国家美術館に統合することの意義について論じる。

　今日まで種々の場所に分散していた巨匠たちの作品は，別々にしか，つまりは不完全にしか評価され得なかった。しかし，わが軍隊がそれらの作品を，「まるで魔法の杖のひとふりで」美術館の大サロンにおいてひと目で眺められるようにした現在では，それらの作品は比較によるテストを受け，各々がそのあるべき場所に戻されることになる。こうして，真の傑作だけがその地位に留まるであろう[3]。

　実際の展示においては，限られたスペースの故に絵画は画派別にも年代順にも分類されることなく，雑然と配置されていたようである。この展覧会の目玉となる作品は，ラファエロの「聖チェチーリア」，ティツィアーノの「荊冠のキリスト」，パルマからの4点のコレッジョであり，ほかにはグェルチーノ，アンニバレ・カラッチ，ロドヴィコ・カラッチ，グイード・レーニらの作品が数多く見出された。なお，上述のヴェルサイユに由来する約50点の絵画の中には，レオナルド・ダ・ヴィンチの作品4点が含まれており，そのうちの1点，ノティス番号104の「モナ・リザ」（「ラ・ジョコンダ」）は，今日から見るとこの展覧会における最も著名な作品である。美術史家ハスケルによると，この絵はヴァザーリの記述によってすでに有名になってはいたが，一般大衆に公開されたのはこれが最初である。しかし，「この作品が何か特別の印

象を与えたとか，レオナルド崇拝が1798年に始まったことを示唆するものは何もない」とされる[4]。

② 次いで1798年11月8日には，同じく大サロンにおいて，同年7月16日にパリに到着した美術品（その一部は同月27日＝テルミドール9日にパリで凱旋行進を行った）のうち，ローマとヴェネツィアを中心に，ヴェローナ，マントヴァおよび教皇領のペルージャ，ペーザロ，ファーノ，ロレートから押収された絵画が，損傷が激しいもの，サイズが大き過ぎるものを除いて展示される。その際刊行されたカタログは，本文91頁，価格は75サンチームであり，94点の絵画を掲載していた[5]。ただし，そのうちイタリアからの収奪品として確認されるのは75点であり，残りの20点近くは前回同様，旧王室コレクションから供給されたものと思われる。カタログの緒言は，今回の展示品が前回に比べて数的には劣るとしても，その価値の点では決して劣っていないと断っている。たしかにそこには，ラファエロの「キリストの変容」，「聖母被昇天」，「聖母の戴冠」の3作と「アテナイの学堂」の下絵用デッサンを筆頭に，グイード・レーニ5点，アンニバレ・カラッチとゲルチーノ各2点，ドメニキーノとカラヴァッジョ各1点，マンテーニャによるヴェローナのサン・ゼーノ・マッジョーレ教会の見事な祭壇画，さらにヴェネツィアとヴェローナからもたらされたヴェロネーゼの傑作11点，ティントレットの「聖マルコの奇跡」他2点，ティツィアーノ3点，ペルジーノ17点，ローマからのプッサン作「聖エラスムスの殉教」など，素晴らしい傑作多数が並んでおり，観客の熱狂は大変なものであったと伝えられている。

なお，今回のカタログにおいては，画家に関する解説は前回と同じであるが，その後に小さな活字で，個々の絵画の来歴について判明しているあらゆる情報が記述されているのが特徴である。すなわち，絵画の形態と寸法，基材だけでなく，どの都市，教会，さらにはチャペルに由来するか，何年に，また画家の生涯のどの時期に描かれたのか，制作費はどれだけ支払われたのか，そして絵画の移動歴である。

③ その次にイタリアからの押収絵画の一時的な展覧会が開かれたのは，執政政府期に入った1800年3月19日である。ブリュメールによると，1799年の2〜3月にトリノで押収された60点を超える絵画がパ

リに到着し，次いで1800年初めにはフィレンツェから47点の絵画が到着したとされているが，3月19日に開幕した展覧会は，この両都市からの押収絵画を主体としながら，前2回の展覧会に出品されたイタリア絵画40点を加えて，合計147点を展示したものである（そのノティスは本文80頁，価格は75サンチームで，「収益は美術館の必要に充当される」と書かれている）[6]。この時の展示品の中では，フィレンツェのピッティ宮のギャラリーから押収されたラファエロ7点，ティツィアーノ2点，ジュリオ・ロマーノ4点，ヴェネツィアからのヴェロネーゼ4点など，イタリア・ルネッサンス絵画の名品が際立っている。これに対して，トリノのサルデーニャ王のギャラリーに由来する絵画は，全体としての知名度の点ではフィレンツェからの絵画にはるかに劣るものの，ビロードのブリューゲルの4点，ホルバイン3点，ワウウェルマン2点，ダウ2点，レンブラント，ポッターとプッサン各1点というように，アルプス以北の有名画家の作品が相当数含まれていた。ただし，トリノからの絵画の中で10点を数えたフフテンブルフの戦争画は1枚も展示されていない。

④　続いて1801年5月30日から同年8月19日まで，28点の大型絵画（grands tableaux）のみを陳列する展覧会が，同様に大サロンで開催される。それは「ヴェロネーゼ，ルーベンス，ル・ブラン，ロドヴィコ・カラッチ，および他の人々の大型絵画のノティス」（24頁，30サンチーム）というカタログの表題が示すように，20点のイタリア派絵画を主力としながらも，シャルル・ル・ブランの「（アレクサンドロス大王の）アルベラの戦い」他2点や，ルーベンス5点も展示するものである[7]。またイタリアからの収奪品は14点に留まっており，残りはベルギーからの収奪品と旧フランス王室の所有品から成っていた。注意すべきは，これらの絵画はサイズが大き過ぎるために，それまで展示されなかったわけではないことである。上記の28点のうち26点までは前3回の臨時展覧会に1度は出品されていたのであり，今回初めてパリ市民に公開されたのは，全部で10点を数えるヴェロネーゼの大作のうち「カナの婚礼」と「レヴィ家の饗宴」の2点のみであった。この両作品は1798年7月にパリに到着した後，本格的な修復に委ねられていたのであり，今回新しいカンヴァスに移され，補彩された上で展示されたのである。

なお，ヴェロネーゼのこの2点は以後3回の展覧会にも引き続き出品されることになる。

　⑤　さらに1802年3月9日に開幕する展覧会は，「ヴェネツィア，フィレンツェ，トリノとフォリーニョで収集された様々な貴重な絵画」85点を大サロンに展示するものである（ノティス，IV-72頁，75サンチーム）[8]。この展覧会は，旧フランス王室のコレクション，パリのトゥールーズ伯の邸館やリシュリュー城からの押収品，ベルギーの教会からの収奪品など様々な出所からの絵画と並んで，「新たに修復された絵画」，すなわち「最近，板からカンヴァスへ移されたイタリア絵画」が展示されたことで，特に注目を引いた。その緒言は修復の必要についてこう述べている。管理部はこれまでイタリア各地で収集された絵画をそれらが到着した状態のままで展示してきたが，しかし数ある中には，非常に憂慮すべき状態のものや，配架するのが危険な絵画もあった。それ故，管理部はそれらを完全な崩壊から救うために，その修理に従事したのであり，ここにその配慮と作業の結果を，ラファエロの「フォリーニョの聖母」と，ティツィアーノの「ドミニコ会士聖ピエトロの殉教」において公衆に提示するものである。これら2枚の絵は板に描かれていたが，パネルの老朽化と湿気のためにその表面に生じた様々な病変の故に，カンヴァスへ移さなければならなかったのである。以上の2作品の修復については本章の後段で再論する。

　この緒言においてもう1点注目されるのは，この展覧会がフィレンツェ・ヴェネツィア・ローマ各派のきわめて重要な絵画を展示すると同時に，パリ恐らくはフランスにおいても知られていない画家（ジョヴァンニ・マンノッツィ，チゴーリ別名カルディ，サッバティーニら）の作品をも展示するとされていることである。また美術館管理部はウェーニクスの動物画が公衆の興味を引くであろうと考えており，このようにして中央美術館に欠けている巨匠たちの作品を獲得することによって，「ヨーロッパで最も完全で最も素晴らしいコレクション」を形成すると謳っているのである。

　⑥　次いで1803年8月15日には，ヴェネツィア，フィレンツェ，ナポリ，トリノおよびボローニャで収集された「貴重な絵画」75点の展覧会が開幕する（ノティス72頁，60サンチーム）[9]。そこでは，1803

第 5 章　ルーヴル美術館と収奪美術品の利用（1）　　275

年または 04 年にナポリから到着した 7 点の作品のうち，スキドーネの「聖家族」，サッバティーニの「聖母の聖エリザベト訪問」，リベーラ（別名レスパニョーレ）の「羊飼いの礼拝」の 3 点が展示されたが，それらを除くと，すべての絵画は過去に一度は展示されたことがある作品であった。ただし，確認されるイタリアからの押収絵画は全体で 31 点に留まっており，旧王室コレクションに由来する絵画がより多数を占めていたことになる。

　⑦　さらにその 2 年後の 1805 年 8 月 15 日には，「パルマとヴェネツィアで収集された絵画」を中心に，32 点を展示する 7 回目の展覧会が開催される（ノティス 19 頁，30 サンチーム）[10]。この展覧会の呼び物は，1804 年にパルマから到着した絵画であり，アンセルミの聖母と幼子イエスを描いた 2 作，バダロッキの「聖痕を受けるアッシジの聖フランチェスコ」，ランフランコの「楽園」，ロンダーニの「聖母と幼子イエス」などが主要なものである。ただし，今回もイタリアからの押収品は，毎回出品されているヴェロネーゼとロドヴィコ・カラッチの各 2 点を含めても 11 点が確認されるに過ぎず，大多数は旧王室コレクションに由来する作品であったと考えられる。

　以上，1798 年から 1805 年まで，イタリアからの絵画の到着のたびに繰り返し開催された 7 回の臨時の展覧会について述べてきた。それらの展覧会は，イタリアからの到着絵画を展示するものと称しながら，実際には旧王室コレクションを始め，革命前からフランスに存在した絵画が毎回，数多く出品されており，時にはそれらが展示絵画の過半数を占めたことに注意しておきたい。

　さて，上述のイタリア絵画の臨時展覧会は全体として多大の成功を収め，その反響は新聞雑誌にも見出される。たとえば『哲学旬報』のアモーリー＝デュヴァル（Amaury-Duval）の論説は，第 1 回の展覧会が開幕してから 2 か月余り経った 1798 年 4 月 19 日に，現在展示中の絵画に関して以下のように所見を述べている[11]。

　　「敵から奪った武器と軍旗から成る戦利品がサロンの入り口を飾っている。真ん中には「イタリア方面軍に捧ぐ」と書かれている。私はこの戦利品を冷静に眺めることは決してできなかった。またこの

題辞を冷ややかな目で読むこともできなかった。――しかし，王たちのあの貴重な略奪品，彼らがわれわれに与えたすべての黄金よりもはるかに好ましい略奪品は今ここにあるのだ。いつの日か，わが戦士たちのために，大理石とブロンズの記念碑が建てられるであろう。無用の心遣いだ！　そうした記念碑はわがミュゼの中にあるであろう。彼らの栄光の本物の，不朽の記念碑は。」

このように軍隊の功績を称えたのち，同じ記者はイタリア絵画がフランスの画家に及ぼす教育的効果を強調して言う。

「身震いしたまえ，フランスの画家たちよ！　諸君の判事たちがやってきたのだ。目下開催されているサロン展は１つの法廷であり，諸君は代わる代わるそこに出頭しなければならない。諸君の絵はこれら美の典型と比較されるであろう。諸君のうちのどれだけが，この恐るべき対決から勝ち誇って出てくることだろうか？　どれだけの者が，自分たちは依然画家であると考えることができるだろうか？」
「あのイタリアの有名な画派のかくも多くの素晴らしい作品を決して眼前にしたことがない国民は，絵画とはどのようなものであり，またどのようなものでなければならないかを，やがて理解し始めるだろう。……」

展覧会を賞賛する論説は，開催のたびに政府新聞『モニトゥール・ユニヴェルセル』などにも掲載された。展覧会の成功度の重要な指標は来館者数であるが，入場料が存在しなかったので，その正確な数は分からない。しかし，カタログの販売部数が非常に多かったことから（1796-99年の３年間で約 34,000 フランの収益があった），大勢の観客がイタリア絵画を見に押し掛けたことが分かる[12]。

2 大ギャラリーの再開（1799,1801 年）

　大ギャラリーは 1796 年 4 月以来 3 年間の閉鎖の後，99 年 4 月 7 日にようやく再開された。すでに述べたように，この長い遅れは 97 年 12 月 20 日にボナパルト将軍に捧げられた宴会がその一因となった改装工事の重要性によるものであった。しかし，上述のイタリア絵画の第 2 回展覧会が大サロンでまだ開かれていた 1799 年 4 月 7 日には，大ギャラリーの一部，東半分が公開され，そこにフランス派およびフランドル派の絵画が展示された。この時刊行されたカタログ（IV-111 頁，75 サンチーム）には，フランス派絵画 143 点とフランドル派絵画 490 点，合わせて 633 点が掲載されている。ここでフランス派絵画が比較的少数である 1 つの理由は，前述のように 1797 年にヴェルサイユ宮殿内に「フランス派専門美術館」が設立されたことにある。またフランドル派とされているのは，実際にはオランダ派，ドイツ派を加えた北方 3 派の絵画であるが，全体の 4 分の 3 以上を占めるそれらの中には，トリノからの 17 点を中心に，イタリアからもたらされた北方派絵画が 25 点含まれていることに注意しておこう。

　そしてその 2 年 3 か月後の 1801 年 7 月 14 日には，残りの西半分を含めて大ギャラリー全体が公開された。この時刊行されたカタログ（II-152 頁，1 フラン）によると，新たに公開された部分に展示されたのは「ロンバルディア派およびボローニャ派の絵画」278 点であり，大ギャラリー全体では 911 点の絵画が展示されたことになる。それらロンバルディア派とボローニャ派の絵画はこの時最終的に修復されて，展示されたのである[13]。

　これより先，1800 年 11 月 9 日には，美術館 1 階の古代美術品陳列室が一般公開されていたので，共和国中央美術館はここにひとまず完成を見たと言える。上述の 2 つのカタログの緒言によると，大ギャラリーでは，画家たちはフランス派，北方 3 派，イタリア派という画派別に，生年月日の順に並べられ，またできる限り同じ画家の作品は 1 か所に集められた。それは「この方法が画派と画派とを，巨匠と巨匠とを，そ

出典）Leroy-Jay Lemaistre 2004, p. 194, Fig. 241.
図5-1　1799年頃の大ギャラリー
（コンスタン・ブルジョワのデッサン）

して巨匠と彼自身とを（つまり1人の巨匠の作品と作品とを）比較することを容易にすると言う利点をもつからである。」

しかし，実際には装飾上の必要から年代順に配列されなかった例も確認されている。各々の張り間（travée）は別々の単位として絵が架けられ，またその配置はシンメトリカルでなければならなかった。展示すべく選ばれた大型の絵はすべて架けなければならず，それは張り間毎に2枚を超えてはならなかった。そこで，まず大型の絵を掛け，それを中型と小型の絵で取り囲む方法が取られたのである。

1801年のカタログの緒言は，1799年4月に大ギャラリーの「フランス派とフランドル・オランダ・ドイツ各派の絵画」を配置した部分が公開されて以来，イタリア諸派の絵画の展示が今日まで2年あまり遅れたのは，その後「古代彫刻美術館」が開設され，「この施設が必要とした重要な工事」のためであるとした上で，もう1つの原因として，「この派の最も貴重な絵画がイタリアから到着した時に陥っていた破損状態」

第5章 ルーヴル美術館と収奪美術品の利用（1）　　　279

出典）Sahut 1979, p.39, Fig. 94.

図5-2　1801-05年頃の大ギャラリー
（ユベール・ロベールの油彩画）

を挙げている。「それらの絵画は完全な崩壊を避けるためには，速やかな修理を必要としており，美術館管理部は公衆にそれらを絶えず享受させる唯一の方法は，展示する前に修復させることであると考えた。そして，このように重要な処置が要求するあらゆる慎重さをもって，その作業に従事したのである[14]。」

ところで，この1799年と1801年における大ギャラリーの様子を写実的に描いた絵画として，コンスタン・ブルジョワのデッサンとユベール・ロベールの油彩画がある。

1799年のブルジョワのセピアで描いたデッサン（図5-1）は，建築家レモンが差配した整備の様子を克明に描いている。そこでは，壁面だけでなく窓の開口部さえもがフランドル派の絵画によって埋め尽くされており，その中にはルーベンスのものと思われる三幅対の絵画2点が向かい合って掛けられているのが見える[15]。

一方，ロベールの油彩画（図5-2）は，1801年7月の全面公開後の大

ギャラリーの様子を表すとみてよかろう。そこには，ブルジョワのものよりも一層入念に描かれた展示作品の中に，ラファエロの「聖家族」が（右端上部に）認められる。装飾は同一であり，両側から窓を挟む柱には胸像が載せられ，その窓は北側は彫像で飾られたストーブによってふさがれている。

ところで，大ギャラリー全体が再び公開されてから3年後（すなわち，共和国中央美術館が「ナポレオン美術館」と改称された翌年）の1804年には，『ナポレオン美術館の大ギャラリーに展示された3つの派の絵画のノティスの補遺』が刊行されている[16]。そこでは，新たに268点の絵画が追加されており，この間における展示絵画数の増加は著しいものがある。そして増加分の内訳は，フランス派24点，フランドル派（＝北方3派）62点，イタリア派182点となっており，特にイタリア派の増加が目立っている。1801年のカタログ掲載分と合わせると，フランス派167点（14.2％），フランドル派（＝北方派）552点（46.8％），イタリア派460点（39.0％），全体では1,179点になる。イタリア派絵画のめざましい増加は，1802年と03年に大サロンに展示されたイタリア派絵画の一部がその後大ギャラリーに移されたこと，また1800年もしくは02年に到着した絵画で修理に出されていたものが加わったことなどによっている。

ところで，大サロンにおいてイタリアからの押収絵画の一時的展覧会が開催された1802年3月や03年8月においても，隣の大ギャラリーでは上述のようにフランス派，北方派，イタリア派の夥しい数の絵画が展示され続けていたのである。米国の美術史家ホルトは，1802年3月にはルーヴルにおいて，ナポレオンの臨席の下にヨーロッパでそれまで最大規模の美術展覧会が開催されたと主張しているが，これは同月9日に開幕した大サロンにおけるイタリア絵画の一時的展覧会と，大ギャラリーで前年7月に始まった3つの派の絵画の常設展示とを合わせたものを意味していると考えられる[17]。なお，同じ02年3月アミアンの講和によってヨーロッパに一時平和が回復されると，ドイツやイギリスから文学者，芸術家，美術愛好家などがナポレオン美術館の美術財宝を鑑賞するためにパリを訪れるようになる。以下に，そうした外国人観客の例を2つだけ挙げておこう。

第5章 ルーヴル美術館と収奪美術品の利用 (1)

表 5-1　フランス派主要画家の大ギャラリー展示作品数の推移

	1793 年	1801-04 年	1811 年	1823 年
ブールドン	4	8	7	11
ル・ブラン	11	16	10	23
コワペル	5	3	4	4
イール	3	7	5	6
クロード・ロラン	13	8	6	13
プッサン	27	21	26	34
シュブレイラス	2	4	1	8
ル・シュウール	25	10	8	45
ヴァランタン	3	10	9	11
ヴェルネ	20	19	8	33
以上小計	113	106	84	188
フランス派展示総数	154	167	107	300

出典）　*Catalogue* 1793; *Notice* an IX(1801); *Supplément* an XIII-1804; *Notices* 1811 et 1823 により作成。

　まず，1802 年と 14 年とにパリを訪れたイギリス人シェパード師（Reverend William Shepherd）は，最初のルーヴル訪問時の大ギャラリーの印象をこう語っている。

　「1300 フィートもの長さの素晴らしい部屋が与える驚嘆すべき眺めは言葉では表すことができない。その両側は，ドイツとイタリアの征服地の広大なギャラリーにおいて優れた審美眼によって選ばれた選り抜きの名画によって飾られている。」

　続いて古代彫刻展示室に入ったシェパードは，自分がいまアポロン像やラオコーン像などの傑作の「威厳に満ちたオリジナル」を実際に目にしているのだということが，容易に信じられなかったと書いている。これに対して，1802 年から 03 年にかけての冬パリに滞在したドイツ人ライヒャルト（Reichardt）はこう書いている。

　「（美術館には）土曜と日曜にはありとあらゆる人々が入館する。その時には，観客は夥しい数に上り，また不清潔であるので，月曜は清掃に当てなければならない。この公衆の中には，多少とも破れた制服を着た元兵士と傷痍軍人の姿が，特に多数認められた。」

表 5-2 フランドル・オランダ・ドイツ派主要画家の大ギャラリー展示作品数の推移

	1793年展示数	1801-04年展示数	1811年展示数	押収地別 ベルギー	オランダ	イタリア	ドイツ	1823年展示数
ブリューゲル(ビロードの)	1	11	7	0	1	3	0	6
シャンパーニュ	12	10	7	0	0	0	0	16
クラーナハ(父)	0	1	1	0	0	0	1	3
ダウ(ヘリット)	7	14	17	0	0	3	3	11
デューラー	1	3	3	0	0	0	3	0
ダイク(アントン・ファン)	4	27	34	2	0	3	4	18
エイク(ヤン・ファン)	1	5	6	4	0	0	1	2
ヘイデン	2	4	6	0	1	0	3	3
ホルバイン(ハンス 子)	3	12	15	0	1	1	4	9
(デュ)ジャルダン	7	9	9	0	1	0	1	8
ヨルダーンス	4	6	10	1	0	0	5	5
ライレッセ	2	4	5	1	0	0	3	3
メツー	2	7	9	0	1	0	0	8
ミーリス(父)	3	8	9	0	0	3	0	4
ミーリス(子)	0	4	7	0	0	1	3	3
ネーフス(父)	1	5	5	0	1	0	2	5
ネール(子)	0	2	4	0	0	0	2	2
ネッチェル(父)	1	3	6	0	0	0	3	2
オスターデ(アドリアーン)	5	9	14	0	0	0	4	7
ポッター	2	6	10	0	0	1	4	2
レンブラント	9	19	33	0	2	1	13	16
ルーベンス	11	66	54	22	1	4	3	42
ロイスダール	3	4	7	0	0	0	4	5
スハルケン	2	7	8	0	0	1	1	4
スネイデルス	1	6	3	0	0	0	0	9
ステーン	0	5	6	0	1	0	1	0
テニールス(子)	5	14	17	0	0	1	5	14
ヴェルデ(ヴァン・デ)	3	8	10	0	0	0	2	8
ウェルフ(ヴァン・デル)	8	9	9	0	0	2	3	7
ワウウェルマン	10	19	33	0	3	1	13	12
以上小計	110	307	366	30	13	25	93	234
北方3派の展示絵画総計	186	552	606	37	26	31	136	485

註)ベルギー、オランダからの絵画の展示点数は若干の誤差を含む。
出典)*Catalogue* 1793,*Notice* anIX(1801);*Supplément* anXIII-1804;*Notices* 1811 et 1823および Blumer 1936;Savoy 2003,t.II により作成。

しかしライヒャルトは，このように美術館の「民衆的性格」を強調する一方で，フランス人が行った過剰なニス塗りによって展示絵画が損なわれたことを嘆いている。このように批判を含む証言もないわけではないが，しかし熱烈な賛辞に比べれば少数に留まったのである[18]。

表 5-3 イタリア派主要画家の大ギャラリー展示作品数の推移

	1752-54年王室所蔵数	1801-04年展示数(イタリア)	1811年展示数(イタリア)	押収地別(ドイツ)	左のうち返還数	1823年展示数
アルバーニ	25	26(8)	20	(6)	(0)	5	18
アンドレア・デル・サルト	4	7(4)	7	(4)	(0)	4	3
バッサーノ	12	6(0)	10	(1)	(2)	3	8
カラヴァッジョ	4	6(1)	4	(1)	(0)	1	4
カラッチ(アゴスティーノ)	0	5(3)	3	(3)	(0)	3	0
カラッチ(アンニバレ)	22	27(9)	27	(5)	(1)	2	26
カラッチ(ロドヴィコ)	5	9(3)	7	(3)	(0)	2	5
コレッジョ	8	8(4)	9	(5)	(1)	6	3
ドメニキーノ	16	19(3)	17	(3)	(0)	3	15
ジョルジョーネ	7	3(2)	5	(2)	(1)	3	4
グェルチーノ	4	27(15)	16	(9)	(0)	7	13
グイード・レーニ	23	31(10)	24	(8)	(0)	5	22
ジュリオ・ロマーノ	8	10(4)	9	(3)	(0)	3	6
レオナルド・ダ・ヴィンチ	11	6(0)	7	(0)	(0)	0	8
マンテーニャ	1	7(5)	3	(1)	(0)	0	4
ミケランジェロ	2	1(1)	2	(0)	(0)	0	0
パルミジャニーノ	2	4(2)	5	(2)	(0)	2	2
ペルジーノ		3(0)	4	(3)	(0)	3	4
ラファエロ	20	17(11)	26	(14)	(0)	14	14
ティントレット	8	8(2)	10	(2)	(1)	3	7
ティツィアーノ	21	23(7)	24	(7)	(0)	6	21
ヴェロネーゼ(パオロ)	26	15(7)	16	(7)	(0)	5	11
以上小計	233	268(101)	255	(89)	(6)	80	198
イタリア派展示絵画総計	320	460(162)	463	(156)	(13)	150	430

註)1752-54年の「総計」は展示絵画数ではなく、王室所蔵絵画の数を示す。また1801-04年の( )内は押収地を示す。なお上記以外の展示品に、モデナからの3人のカラッチによる共作「四大」(4点) がある(1815年返還)。
出典) Lépicié 1752-1754;*Notice* an IX(1801);*Supplément* an XIII-1804;*Notices* 1811 et 1823および Blumer 1936;Savoy 2003,t.II により作成。

　話を本筋に戻し、次に 1801 年および 04 年に大ギャラリーに展示された絵画について、より立ち入って考察することにしたい。
　表 5-1,5-2,5-3 はフランス派、北方派、イタリア派の主要な画家について、その作品の展示数の推移を示したものである。まず表 5-1 の 1801-04 年の欄を見ると、フランス派の画家の中で最も多数の作品が展示されているのはプッサン、ヴェルネ、シャルル・ル・ブランの 3 名であり、彼らに次ぐのはル・シュウールとヴァランタン、さらにクロード・ロランとブールドンである。以上 7 名うちヴァランタンとブールドンを除く 5 名は、中央美術館が開館した 1793 年にすでに、作品の展

示数の点で上位を占めた画家たちであった。

　次に北方派（フランドル・オランダ・ドイツ派）についてみると，表 5-2 が示すように，1801-04 年にはルーベンスが 66 点で断然首位を占め，以下，ファン・ダイク（27 点），レンブラントとワウウェルマン（各 19 点），ダウとテニールス子（各 14 点）の順で上位を占めている。以上の 6 名の画家の場合には，1793 年に比べて展示作品数が程度の差はあれ激増していることに注目しておきたい。

　最後にイタリア派の場合を見ると，表 5-3 が示すように，グイード・レーニが 31 点で首位を占め，アンニバレ・カラッチとグェルチーノが 27 点ずつで続き，以下アルバーニ（26 点），ティツィアーノ（23 点），ドメニキーノ（19 点），ラファエロ（17 点），ヴェロネーゼ（15 点）が上位を占めている。また以上のうちグェルチーノ以外の 7 名は，1752-54 年に刊行された国王所有絵画のカタログ[19]においても，数多くの作品が掲載されている画家たちであることが表から確認できる。さらにイタリアからの収奪品は，展示されたイタリア絵画全体の 3 分の 1 強を占めており，とりわけグェルチーノの場合には 27 点中 15 点，ラファエロの場合にも 17 点中 11 点を数えることにも注目しておきたい。グェルチーノの場合には，前述の 1798 年の 2 回の臨時展覧会に出品された 23 作のうちの 15 作が，大サロンからここへ移されて展示されているのである。

　ここで検討しておきたいのは，1801-04 年に展示絵画の中で最も多数を占めた北方 3 派の絵画の中に，1794-95 年にベルギーとオランダからもたらされた絵画がどの程度含まれていたかである。前述のエミール＝マールの研究において，1799 年のカタログに掲載されたと明示されている絵画は 17 点だけであり，そのうち 11 点はルーベンスの作品である[20]。彼女の研究結果を踏まえて筆者が調査したところでは，1801 年のカタログとその 1804 年の補遺に掲載されているベルギーからの絵画は 38 点に増加するが（他にケルンからのルーベンス作「聖ペテロの殉教」1 点がある），それでも 1794-95 年にベルギーから到着した 200 点近い絵画のうちのごく一部に相当するに過ぎない。

　これを画家別に見ると，38 点のうち 22 点がルーベンスであり，残りはファン・エイクが 4 点（ガンのシント・バーフ大聖堂の多翼祭壇画の中

央部下列の「神秘の小羊」とその上列の3枚の絵），アントン・ファン・ダイク3点，クエンティン・マサイス3点（ルーヴァンの聖アンナ信心会の3幅対祭壇画），フレマール2点，ヨルダーンス，クラーヤー，クエリン，スネイデルス各1点である。ルーベンスの22点には，アントワープのノートルダム大聖堂にあった「キリストの十字架降下」と「十字架建立」との2枚の3幅対祭壇画が6点として，またトゥルネーのサン・マルタン大修道院に由来する3幅対祭壇画「東方三博士の礼拝」が3点として，数えられている。

　次に1795年にオランダから到着した185点の絵画の場合には，タイトルの記載が時折欠落していることもあって，1801年および04年のカタログに掲載された作品との照応関係を正確に知ることは不可能であるが，およそ40点が1801年の大ギャラリーの再開時に展示されていたものと推定される。それらの内訳を見ると，フランドル派がルーベンス，ブリューゲル（ピーテル2世ダンフェール）ら5点，ドイツ派がホルバインら4点，フランス派がヴェルネら3点，イタリア派がバロッチら2点含まれているが，全体の3分の2はオランダ派の絵画であり，特に風景画が目立っている。ただし，オランダ派の中でもレンブラント（「水浴のスザンナ」），ポッター，ステーンの作品は1点ずつに過ぎず，ややマイナーな画家の作品が大多数を占めている[21]。

　さらにここで，1796年から1804年までの間にイタリア各地からもたらされた433点の絵画が，同じ時期にフランスにおいてどのような場所に展示され，どの程度公衆の目に触れることになったのかを総括的に見ておくことにしたい。

　表5-4はブリュメールの資料にもとづいて筆者が作成したものであるが，これによって次の諸事実を確認することができる。上記の絵画のうち実際にはパリに到着しなかったものや，どの目録にも現れないものが19点あり，これらを除いた414点が考察の対象になる。それらのうち，1798-1805年にルーヴル美術館の大サロンで開催された7回の展覧会に出品されたものは269点であり，全体の65%に達する。イタリア派絵画だけを取ると218点であり，その割合は68%に上昇する。一方，大ギャラリーに展示されたことが1799年，1801年，1804年（補遺のカタログによる）のいずれかの時点で確認できる絵画は合計197点（うちイ

表5-4 イタリアからの押収絵画の公開展示状況

	1798–1805年の7回の臨時展覧会（大サロン）に出品された作品						
	絵画総数	出品総数	1回	2回	3回	4回	5回	出品なし
イタリア派	323	218(67.5%)	145	51	10	7	5	105
その他	91	51(56.0%)	48	1	2	0	0	40
合計	414	269(65.0%)	193	52	12	7	5	145

	大ギャラリーに展示されたことが確認されている作品						
	絵画総数	左のうち大ギャラリーにのみ展示	大サロンにも展示					
			1回	2回	3回	4回	5回	合計
イタリア派	162	14	97	38	8	4	1	148
その他	35	5	28	1	1	0	0	30
合計	197	19	125	39	9	4	1	178

註）以上は，パリに不着，ナポレオン美術館の目録に欠如のもの19点（イタリア派18点，その他1点）を除いてある。
出典）Blumer 1936により作成。

タリア派は162点）である。そのうち178点（イタリア派では148点）は大サロンにおける展覧会にも1回以上出品されているが，大ギャラリーにしか展示されなかったものが19点（うちイタリア派は14点）存在する。以上から，上述の414点の絵画のうち70%に当たる288点（イタリア派だけでは323点中232点，すなわち72%）が，1798年から1805年までの間にルーヴル美術館において一定期間，公開展示の対象になったことが確認される。

　それでは，この期間にルーヴル美術館の大サロンでも，またその大ギャラリーでも展示されなかった残りの126点（イタリア派のみでは91点）の絵画はどのように扱われたのであろうか。表5-5によると，上述の414点の絵画のうち64点は，ナポレオン期のある時点で（とりわけ帝政樹立以後に），ノートルダム大聖堂を始めとするパリの諸教会（28点）やサン・クルー，コンピエーニュなど皇帝の宮殿（27点）へ，あるいは元老院が置かれていたリュクサンブール宮殿や陸軍省，海軍省が使用する邸館へ送られて，それらの室内装飾に使われたのである。また別の78点の絵画は後述の地方美術館が開設された諸都市を中心に，全国18の地方都市（ブリュッセル，ジュネーヴのような併合地域の都市を含む）へ送られて，公開展示されたのである。ただし，それらの絵画の中では，ルーヴルの大サロンか大ギャラリーかで，時にはその両方で展示されたことがある絵画が69点を数えており，そのどちらでも展示されたことがないものは，半数強の73点に留まっている。

　なお，イタリア絵画の分与先としてこの表に現れる18の地方都市の

第 5 章　ルーヴル美術館と収奪美術品の利用（1）

表 5-5　イタリア押収絵画のうちルーヴルからよそへ分与されたもの

分与先	総数	左記にのみ展示	大ギャラリーに展示後分与	大サロンに展示後分与
パリの教会	28	21	1(1)	7(1)
サン・クルー	18	5	8(6)	11(6)
コンピエーニュ	4	0	2(1)	3(1)
フォンテーヌブロー	2	1	1(1)	1(1)
ヴェルサイユ	3	0	2(2)	3(2)
元老院	1	0	0	1
陸軍省	6	6	0	0
海軍省	2	2	0	0
小計	64	35	14(11)	26(11)
オータン	1	0	0	1
カーン	3	0	0	3
グルノーブル	6	4	1	1
ジュネーヴ	2	2	0	0
ストラスブール	6	4	1(1)	2(1)
ディジョン	6	3	1(1)	3(1)
トゥール	4	2	2(2)	2(2)
トゥールーズ	8	4	1(1)	4(1)
ナンシー	2	2	0	0
ナント	2	0	0	2
ブリュッセル	8	2	4(4)	6(4)
ボルドー	4	3	0	1
マインツ	2	0	0	2
マルセイユ	2	0	0	2
モンペリエ	2	2	0	0
リヨン	9	4	2(1)	4(1)
ルーアン	9	4	0	5
レンヌ	2	2	0	0
小計	78	38	12(10)	38(10)
総計	142	73	26(21)	64(21)

註）（ ）内は大ギャラリーと大サロンの両方に展示されたもの。
出典）Blumer 1936 により作成。

　中には，後述の 1801 年 9 月 1 日の布令によって美術館が創設された 15 の地方都市のうち，リールは見当たらず，代わりにモンペリエ，トゥール，グルノーブル，オータンの 4 都市が含まれていることに注意しておこう。

　以上から，1798-1805 年にルーヴル美術館の大サロンと大ギャラリーのいずれか，または両方で展示された絵画が 288 点，それ以外にナポレオン期に教会，宮殿，地方美術館などでのみ利用されたものが 73 点になり，両者を合わせると，361 点（87％）が何らかの仕方で活用さ

れたことを確認することができる。このように見ると，イタリアからフランスへ移された絵画の利用率は後述のドイツからの絵画に比べて著しく高かったのではないかと思われるが，その点を確定するためには，1810年以降ナポレオン美術館の常設展示に充当された絵画の構成を精査する必要がある。これについては後に論じることにし，ここでは1798-1815年の7回の展覧会においてとりわけ頻繁に出品された12点の絵画（表5-4参照）について，より具体的に触れておきたい。

　まず出品回数が5回の絵画は，ロドヴィコ・カラッチの2点のほか，ヴェロネーゼ，グェルチーノ，コンタリーニの各1点の合計5点である。このうちヴェネツィア派のコンタリーニの作品は1804年に大ギャラリーにも展示されたことが確認される。出品回数が4回の絵画は，ヴェロネーゼの3点（「カナの婚礼」，「レヴィ家の饗宴」他1点）とラファエロ，ティントレット，サッキ，リチーニオ（ポルデノーネ）の各1点の合計7点であり，それらのうち4点は1804年に大ギャラリーにも展示されている。ここにはヴェネツィア派絵画の優勢をはっきりと見て取ることができよう。

3　ドノンの展示戦略

　さて，1799年4月に大ギャラリーの東半分が公開された時に刊行されたカタログでは，画家をフランス派，フランドル派という画派別に分けた上で，年代順に配置するとされていたのだが，実際の配列は必ずしも画家の出生年の順にはなっていなかった。たとえばルーベンスの絵は20歳以上年下のファン・ダイクの絵よりも，入り口から見て奥の張り間に架かっていたのである。また中央美術館（ルーヴル）の専門委員であった鑑定家ルブランは，有名な大家と師弟関係にある画家たちの作品を一つにまとめて展示しようとしたと言われる。ところが，1802年11月に中央美術館の館長に就任したドノンは，直ちにルブランを解任し，もはや専門委員の援助を受けずに，もっぱら自身の構想にもとづいて大ギャラリーの絵画を配置し直すことに着手したのである[22]。

　ドノンが当初から目指していたのは，大ギャラリーの壁面において美

術史の実物教育を提供することであった。彼は館長就任から約40日後の1803年1月1日に，終身執政ナポレオンへの書簡において，先ほど自分は大ギャラリーの1つの窓間（まどあい）壁（trumeau）に，「すべての画家中最高の者」であるラファエロの生涯を表すような作品の配列を行ったと知らせながら，次のように述べている[23]。

「閣下が最初にギャラリーを通ってみられます時，閣下はこの作業（絵画の配置）がすでにして秩序，教育，分類の性質を帯びていることに気づかれると思います。私はすべての画派について同じ精神で（配架を）続けるでありましょう。そして数か月後には，人はギャラリーを歩き回ることで，それと気づかずに，絵画芸術の歴史の講義を受けることができましょう。」

さて，上述のドノンの書簡には「『キリストの変容』なる絵画の展示に関する解説」が付せられていた。この「解説」は『モニトゥール・ユニヴェルセル』紙の03年1月3日号に掲載されたが，ドノンはその冒頭においてまず，この傑作絵画が元は枢機卿のジュリオ・デ・メディチによって，彼が司教をしていた南仏ナルボンヌの大聖堂を飾るために注文制作されたものであること，作者ラファエロの死後それは，フランスの「返還要求」にもかかわらず，3世紀の間ローマの手中に留まっていたのだが，ボナパルトの戦勝によってその本来の目的地へと連れ戻されたのであることを明言する。これによって，「変容」の獲得は不当な「盗奪」ではなく，本来の目的地への帰還であるとされたのである。

次いでドノンは，同じ窓間壁に架けられたラファエロの諸作品は，「この画家の天才の広がり，彼の進歩の驚くべき早さ，そして彼の才能が包含したジャンルの多様性を一目で見ることができるように」選ばれたものであるという。すなわち，壁の上方に置かれた師ペルジーノの2枚の絵（左側「聖ヤコブと聖アウグスティヌスの間の聖母子」，右側「聖母子と諸聖人」）は，完璧に保存されており，この画家の最も美しい手法を示しているが，ラファエロがそこにおいて絵画の諸原理を学んだ入念で，精巧で，繊細な流派について教えてくれる。そしてラファエロの18歳の時の作で処女作とみなすべき「聖母被昇天」（＝「聖母の戴冠」

を，その横に見える，20年後に制作された不朽の名作（「キリストの変容」）と比べてみるならば，また，ペルジーノの構図のシンメトリックな堅苦しさを，ラファエロの後期，ローマ時代の作品である「聖家族」における多数の人物の動きの調和と比べるならば，ラファエロのこの上なく広く輝かしい経歴の始まりと終わりとを同時に目にすることができるであろう。

ドノンはさらに，ラファエロがペルジーノの様式から脱しつつあった時期の祭壇パネルや，ラファエロの第2期，フィレンツェ時代の作品である「美しき女庭師」，いくつかの肖像画などに触れた後，その解説をラファエロへの次のような賛辞で締めくくっている。「ギャラリーに保存されている同じ巨匠の他の絵画に目を向けるなら，人は十の世代の才能と同じ数の異なる流派をもってしても匹敵し得なかったこの画家の天才を思い描くことができるでしょう。」

ところで，以上のようなドノンの説明を補う貴重な資料となるのが，1802-03年のアミアンの平和時にルーヴルを訪れたイギリス人芸術家マリア・コズウェイ（Maria Cosway）とその弟子フランソワ・クーシェ（François Couché）が残した数枚のエッチングであり，それによってわれわれは，全盛期のルーヴル美術館の絵画の配置について（一定の改変と理想化がなされてはいるが），視覚的に一層明確に知ることができる。以下，この銅版画に注目したマクレランの分析に従って，見て行くことにしよう。

まず図5-3によって，われわれはドノンが上述の「解説」で述べているところを確認できる。壁面の中央を大きく占めているのは，ラファエロの最後の作品で，彼の最高傑作とされる「キリストの変容」（1518-20年）である。そして，壁面いっぱいに並べられたラファエロの様々な時期の作品は，ペルジーノの弟子であった時期から円熟した巨匠になるまでの彼のキャリアを簡潔に示している。左側中段の「聖母の戴冠」（1503年）は比較的初期の作品であり，なお師ペルジーノの絵と区別できない様式を示している。下段中央の細長いプレデラ・パネルは，「聖母の戴冠」と同様ペルージャの聖フランチェスコ教会のものであり，それとの調和を示している。これに対して，左下のグリザイユ画法による，信・望・愛の3つの対神徳を表すパネル画は「バリオーニ祭壇画」の一部

第 5 章　ルーヴル美術館と収奪美術品の利用（1）　　291

出典）Leroy-Jay Lemaistre 2004, p.197, Fig. 244.
図5-3　ラファエロ「キリストの変容」を中心にした大ギャラリーの壁画（1802年）
（マリア・コズウェイによるエッチング）

（1507年）であり，ラファエロのフィレンツェ美術研究の最初の成果を表す過渡的な作品である。右側中段の「美しき女庭師」（1507年）と同下段の「バルダッサーレ・カスティリオーネの肖像」（1514-15年）の2枚からは，ラファエロの成長と，彼がレオナルドの消化に成功していることが見て取れる。ちなみにドノンは，銅版画の完成後まもなく，「美しき女庭師」をフランソワ1世のために制作された「聖家族」と取り替えたのである。

　マクレランによると，教育的な展示のモデルであるこの壁面＝区画は，視覚的調和への注意においても模範的である。ところが，隣の窓間

出典）Étienne 2012, Ill. 36.

図5-4 ラファエロ「フォリーニョの聖母」を中心にした大ギャラリーの壁画（1802年）
（マリア・コズウェイによるエッチング）

壁に進むと，調和のとれたシンメトリカルな展示が同様に強調されてはいるが，驚くべきことには，ここでは「キリストの変容」の壁面を特徴づけたような美術史物語が崩れているのである。図5-4が示すように，壁面の中心に位置するのは，ラファエロの「フォリーニョの聖母」であり，その左右の下段にはそれぞれ，同じ画家による教皇レオ10世の集団肖像画と，弟子ジュリオ・ロマーノの「聖家族」とが配されている。この配置は師から弟子への前進という既成のモデルと一致するが，「フォリーニョの聖母」を取り囲んでいる他の5枚の絵は17世紀イタリアの画家たちの作品である（右回りに，ドメニキーノ，ティアリーニ，グイード・レーニ，2枚のスパーダ）。それらは別々の地方的特色を示しており，

明確に年代順に並べることができないものである。しかし，美術史的な一貫性を欠いているにせよ，この壁面の配置は 8 枚の絵がつくり出すバランスの取れた構図において勝れている。

マクレランはさらに，もう 1 枚の銅版画をもとに，ボローニャの托鉢修道会からもってきたグイード・レーニの祭壇画を中心とする第 3 の壁面においても，美術史物語よりも，内部の視覚的な調和が重視されていることを指摘する。ここでも，2 世紀にわたるイタリアの様々な派の絵画が巧みに混ぜ合わされているが，それらはシンメトリーに注意して並べられているというのである[24]。

以上の 3 例から見ると，ルーヴルの壁面において美術史のヴィジュアルな講義を提供しようというドノンの野心は，ラファエロの「キリストの変容」を中心とするコーナーにおいてしか実現されていないことになる。では，何故ドノンは，美術史的連関の提示よりも，視覚的なアピールの方を優先させたのだろうか。その理由としては，装飾的関心の強さ，あるいは視覚的シンメトリーの法則に従う必要に加えて，限られたスペースの中に非常に多くの絵画を展示しなければならないというプレシャーが考えられるが，マクレランはドノンの美術史観を考慮する必要があるという。

ドノンがルーヴル美術館の壁面において美術史の実物教育を行おうとした時，近代美術の発展について 2 つの相容れない解釈が存在した。その 1 つは，ヴァザーリに従って，美術は上昇と衰退を繰り返すという循環説であり，それによると，美術はラファエロとミケランジェロにおいてピークに達した後，衰退に向かうとされる。このような説を代表する 18 世紀末フランスの美術理論家カトルメール・ド・カーンシーは，ヴィンケルマンの影響のもとに，過去 2 世紀の美術を否定的に捉え，近代においては芸術の復興は不可能であると主張していた。

このような悲観的な見方に対して，当時支配的であったもう 1 つの解釈は，美術は盛期ルネッサンス以後衰退の一途を辿るのではなく，とりわけ 17 世紀のバロック画家（カラッチ，グェルチーノ，グイード・レーニら）において新たな完成のピークを示すとするものである。ところで，前述のコズウェイのエッチングは，ドノンが後者の説を支持していたことを示している。彼による絵画の配置は，ルネサンス後の美術について

の楽観的な見方と一致しているのである。

　最初の「キリストの変容」の壁面は，ラファエロにおいて完成の頂点に達するルネサンス美術の進歩を表している。これに対して，2番目，3番目の壁面に16・17世紀の巨匠の作品が並べられているのは，後の画家たちがどのように先人の教訓を消化して，彼ら独自の様式をつくり出したかを示すためである。言い換えると，ラファエロあるいは盛期ルネサンスとともに，美術史は明確に定義されたゴールへ向けての直線的発展であることを止め，才能ある芸術家たちが，発展した伝統の様々な側面を利用し，洗練して行った記録となった。このようにマクレランは，美術史的連関の重視という点で，ドノンによる絵画の展示の仕方に一貫性が見られなかった重要な理由を，彼の美術史観自体のうちに見出そうとするのである。そもそも，ルーヴル美術館自体が現在および未来の芸術家の教育を通じてフランス美術の一層の発展をめざすものであった以上，その館長であるドノンが悲観的な美術史観を採り得なかったのは理の当然といえるのである[25]。

　以上のようにドノンが美術史的一貫性をもった絵画の配置を実現できたのは，大ギャラリーの壁面のごく一部においてのみである。また上述の「ラファエロ・コーナー」における絵画の配置がどの時点まで維持されたのかも明らかでない。しかし，ドノンが美術史の実物教育を提供するために打ち出した革新的な絵画配列法は，外国人を含めて数多くの観客の注目を集めたに違いない。

4　イタリアからの押収美術品の修復

　先に筆者は，1794-95年にベルギーなどから到着した絵画に対して行われた修復について述べたが，次に96年11月以降に到来したイタリアでの押収絵画の場合についてまとめておくことにしたい。イタリアから到着した絵画についても同様にその目録が作成されたが，筆者はそれを直接見ることはできないので，マクレランやエティエンヌの研究に従って述べることにする。パリに到着した絵画に対する最初の処理はこの場合にも，簡単な洗浄を行った後に，絵を木枠の上に据えることで

第5章　ルーヴル美術館と収奪美術品の利用 (1)　　295

あったが，中には，嘆かわしい保存状態の故に，板やカンヴァスの補強や新しいカンヴァスへの移し替えのような本格的修理を必要とするものもあったのである[26]。

　イタリアからの絵画の展示のための選定と修復は1797年10月に開始されたが，それからまもなく共和国美術館における管理の仕方，とりわけ修復のやり方をめぐって大きな論争が起こったのである。この度批判の矢を放ったのは，モン＝ブラン県（首邑シャンベリー）選出の5百人会議員アンテルム・マラン（Anthelme Marin）である。マランは97年12月21日の会議において，オランダ派とフランドル派の貴重な絵画の非常に大きな部分が，ルーヴル宮の地下の湿気の多い物置に乱雑に保管されており，変質をまぬがれ難いこと，またきわめて貴重な傑作が間違った修復によって永久に損傷を受けたことを挙げて，美術館管理部の責任を問い，修復の即時中止を訴えたのである。イタリアからの美術品の組織的な収奪に対しては，フランス国内でも抗議の声が挙がっていたし，戦利品に対する共和国の権利は，それらが後世の人々のために安全に保管されるという条件でのみ主張できるものであった[27]。

　マランはフランスの美術館管理部による絵画の修復は，ヨーロッパ中の非難の的になっていると主張しているが，彼の批判はとりわけドイツにおいて強い反響を呼び起こした。有名なジャーナリストのベティガーは，翌98年に文学雑誌『デア・ノイエ・トイチェ・メルクーア』に論文を書いて，フランスにおける美術作品の保存について不安を表明している[28]。

　以上のような背景の下ではマランの批判は真剣に受け止められざるを得なかった。中央美術館管理部は97年12月25日に内務大臣に提出した報告において，イタリア派遣委員たちの報告を引用しつつ，自己の立場を擁護している。

　　「これらの傑作が，それらが全くなおざりにされていた国から引き出されたことは，芸術にとって非常に幸いなことである。……これらの絵画のうち何点かは，イタリアの修復家の無知無能によって破損を蒙っていた。それらを芸術の真の愛好者に返すためには，わが芸術家の熟練した腕がやはり必要であろう。フランスはそれら

の絵画を，20年以内に陥るであろう消滅から救わなければならない[29]。」

　総裁政府は公式の調査を命じ，美術館管理部はイタリアから着いたばかりの絵画の中から，洗浄途中の1枚を選んで速やかに展示し，修復の必要と同時にマランの非難が誇大であることを証明しようとした。さらに同年12月31日には，32人の芸術家と専門家から成る調査委員会がルーヴルに集まり，非難されている点を逐一吟味した。その結論は美術館管理部に非はなく，修復は最新の方法で十分な良識をもって行われているとするものであった。マランの苦情のニュースが外国にも広く伝わっていることを懸念して内相は，外相タレーランに対して，委員会の公式報告の写しを外国にいるフランスの代表たちと，パリにいる諸外国の大使とに配るよう求めたのである[30]。

　美術館管理部は，展覧会の際会場の入り口で販売されるノティス（カタログ）を使って，マランの批判に対する自らの返答を広く知らしめようとした。1798年2月に開幕した臨時展覧会のノティスは，前述のようにイタリアから到着した絵画に対する応急の修理について述べた後，次のように主張している。悪意ある人々はこの修復という作業こそがこれらの絵画のいくつかを損ない，あるいは台無しにしたと見なしている。またいくつもの新聞はこうした中傷を言いふらしもした。しかし，美術館の現状に関する内務大臣の報告と調査委員会の調書との2つの文書は，美術館管理部を全面的に弁護するものであって，公平な人間の見るところ，管理部にかけられたあらゆる嫌疑を晴らすに十分であろう[31]。

　このように展覧会のカタログを利用して，美術館管理部による修復の適切さを宣伝することは，その後，1801年7月の大ギャラリーの全面開館時にも，さらに1802年3月の臨時展覧会の際にも行われている。これらのノティスについては前述したが，1801年のノティスの緒言は破損した状態で到着したイタリア絵画に対して管理部が必要な修理を行ったことを力説している。さらに1802年のノティスは，ラファエロとティツィアーノの作品各1点を例にとって，絵画の修復作業，とりわけ板からカンヴァスへの絵画の移し替えの実際を詳しく紹介している

第5章　ルーヴル美術館と収奪美術品の利用（1）　　297

点が重要である[32]。

　このノティスの緒言によると，美術館管理部は学士院の芸術家と科学者各2名（画家のヴァンサンとトーネー（Taunai），化学者のベルトレとギトン＝モルヴォー）から成る委員会の監督の下に，「世界で最も有名な油絵の1つ」であるラファエロの「フォリーニョの聖母」の全面的な修復を行わせることにした。マクレランによると，「ひどく傷んだ状態」で到着したこの名画は，首尾よく修復されて，1802年3月の展覧会で大サロンに展示されたのであるが，完全に蘇ったこのラファエロの傑作は，保存を通じて自らの押収政策を正当化しようとする共和国の努力の縮図ともいうべきものであった。委員たちが学士院に提出した詳細な報告は展覧会の際，美術館管理部によるその抜粋がカタログに再録されたが，「今日までの修復に関する最も洗練された陳述」であって，少なくともフランスにおいて批判者たちを決定的に黙らせたのである。以下やや煩雑になるが，その報告抜粋によりながら修復作業の概略を示しておきたい。

　この絵画がフォリーニョで押収された時，表面では多くの剥片がすでにはがれていた上に，あちこちに虫食いが生じており，また厚さ3.2センチの基底材の板には上端に幅1センチほどの割れ目が生じていた。委員たちは絵（絵の具層 peinture）が下地から外れないように表面にガーゼを糊付けしてから，輸送することにしたのである。管理部は「この貴重な絵画を破滅から救う」ために，それを別の基底材（カンヴァス）へ移すことに決め，上記の委員会を任命した。

　修復の前半部分を担当したアカンは，まず表面を平らにするために，絵の上にガーゼを糊付けしてからひっくり返し，板に小さな溝を何本か作って，そこに小さなくさびを打ち込んだ。次いで表面全体を濡れた布で繰り返し覆うと，湿気によるくさびの膨脹によって割れ目は縮まり，板は元の形に近づく。そしてゆっくり乾燥させてから，ガーゼをもう1枚とスポンジ状の灰色の紙を2枚張り付けた。

　以上の準備作業が終わると，アカンは絵画を台の上に裏返しにし，そこに注意深く固定した。次いで絵がその上に固定されている板を分離する作業に入る。

　まず2つの鋸を使って板を1センチの厚さまで切り取り，さらに2

種類の鉋を使って紙1枚の厚さを残して削り取る。この状態で板を部分毎に順々に水で湿らせ、剥がれやすくする。次にナイフの刃の丸くなった先端で板を分離する。さらにアカンが「テンペラ絵の具による下塗り」（impression à la colle）と、それ以前の修復に使われた充填材（mastics）をすべて取り除くと、ここでラファエロの下絵（ébauche）が現れる。

次いで、乾燥し過ぎた絵にいくらか柔軟性を与えるために、油をしみ込ませた綿の刷毛でこすり、古いモスリンで拭き取る。そして「テンペラ絵の具による下塗り」からはずされた絵（絵の具層）を「油絵の具による下塗り」（impression à l'huile）の上に固定する。3か月の乾燥の後、新しい下塗りにはガーゼが、またガーゼの上には上質の麻布が糊付けされ、さらに糊や油紙や熱した鉄を用いて表面の凹凸のある部分は平らにされた。

以上の処置の後に、「傑作」はさらに新しい基底材の上にしっかりと張り付けられねばならなかった。すなわち、下塗りの上に置かれていたガーゼから絵画をはずし、新たに酸化鉛と油の層を加え、非常に柔らかなガーゼをそれに張り付け、その上に一枚織りの生（き）の麻布を張り付けなければならなかった。その麻布が、木枠に固定された同様な麻布にそれを密着させるために、表面に樹脂がしみ込まされていた。この最後の処置は、新しい下地を備えた絵画の本体を、樹脂を塗った麻布に正確に張り付けることを要求するものである。これらすべての処置によって絵画は、最初の土台よりも耐久性のある土台と合体させられ、かつて破損を引き起こしたアクシデントから守られたのである。

ここまでの処理が終わると、絵画は修復の後半部分、「絵に関わる修復」（restauration pittoresque）と呼ばれる作業に委ねられる。それを担当したのはレゼールであるが、この部分については報告抜粋には、「委員たちは、用いられた方法を示した上で、修復は望みうる限り完璧なものであると断言している」と記されているに留まる。そして最後に委員たちは、「われわれは、不滅のラファエロのこの傑作が蘇り、その輝きを余すところなく放っていることをこぞって祝賀するものである」と述べて、報告を締めくくっている。

なお、美術館管理部が同じノティスにおいてその修復作業の結果を公

衆に提示しようとしたというもう1枚の絵画，ティツィアーノの「ドミニコ会士聖ピエトロの殉教」も，同様に修復家アカンの手によって板からカンヴァスへと見事に移されたのだが，その処理は「フォリーニョの聖母」の場合と同一であったために，説明は省略されている[33]。

ところで，中央美術館管理部が上述の報告抜粋の最後に次のように書き加えていることは，彼らが外部からの批判に対してどれほど自己防衛に腐心していたかを物語っている。「その知識によって修復の技術を改良した中央美術館管理部は，修理の技術を完全な形で保存するために疑いもなく何物もおろそかにしないであろう。管理部は，繰り返された成功にもかかわらず，甚だしく破損しているために，それらを迫り来る崩壊に任せるよりも，様々な微妙な処置と不可分な若干の危険を冒させる方がよいような物品にしか，この技術の適用を許可しないであろう。」

さらに，ノティスを通じて美術館管理部が伝えようとしたメッセージは，展覧会について報道する新聞雑誌に取り上げられることで，より広く行き渡ることになったのである。美術史家エティエンヌの分析によると，1802年の展覧会については多数の論説が報告しているが，そのうちの1つ，『ジュルナル・デ・ザール』誌の論説（1802年刊）は次のようなものであった[34]。それはまず，「わが戦士たちの能力の不滅の戦勝記念品」として絵画を賞賛した後，本論ではカタログ（ノティス）のテクストを大筋において踏襲しながら述べる。段落によっては原文通りでない箇所もあるが，作品の原産国での保存状態に対する批判のくだりなどは原文に忠実に従っている。最後に論者の結論が以下のように述べられる。

「それ故，目下の展覧会は大部分がこの（ラファエロとティツィアーノの傑作の）いわば予期せざる再生の結果であり，それは単にフランス国民だけでなく，文明化したすべての国民の感謝を，そしてわれわれは付け加えたいのだが，イタリア人自身の感謝をも受けるに値するのである。彼らイタリア人は自らの土地が生んだ不滅の人々の作品がこうして長く存在し続けるのを切望するに違いないからである。」

エティエンヌによると，フランスの修復職人に対する批判は1798年以後著しく減少したが，1815年に美術品の原産国への返還が問題になると再び現れるという。同年7月以降美術品の奪回のためにパリへ派遣された各国の代表は，革命とナポレオンによる押収政策の「正当性」を崩すために，フランスで行われた修復を「ヴァンダリスム」（文化破壊）として非難するのである[35]。

　最後に，本節のテーマに関する2人の美術史家の総括的評価を記しておきたい。

　まずブリュメールは，ルーヴルにおけるイタリア絵画の修復についての考察をこう結論づけている。「美術館の管理者たちが，彼らに委ねられた作品を監視した良心的態度を強調しよう。彼らの警戒心はマランの介入によって一層刺激され，片時もゆるむことがなかった。イタリア人による反論をおそれずに言うが，これらの絵画が今日存在するのは，それらがパリで受けたケアの賜物である[36]。」

　次にサヴォワは，前述のような修復の歩みの緩慢さにもかかわらず，「美術品征服」の時期（国民公会～ナポレオン期）は「ヨーロッパの修復技術の歴史における決定的一段階を画する」と見ている。ルーベンスの絵画が到着した時には，フランスの修復家はフランドル派絵画を修復する能力をもたないと言う声が聞かれたが，しかし彼らは，フランドル絵画，次いでイタリア絵画の流入によって，当時のヨーロッパでは全く新しい経験を獲得することができたのである。そして，修復家という職業を新時代へと移行させた注目すべき技術上の事件が，上述したラファエロの「フォリーニョの聖母」の板からカンヴァスへの移し替えの成功である。サヴォワによると，フランスの修復家の優秀さを知らせるために，ルーヴルの管理部が刊行した報告は，速やかに国境を越えて知られ，それまで修復の歴史を支配してきた「秘密」のやり方に代えて，技術の公開性をもたらし，生まれつつある職業に共通のノウハウの基礎を据えたのである[37]。

　これ以後，パリは修復に関してヨーロッパの最も重要な中心となり，新聞雑誌と外国人旅行者はフランスの修復家の「偉業」を特にドイツへ伝えることになる。たとえば，1802年に『フランス美術-年報』誌のある論説はこう書いている。「アカンはラファエロの絵画の修復を企

て，それをカンヴァスに据えるために木の基底材から分離しようと試みたが，彼の作業は完璧に成功したのである。」またドイツ人旅行者ジーアシュトルプフ（Heinrich von Sierstorpff）は1804年に著書の1章をほとんど丸々，ドノン指揮下のパリの修復家の名人芸と彼らの技術の描写に当てている。移し替え職人のアカンは同じくフークと，1806年以後北ドイツで押収された絵画の大多数の修復を分かち合うことになるのだが，彼の名はすでにライン川の向こう側でも知られていた。帝政下において修復活動は空前の規模に達するが[38]，これについては別の節で述べることにする。

5　古代美術品ギャラリーの開設と展示品

　以上では主として絵画の展示の進展について述べたが，この間，ローマからの略奪品を主体とする古代美術品＝彫刻類の展示計画も進められた。
　ルーヴルでは17世紀初めのアンリ4世期から，国王が所有する古美術品が大サロンの真下の専用の部屋に陳列されていた。次いで17世紀末には，新たに造営されたヴェルサイユ宮殿の装飾に用いられたものを除いて，古代美術品は，当時のルーヴルにおいて唯一16世紀中葉までさかのぼる部屋であった「カリヤティドの間」に置かれることになり，この部屋が「古美術品（アンティーク）の間」と名付けられた。フランス革命期に入ると，絵画や自然史関係の物品だけでなく，古代美術品についてもミュージアムの必要性が強く叫ばれるようになる。画家で鑑定家のルブランは早くから，古代美術品のうち芸術に有用と考えられる品物はルーヴルに，「学識」（érudition）に関係するものは国立図書館に収められるべきであると主張していた。彼の見解は1795年に臨時美術委員会で採用される。同年11月には，建築家のド・ヴァイイが新しいギャラリーの計画を提出したが，それはエクス＝ラ＝シャペル（アーヘン）から運んできた円柱を使って，ルーヴルの中庭沿いに屋根付のアーケードを作るというものであった[39]。
　しかし，1年後のナポレオンのイタリア遠征とともに，大量の古代大

理石像を収容するはるかに大きなスペースが必要になる。前述のように ローマ教皇がトレンティーノ条約によって譲渡した 100 点の美術品 のうち 83 点は古代彫刻であったが，それらはピオ・クレメンティーノ（ヴァティカン）美術館やカピトリーノ美術館，コンセルヴァトーリ宮殿において，すでに公開展示されていたものである。一方，ローマ以外での彫刻類の没収は，比較的少数に留まったが，その中にはヴェネツィアの馬像のような特別に有名な作品が含まれていた。ド・ヴァイイが計画したルーヴルの中庭のギャラリーは，それら世界で最も有名な彫刻を入れるには明らかに不十分であった。こうして種々の検討がなされた後，最終的に，ルーヴル宮 2 階の「アポロンの（小）ギャラリー」の下に位置する一続きの部屋，王大后，すなわちルイ 13 世の王妃でルイ 14 世の母のアンヌ・ドートリシュの夏の居殿を使用することに決まった[40]。

　総裁政府はルーヴル美術館内に住んでいた筆頭建築家のユベール（Cheval de Saint-Hubert）に依頼して，97 年 10 月新しいギャラリーの計画を完成させた。それは北側に作られる予定の「古代美術品ギャラリー」の入り口から南側のセーヌ川の方向へ伸びる主要な軸と，それと直角に交わってかつての「古美術品の間」（「ベルヴェデーレのアポロン」像が置かれる予定の部屋）へと続く第 2 の軸とから成り，それらの軸に沿って 13 の部屋を連結するものであった。しかしユベールは工事が始まる前に急死し，レモン（Raymond）が後を継ぐことになる。レモンはユベールの計画を変更し，2 つの軸を残した上で部屋数を 7 つに減らした。

　レモンによる改造は完成までに 3 年を要した。その最大の理由は美術館の財政破綻にあった。絵画のための大ギャラリーの整備は過大な財政負担を強いており，98 年 7 月には古代美術品のギャラリーの建設資金を集めるために不必要な物品の公開競売が行われた。この競売の成功に加えて，同年 10 月には政府が美術館の「臨時支出」をまかなうために，20 万フランを支払うことにしたのである。

　これ以後工事は明らかな進捗を示し，99 年 5 月には，ギャラリーは 3 か月後には準備されるだろうとされた。しかしナポレオンがブリュメールのクーデタの直後，99 年 12 月にルーヴルを訪れた時，彼はまだ多くの作業が残っていることを知って，いら立ちを示したと言われる。

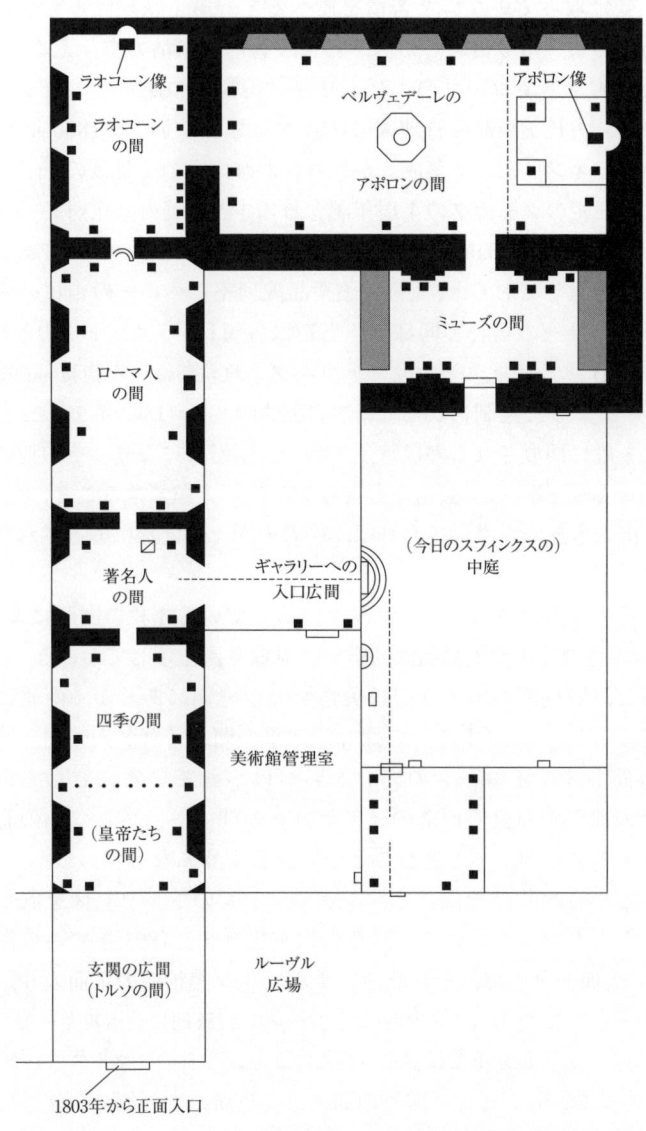

第 5 章　ルーヴル美術館と収奪美術品の利用（1）　　303

出典）Malgouyres 1999, p. 12, Fig. 8 により作成。

図5-5　「古代美術品ギャラリー」各室の配置図（1800年）

美術館管理部は政府が1年前に約束した20万フランのうち1,000フランしか受け取っていないと苦情を述べると，第1執政は差額が直ぐに支払われるよう取り計らった。さらに，管理部に活力を与えるために，著名な考古学者でローマのカピトリーノ美術館の館長だったヴィスコンティが，古代美術品の管理人に任命された。こうして1800年11月7日にナポレオンによって落成式が執り行われ，その2日後の11月9日，ブリュメールのクーデタの1周年記念日に「古代美術品陳列室」(Musée des antiques または Galerie des antiques) が一般公開されるのである[41]。

なお，付言しておくと，「古代美術品陳列室」への一般市民の入館は絵画ギャラリーの場合と同様に，当初は各旬日（デカッド）の最後の3日間に限られていた。その後コンコルダ（政教条約）の施行（1802年4月8日）によって週制に戻ると，共和暦第11年（1802年9月23日）からは，一般に開放されるのは毎週土曜と日曜だけになり，その他の日は（清掃日の金曜を除いて）芸術家と模写生だけが入館できることになった。また外国人も旅券をもっておれば，後者の人々と同様に優遇されたのである[42]。

いまイギリスのあるガイドブックに載っている1枚の図版によって，1800年時点の「古代美術品陳列室」の見取り図を示しておこう。図5-5を見ると，陳列室への入り口は美術館の中庭側にあるが，南北に並んだ5室はそれぞれ，「トルソの間」，「四季の間」，「著名人の間」，「ローマ人の間」，「ラオコーンの間」と名づけられている。そして「ラオコーンの間」から直ぐ西隣の「アポロンの間」へ，さらにその北隣りの「ミューズの間」へと進むことができるようになっている。「トルソの間」という呼称はそこに「ベルヴェデーレのトルソ」像を置く計画であったことを示しているが，それは実現せず，1803年にこの部屋を「玄関の広間」として，その北面にナポレオン美術館の正面入り口が設けられることになる（この部屋はその後第二帝政期に，ボルゲーゼ・コレクションのマルス像がそこに展示された時から，今日の「マルスのロトンド」という名前になる）。また「四季の間」は「皇帝たちの間」と2つに分かたれ，南北軸には6室が並ぶことになる。さらに同じ図の「ミューズの間」は，1807年にフォンテーヌによって2階の「サロン・カレ」と「アポロンのロトンド」とへ通じる新しい階段が建設された時に取り壊

され，その陳列品は，「ディアナの間」と「カリヤティドの間」の間にある，別の「ミューズの間」へ移されることになる[43]。

次に，上述の「古代美術品陳列室」における古代彫刻の展示の仕方について述べなければならない。1800年の開館時に刊行されたカタログ「中央美術館の古代美術品ギャラリーの彫像，胸像，浅浮彫りのノティス」(75 サンチーム) には 113 点の彫刻が収載されている。展示品の数は，毎年のごとく発行されたカタログによってみると，翌 1801 年には 142 点，03 年には 223 点と急増を示したが，その後はさほど増加しておらず，特に 1810-14 年には 254 点，カタログの「補遺」(Supplément) 掲載分を加えても 312 点で変化が見られない[44]。ルーヴル（ナポレオン）美術館が所蔵する古代美術品の数は 1800 年時点で 1,000 点を超えていたと見られるが，その後 1807 年におけるドイツからの大量の戦利品の到来と膨大な数に上るボルゲーゼ・コレクションの購入によって大幅に増加したのであり，それとともに展示スペースの拡張が一定程度行われた。すなわち，「玄関（入り口）の広間」，「皇帝たちの間」に加えて「ディアナの間」と「大河の間」(以前の「カリヤティドの間」) が古代美術品の展示に充てられることになった。しかし，このような展示スペースの拡張も受け入れ作品の多さに追いつかず，夥しい数の古代美術品が美術館の倉庫に詰め込まれていたのである[45]。

表 5-6 は，上述の各部屋における展示品の数を 1800 年と 14 年とについて比較したものである。1814 年のカタログとその補遺によると，312 点の展示品のうち入手先を知りうるものは 230 点ほどであるが，その中ではローマのピオ・クレメンティーノ，カピトリーノ両美術館からの押収品が合わせて約 70 点に達する。また同じローマのアルバーニ家からの押収品が 46 点とかなりの数に上っており，別にボルゲーゼ・コレクションに属するものが 20 点余りを数えることが注目される。さらに，ローマ以外のイタリア（ヴェネツィア，モデナ，ヴェローナ，マントヴァ，フィレンツェ）に由来する作品が 12 点見出される。これに対して，ドイツからの押収品は 38 点に留まっており，フランス国内各所，すなわちヴェルサイユの王宮内と庭園，ルーヴル宮の古美術品陳列室，あるいはリシュリュー城やエクアン城に存在していたものも 30 数点に過ぎない[46]。

表 5-6 「古代美術品ギャラリー」各室の展示品数

展示室名	1800 年	1814 年
玄関の広間	—	14
皇帝たちの間	—	25
四季の間	13	31
著名人の間	8	12
ローマ人の間	18	25
ラオコーンの間	21	21
アポロンの間	33	61
ミューズの間	20	—
ディアナの間	—	27
以上の補遺	—	38
大河の間	—	58
合　計	113	312

出典）An IX（1800 年）と 1814 年の *Notice des statues* および *Supplément* 1814 により作成。

　次に各部屋ごとに室内の装飾と主要な展示品を見て行こう。まず，1803 年以降美術館全体の入り口となるべき北側の「玄関の広間」は，丸天井中央の楕円の中に「彫刻の起源」の寓意画が描かれ，その回りの 4 つのメダイヨンにはエジプト，ギリシャ，イタリア，フランスという「彫刻の諸流派」を表す女性像が浮き彫りされている。この部屋には 1800 年の時点では何も置かれていなかったが，1814 年になると 14 点の彫刻が置かれていた。その多くはローマ皇帝の彫像であるか，またはギリシャ，ローマ，エジプトの神々の像であり，後者の中では，1798 年にヴェルサイユから移された 2 メートルの巨像「狩猟の女神ディアナ」（「雌鹿を従えたディアナ」）と，バッカスの「巨大な立像」およびミネルヴァの「巨大な胸像」が際立っていた[47]。

　第 2 の「皇帝たちの間」は，「玄関の広間」と同様に 17 世紀の室内装飾が未完成であったため，1801 年以後絵画や浅浮彫りが加えられた。画家メニエ（Meynier）が天井に描いた「ローマ法の法典を世界に与えるハドリアヌスとユスティニアヌス」はこの部屋の名前のもとになったものであるが，ほかにも皇帝の善政を讃える絵や，フランスの征服事業を証拠立てる浮彫りなどが付け加えられた。こうして装飾が完成した後，1802 年にヴィスコンティらによって古代彫刻が配置されたのである。

　その数は 1814 年に 25 点であったが，名前からも予想されるように古代ローマの皇帝像（大理石またはブロンズの立像，胸像，頭部像）が 17

第 5 章　ルーヴル美術館と収奪美術品の利用 (1)　　　　　　　　307

点と大部分を占めている。その他では，詩の女神ムーサイの1人「メルポメネスの巨像」，「ヘラクレスの姿のアンティノウス」，とりわけ「パラス・ド・ヴェッレトリと呼ばれるミネルヴァの巨像」が重要である。一時ナポリに奪われていたこの最後の彫刻が1803年12月にパリに到着した時には，ナポレオン夫妻は特別に美術館を訪問したほどである[48]。

　第3の「四季の間」は，かつて王大后アンヌ・ドートリシュの居殿の控えの間であったが，17世紀に彫刻家アンギエと画家ロマネッリが施した装飾の栄光をとどめていた。すなわち，金箔を張った丸天井の中央にはアポロンとディアナを描いたメダイヨンがしつらえられており，まわりの壁面には2体の神の物語を題材にした4枚のフレスコ画と，4隅の四季を表す寓意画が描かれていたのである。

　この部屋に置かれた彫刻は，1800年の13点から14年には31点にと大きく増加をとげた。それらの中では，アポロン，ヴィーナス，バッカスらのほか，季節と関係の深い農業の女神ケレス，牧神ファウヌス，花の女神フローラを含む古代の神々の像と，皇帝をはじめとするローマ史上の実在の人物の彫像とが大多数を占めているが，注目すべきはアテネのパルテノン神殿のフリーズ（帯状装飾）の断片が見出されることである。この浮彫りについては先にも触れたが，元々ショワズール＝グーフィエ伯がトルコ大使であった1789年に入手したもので，92年にマルセイユで亡命貴族財産として没収された後，同地のミュゼに保管されていたのだが，98年にルーヴルに移された。この部屋に展示されたのは1802年である[49]。

　第4の「著名人の間」は，展示室への入り口が建物の横側にあった1803年までは，来館者が最初に入る部屋であった。丸天井の中央には，楕円形の枠中に，17世紀中葉にロマネッリが描いたミネルヴァ（芸術），マルス（平和），メルキュール（商業）を表す寓意画があったが，革命期には王冠と百合の花が削除され，中央に「勝利の成果」と記した帯状の旗が描き加えられた。いうまでもなくこれは，本陳列室の収蔵品の軍事的正当性を宣言するものである。さらにこの部屋の大きな特徴は，それまであった隣室との仕切りを取り払い，そこにアーヘン（エクス＝ラ＝シャペル）のシャルルマーニュの墓がある大聖堂から運んできた灰色花

崗岩の8本の円柱が据え付けられていることである。ここに展示された彫刻は1800年には8点,14年には12点であり,それらの多くは部屋の名称の通りギリシャとローマ,とりわけ前者の代表的な政治家,将軍,哲学者,詩人,医師などの影像から成っていた[50]。

　第5の「ローマ人の間」は,もと「王妃の大居室」であったが,その装飾は,先の「四季の間」と同様に,アンギエとロマネッリが制作したものが,革命～帝政期にもほとんど変更を加えられることなく保持されていた。丸天井の中央には,ローマの戦さの女神ベッローネ (Bellone) の成功を詩と歴史の女神が祝う場面を描いた長方形の壁画が据えられており,その周りには,ローマ史上の有名な挿話 (サビニの女たちの略奪など) を描いた4枚の絵が配されている。この部屋には1800年に18点,14年には25点の彫刻が展示されていた。諸皇帝を始め,古代ローマ史上の有名な人物の影像が中心を成すが,その中でも重要なものはローマ共和制の樹立者ルキウス・ユニウス・ブルートゥスのブロンズの胸像と,カエサルを倒したマルクス・ユニウス・ブルートゥスの大理石の胸像である。これらの他にも,「カピトリーノのアンティノウス」,「瀕死の剣闘士」,「ベルヴェデーレのトルソ」(＝ヘラクレスの彫像の断片) など,有名な傑作が見出される[51]。

　第6の「ラオコーンの間」は,かの有名な群像彫刻を壁龕 (ニッチ) に展示するために,王妃の居殿の最後の2室を1つにしたものである。取り壊される壁面のロマネッリのフレスコ画やアンギエによるスタッコ装飾は移動させて残すとともに,新たに数人の画家,彫刻家によって天井や丸窓,タンパンなどに絵画と浅浮彫りによる装飾が施された。この部屋の彫刻の数は1800年,14年ともに21点で変わっていない。内容的には若干の異動が見られるが,古代の神々と神話上の人物,およびローマ史上の著名人の立像,胸像,頭部像が大部分を占めている。図5-6はこの部屋の様子を描いた当時の版画であるが,中央の奥のくぼみに「ラオコーン」像が置かれ,その向かって左側には「アドニス」の裸体像が,右側には「競技の準備をするディスコボロス」が見える。左側やや前方には「うずくまるヴィーナス」像が見えるが,この作品は1814年のカタログでは,「ラオコーンの間」ではなく,「大河の間」に見出される。なお,1815年に「ラオコーン」像がローマに返還された

第 5 章　ルーヴル美術館と収奪美術品の利用 (1)　　　309

出典) Malgouyres 1999, p. 25, Fig. 28.

図5-6　「ラオコーンの間」の眺め
　　　（作者不明の版画）

後，建築家フォンテーヌは壁龕を取り壊して，そこにセーヌ川が見える窓を作ったのである[52]。

　この「ラオコーンの間」から通じている第7の「アポロンの間」は，その装飾がきわめてシンプルな点で，豪華な装飾をもつ上述の6つの部屋と際立った違いを示している。ここに展示された彫刻の数は，1800年に33点，14年には61点と他のどの部屋よりも飛び抜けて多い。図5-7はこの部屋の様子を描いたユベール・ロベールの油彩画であるが，これによると，一番奥の基壇の上に，両側をエクス＝ラ＝シャペルからの（頂上に肖像を戴く）2本の円柱で固めた壁龕が設けられ，その前に「ベルヴェデーレのアポロン」（別名「大蛇ピュトンを倒すアポロン」）像が置かれている。その向かって左側に半分だけ見えるのはバッカスの乳母「レウコテア」が乳飲み子を抱いた像である。「アポロン」像の右側には「アルルのヴィーナス」像が立ち，壇上の手前には両端にスフィンクス像が認められる。さらに右側には，「インドのバッカス」（別名「サ

出典）Malgouyres 1999, p. 27, Fig. 31.
図5-7 「ベルヴェデーレのアポロンの間」の眺め
（ユベール・ロベールの油彩画）

ルダナパロス」）像と「ヘラクレスとテレフォス」（別名「ヘラクレスとしてのコンモドゥス帝」）が認められる。

　1814年のカタログによると，この部屋には以上の他に，ローマ皇帝の胸像10点と皇帝の妻および母の胸像3点，アンティノウス像6点，浅浮彫り3点，枝付大燭台2点，三角祭壇1点，そして約30点に上る様々な神々と伝説上の人物の彫像や胸像が置かれていた。それらのうち特に重要なものは，部屋の入り口近くに「ベルヴェデーレのアポロン」像と正対して置かれている2つの大理石像，すなわち「ベルヴェデーレのアンティノウス」像と「バッカス」像である。なお，「ベルヴェデーレのアポロン」像が1815年にローマへ返還されると，その壁龕には代わりに次に述べる「雌鹿を従えたディアナ」像が置かれることになる[53]。

　図5-7において「アポロンの間」の右手にその一部が見える「ミュー

ズの間」には，1800年開館時には20点の彫刻が展示されていた。それらのうち最も重要なものは，9人の詩と音楽の女神ムーサイの彫像と，「ムーサイ（ミューズ）を導くアポロン」の像であり，それに次ぐのは古代の詩人および学者の胸像6体である。この部屋が1807年に取り壊された後，その彫刻の大多数は別の「ミューズの間」に移されたといわれるが，詳細は不明である[54]。

　本来の「古代美術品陳列室」を構成していたのは以上の8室であるが，ナポレオン期に彫刻の展示室として用いられていた他の2つの部屋についても触れておこう。まず前掲の図5-5の「玄関の広間」の左手にある「ディアナの間」の場合は，フランス王室が所有する最も有名な古代彫刻の1つ，ヴェルサイユ宮殿にあった前述の「狩猟の女神ディアナ」（「雌鹿を従えたディアナ」）像をそこに展示し，これを中心にして天井や壁面を狩猟の女神ディアナの物語を題材にした絵画や浅浮彫りで飾る計画であった。後述のように1807年10月にイエナの勝利1周年記念の展覧会がルーヴルで開催された時，この部屋はドイツから収奪してきた彫刻類の展示に用いられることになる。しかし後掲のノルマンの版画（図6-3）によると，天井はシンプルな格間になっており，1807年の時点では部屋の装飾は未完成であったことがわかる。また問題のディアナ像はこの部屋には一度も展示されることがなかったのである[55]。

　なお，付言しておくと，この「狩猟の女神ディアナ」像はイタリアで制作され，1586年にフォンテーヌブロー宮にあったことが分かっているが，17世紀初めにルーヴル宮へ移され，次いでルイ14世治下でヴェルサイユの大ギャラリーを飾ることになった。1792年にパリへ移すことが命令され，1798年に中央美術館に収められた。1800年開館時のカタログにはないが，02年までには「四季の間」に展示されており，1814年のカタログでは「玄関の広間」に置かれている。このディアナ像は1815年以後，新しい「ディアナの間」となった旧「アポロンの間」において，双子の兄の「ベルヴェデーレのアポロン」像の後を継ぐに値すると見なされたのである[56]。

　「ディアナの間」は1807年の展覧会終了後もドイツからの押収品の陳列室として用いられた。1814年のカタログによると，この部屋には，ベルリンとポツダム，カッセル，ブラウンシュヴァイク（1点のみ）か

ら収奪された古代の立像，胸像，頭部像，浅浮彫りが27点展示されていた。ドイツからもたらされた古代彫刻としては，ほかに11点が「古代美術品ギャラリー」内に展示されており，それらのうちベルリンからの有名な「お手玉遊びをする少女」を含む5点は，次に述べる「大河の間」に置かれていた。ドイツからの古代美術品で展示されていたことが確認できるのは以上の38点である。それらは1点のブロンズ像「若きアスリート（オラント）」を除いてすべて大理石像（立像，胸像，頭部像と浅浮彫り）である。1807年の展覧会のカタログには古代の大理石像だけで約90点が掲載されており，他にブロンズ製品が約150点を数える[57]。それ故，古代美術品についてもドイツからの押収品のうち展示されていたものは，質的には勝れたものが選ばれていたとはいえ，量的には限定されていたと言わなければならない。

最後に「大河の間」は，長らく「カリヤティドの間」と呼ばれていた部屋が，そこにローマに由来する2つの彫刻「ナイル川」と「テヴェレ川」が置かれたことから，1811年3月のナポレオンの嫡男ローマ王の誕生を機に改名されたものである。この部屋はルーヴル宮でもルネサンス期（16世紀中葉）に遡る最も古い部分であって，もとは奥に設けられた演壇を支える4体のカリヤティド（女像柱）にちなんで名づけられた。元来，舞踏会場兼司法の間として宮廷の中心をなしてきたが，1692年以降，国王が所有する古代美術品の陳列室として用いられるようになった。そして1795年からは一時，新設のフランス学士院の会議場になったが，1806年にナポレオン美術館に統合されたのである[58]。

カタログによると，1814年にこの部屋に展示されていた古代美術品は58点の多きを数える。そのうち半数以上（31点）を占めるのは，「アレクサンドロス大王の巨像」を始めとする古代の政治家，将軍，詩人，皇帝の妻・娘らの立像，胸像あるいはヘルメス像であり，次いで神々と神話・伝説上の人物の像が20点ほど含まれていた。以上のうち有名な作品としては，ボルゲーゼ・コレクションに由来する「眠れるヘルマフロディトス」，「ケンタウロス群像」，「メレアグロスの死を示す石棺」，「ニンフ，別名貝殻のヴィーナス」，「弓を手にしてうずくまるヴィーナス」が，またローマからの「カピトリーノのヴィーナス」，「うずくまるヴィーナス」と上述の2つの川像，そしてベルリンからの「お手玉遊

第5章　ルーヴル美術館と収奪美術品の利用（1）　　313

びをする少女」などが挙げられる[59]。

　以上，主に1814年版のカタログとその補遺によりながら，「古代美術品ギャラリー」を構成する各部屋の展示品について概観してきた。全体としてみると，作品の展示の仕方には一貫した方針や整然としたプランがあったとは言い難いが，皇帝たち，四季，著名人，ローマ人，ミューズと名づけられた各部屋には，それぞれの名称＝主題に沿った彫刻を数多く展示するように配慮されている。これはヴィスコンティが彼のローマ時代にヴァティカンとカピトリーノの美術館でテスト済みの方式を適用したものである[60]。また「ラオコーン」像と「ベルヴェデーレのアポロン」像が置かれた特別に重要な2つの部屋には，それらを飾るのにふさわしい有名な作品が集められていたのである。

　ここで上記のカタログにおける展示品の解説について若干付言しておきたい。それは312点の展示彫刻の1つ1つについて，作品の名称とテーマ（モチーフ）を述べた上で，その形状（立像，胸像，頭部像，ヘルメス像の別），素材（大理石かブロンズか）とその産地，あるいは彫像の表現の仕方，人物のポーズ，表情，衣服，髪型，時にはその修復部分について説明し，さらにそれぞれの彫刻の入手先，それが発見された場所と年代，移動歴にも言及したものである。もちろん，解説の大部分は数行から30行程度のものであり，以上のすべての点に触れているわけではないが，このように要を得た，時には詳細な解説を含むカタログがくり返し刊行されていることにも，美術館当局が古代美術品の展示に期待した教育的な効果をうかがうことができよう[61]。

　ところで，大ギャラリーにおける絵画については年代順の配列が主張されたのであるが，古代彫刻の場合には，それらを制作年代順に並べることは問題にならなかった。マクレランによるとその理由は2つある。その1つは，イタリアへ派遣された委員たちの目的は最も有名な古代の大理石像のみを獲得することであり，彼らは歴史の実物教育に必要な「重要性の劣る」品物をも含めようとはしなかったことである。

　もう1つの理由は，たとえ歴史的シークエンスを組み立てることが望ましかったとしても，それら古代彫刻の年代決定には大きな問題があったことである。そのことは，上述の「古代美術品ギャラリー」のカタログに展示品の制作年代に関する情報が全く欠けていることからも推

察されよう。ヴィンケルマンの友人で弟子のメングス（Anton Raphael Mengs）は，綿密な形態分析に加えてテクストと彫像との不一致から，ルネサンス以来イタリアで発掘された彫像で最も高く評価されているものの大部分は，それまで考えられていたように古代ギリシャのオリジナルではなく，後のローマ時代の模刻であると結論づけた。メングスの見解は有名な大理石像の評判にはほとんど影響を与えなかったが，古代美術品の年代を定める仕事を一層疑問の多いものにしたのである。

最も有名な彫像である「ベルヴェデーレのアポロン像」についても，メングスは1779年にすでに，これをローマ時代の模刻と同定していたのだが，ヴィスコンティはギリシャのオリジナル（プリニウスがカラミスの作としているもの）であると主張し続けた。そして，有名な地質学者ドロミウ（Dolomieu）によって，素材の大理石が中部イタリア（トスカナのルーニもしくはカッラーレ）のものであることが証明された後にも，アポロン像はそれ以前のブロンズ像をローマ人のために「改良」したものであると強弁したのである。実際，上記のカタログの「ベルヴェデーレのアポロン」の項には，メングスとドロミウの意見を記した後にこう書かれていた。「これらの権威者にもかかわらず，事柄はなお非常に疑わしいとみなしうる。古代の著作家は小アジアのギリシャ，シリア，その他には，最高の品質の彫像用の大理石が存在したことをわれわれに教えており，今では知られていない採石場がアポロンの大理石を供給した可能性があるからである。」

マクレランがいうように，「ドノンが個人としても，また政治的理由からも，ルネサンス以後の絵画に関する悲観説を退けなければならなかったのと同様に，ヴィスコンティはアポロン像の完全性を擁護しなければならなかった。古代美術品に関するルーヴルの権威者としてヴィスコンティは，他の何物にも増してナポレオンの勝利とパリの新たな栄光を象徴する美術品の信用を落とすことはできなかったのである[62]。」

前述のようにナポレオンは1800年11月7日，「古代美術品陳列室」の落成式のために中央美術館を訪れたが，その折，「ベルヴェデーレのアポロン」像のために特別に除幕式を行い，アポロン像の台石に有名な銘板を置いた。そこにはヴィスコンティが書いた次のような文が刻まれていた。「15世紀末にアンティウムで発見され，16世紀初めにユリウ

ス2世によってヴァティカンに置かれ，共和暦第5年にボナパルト将軍の命令下にイタリア遠征軍によって獲得されたこの像は，彼の執政政府最初の年である共和国第8年のジェルミナル21日，この場所に固定された[63]。」

　先に第3章でも触れたように，共和国中央美術館は1803年7月末にナポレオン美術館 (Musée Napoléon) と改称される。これは第2執政カンバセレスの指示という形を取ってはいるが，元はドノンの発案によるものであった。カンバセレスは1803年7月22日，すなわち帝政樹立の1年以上前に，館長ドノンに宛てこう書いている。「この貴重なコレクションに最も相応しい名称は，われわれがそれを負っている英雄の名前であります。それ故私は貴下に対して，（美術館の）入り口を見下ろしているフリーズの銘文として『ナポレオン美術館』という言葉を与えることを許可することで，国民の願望を表明していると考えます。」同年9月，内部の装飾工事を終えるためにしばらく閉鎖されていた美術館が再開された時，皇帝の名前は新たに「玄関の広間」の北面に設けられた正面入り口の上に，金文字で燦然と輝いていた。ドノンは1805年の8月15日（皇帝の誕生日），そこにフィレンツェの彫刻家バルトリーニ (Lorenzo Bartolini) 作の巨大なナポレオンのブロンズ像を置くのである。

　ところで，ドノンはカンバセレスの書簡より数日前（7月14日）に第1執政に宛て次のように書いている。「（美術館の）入り口には1つの銘文を待っているフリーズがあります。私はナポレオン美術館というのが唯一相応しい銘文であると考えます。この美術館を形成し，征服し，与えたのは貴殿であります。かくも大きな善行に，国民にとってのかくも大きな栄光に対して，貴殿の名前が与えられないことがどうしてありえましょうか[64]。」

6　地方美術館の創設

　ところで，国内外からパリへ集められた膨大な量の絵画を陳列するためには，ルーヴル美術館の既存のスペースでは到底足りなかった。そこ

で1801年9月1日，執政政府の布令（アレテ）によって，ルーヴルの美術品の一部を地方の大都市へ移すという案が実行に移されることになる。

　しかし，地方における美術館はむろん一片の布令によって突然生まれたものではない。第4章で述べたように，パリ以外の「地方」においては，旧体制期にすでに美術館を設立しようという動きが明確に現れていた。以下ではまず，革命期の地方における美術館形成の動きと，それに対する中央政府の政策について，簡単に述べておくことにしたい。

　フランス革命の勃発後，教会＝聖職者，反革命亡命者，王室，さらにアカデミーの所有する「学術・美術品」は次々に国家に接収されて「国民の共同遺産」となったが，それらをパリの国家美術館と地方（県）に創設される美術館とに分割することは，1792年9月16日の国民公会のデクレによって公式に認められた。次いで同年11月3日の内務大臣ロランの地方当局宛回状はより明確に，「学術と芸術の記念物」はその目録の作成によって3つの部分に分かたれ，最良の部分は国家美術館（ルーヴル）に留保され，別の部分は諸県におけるその分館に配分され，残りは売却されうると結論づけた。記念物委員会が美術館の全国的組織化に再び取り組むのは93年9月のことであるが，そこで論議された問題は，いかにしてパリにある余った美術品を県へ送り，その代償として県にある第1級の傑作をパリに確保するかであった。首都に集められたコレクションの膨大さを知る政府は，ベルギーからの美術品が最初に到着する1年前に，「国民の共同遺産」の再分配を考慮していたのである。

　ベルギー，オランダ，とりわけイタリアからの大量の押収美術品の到来は，問題を一層先鋭にした。記念物委員会は美術品を4つの等級に分け，第1級の作品をパリに留保するために，地方の国有財産に対しても中央権力が「高権」を行使するように求めた。このような記念物委員会の立場は93年9月17日内務大臣ガラによって確認されたが，国民公会は県ごとの美術館の創設へ向けて具体的な措置を取ることはなかった。

　美術館創設の決定権をもつ中央政府＝議会が決断をためらっている間に，地方では幾つかの県，郡および都市が事実上の美術館の創設へイニシアティヴを取り続ける。そうした動きを早めたものに，地方に存在す

る美術遺産がパリへ移されるのではないかという疑念があった。たとえばコート゠ドール県の首邑ディジョンでは1794年初に，同県内で押収された傑作美術品を政府がパリへ移そうとしているという噂が広まり，県執行部は他の町や村とともに公教育委員会に対して，同県で押収された「学術・美術記念物」はディジョンの美術館に保存されることを要求する動議を提出したのである。ディジョンは1787年以来「本物のミュゼ」をもっていたのだが，美術館が前述のドヴォージュの指導のもとに最終的に開館を見るのは1799年のことである。

　革命前のデッサン学校の後継者が重要な役割を演じた最も目覚ましい例はトゥールーズの場合である。そこでは，前述の王立アカデミー自体が1792年12月にオート゠ガロンヌ県に対してミュゼの創設を要求する覚え書を提出した。県当局は1年後に「共和国ミディ美術館」の創設を決定し，95年8月に最終的に開館を見た。その指導者ブリアンは97年6月パリにおいて正式に館長に任命され，ルーヴルおよびヴェルサイユのコレクションと南仏画家の作品の交換を申し出たが，その実現は前2者の美術館が最終的に組織されるまで延期された[65]。

　上述のようなパリに対する地方の疑念は総裁政府期に入っても弱まることがなかった。

　その例をいくつか挙げるならば，たとえばイゼール県グルノーブルでは，1797年6月18日に中央学校のデッサン教授ジェー（Jay）に感化された107人の住民が，同市にミュゼを創設するよう請願を行い，それに応えて県執行部は98年2月26日の布告によってミュゼを設置した。そのことを知らされた内務大臣フランソワ・ド・ヌフシャトーは同年12月17日県に対して，「立法府が諸県における美術館の形成について最終的に定めるまでの間，グルノーブルに仮のミュゼを設置することが有益である」と考えると告げたのである。

　同じ頃ルーアンでは，ある学術協会がセーヌ゠アンフェリウール県に宛てた覚え書（96年6月27日付）において，同市にある傑作絵画を政府がパリへ移そうとしていると激しく抗議している。同じ覚え書によると，イタリアの美術財宝はパリへ集中されるべきではなく，地方へ分配されるべきである。なぜなら，革命による美術品の征服は全フランスの兵士の犠牲によって実現されたのであり，従って国全体がそれを享受

するのが公正であるからである[66]。

　以上のいくつかの例は，地方の指導的社会層が彼らの共同遺産を保持する権利を，時にはそれのより公正な分配を享受する権利をも，強く主張したことを示している。彼らの考えでは，「市民の間の平等」は，同時に，「文化財へのアクセスに関してのパリと地方の間の平等」でもあった。美術品の分配の主張は，中央の議会においても，中央学校に関する公教育委員ラカナルの報告（94年12月16日）の中に強く表明されている。彼は言う。「パリの図書館や陳列室で余っているものをどうして各県に配分しないのであろうか。……傑作が，それらの生まれた場所の誉れとなるのは当然だ。しかし絵画や書物や彫像や機械や何らかの研究対象になるものの複製は，各県の学校に配布し，各県の学校を豊かにしなければならない[67]。」

　以上は，地方都市においてミュゼという新しい制度の重要性と必要性が自覚された若干の例である。それは美術教育，地域の歴史，外国人旅行者の楽しみにとってのミュゼの重要性であり，押収された美術品の保存，安全，次いで展示を確保するためのその必要性である。ポミエによると，1800年のフランスには「事実上の美術館」に近い組織が15ほど存在したが，それらは大抵の場合決定権のない当局によって創設されたが故に，その存在は法的には「仮の」ものであった[68]。

　総裁政府は国民公会が作成したミュゼ創設のプログラムに何らの変更も加えなかった。この時期には，いくつかの地方都市から要求があったにもかかわらず，パリでも地方でも約束された美術館が正式に創設されることはなかったが，それは押収された美術品が増加を続け，その選別が容易に完了しなかったためである。選別が困難であった1つの理由は，押収された絵画の多くが修復を必要としていたことにある。修復が終わらない限り，すべての作品を評価し，分類し，配分することは不可能であったのである[69]。

　ここで，フランスに併合されたベルギーのブリュッセルの場合について一言しておこう。ディル（Dyle）県の県庁所在地となったブリュッセルでは，1796-97年の教会財産の国有化の後，県内の廃止された修道院などに残されていた美術品を集めて美術館を形成しようとする動きが生まれていた。その中心にいた人物がボシャールト（Guillaume

Bosschaert）であるが，審査委員会によって 2,000 枚を超える作品の中から美術館保存用として選ばれた約 100 枚の絵画は，質的に彼を失望させるものであったため，ボシャールトはパリが 1794 年に行った収奪の償いとして若干の作品を送ってくれることを期待した。しかし，ボシャールトの要請を受けてディル県行政部が内相に対して，ブリュッセルに集められた作品の目録を送り，フランドル派の有名画家の作品の欠如を訴えたのは，総裁政府消滅後の 99 年 12 月 26 日のことであった。その間，ボシャールトは 98 年に県当局によってブリュッセル美術館の館長（conservateur）に任命されたのだが，内務大臣の承認を得ることができなかった。ブリュッセル美術館の正式創設は 1803 年を待たなければならない[70]。

　さて，かつての臨時美術委員会に代わる機関である保存委員会は 98 年 8 月 21 日，すなわちイタリアからの押収美術品のパリ入城式典の約 4 週間後に政府に詳細な報告を送ったが，それは事後的には，前述の 1801 年 9 月 1 日の布令の理由の説明とみなしうるものである。そこでは，「パリにナショナルな大コレクションを作り，各県にミュゼを創設する」という国民公会が定めた原則を想起させながら，政府は県が学術・美術品の分配に加わることを約束したのであり，今やこの約束を履行すべき時であると主張する。ただし，ここで注意すべきは，保存委員会はこの一見寛大に見える分配が，ルーヴル・フランス記念物・ヴェルサイユの各ミュゼが打ち捨てていた作品に関してのみ行われうると考えていたことである。県の美術館は，多数存在するフランドル派やフランス派の巨匠の絵画のオリジナルを享受するとしても，古代の彫像やイタリア派の絵画についてはそれらの質のよい複製に満足しなければならないのである。結論として保存委員会は，「パリが諸県へ譲渡できる」絵画のリストを至急作成することを求める。しかし，このプログラムが実施されるのは，3 年後の 1801 年 9 月のことに過ぎない[71]。

　1801 年に執政政府によって地方美術館が正式に創設されるまでには，以上のような長年にわたる各地での美術館形成への努力があったことを忘れてはならない。

　さて，1801 年 1 月に内務大臣に任命されたシャプタルは，同年 9 月 1 日，国務院において以下のような報告を行った。彼はまず「（中央）美

術館は現在，絵画と古代の彫像のヨーロッパで最も豊かなコレクションを提示している。革命前には分散していたすべての財宝が（今や）そこに統合されている」と述べ，種々の美術品の数を列挙する。ところが，「公衆に開放されている広大なギャラリーは，国民がその所有者である傑作の半分しか収容することができないのである。」

　シャプタルによれば，ヴァンダリスム（革命の文化破壊）が猛威を振るっていた時期には，これらの傑作を一か所へ集合させることは確かに好都合であった。またわが軍隊の勝利によってイタリアの富が数多くもたらされていた時には，それは一個の必要でもあった。だが，そのような時期はすでに終わったのであり，「われわれは今日，芸術の最大限の利益を，われわれが諸県に対して果たすべき義務と折り合わせなければならない」のである。もとよりパリはすべてのジャンルにおける傑作を保持しなければならないが，しかし「諸県の住民もわれわれの征服の果実の分割において，またフランスの芸術家の作品の遺産において，1つの神聖な分け前を有するのである。」

　しかしながら，「記念碑的な絵画をフランスの様々な地点にいい加減に分散させることはできない。これらのコレクションが芸術に役立つようにするためには，既得の知識がそれらに価値を付与するような，また人口の多さと生来の傾向からみて生徒の育成における成功が予測できるような場所にのみコレクションを作らなければならない」のである。その点を念頭に置いてシャプタルは，「絵画の主要な保管所の形成のために」，リヨン，ボルドー，ストラスブール，ブリュッセル，マルセイユ，ルーアン，ナント，ディジョン，トゥールーズ，ジュネーヴ，カーン，リール，マインツ，レンヌ，およびナンシーという15の都市を選ぶことを提案する。そして上記の各都市について，それに相応しいコレクションを準備する委員会を任命することが必要であると述べて，以下のような布令の草案を提出し，それは同日第1執政ナポレオンによって署名されたのである。

　　　第1条　上記の諸都市に委ねられる15の絵画コレクションを形成
　　　　　　するために，委員会が設置されること。
　　　第2条　これらの絵画はルーヴル美術館とヴェルサイユ美術館か

表 5-7　1801 年 9 月 1 日の布令にもとづき 15 都市に分配された絵画の画派別

画　派　別	点　数
イタリア派	230
フィレンツェ派	20
ローマ派	48
ヴェネツィア派	69
ロンバルディア・ボローニャ派	70
ジェノヴァ・ナポリ派	23
北方派	234
フランドル派	194
ドイツ派	17
オランダ派	23
フランス派	192
アカデミーの受賞作	46
不明	144
総　　計	846

出典）Clément de Ris 1859,t.I,p.8 により作成。

ら入手すること。
第 3 条　これらの絵画のリストが内務大臣によって作成され，該当の都市に送られること。
第 4 条　絵画の発送はそれを受け入れるのに適当なギャラリーがコミューヌの費用で準備された後に行われること。
第 5 条　内務大臣は本布令の施行の責任を負うこと[72]。

　それ故，任命された 3 人の委員は内相の監督下に絵画の選定を行ったが，その際ルーヴルにある絵画については美術館の執行部が予め送っていたリストの中から選んだといわれる。こうして合計 846 点の絵画が 15 の都市に送られることになった。ただし，委員たちが形成した 15 の絵画コレクションがそれぞれどの都市に所属するかは抽籤で決められた。また，大部分の絵画の修復と，受け入れ場所の準備のために，実際の発送は遅れ，1803 年と 05 年の間に行われた。各都市で実際に美術館が創設されたのも 1803 年から 09 年にかけてであった。
　地方美術館へ分配された 846 点の絵画の内訳は表 5-7 のようであり，イタリア各派の作品が 230 点，フランドル派を主体とする北方派が 234 点，フランス派はアカデミーの受賞作を加えると 238 点であり，外国の画家の作品がフランス人画家のそれの約 2 倍に上っている。これら

の絵画はルーヴル美術館の見地からは 2 次的な重要度のものにならざるを得なかったが,しかしその中には,ナンシーへ送られたルーベンスの「キリストの変容」や,カーンへ送られたペルジーノの「聖母マリアの結婚」のほか,特にイタリアの有名画家の作品が相当数含まれていた[73]。

ところで,パリから絵画の分配を受けた 15 の都市の中には,革命前にはフランスの国境の外に位置していたブリュッセル,マインツ,ジュネーヴが含まれていた。そのうち,事実上の美術館がすでに存在していたブリュッセルでは,1802 年 8 月に分け前の約 40 枚の絵画が到着した時,その内容に強い不満を抱いた館長のボシャールトは,直ちに内相に書簡を送って抽籤による絵画の分配を厳しく批判するとともに,ブリュッセルの分け前のうちの 6 枚をルーベンス 4 枚およびファン・ダイク 2 枚と交換することを要求し,実現させたのである。またジュネーヴに対しては,総裁政府末期の 99 年 7 月にルーヴルの管理部は提供できる 24 点の絵画のリストを内務大臣に提出していた。執政政府期に新設のジュネーヴ美術館へ配分された絵画が,このリストに掲載された絵画と一致していたのかどうかは不明である[74]。

ところで,ナポレオン期に行われたルーヴルとヴェルサイユからの絵画の分配は以上にとどまらなかった。1803 年には,元老院が使用していたリュクサンブール宮に絵画ギャラリーが再開設され,ルーヴル美術館のこの新しい別館に対して,3 つの勝れた絵画シリーズ,すなわちかつてそこに展示されていたルーベンスの「マリー・ド・メディシスの生涯」21 枚のほか,ル・シュウールの「聖ブルーノの生涯」22 枚(前の年にヴェルサイユへ移されたばかりであったが)とヴェルネの「フランス諸港眺望」15 枚という,3 つの有名絵画シリーズが送られた。

次いでコンコルダ(政教条約)によってローマ教皇との関係が改善された後,ナポレオンは全国の教会に対してルーヴルから若干の絵画を賦与した。たとえば 1806 年には,革命期に収奪を受けた教会に対して 114 点もの絵画が譲渡されている[75]。

さらにドイツとオーストリアからの戦利品の到来によってルーヴルのストックが増加したので,1811 年 2 月の勅令によって新たに 209 点の絵画がリヨン,カーン,ディジョン,トゥールーズ,グルノーブル,ブ

リュッセルの6都市に分配され，同時に別の108点の宗教画がパリの12の主だった教会へ送られたのである。なお，この時にはブリュッセル美術館の館長ボシャールトは受け取った31点の絵画に魅了されたと言われる。

以上の様々な「はけ口」に加えて，著しい量の美術品がチュイルリー，サン・クルー，フォンテーヌブロー，コンピエーニュおよびムードンの宮殿に備え付けるためにルーヴルに要求され，譲渡された。チュイルリー宮の場合には，ナポレオン美術館そのものと同じ建物に含まれていたので，絵画は非常に頻繁に取り替えられた可能性があるが，記録は全く残されていない[76]。

以上のようにして，フランス国内（併合地域を含む）には，パリのルーヴル＝ナポレオン美術館を中心に，衛星美術館の環が形成されたのであるが，それとほぼ時を同じくして，ナポレオン帝国の内部に「外部の環」（グールド）ともいうべき美術館設立への動きが生じている。以下それについて簡単に触れておきたい。

まず1803年にイタリア共和国（05年以後イタリア王国）では，ミラノのブレラ宮殿とボローニャ市において18世紀の美術アカデミーが再建され，次いで1806-07年にはヴェネツィアのアカデミーがそれに続いた。それらは主に教育的目的のものであったが，いずれも彫像室と絵画館と図書館を備えており，パリへ送られなかったその土地の美術品に依拠していた。次いで1808年には，オランダ国王となったナポレオンの弟ルイ・ボナパルトがアムステルダムに王立美術館（Musée royal）を創設し，翌09年12月には，スペイン国王ジョゼフがルーヴル美術館に対抗するべく美術館の創設を命令した。後者はプラド美術館の起源であるが，反ナポレオン独立戦争のために実現に至らず，10年後フェルナンド7世のもとで王立美術館として設立される。最後にヴェストファーレン王国でも，ナポレオンの末弟ジェロームが兄たちにならって美術館の設立を企てた。ここでは1806年にドノンによって最良の作品が持ち去られていたが，ジェロームはできる限りのものを首都カッセルに集めようとした[77]。

ここで，上述のアムステルダムの国家美術館とミラノのブレラ絵画館の初期の発展について若干補っておきたい。

まず，1808年にアムステルダムに創設された王立美術館は，2年後のオランダ併合によって国立美術館（Rijksmuseum）となる。ナポレオン期のこの美術館についてはベルクフェルト（Bergvelt）の論文によってやや詳しく知ることができる[78]。1806年6月にオランダ王位についたルイは，アムステルダム市を公式の居住地と定め，古い市庁舎を王宮に変えた。美術館が開設されたのはダム広場に面したその3階である。
　オランダではこれより先，1800年にハーグの旧オラニエ家の宮殿内に国家美術館（Nationale Kunst-Galerij）が設置されていた。当初，この美術館の収蔵品はフランス人による収奪の残り物から成り，統領派の人々の肖像画と宮殿の装飾画が中心であったが，バタヴィア共和国の指導者たちによる懸命の収集活動によって，1806年には289点の絵画を数えるに至ったと言われる。このハーグの国家コレクションの一部は，ルイ王の到着後に上述のアムステルダム王宮の一室へ移された。さらにルイ王は，積極的な絵画収集政策をとって王立美術館のコレクションを大いに充実させた。まず2つの私的コレクション（Van der Pot と Van Heteren Gevers のそれ）の買い上げがある。これによって獲得したヘリット・ダウ，ヤン・ステーン，テルボルフ，ポッター，ワウウェルマンらの作品は「黄金世紀」といわれる17世紀のオランダ派を代表するものであった。次にアムステルダム市当局から傑作絵画7点の貸与を受けたことが重要である。その中には，レンブラントの最高傑作とされる「夜警」と「織物商組合の幹部たち」が含まれていた。
　若い芸術家たちの模範となるべき古い絵画のほかに，ルイ王は生存中のオランダ画家の作品にも美術館の1室を当てようとした。そこにおいて国の芸術活動の盛況を示し，国王のよき統治の証左とするためである。そのために王がとったのは，同時代の画家たちの作品の積極的な収集政策である。王は個々の画家からの購入に努めるだけでなく，1808年以後パリのサロン展をモデルにした展覧会を2～3年に1度開催して，その受賞作を買い上げたり，ローマとパリに派遣した留学生から習作を送らせるなどして，現代絵画のコレクションを増やすことに力を注いだ。こうして1808年から10年までに王が様々な方法で獲得した同時代の画家の作品（そのほとんどは静物・風景・室内画である）は合計50点に上ったのである。

以上から，1806年から10年までオランダ王位にあったルイ・ボナパルトがアムステルダム国立美術館の基礎づくりに果たした重要な役割が理解できよう。次にイタリア王国の首都ミラノにおいても，副王ウジェーヌによってブレラ絵画館（Pinacoteca di Brera）の発展のための努力がなされている[79]。イタリア王国の副王ウジェーヌは，自らの栄光を増すためには国民の共同遺産の増加が必要であると考えた。彼は1805年7月28日，同王国の国王で義父のナポレオンに宛てた書簡にこう記している。「私はとうとうミュゼを作らなければなりません。私は廃止された教会あるいは修道院のすべての絵画を集めさせるよう命令しましたので，われわれはすでに数多くの勝れた，素晴らしい絵画をもっております。」この1805年の教会財産国有化の際には，ボローニャにおけるその最良の果実も，市民の強い不満にもかかわらずブレラへ送られることになっていた。

　次いで1808-09年には，宮殿や教会から剥がされたフレスコ画のほか，新たに併合されたヴェネツィアの領土で国有化された作品，ボローニャに一時留め置かれていた絵画がブレラに到着する。その後も1810年の新たな宗教施設廃止令や個人のコレクションの購入によって，ブレラ絵画館の収蔵する絵画は急速な増加を続けた。

　歴史家ピルピック（Pillepich）は，獲得方法がどのようであれ，ブレラ絵画館が1812年までの短期間に1,000枚もの勝れた絵画を集め，かつその約3分の1を展示できたことはきわめて注目に値するという。ただし，明確な全体像なしに急いで形成されたコレクションにはバランスが欠けていた。ブレラ絵画館はヴェネツィアのアカデミーと同じ位ヴェネツィア派の作品が豊富になったが，自国以外のイタリアと北ヨーロッパの絵画は依然貧弱であった。また17世紀絵画が過度に含まれていること，宗教的な主題の絵が増加して全体の72％に達したことも特徴をなしている。ブレラ絵画館は1815年に旧所有者からの美術品返還要求からよく身を守った。同絵画館が行政的にミラノの美術アカデミーと分離されるのは，1882年のことであるが，現在そこに展示されている絵画の45％はナポレオン期に獲得されたものなのである。

第6章
ルーヴル美術館と収奪美術品の利用（2）
――第一帝政期――

1 1805-10年におけるナポレオン美術館の整備

　本章では，ドイツにおいて美術品の大規模な収奪が開始された1806年以降の時期について，フランスにおける収奪美術品の利用の仕方を考察する。まずそれら美術品の展示スペースの整備の問題から見て行くことにしたい。

　ルーヴル宮に設置された共和国中央美術館の整備の仕事は，革命期に払われたあらゆる努力にもかかわらず，その大きな部分がナポレオン期にもちこされることになった。絵画の主要な展示場所である大ギャラリーに限ってみても，それをいくつかの区画に分割し，適度の照明を与え，また装飾を施すという3重の課題が残されていたのである。

　前章に掲げたロベールの油彩画（図5-2）は，1801-05年頃の大ギャラリーの様子を示している[1]。これを見ると，小さな胸像を載せた柱が両側の壁を区切っており，その間にイタリア派のものとおぼしい絵画がぎっしりと掛けられている。左側の窓からはかなりの光が射し込んでいるが，丸天井に開口部は見出されない。これは前掲のコンスタン・ブルジョワのデッサン（図5-1）が示す1799年頃の様子と変わりがない。

　大ギャラリーの整備，改修の工事が開始されたのは1805年である。ナポレオンは同年2月ルーヴル宮全体の利用計画を発表したが，美術館部分に関しては，彫刻と古代美術品は1階に，絵画は2階の大・小のギャラリーに配置することにした。そして展示用のスペースを増やす

ために，1796年以来「カリヤティドの間」を使用していたフランス学士院を以前の「キャトル゠ナシオン・コレージュ」の建物へ移すことに決めたほか，なお宮殿内に住んでいる芸術家たちに退去を求めた[2]。

ナポレオンが最初大ギャラリーの改造工事の指揮を委ねたのは，建築家のレモンであったが，実際の工事はレモンの後任のルーヴル付建築家ペルシエ (Percier) とその友人フォンテーヌ (Fontaine) によって遂行されることになる。まず大ギャラリーを区分する作業は，1805年から10年にかけて実施されたが，500メートルに及ぶ細長い回廊を4本の列柱が支える横断アーチによって9つの張り間に分割するものであった。それは画家で鑑定家のルブランが共和暦第3年にすでに提唱していた図式にもとづいている。次に大ギャラリーの照明＝採光の改善については，ドノンは1804年9月10日のナポレオン宛書簡で，建築家レモンが「丸天井から上方の光を斜めに引き込む方法を発見した」ことを賞賛している。「レモン氏が用いる方法は，費用がかからず，40年以上前から愚かに論議されてきた問題を最終的に解決しうるでしょう」とドノンは書いている。

しかし，この採光の具体的な方法に関しては，ドノンとフォンテーヌおよびペルシエとの間に意見の対立があった。すなわち，ドノンが絵画展示用のスペースを増やすために，壁面の窓をすべてふさぎ，丸天井の開口部からの採光だけにするよう主張したのに対して，フォンテーヌらはギャラリーに，丸天井からの採光と壁の開口部＝ガラス窓からの採光とを交互に設置する方式を主張した。結局フォンテーヌらの意見が勝利し，大ギャラリーは6つの大きな張り間と3つの小さな張り間とに分割され，2つの大きな張り間と3つの小さな張り間は壁面の窓から，その他の張り間は丸天井の開口部から採光されることになる[3]。

大ギャラリーの改修のうち一番最後に残されたのは，丸天井の壁面の装飾であった。丸天井はグリザイユ画法によって装飾されたのだが，その工事がほぼ完了した1809年に大ギャラリーを訪れたナポレオンは，この装飾が十分豪華でないとみなし，金箔を塗ることを求めた。こうして，天井に王冠や鷲の絵，唐草模様などを描き，その上に金箔を塗る作業が1813年まで続けられることになる。以上のほか，ペルシエとフォンテーヌは1807年以降1階の「ミューズの間」を取り壊して，2階の

大サロン（サロン・カレ）および「アポロンのロトンド」へ通じる新しい階段を建設したが，その工事は1年半以上にわたって大ギャラリーへの公衆のアクセスを妨げたといわれる[4]。

このようにナポレオン美術館の大ギャラリーは，1805年以後様々な改修工事を経験しなければならなかった。そのため展示絵画の頻繁な移動や取り外しが生じたほか，大ギャラリーそのものも度々閉鎖を蒙った。大ギャラリーが絵画の常設展示の場として全面的に利用されるのには，1810年を待たなければならなかったのである。

ここで，ルーヴル宮の整備計画の一環として建設されたカルーゼルの凱旋門について簡単に触れておきたい[5]。アウステルリッツの戦勝から帰国したナポレオンは1806年2月，ルーヴル宮の大ギャラリーの北側の，閲兵式場となっていたカルーゼル広場に，フランス軍隊の栄光のために凱旋門を建てることに決めた。予算は100万フラン，その建立はフォンテーヌに任されたが，装飾は美術館長のドノンが担当することになった。工事は同年7月に開始され，08年に完了する。この凱旋門の上には，1798年にパリに到着して以来何年間もチュイルリー宮殿の鉄格子の付け柱の上にのせられたままになっていたヴェネツィアの4頭の馬像を，彫刻家ルモ（Lemot）が制作した2輪馬車に繋いで載せることになっていた。ところで，ドノンの計画では馬車の上に皇帝ナポレオンの彫像を載せる予定であったが，1808年8月スペイン国境からパリに帰ってそのことを知ったナポレオンは，「フランスの軍隊の名誉のために建てられた記念物を，個人の栄光を讃えるために転用することを望まぬ」として，自らの彫像を取り外すよう命じたのである。こうして4頭の馬の両側にルモが制作した勝利の女神と平和の女神の像が置かれただけで，馬車の中は空っぽのままにされたのである。ちなみに，馬像は1815年10月にオーストリア軍によってヴェネツィアに戻され，ルモ作の2つの女神像も取り外された。残っていた2輪馬車も1828年には取り壊された。しかし，その後には彫刻家ボジオ（Bosio）作の，平和を象徴する人物像を載せた馬車が置かれ，1830年には大切に保存されていたルモ作の2つの女神像がボジオの彫像の両側に再び姿を現すことになる。

最後に，帝政期ルーヴルの大ギャラリーと大サロンについて語る時，

出典）Malgouyres 1999, p. 48, Fig. 55.

図6-1　大ギャラリーを進むナポレオンとマリー・ルイーズの婚礼行列（1810年4月2日）
（バンジャマン・ズィスの淡彩画）

　逸することができないのは，1810年4月2日に挙行されたナポレオンとオーストリア皇女マリー・ルイーズの結婚式である[6]。館長のドノンが帝室経理総監のダリュから，式場の準備について知らされたのは，式典の僅か3週間前のことであった。宗教的な婚礼の儀式が行われる大サロン（サロン・カレ）はチャペルに改装され，400人の参列者のために階段席が設けられる。一方，婚礼の行列の通路となる大ギャラリーには，両側に合わせて3,000人分の座席を設け，その後に3,000人が2列になって立つものとされた。
　ナポレオン夫妻は前々日の3月31日にすでにサン・クルー宮で世俗の結婚式を挙行していた。4月2日新郎新婦を先頭に皇帝一族の男女，高級軍人，重臣らが後に続く婚礼の行列は，チュイルリー宮を出発し大ギャラリーの西端から東端まで通過して，式場である大サロンのチャペルに到着する。ただし，大多数の枢機卿はナポレオンによる教皇ピウス7世の幽閉に抗議して欠席していた。チャペルではナポレオンの母方の叔父フェシュ枢機卿が，宮中司祭長として新郎新婦に婚姻の祝別を与える。

式が終わると，行列は今度はナポレオン夫妻を真ん中にして，再び大ギャラリーを通過し，チュイルリー宮へと戻った。両側の壁は選り抜きの大作，名画によってぎっしりと埋め尽くされており，大勢の着飾った上流人士や諸外国からの招待客が人垣をなす中を得意満面に行進するナポレオンの姿は，まさに彼の権力の絶頂を表すものであった（図6-1）[7]。

式典の2日後ナポレオンは，新しい皇妃を伴ってルーヴル美術館を訪れた。この度の来訪は極秘裏に行われ，同行したのは式部長官のデュロック（Duroc）将軍，ダリュ，ドノン，フォンテーヌら数名だけであった。皇帝夫妻のこのお忍びの来館の後，大ギャラリーはようやくにして市民に再び公開されるのである。

2　1807年のドイツからの戦利品展覧会

さて，上述の大ギャラリーの改修作業が進行中であった1807年に，ナポレオン美術館ではドイツからの戦利品の大規模な展覧会が開催されている。「収奪美術品の利用」の重要な一例をなすこの展覧会について，以下主にサヴォワの研究によりながら述べることにしたい。

イエナの戦勝の1周年記念日に当たる07年10月14日に開幕したこの展覧会は，フランス軍の勝利宣言の意味をもつ。展示品の公式カタログのタイトルは「1806年と1807年に偉大な陸軍（Grande Armée）によって征服された彫像，胸像，浅浮彫り，ブロンズ製品とその他の古美術品，絵画，デッサンおよび珍奇品」となっていた[8]。

サヴォワによれば，ドイツにおける収奪品の大部分は1807年の春に発送され，5月にパリへ到着したばかりであった。それらが洗浄され，時には修復され，ふさわしい額縁と台座を与えられ，100ページほどのカタログに記載された後に，早くも10月には愛好家の目に供されたということは，1つの力業であり，「世界最大の美術館」のスタッフと技術の効率性を証明している。

この展覧会については，詳細な書簡や配架プランが残されていないが，次の3種の史料によってその大体の様子を描くことができる。その第1は，バンジャマン・ズィスの素描をもとにシャルル・ノルマン

332　第Ⅱ部　フランスにおける収奪美術品の利用

出典）Landon 1807, Pl. 7, 8 et 9.

図6-2　「アポロンのロトンド」の展示（1807年10月）
（バンジャマン・ズィスとシャルル・ノルマンによる版画）

が制作した2枚の線描の版画である。第2は，この展覧会について語っている新聞雑誌の論説と個人の証言である。そして第3には，特に重要なものとして，美術館への入場の際に1フランで販売され，1万部以上印刷されたらしい上述の公式カタログがある。このカタログは07年10月14日から08年3月頃まで公衆に展示された「ドイツの」作品を目録化し，それぞれに簡潔な説明を付けている。そこには，100点近い主に大理石の古代彫刻（立像，胸像，頭部像，浅浮彫り），150点近いブロンズ製品，47点のテラコッタ製品その他雑多な古代彫刻，8点の近代彫刻，372点の絵画と33点のデッサン，7点のカメオ細工品，木と土の彫刻，象牙彫刻，さらにマジョリカ焼と七宝焼のコレクションを中心とする様々な種類の珍奇品が収載されている[9]。

　2枚の版画はドイツでの戦利品のパリでの展示方法について貴重な情報を提供する。そのうち1枚（図6-2）は，美術館の2階の「アポロンのロトンド」に展示された作品を，もう1枚（図6-3）は1階の「ディアナの間」に集められた古代美術品を，それぞれ示している。ところで，画家兼美術批評家であったランドンの『美術館年報』（1807年）に

第 6 章　ルーヴル美術館と収奪美術品の利用（2）

出典）Landon 1807, Pl. 1, 2 et 3.
図6-3　「ディアナの間」の展示（1807年10月）
（バンジャマン・ズィスとシャルル・ノルマンによる版画）

よると，2 階の別の 2 室，サロン・カレとそれに隣接する「アポロンのギャラリー」が戦利品の展示に用いられているのである。このうち「アポロンのロトンド」はこの折に「勝利の女神の間」と改称されたのだが，1806 年まで学士院の図書館が入っていた場所である。この部屋が美術館のものとなり，同時にルーヴル宮に居住していた「好ましからざる人物」が追放されたことは，ルーヴル宮が皇帝の美術館へと変革される上で重要な画期をなしたのである[10]。

　サヴォワによると，上述のような展覧会のタイトル，イエナの勝利の 1 周年記念日に開幕するという展覧会の日付の象徴性，カタログの若干のくだり（「戦勝によってきわめて頻繁に，またふんだんに増やされたこの莫大なコレクション」といった），ノルマンとズィス共作の 2 枚の版画，これらはこの展覧会がまさに 1 つの政治的作戦行動（オペラシオン）であったことを示している。ベルギーからの最初の絵画は特別の儀式なしに美術館に展示され，イタリアからの押収品の第 3 回輸送隊の到着時には，パリの大通りを行進させる祭典が催されたが，ドイツにおける美術品の収奪は「前例のない政治的・芸術的デモンストレーションの機会」

となった[11]。サヴォワはノルマンらの版画とランドンの記述によりながら，様々な展示品が各室にどのように配置されていたかを考察しているので，以下にそれをやや詳しく紹介したい。

まず「アポロンのロトンド」には，「皇帝陛下のブロンズの巨像が彼の栄光を証明する様々な戦勝記念品の真ん中に置かれている。陛下の頭上には黄金の冠が吊り下げられている。胸像の両側には勝利の女神の2体の立像が認められる。それらは翼をもち，全くうり二つである。ナポレオンの巨大な胸像（バルトリーニの作で，それまで美術館の入り口上部に置かれていたもの）の上には，勝利の女神によって戴冠される軍神マルスを表すルーベンスの素晴らしい絵（カッセルで押収）が掛かっている。」

軍事的メタファーは反対側の壁に続き，そこには「フランソワ1世とハプスブルク家のルドルフの甲冑像」が展示されている。「2人の英雄は甲冑を付けた馬に乗っている。この2人の人物の間には，戦勝記念品やあらゆる種類の武器の山が置かれており，それらの上には，自ら戴冠する勝利の女神の小像が乗っている。」

上述の3つの勝利の女神像は，プロイセン国王のコレクションから押収されたものである。壁に沿ってさらに10体の大理石の立像が並べられているが，それらはポツダムのサン・スーシの城館の「古美術品の神殿」から奪ってきたもので，スキュロスのリュコメデス王の宮廷にいる，トロイア戦争の勇士アキレウスを表すものとみなされている。そして部屋の中央には，これまたポツダムのコレクションに由来する「お手玉遊びをする少女」（ドイツで最も有名な古代美術品で，1730年にローマの7丘の1つ，モン・コエリウスの遺跡で発見されたもの）が置かれ，そのポーズの静けさによって周囲の戦争のシンボルと対照をなしている[12]。

ドノンはこの展覧会より1年以上前の1806年8月16日に式部長官に宛てた書簡の中で，以上のような演出のもつ政治的および宮廷人的な意味を確認している。ドノンはそこで，ルーヴル宮のサロン・カレを「征服した甲冑の展示のために」用いることを提案しつつ，自分の意図は，この部屋に「陛下の英雄的で巨大な胸像」を置き，「フランス人が陛下の敵どもからの栄光の戦利品に感嘆しながら，同時に，この英雄に対する彼らの尊敬と感謝のオマージュを捧げることができるようにする

ことです」と述べている[13]。

しかしながら，1807年の展覧会は政治的デモンストレーションにとどまるものではなく，別の3室において，教育的，審美的，かつ快楽追求的という3重の意図をもつ「近代的」展覧会の性格を示していた。ノルマンの第2の版画は1階の「ディアナの間」の様子を描いているが，そこには政治的メッセージは存在しないのである。この部屋には，ほとんどすべてヘッセン方伯とプロイセン国王のコレクションから押収された39体の古代の彫像が集められていたが，図版に見えるのはそのうち17体だけである。

それらの彫像は，シンメトリーと図像学の原則に従って，壁際に並べられている。奥の壁面の中央には，カッセルで押収されたミネルヴァの大きな立像があり，その両側の2つの胸像はローマ皇帝トラヤヌスの妻の胸像（ポツダムで押収）と姪の胸像（ベルリンで押収）であると特定できる。そして，これらの胸像の両脇にはモデルよりは小さい若者の像が置かれ，それらはそれぞれローマの軍人ゲルマニクスと皇帝クラウディウスの胸像と隣り合っている。最後に，内壁面の両端では，ひだのある衣服をまとった女性の2つの大きな立像が，全体に特別の調和を与えている。

同様な原則は左側の壁面においても守られている。そこでは，蛇のモチーフが強調されており，2体のヒュギエイア（健康の女神）像がポツダムの新宮殿で押収された美しいアンティノウス像を両側から守っている[14]。

「ディアナの間」の古代彫像についてはこれ位にして，部屋の中央に置かれた非常に有名な「オラント」像に注目しておこう。これはヘルクラネウムで偶然発見され，1786年以来ベルリンの王宮で展示されていたブロンズ像で，等身大の若きアスリートが両手とまなざしを天に向け，神々に感謝するポーズをとっているところである[15]。

ノルマンのこの版画でもう1点興味深いのは，そこに描かれた見物人の姿である。版画には室内を好きなように動き回る数人の男女が描かれているが，それは「美術館のフランス文化」が実際に公衆によって自由に享受されていたことを示すためである。

またこの版画には，別にズィスが水彩を施したヴァージョンが存在す

るが，そこにはターバンを頭に巻くなど，東洋風の服装の人物が数人描かれている。これは展示品がヨーロッパだけでなく，ペルシアやインドにまで知られていたことを示すためにほかならない[16]。

次に，ドイツからのその他の押収品が陳列された2階の別の2つの部屋を再現して見よう。「アポロンのロトンド」を描いたノルマンの版画をよく見ると，戦利品の展示は南隣の「アポロンのギャラリー」へと続いており，その壁面には多数の小型の絵画が2～3段に掛けられている。絵画の間には台石に乗ったいくつかの胸像が置かれ，そしてテーブルの上には多数の人物像が並んでいるのが見える。絵画の展示はさらに西隣りのサロン・カレへと続いていたはずである。

サヴォワによると，この1807年から08年の冬にパリにおいて大評判になったのは，かの有名なベッローリ・コレクションの重要な部分が史上始めて公開されたことである。17世紀ローマの考古学者ピエトロ・ベッローリが収集したこのコレクションは，同世紀末にブランデンブルク選帝侯フリードリヒ3世（初代プロイセン王）によって獲得され，以来ベルリンとポツダムの宮殿に余り人目に触れることなく保存されてきたのであるが，少なくとも70点が今回パリにおいて展示されたのである。それらは古代の小ブロンズ像とテラコッタ製のランプ，浅浮彫り，色大理石の小彫刻などからなり，全体として本展覧会において「選り抜きの場所」を占めている[17]。

以上のように1807年の展覧会においては，古代の美術品が量と質の両面で目立っているが，しかしルネサンスと近代の美術・工芸品にも重要な地位が与えられていることを忘れてはならない。その点でこの展覧会は，16世紀以来ドイツの君侯の美術品陳列室（Kunstkammer）において展開された美術品収集の伝統を説明するものである。そこでは，近代の胸像（スウェーデンのクリスティーナ女王のそれなど）の傍らに，デューラーらの作とされる約20点の木彫りの小肖像や，14～16世紀の象牙細工品，高価な壺と17世紀ドイツの金銀細工品の傑作や，東プロイセン特産の琥珀の彫刻品が見出される。さらにブラウンシュヴァイク公のギャラリーで押収された1,100個ものマジョリカ焼と七宝焼が，パリの公衆を驚かせたに違いないのである[18]。

さらにこの展覧会では，ベルリン，ポツダム，ブラウンシュヴァイ

第6章　ルーヴル美術館と収奪美術品の利用（2）　　337

ク，カッセル，シュヴェリーン，ダンツィヒ，ワルシャワで押収された絵画の40％強に当たる372点が一時的に観客に提供された。これらの絵画の大部分はフランドル，オランダ，ドイツなど北方の画派の作品であり，イタリア絵画は約30点に留まっていること，フランス派の作品もごく少数（7点）に過ぎないことに注意しておかなければならない。

　前述のカタログ（原本）では，「当美術館がいかなる作品も所有しなかった画家」をばら模様で指示しているが，その数は約50人（カタログの緒言では「少なくとも40人」）に上る。それらの画家の作品には，クラーナハ（父）の13点，ファン・エイクの「最後の審判」（ダンツィヒの聖母マリア教会にあったもので，現在ではメムリンクの作とされている），1806年にドノンがシャドウから購入したマルティン・ショーンガウアーの作品「砂漠でマナを集めるイスラエル人」などが含まれていた。当時「プリミティヴ派」として特定されたこれらの画家のほかに，カタログには，それまでナポレオン美術館になかったフランドル・オランダ派の若干の芸術家の名前が見出される。

　この展覧会の力点が北方の絵画に置かれていることはカタログから明らかであるが，サヴォワは特に次の3点に注意を促している。まず，当時のヨーロッパではまだあまり知られていなかった古えの北方の巨匠たちが大きな勢力をなしていることである。さらに，そのすべてがブラウンシュヴァイク公のコレクションに由来する古えのドイツ派のデッサン約30点の展示がこれに加わる。次に，レンブラントとその画派の作品が19点の多きを数えることであり，最後にオランダ派の小型の絵画が数多く存在することである。ドノンはカタログの「緒言」において，「すでに知られている巨匠たちの新しい絵画の大部分は，主題と制作のユニークさによってであれ，絵の若干の部分に見られる才能の発達によってであれ，独特な美を提示している」と書いているが，全体として，「新しさ」が展示作品の選定の第1の基準になっているのである[19]。

　それでは，これらの展示品はパリの公衆にどのような印象を与えたのであろうか。ドノンは帝室経理総監宛て書簡にこう記している。「貴殿は新聞報道によって，ドイツで獲得された記念物の展覧会が成功を収めたことをご存じでしょう。パリはこのように沢山の傑作を驚嘆しながら眺めたのです。」そして，人々の驚きの理由と展覧会の魅力については

実際に定期刊行物が証明しているのである。フランスでは開幕後直ぐに，前述のランドンの『美術館年報』の1807年版が挿し絵入りの探訪記事を載せており，それには前述のノルマンの2枚の版画を再現する2枚の折り込み図版と展示品のリストが添えられている。このような図版とリストの速やかな出版は，少なくとも展覧会自体と同じ位，押収作品のイメージを広めるのに役立つのである[20]。

ところで，上述のようなサヴォワの見解とは対照的に，英国の美術史家ハスケルはこの展覧会について非常に手厳しい評価を下している。ハスケルによると，1807年の展覧会はそれ以前のどの展覧会よりも大規模なもので，美術館の発展史の上では非常に重要な出来事である。しかし，当時の人々が今日のわれわれのように，ダンツィヒからのメムリンクの絵画の押収や，クラーナハの作とされる12点の絵画の没収に感銘を受けたということはありそうにない。カッセルからのレンブラントの驚くべき群像画「ヨゼフの息子を祝福するヤコブ」を別にすれば，それ以前にイタリアとネーデルラントから移された作品と重要性において比肩しうるものはほとんどなかったのである[21]。確かに，展覧会の責任者であったドノンの「証言」をサヴォワのようにそのまま信用することには疑問が感じられ，ハスケルの指摘には真実を突いた点が含まれているのではないかと思われる。

とはいえ，サヴォワ自身もこの展覧会を手放しで賞賛しているのではない。彼女によると，1807-08年の展覧会はその成功にもかかわらず，ドイツで押収された作品のフランスでの受容の仕方という点から見ると，3つの重要な問題点をはらんでいたのである。

まず第1点は，この展覧会が押収品の正確な出所を示さずに，またたとえばカタログの緒言で収奪を受けた都市と君主の名前を急いで挙げることさえせずに，「征服の果実」を展示していることである。そのため観客は，有名なベルリンのオラント像が少し前にはプロイセン国王の所有物であったことも，レンブラントの絵画の大多数がカッセルに由来することも，知ることができない。このように地理的な情報が欠如しているのは，それが損害を受けた君侯からの返還要求の助けになることを避けるためとも考えられるが，これ以前のイタリアで押収された絵画の解題（ノティス）では，一般に作品の出所が明確にされているだけに，特

に注目に値するのである。なお，ハスケルもこの「絵画のカタログ」については，それが作品のサイズ，基材，来歴への言及を欠いている点を問題にして，「10年近く前に出版されたものに比べてはるかに水準が低い」と酷評している。

　第2の無視できない問題点は，1807年にパリで展示されたのが，ドイツにおける押収品のうちの選ばれた一部に過ぎないということである。押収品の目録とサヴォワが作成した展覧会の増補版カタログとを比べてみると，ドイツから奪った約900点の絵画のうちの40％だけがパリで「公開の栄誉」に浴しているに過ぎない。デッサンの場合は243点中33点のみが展示されたに留まる。さらに珍奇品の中には，「インドとシナ」の物品のように，全く展示されなかったものもある。こうして，ドイツから強制的にフランスへ移された品物のうち，結局かなり控え目な数のものだけが新たに「公共性」を与えられたのであり，大多数のものは人目に触れることがなかったのである。その筆頭は，ブランデンブルク門上の有名な4頭立て2輪馬車であり，前述のようにそれは多くの費用をかけて修復されたにもかかわらず，パリにおいていかなる適切な用途も見出すことがなかったのである。

　そして第3に，一層具合の悪い点として，「征服の果実」の展示が一時的行事であり，大多数の展示品は6か月間を「世界のショーウィンドー」で過ごした後，姿を消すという点が挙げられる。ただし，この点では，古代の彫刻は絵画および珍奇品と事情が異なっている。たとえば「ディアナの間」は，1809年までは07年と正確に同じ配置で，またそれ以後も，1815年の古代美術品ギャラリーの目録によれば若干の変更を伴いつつ，ドイツでの押収品を展示し続けているのである。これに反して，2階の3室にあったドイツの作品の大多数は08年春，展覧会の閉幕とともに公衆の目から遠ざけられた。ただし，約160枚の絵画はナポレオン美術館の陳列室に最終的に展示されるために保留された。それ故，古代美術品の受容は展覧会の終了後も継続し得たのに対して，展示された絵画の半数以上と，ベッローリ・コレクションの作品，壺，マジョリカ焼，七宝焼，その他の珍奇品は，展覧会の終了とともにその短い「国際的キャリア」を終えることになる[22]。

　ところで，上述のように1807年の展覧会のカタログには作品のタイ

表6-1 1807年の展覧会に出品された絵画のその後

使 用 方 法	絵画点数
ナポレオン美術館に常設展示	163
ナポレオン美術館に展示せずに保存	51
諸王宮へ配置されたもの（合計）	107
フォンテーヌブロー	34
コンピエーニュ	30
サン・クルー	15
チュイルリー	9
ヴェルサイユ	3
トリアノン	4
ランブイエ	4
ストラスブール	8
パリのノートルダム教会へ(1811年)	8
ディジョン美術館へ配置	2
リヨン美術館へ配置	1
警察省へ配置	5
同定不能のもの	17
設置場所不明のもの	18
総　　　　計	372

註）旧所有国への返還年は，1814年の14点，1816年の2点を除いて，ほとんどは1815年である。
出典）Savoy 2004,t.II,pp.120-295 により作成。

トル以外の記載がきわめて少ないのであるが，サヴォワは関連史料を渉猟して，作品に関する様々な情報をオリジナル版に書き加えている[23]。以下，この「増補版カタログ」にもとづく筆者の分析結果を手短に示しておこう。

　1807年の展覧会のカタログに掲載された絵画の総数は，筆者の計算では372点である。いま，それらの絵画が展覧会以後どのように使用されたかを示すと，表6-1の通りである。これによると，1814-15年に元の所有者に返還されるまでナポレオン美術館に常設展示された絵画は163点であり（1814年の同美術館の大ギャラリーのカタログに掲載されているもの），サヴォワの指摘が正しいことが分かる（ちなみに，それらの絵画の押収地別を付記しておくと，カッセルが96点と断然多数を占め，以下シュヴェリーン27点，ブラウンシュヴァイク26点，ベルリンとポツダム12点の順になっている）。それら以外では，パリと近郊の諸王宮（チュイルリー，フォンテーヌブロー，コンピエーニュ，サン・クルーなど）に送られた絵画が107点を数え，さらにパリのノートルダム大聖堂に8点，警察省に5点，ディジョンの美術館に2点，リヨンの美術館に1点がそ

第6章　ルーヴル美術館と収奪美術品の利用（2）　　341

れぞれ送られている。以上のすべてを合わせると286点になるが，これらが1807年の展覧会以後もいわば有効利用された絵画であるといえよう。これらの絵画は同定不能もしくは所在不明の35点を除いた総数337点の85％に相当する。これに対して，展覧会以後ナポレオン美術館に保存されたものの，展示されることなく旧所有者に返還された絵画は51点確認される。

　一方，同じカタログに掲載された88点の大理石彫刻（立像・胸像・頭部像・浅浮彫りなど）のうち，展覧会後も古代美術品のギャラリーに展示され続けたもの（1814年の彫刻類のカタログとその補遺に現れるもの）は38点であり，それに対して展示されることなく同美術館に保存されていたものは42点を数える（ほかに同定不能また所在不明が8点）。ちなみに，それらのうち19点は1814年に，約60点は1815年に旧所有者に返還されている。

　ところで，上述の王宮や官邸へ送られた絵画については，サヴォワに従って次のように付言しておかなければならない。このようにして本来公衆が自由に享受できるように君侯から収奪された多数の絵画は，フランスにおいて結局は権力者の宮殿を飾ることになった。それらの絵画は，その大部分が元の所有者に返還されたけれども，母国を離れる時と同様，世の公衆に知られることが少ないまま帰国したのである。このように考えると，ドイツからもたらされた美術品のうち，パリ滞在からその知名度と歴史の点で真に利益を得たのは，ナポレオン美術館の常設展示品に組み込まれた作品だけであった[24]。

　上述のように，ドイツで押収された約900点の絵画のうちナポレオン美術館の常設展示品になったのは，約160点，すなわち全体の18％弱に過ぎない。にもかかわらずサヴォワは，実際にルーヴルに展示された作品を見ると，ドイツで押収された絵画はナポレオン美術館のコレクション，とりわけ北方画派の作品を決定的な仕方で補充していることが分かるという。絵画ギャラリーに陳列された作品のカタログ（1814年版）には，「ドイツ・フランドル・オランダ派」の作品約600点が載っているが，そのうち150点近くは1806年にドイツからもたらされた作品なのである。

　具体的にいうと，そこにはベルリンからのデューラーの（ないし彼の

作とされる）絵画が3点見出されるほか，約30点を数えるレンブラントの作品（彼の作とされるものを含む）のうち，13点はドイツで押収されたものである。ドノンは1815年にヘッセンからの返還要求に応じることは，「オランダ派のこの上なく優雅な小型の絵の大部分を失わせることになる」として関係当局に警戒を促しているのである[25]。このナポレオン美術館の常設展示絵画全体に占めるドイツからの収奪品の意義については，後段で再論することにする。

　最後にサヴォワによると，ドイツの美術品に対して「パリ滞在」がもたらしたものを評価するためには，次の事実を考慮しなければならない。それは，ナポレオン美術館に常設展示されることになった絵画や彫刻が，1809-10年頃から定期的に刊行されるようになった画集（ランドンの『美術館年報』など）の中に図版として掲載されることによって，広範囲の人々に知られるようになり，さらに一部の作品は考古学者による研究の対象にもなったという事実である。絵画の場合には，常設展示された約70点が主要な画集の中の1つにおいて，時には数回にわたって図版化されており，たとえば1807年に展示された17点のレンブラントの絵画のうち少なくとも10点が掲載されている[26]。

　一方，ドイツで押収された古代の彫像でルーヴルに展示されたものは，ほとんどすべてが「パリ滞在」中に，しかもその大多数は2，3，4回にわたって，版画化されている。しかし，この点では，ベルリンとポツダムの王宮から引き出された作品と，カッセルのフリデリチアヌム美術館に由来する作品を区別する必要がある。プロイセン王のコレクションに属していた前者の古代彫像は，18世紀にすでに出版物を通じてかなり広く知られており，中にはポツダムのサン・スーシ宮殿において展示されているものもあった。これに対して，後者すなわちカッセルの古代彫像は，パリへ移送される前にはいかなる詳細な記述の対象にもなっていなかった。それらの彫像のパリへの強制的移動は，「国際的な考古学の舞台への登場」を意味する。カッセルで押収された作品は，1807年以後，他の古代彫像の傍に展示されることによって，考古学的知識の進歩に不可欠な，あの比較に委ねられる。そしてこのようにパリ滞在によって始めて考古学的研究の対象になり得たという点では，ベルリンとポツダムからの古代美術品も例外ではなかったのである[27]。

第6章　ルーヴル美術館と収奪美術品の利用（2）

ここで，さらに1つのエピソードを紹介しておきたい[28]。前述のブランデンブルク門上の4輪馬車は美学的ないし歴史的な価値のためではなく，明らかに戦勝記念品として押収されたのであり，その点でドノンがドイツの君侯のギャラリーで選定した幾千もの美術品とは区別されなければならない。馬車を構成する4頭の馬と勝利の女神の像は，前述のようにフォーブール・ポワソニエール街のチュイルリー宮の倉庫の中に放置されていたのだが，1814年にパリに入城したプロイセン軍は当然にも，その不在が「国民的恥辱の印し」といわれたこの彫刻の返還を真っ先に要求した。こうして彫像は荷造りされ，ベルリンへ発送を待つばかりになっていたが，その時，5月3日に予定されていた新国王ルイ18世の帰国を祝う行事の一部として，パリのポン・ヌフ橋上に石膏のアンリ4世の彫像を建てる計画がもち上がったのである。ポン・ヌフの同じ場所には17世紀以来アンリ4世の騎馬像が置かれていたのだが，革命期の偶像破壊によって1792年に取り壊されたのである。

その制作を引き受けたのは彫刻家のロギエ（Roguier）で，彼は元の騎馬像を描いた版画と，よく似たブロンズの胸像を直ちに手に入れた上で，プロイセン国王の許可を得て，すでに荷造りされプロイセン兵のピケに守られていた4輪馬車の馬像の1つを取り出して，その型を取ったのである。馬像は型どりがすむと箱に戻され，他の3頭と一緒に出発した。それ故，このトロフィーは結局のところ，フランスにおいて全く役に立たなかったわけではないのである。ロギエが約束通りルイ18世の帰国までに完成させた石膏のアンリ4世騎馬像は，国王のパリ帰還を描いた数枚の版画に見ることができるが，1818年に，今日も存在するブロンズの騎馬像に取って代わられるまで，ポン・ヌフの盛り土の上に展示されていたのである。

3　ドイツからの押収美術品の修復

帝政期に行われたドイツからの押収美術品の修復については，サヴォワの研究が詳細に明らかにしているので，以下に手短に紹介しておこう[29]。

ドイツからの美術品はドノンが帰国する以前にあっても，荷ほどきされるやルーヴル美術館付属の修復作業場へ送られ，国際的に能力を認められている専門家によって必要な処置が施された。とはいえ，修復活動はドイツでの押収品のすべてに及んだのでは決してない。ブランデンブルク門上の4頭立て馬車や，ベルリンにあったトラヤヌス帝の彫像のように，戦勝記念品としての価値あるいは象徴的価値がある記念物は特別扱いされた。ベルリンのオラント像や，コレッジョの「レダと白鳥」のようにヨーロッパ中で知名度が確立している作品，またより一般的に，フランスの国家的コレクションに最終的に入るべき作品の場合も同様である。これらの作品の修復は，専門的な修復家のチーム，すなわちルーヴルの監督下に置かれた私的企業者の手に委ねられたのである。
　前述のように国民公会期には，木枠とカンヴァスの調達困難が修復活動を妨げたが，帝政下ではそれは制約なしに行われる。そのための臨時費として，ルーヴル美術館に1807年には36,000フランが支給され，その後も1810年まで毎年3万フランが支払われたといわれる。修復の一部は輸送中に生じた損害（マジョリカ焼の壺の破損など）を対象とするものだったが，より一般的には，壊れやすい作品の補強や以前の修復の改善を目的としていた。
　絵画の分野では，修復作業の大部分はフークとアカンによって行われた。2人が残した請求書と勘定書によると，1807年にフークはドイツから来た絵画49枚を，総額およそ1,600フランで修復しており，一方アカンは同じ由来の絵画38枚を約800フランで処理している。また，これらの作品の半分強は新しい木枠を受け取っている。そして，ほとんどすべての作品は新しいカンヴァスに移されているが，中には使い古された画布を新しい画布で裏打ちしている場合もある。
　大抵の場合，この絵画の移し替えは糊による普通の方法で行われたが，フークは恐らく湿気から守るためであろうが，一貫して修復した絵画の裏に絵の具の層を塗りつけている。これに対してアカンは，レンブラントの2枚の絵画など5つのケースで，「油による張り付け」(marouflage à huile) によって移し替えを行っている。アカンが考案したこの方法は，伝統的な方法よりも費用はかかるが，薄い油の層を介在させることで，絵画をよりしっかりとカンヴァスに移すことを可能にす

第6章　ルーヴル美術館と収奪美術品の利用（2）

るのである。以上，フランス到着時に修復された87枚のドイツ絵画のうち，10枚ほどは複雑な処置を受けなければならなかった。フークは4回にわたって，作品を移し替える前に，過去にカンヴァスの裏に付着した糊の層を取り除くのに数日を（ファン・ダイクの絵画「聖霊の降下」の場合には4日を）かけなければならなかった。なお，フークは他に，数枚の板絵（ルーベンスの「スピノラ侯爵」など）の修復＝裏板による補強を依頼されている。さらに古代彫刻の場合には，その洗浄と修理を行うために，1807年の9月と10月に日給で働く一群の労働者が例外的に動員されたのである。それ故，サヴォワによると，「フランスがドイツで征服した作品のうちパリにおいて修理の対象となったものは，同じ時期にそれらの原産都市では恐らく利用できなかったであろう最先端の処置を受けることができたと考えても誇張ではない」のである。以下，若干の具体例について，より詳しく述べることにしよう。

　まず，ローマ皇帝トラヤヌスの彫像（実物の3分の1の全身像）は，ドノンによるベルリン王宮美術品陳列室からの収奪美術品リストの1番最初に載っているものだが，1807年の戦利品展覧会に出品された後，翌年11月カルテリエ（Cartellier）なる彫像師によって修復され，その後古代美術品ギャラリーの「大河の間」に展示された。この修復に対してカルテリエは6,000フランという驚くべき多額の報酬を受け取っている[30]。

　その1年半前には，元パリの王立絵画・彫刻アカデミーの学生で彫刻家兼鋳造工・彫金師のカンレール（Canlers）が，ブランデンブルク門上の4頭立て2輪馬車とベルリンのオラント像（古代のブロンズ像）を，同時に修復するよう依頼された。前者，シャドウ作の群像の修復作業は，輸送による損傷部分の修理，全体構造の補強（馬の首を支えるための4つの骨組みの補充），若干の部分の完全な取り替え（4頭目の馬の大部分）などに及ぶ大規模なもので，実に21,000フラン以上の費用を要した。しかもこの群像は，既述のようにパリでは公衆の目に触れることがなかったのである。もう1つのオラント像の修復については，カンレール自身の報告（1807年）が詳細に語っているが，ここではごく手短に述べざるを得ない。

　カンレールはまず，ブロンズ像の首の回り全体にひび割れがあるため

に，頭部が胴体から分離するおそれがあったので，横木とボルトを使い，頭部をナットによって締め付け，肩の上にしっかりと固定した。この接合部分は1995年の修復まで取り替えられることがなかったという。次に，近代の作である両腕を，鉄の棒とボルトを使って古い胴体に強く固定することが行われた。元々金属の溶接によって肩と結合されていた両腕は，パリ到着時には胴体から完全に離れるおそれがあったらしい。さらに，脚の部分にもいくつか裂け目が生じていたので，カンレールはそこに「部品」をはめた。最後に，彼はルーヴルの指導部と相談して新しい台石を制作した。全体として，カンレールによる修理はオラント像の歴史における最も重要な修復の1つと評価できるのである[31]。

次に，「最も野心的な」修復を受けた絵画の例としては，ジョルジョーネの作とされる「アダムとエヴァ」と，コレッジョの「レダと白鳥」が挙げられる。この両者はどちらも，パリへ移送される前に全ヨーロッパ的名声が確立していた作品である。

まずブラウンシュヴァイクで押収された「アダムとエヴァ」は，1807年のカタログで「公衆に展示される前に重要な修理を必要とする」とされていたが，1808年から09年3月にかけてアカンによって新しいカンヴァスに移された。この絵は下塗りがない厚手のズックに描かれており，過去にひどい湿気によって生じた絵の具の剥離部分を油やニスなどで固定しようとした跡があった。アカンによる修復作業は，絵画のカンヴァスからの切り離し，白鉛による下塗りの上への「絵の移転」，そして新しいカンヴァスへの置き換えという3つの段階からなっていたが，アカンはこの1枚の修理によって1,200フランもの報酬を受け取ったのである[32]。

もう1枚の「レダと白鳥」は，コレッジョが1530年代に制作したもので，1806年にポツダムのサン・スーシ宮殿で押収されたのだが，注目すべきは，その間にこの絵画が経験した波乱に富む運命である。この絵画はイタリアからスペインへ，次いでスペインからプラハへと移動し，1648年のスウェーデン軍によるプラハ占領時にはストックホルムへ運ばれた。そしてクリスティーナ女王とともにイタリア（ローマ）へもどり，彼女の死後もそこに留まった。そして1721年に，当時フランス国王の摂政であったオルレアン公フィリプに売却されたのである。

第6章　ルーヴル美術館と収奪美術品の利用 (2)　　347

ところが，摂政の息子のオルレアン公ルイは，レダの扇情的な姿態に嫌悪を感じて，その頭部を切り落とし，絵を3つに切り裂いたのである。

オルレアン公のコレクションの管理人であった画家のコワペルはカンヴァスを修復し，欠けていた頭部を取り付けた。次いで1753年に絵画はフランスの収集家パスキエに売却され，今度は彼が新しい頭部を描かせた。その後1755年にプロイセンのフリードリヒ大王の代理人がこの絵を買い取って，サン・スーシ宮殿に置いたのである。

パリへ移送された「レダ」は，同じ画家のもう1枚の傑作「ユピテルとイオ」と一緒に直ぐに修復に委ねられたが，それを担当したのはルーヴルの修復家アカンではなく，当時有名な画家で「フランスのコレッジョ」といわれたプリュドン（Pierre-Paul Prud'hon）であった。彼は「愛すべき優雅な才能によって，期待できる限り上手に巨匠の筆さばきを想起させることができた」（サヴォワ）といわれる。両絵画の修復に対してプリュドンが受け取った報酬は実に2,000フランであった。1809年に修復が終わると，「レダ」はデルポルト商会が作った豪華な樫の額縁に入れられ，ナポレオン美術館の常設コレクションに加えられて，1814年までコレッジョの他の8点の作品とともに展示されることになる[33]。

注目すべきことに，1814年8月にコレッジョの「レダ」と「イオ」を取り返したプロイセンの委員たちは，それらの作品の状態を激しく批判した。前者については新たに頭部が描き加えられたことが，後者については不完全な修復によって絵が損なわれたことが，非難されたのである。この厳しい評価を確認するかのように，十数年後にドイツ最初の専門的修復家の1人シュレジンガー（Schlesinger）はベルリンにおいて，プリュドンによる「レダ」の修正箇所を取り除き，新たに顔を描いたのである。しかし他方において，1815年にドイツのいくつかのギャラリーの館長は，フランスで行われた修復をはっきりと歓迎している。たとえばカッセルのフェルケルは，「わが古代彫像のいくつかは新たな修復のお陰でより感じのよい様子になった。近代の部分が取り替えられ，継ぎ目がより念入りになって前ほど目立たなくなった」と語っている。またブラウンシュヴァイクのエンペリウスは，アカンによるジョルジョーネの絵画の「救助」を「大成功」と称賛している[34]。

それ故，帝政下では数年にわたって，ドイツで押収された若干の素晴らしい作品の修復のために，高度の熟練をもつ職人たちが動員され，多額の費用が支払われたのである。しかし，若干の作品は至宝として大事に扱われたとしても，その他のものはよりささやかな処置——新しい基材への移し替え，わずかな手直し，ニス塗り——を受けるに留まったし，多数の作品は完全に無視されたのである。ドイツの委員たちの報告を信じるならば，多数の作品は 1814-15 年に，絵の具が剥がれたり，板が壊れたり，虫食いになったりという「嘆かわしい損傷状態」で返還された。それらは明らかに一度も展示されなかった作品である。なぜなら，1807 年に開始された修復運動の「選択的な性格」は，ドイツで押収された作品の展示と普及の政策を忠実に反映するものであるからである。修復された作品はパリで展示することが考慮された作品であった。それ以外に修復されるのは，作品が地方の美術館などに寄託される場合である。たとえば 1808 年春にストラスブールの皇帝宮殿に送られた 9 点の作品のうち少なくとも 6 点はドイツに由来しており，それらはパリの修復家ミショーに委ねられた。それ以前においては，1807 年 10 月に開幕したドイツからの戦利品の展覧会が大多数の修復命令の動機となっている[35]。

4 1810-14 年の大ギャラリーの常設展示

　さて，前述のようにナポレオン美術館 2 階の大ギャラリーは，1805-10 年の間に，列柱に支えられた横断アーチによって 9 つの部分（張り間）に分割された。1810 年に刊行され 1815 年まで 6 版を重ねたカタログ『ギャラリー・ナポレオンに展示された絵画のノティス』によると，「大サロンに隣接する第 1 の部分はフランス派の絵画によって占められ，次の 4 つの部分はドイツ・フランドル・オランダ各派の絵画を収め，最後の 4 つの部分はイタリア諸派の絵画を収めている[36]。」
　いま筆者の手元にある 1811 年版のカタログによると，大ギャラリーに展示された絵画は総数 1,176 点であり，その内訳はフランス派が 107 点（9.1％），ドイツ・フランドル・オランダ派が合わせて 606 点

(51.5%)，イタリア諸派が 463 点（39.4％ ただしムリーリョらスペイン派絵画 5 点を含む）であった。前述の 1801-04 年の状況と比べると，展示絵画の総数とイタリア派の数はほとんど変化していないが，フランス派は大幅に減少して，その比重が 10％以下に低下しており，反対にフランドル派などの北方派は顕著に数を増して全体の半ばを超えている。このような北方派絵画の増加の重要な一因が，1806-07 年のドノンによるドイツ各地での絵画押収活動にあることは容易に推察できるであろう。

　次に各派の画家の中で展示点数が多い者を示すと，前掲表 5-1,2,3 の通りである。フランス派ではプッサンが 26 点で断然トップを占め，ル・ブランが 10 点で続き，以下 9 点のヴァランタン，8 点のル・シュウールとヴェルネ，7 点のブールドンの順になっている。1801-04 年に比べて，プッサンが増加する一方で，ル・ブランと特にヴェルネの減少が目立っている。海洋画家ヴェルネの有名な連作は，前述のように 1803 年以降リュクサンブール宮の絵画ギャラリーへ移されたのである。

　フランドル・オランダ・ドイツ派では，54 点のルーベンスと 34 点のアントン・ファン・ダイク，33 点のレンブラントとワウウェルマンの作品が飛び抜けて多く，4 人で北方 3 派の絵画全体の約 4 分の 1 を占める。この点は 1801-04 年の場合と全く同様である。彼ら以外では，ダウ（17 点），ミーリス父子（16 点），オスターデ（14 点），ポッター（10 点），ヴァン・デ・ヴェルデ（10 点）らオランダ派の画家が上位を占めており，オランダ派絵画の数的優位は圧倒的である。

　ルーベンスとファン・ダイク以外のフランドル派では，17 点のテニールス（子）を筆頭に，ヨルダーンス（10 点），ビロードの（ヤン・）ブリューゲルとシャンパーニュ（各 7 点），ファン・エイク（6 点）が目立っている。そのうちファン・エイクの作品には，有名なガンの祭壇画「神秘の小羊」（中央部上列の 3 枚と下部の 1 枚との 4 点）が含まれていることに注意しておこう。これに対して，ドイツ派の絵画は 32 点と総数の 3％にも満たないが，その中では 15 点のホルバイン（子）が飛び抜けており，その他にはデューラー 3 点，クラーナハはわずか 1 点を数えるに過ぎない。なお，以上の北方諸派の絵画についてシャトランは，オスターデ，テニールス，ダウ，ワウウェルマンら，「当時のフランスで非常に評価されていた瑣末な主題の絵画がたっぷりと代表されて」い

る一方で，しかしそれによってホルバイン，ルーベンス，レンブラントら最大の巨匠たちも，「決して輝きを奪われているわけではない」と指摘している[37]。

最後にイタリア派では，27点のアンニバレ・カラッチを筆頭に，ラファエロ，グイード・レーニ，ティツィアーノ，アルバーニの作品が20点を超えており，次いでドメニキーノ，ゲルチーノ，ヴェロネーゼの3人が16〜17点で続いている。これら展示数上位の画家の顔ぶれは1801-04年当時と変わっていない。以上のほかに有力な画家としては，ティントレット，ジュリオ・ロマーノ，コレッジョ，レオナルド・ダ・ヴィンチらの作品が7〜10点展示されており，ダ・ヴィンチの作品の中には「モナ・リザ（ラ・ジョコンダ）」も含まれている。イタリア派に関しては，15世紀後半〜16世紀初頭のダヴィンチから17世紀半ばのグェルチーノまで，ボッティチェリを除いて主要な画家がほぼ網羅されていることが注目される。ただし，カタログの緒言には，「傑出した作品が，しかも多数，現在まで展示されておらず，若干のものはこれから配置される」と記されており，大ギャラリーの常設展示の内容は，この時点ではなお最終的なものとは見なされていなかったことがうかがえる[38]。

なお，この1810-14年の大ギャラリーの常設展示のノティスにおいては，個々の画家の生没年，画派別のほかに，絵画の内容の説明は物によってはかなり詳しくなされているが，絵画の来歴については，ラファエロの「キリストの変容」などごく少数を除いて記されていない。この点は前述の1799年と1801年の大ギャラリー公開時のノティスの場合も同様であって，絵画の内容説明は全体としてより詳細になっているが，展示絵画が収奪品であることを示すような記述は（ドメニキーノの代表作「聖ヒエロニムスの聖体拝領」がローマの教会に由来するという記述を除いては）見出されないのである。ところでシャトランは，この時期のルーヴル美術館のカタログの顕著な特色として，その展示品が収奪の産物であることを躊躇なしに，率直に明示していることを挙げている。確かに1798-1805年に大サロンで開催された前述のイタリア絵画の臨時展覧会のノティスは，そのタイトルに，展示品がイタリアの諸都市あるいは諸地域で「収集された貴重な（または主要な）絵画」であること

第6章　ルーヴル美術館と収奪美術品の利用（2）

を明記している。また1800年に開館した「古代美術品ギャラリー」のノティスの場合には，タイトル自体には展示品の出所は示されていないが，緒言には「ここに展示されている彫像の大部分はイタリアでなされた征服の成果である」と明示されており，さらに重要な作品については個々にその来歴が記されている。しかし，上述の例が示すように，シャトランの指摘はすべてのカタログに当てはまるわけではない[39]。

　ここで，1810-14年に大ギャラリーに展示された上述の北方派絵画およびイタリア派絵画の中で，諸外国から収奪された絵画がどのような比重を占めていたかをより詳しく考察しておきたい。まず前掲の表5-2によると，北方派（フランドル・オランダ・ドイツ派）絵画の展示総数は606点であり，そのうち外国からの押収品は，ドイツ（ごく一部はポーランド）からが136点で最も多く，以下ベルギーからの37点，イタリアからの31点，オランダからの26点と続いている。このうちベルギーとオランダに関する数字は一応の推定値に過ぎないが，以上を合計すると，押収絵画数は全部で230点となり，展示絵画総数の38％に相当する。

　次に前掲の表5-3によると，同じ時期のイタリア派絵画の展示総数は463点であり，そのうち外国からの押収品はイタリアからが156点で圧倒的多数を占める。これにドイツからの13点，（表には示されていないが）オランダからの2点を加えると，イタリア派の押収絵画総数は171点となり，同派の展示絵画総数の37％に相当する。以上から，北方派絵画とイタリア派絵画のいずれの場合にも，この時期に大ギャラリーに展示された絵画の中では，外国からの押収品よりも，大革命以前から王室のコレクションや教会，貴族などの所有物としてフランス国内に存在した作品の方がはるかに多数を占めていたことが確認される。

　このような事実を踏まえて，以下，外国からの押収絵画が果たした役割をより明確にするために，重要な若干の画家について個別に検討することにしよう。

　まず，北方派の中で外国から獲得された作品が最も多数見出される画家はルーベンス，レンブラント，ワウウェルマンの3名である。とりわけルーベンスの場合には，ベルギーに由来する作品が22点と飛び抜けて多く，これにイタリア，ドイツ，オランダからの8点を加えると，展

示総数54点中30点を外国からの押収作品が占めることになる。それらの中で，ベルギーからの作品はアントワープ大聖堂からの2点とトゥルネーのサン・マルタン大修道院からの1点，計3点の3幅対祭壇画を始め，宗教画の大作を数多く含んでおり，その質的内容においても決定的に重要であったことは明白であろう[40]。

　これに対してレンブラントの場合には，展示総数33点のうち外国からの作品が16点と半数強を占めており，そのうち13点はドイツからもたらされている。その中ではカッセルからの12点が圧倒的比重を占めるが，ブラウンシュヴァイクからの1点，「ある家族の肖像」という優品の存在も注目される。ルーヴルにすでに存在したレンブラント作品は肖像画，歴史画，宗教画にわたっていたが，外国からの作品は，カッセルからの「ヨセフの息子を祝福するヤコブ」のような重要な例外はあるものの，大多数が肖像画であり（「横顔のサスキア」を含む），それらが加わることで，レンブラント・コレクションが一段と充実したことは疑いがない。ただし，オランダからの作品は展示品中には「キリストの神殿奉献」他1点しか確認されず，彼の大傑作が網羅されていたとは到底言えない[41]。

　さらにワウウェルマンの場合にも33点中17点が外国からの作品であり，そのうち13点がドイツから，3点がオランダから，1点がイタリア（トリノ）からもたらされている。ドイツからの13点の内訳は，カッセルが11点，シュヴェリーンが2点である。この画家の場合には，外国からの押収作品の中にルーヴルにすでに存在する作品と主題の重複するものが数多く見出される。すなわち，騎兵隊の戦闘場面，狩猟と馬の調教，農場や漁場の光景などを描いた絵画が数多く展示されており，外国からあえて押収する必要性が理解し難い作品が多いのである。

　以上の3名以外についてみると，ヤン・ブリューゲル（ビロードの）では展示された7点中3点がイタリアから，1点がオランダから獲得されており，ヘリット・ダウの場合には17点中6点がイタリア（トリノ）とドイツ（シュヴェリーンとポツダム）から3点ずつもたらされている。またアントン・ファン・ダイクでは34点中9点がドイツ，イタリア，ベルギーから到来しており，ファン・エイクでは6点中4点がベルギーから，1点がドイツからもたらされている（正確にはダンツィヒで押収し

た「最後の審判」の図で，メムリンクの作)。ファン・エイクの場合，ベルギーからの4点は前述のようにガンの大聖堂の多翼祭壇画の中の4つの構成部分を指している。ファン・ダイクの作品の中では外国からの押収品の比率は大きくないが，彼の数多い肖像画のコレクションの中に，トリノの王室ギャラリーにあった「イングランド王チャールズ1世の子供たち」などの秀作5点と，ほかに宗教画4点が加わったことが重要である。さらにドイツ派のデューラーの場合には，3点の展示絵画すべてがドイツ(ベルリン王宮)から押収されたもので，しかもそれらはすべて1801年の3点の展示品とは別の作品である。同じくドイツ派のホルバイン(ハンス・子)では，15点中4点がドイツ(カッセル)，2点がイタリアとオランダからもたらされ，フランドル派のヨルダーンスでは10点中5点がドイツから，1点がベルギーから到来している。ホルバインの6点はすべて肖像画であるが，ルーヴルに既存の代表作「サー・トマス・モアの肖像」や「エラスムスの肖像」に匹敵する作品は見当たらない。

　以上のほかでは，ロイスダールの場合7点中4点がドイツから，テニールス(子)では17点中5点がドイツから，1点がイタリアから，ヴァン・デル・ウェルフでは9点中3点がドイツから，2点がイタリアから，それぞれ獲得されているのが，注目すべき事例といえよう。

　以上に述べたところから，ドイツ各地から押収された北方3派の絵画については，それらがナポレオン美術館においてレンブラントを筆頭に相当数の画家の展示作品を充実させるのに少なからぬ貢献をしたと見てよいであろう。これに比べると，イタリアからもたらされた北方派絵画が果たした役割は，ルーベンス，ヤン・ブリューゲル，ダウ，ファン・ダイクらについては決して無視できないとしても，はるかに小さかったのである。さらに，ベルギーからの押収絵画の場合には，37というその展示点数は1801-04年に同じ場所に展示されていた数と大差なく，ベルギーから押収された絵画約200点のごく一部に過ぎない。また画家別の構成も1801-04年の場合と基本的に同じである。それ故，ベルギーからの絵画はルーベンスとファン・ダイク，さらにファン・エイクを例外として，ナポレオン美術館の展示作品としてはほとんど活用されていないと言わざるを得ない。ただし，ルーベンスに関しては，ベル

ギーから獲得した絵画がナポレオン期を通じてこの画家の展示作品の中で特別に重要な地位を占めていたと確言できる。

ところで，このベルギーからもたらされた絵画の中には，ルーヴルに所蔵されながら展示されなかったもの，あるいはブリュッセル，マインツや旧フランスの地方美術館へ送られたもの（それ故1814-15年にも旧所有者への返還をまぬがれたもの）が，きわめて多数存在した。館長ドノンが1815年7月に，美術品の返還を要求する国々の全権委員に配った覚え書によると[42]，ベルギーからの絵画200枚のうち，パリにあるのはせいぜい30枚ほどで，残りはブリュッセルを含むフランス国内18都市の美術館に分散しているとされている。このドノンの数字はやや誇大ではないかと思われるが，ピオが作成したリストからは，革命期にベルギーから収奪された絵画のうち80点近くが1883年の時点でフランスの地方美術館に所蔵されていることが確認できる[43]。このようにフランス全体で見ると，ベルギーからの押収絵画の貢献度はルーヴル＝ナポレオン美術館におけるその展示数が示すよりも，著しく高かったと考えなければなるまい。

最後に，オランダから獲得された絵画で1810-14年に大ギャラリーにおける展示が確認できるのは26点であり，1801-04年の場合を下回ったようである。その中ではオランダ派絵画が約3分の2を占めているが，それらもこの展示において重要な役割を果たしているとは言い難い。前掲表5-2に現れる主要画家の作品は全部で13点に過ぎず，その中には上述のレンブラントの2点やヤン・ステーンの風俗画の1点，「病気の婦人」のような優品が散見するに留まるのである。ただし，このオランダからの押収絵画の中にも，ナポレオン期にフランスの地方美術館に分散していたために，1815年以後も奪回をまぬがれたものが相当数存在したようである。ドノンはその点については何も述べていないが，ソーニエによると，そうした地方への分散絵画の数は60〜70点に上ったといわれる[44]。

以上，北方派画家に関する考察がかなり長くなったが，次にイタリア派の主要な画家についても同様な考察を加えておきたい。

前掲の表5-3によると，イタリア派の主要な画家の中で，外国から獲得された作品がそれぞれの展示作品の中で重要な地位を占めているの

第6章　ルーヴル美術館と収奪美術品の利用（2）　　355

は，ラファエロを筆頭に，コレッジョ，ヴェロネーゼ，ティツィアーノ，それにボローニャ派の3人のカラッチとグイード・レーニ，グェルチーノである。

　まずラファエロの場合には，展示された14点の押収絵画はすべてイタリアからの作品であり，ドイツからの4点とスペインからの2点の押収作品は展示されていない。それらイタリアからの押収絵画の中には，当時彼の最高傑作と見なされていたローマからの「キリストの変容」を始めとして，「フォリーニョの聖母」，ボローニャからの「聖チェチーリア」，ペルージアからの「聖母の戴冠」，フィレンツェからの「椅子の聖母」，「教皇レオ10世の肖像」といった傑作が目白押しであった。ラファエロの場合には，ルーヴル美術館には旧王室コレクションに由来する「美しき女庭師」，「聖家族」（「フランソワ1世の聖母」），「バルダッサーレ・カスティリオーネの肖像」などの佳品がすでに所蔵されていたのだが，上述の諸傑作が加わることによって，ドノンが目指したように，この当代随一の人気画家の画風の変化を各時期の作品によって示すことが可能になったのである[45]。

　当時ラファエロに次ぐ評価を得ていたといわれるコレッジョの場合には，展示された9点のうち6点までが押収作品であった。そのうちイタリアからの5点の中には，彼の最も重要な祭壇画の1つである「イル・ジョルノ」（「聖母子と聖ヒエロニムス」）など，パルマからの3点の重要な宗教画が含まれていたが，さらに神話画の傑作として旧王室所有の「眠れるアンティオペ」に，ベルリンから「レダと白鳥」（「ユピテルとレダ」）が加わったことも指摘しておかねばならない。

　これに対してヴェロネーゼの場合には，16点の展示絵画の中で押収作品は7点に留まっている。彼の作品はヴェネツィアから8点，ヴェロナから6点というように数多く押収されているが，その割りには大ギャラリーに常設展示されたものは多くない。たとえば彼の神話画の代表作の1つであるドゥカーレ宮殿からの「エウロペの略奪」は，1801年の大型絵画の展覧会に出品されているが，大ギャラリーには展示されなかったようである。また有名な「饗宴もの」4部作のうちの3作がヴェネツィアからもたらされたが（他の1作はヴェルサイユ宮殿にあった），そのうち大ギャラリーに展示されたのは「シモン家の饗宴」1作

のみであり，より有名な「カナの婚礼」と「レヴィ家の饗宴」の2大作は，1803年以来大サロンに配架されていたのである。この時期に大ギャラリーに展示されていたものとしては，「シモン家の饗宴」のほか，彼の祭壇画の代表作，ヴェローナのサン・ジョルジョ教会からの「聖ゲオルギウスの殉教」と，ヴェネツィアのサン・ザッカリア教会からの大作「聖母と幼子イエス」とが重要である。

さらにティツィアーノの場合にも，24点の展示作品のうち押収作品は7点に過ぎない。それらの中には，ヴェネツィアのサンティッシマ・ジョヴァンニ・エ・パオロ教会の有名な祭壇画「ドミニコ会士聖ピエトロの殉教」や，ミラノのサンタ・マリア・デッレ・グラツィエ教会からの「荊冠のキリスト」など4点の宗教画と，フィレンツェからの「ラ・ベッラ」など2点の肖像画の傑作が含まれており，元々豊富であった彼の宗教画と肖像画は一層充実したが，従来から乏しかった神話画は押収品によって補われることがなかったのである[46]。

さらにこの節を閉じる前に，1796-1804年にイタリアからもたらされた絵画が，1810年以降どのように利用されたかについて付言しておきたい。ブリュメールの資料によると，前掲の表5-4における414点の絵画のうち1810-14年のナポレオン美術館の「ノティス」に掲載されているもの，すなわちこの時期に大ギャラリーに常設展示されたと見られる絵画は，イタリア派が156点，それ以外が35点，合計191点（46%）である。これらのうち，1804年までにすでに大ギャラリーに展示されたことがある絵画が合計129点を数えるのに対して，この時期に初めて大ギャラリーに展示された絵画は62点に留まる。ただし，後者の絵画はイタリア派では156点中31点に過ぎないのに対して，その他の画派では35点中31点に達することが注目される[47]。

これに対して，「ナポレオン美術館に保存された」とされていながら，ノティスに掲載されていない絵画が67点（うちイタリア派が46点）を数える。そして，全体（414点）から上述の191点と67点を除いた残り156点の絵画は，そのほとんど（前掲表5-5では142点）が皇帝の諸宮殿やパリの教会，諸官庁，あるいは地方の美術館へ送られた絵画から成っていたのである。言い換えると，1796-1804年にイタリアから収奪した絵画のうち，330点（80%）以上が1810-14年においても何らかの

形で活用されていたのである。

　最後に，これをドイツ諸国からの押収絵画の場合と比較してみよう。ドイツの場合，同じ時期にナポレオン美術館に常設展示された絵画は前述のように163点であった。これはイタリアからの押収絵画の常設展示数，191点には及ばないものの，その差は決定的とは言えない。しかし，ドイツから押収された絵画の総数は900点を超えていたので，この時期に大ギャラリーに展示されたものの割合は20％以下に過ぎず，イタリアからの押収絵画の場合よりもはるかに小さかったのである。以上のほかに，1809年6月にドノンがウィーンで押収した300点余りの絵画があるが，それらは1810年に皇帝ナポレオンがオーストリア皇女マリー＝ルイーズと結婚したことから，ナポレオン美術館に常設展示することが憚られていたのである[48]。

5　1814年のプリミティヴ絵画の展覧会

　ドノンは1814年6月9日に宮内大臣ブラカース（Blacas）伯宛て書簡において，同年の現代絵画のサロン展が開かれるまでの期間に，ルーヴルのサロン・カレにおいて，チマブーエからラファエロまでのイタリア・プリミティヴ派とヴルムザー・ド・プラーグ（ヴルムザー・ド・ストラスブールに同じ）からアルブレヒト・デューラーまでのドイツ派の絵画の展示を行うことを提案した。ドノンは展覧会の意義についてこう書いている。

　　「これらの絵画は，珍しさと美しさとの二重の点において注目すべきものであります。それらは（ルーヴルの）コレクションに存在した1つの空隙を埋め，コレクションはその増加によって，芸術の最も完全で，最も歴史的な記念物となるのです[49]。」

　前述のようにドノンは1811年に，イタリアからの絵画がパリに着いたら，すでにナポレオン美術館にあるドイツ・フランドル派の何枚かの秀作絵画と一緒に展示しようと決めていた。しかし，彼の計画は予期

しない困難や遅滞に妨げられ，彼が選んだ最後の絵画が到着したのは 1814 年 1 月のことであった。展覧会が開幕したのは同年 7 月 25 日であるが，修復作業の遅れのために，カタログに記載された 123 点の絵画のうち若干のものは展覧会の進行中に会場に移されたのである[50]。

プルティ・アマールによると，絵画の展示は実際にはサロン・カレ（大サロン）だけでなく，その入り口広間になっていた小サロン（今日のデュシャテルの間）も使って行われ，最も古い絵画は後者に，それ以外は前者に展示された。イタリアからもたらされた絵画の大部分は，展示される前に入念な修復を受け，金縁の額に入れられていたと言われる[51]。刊行されたカタログは「イタリア，ドイツのプリミティヴ派絵画とその他様々な派の絵画数点のノティス」と題されており，その緒言には特にプリミティヴ絵画に対する人々の関心を喚起するために，以下のように記されていた。

「プリミティヴ絵画の飾り気のなさは，完成ということについて独特な考えをもち，それに一致するように見える事物しか称賛しない人々の目を引きつけることは，あまりないかもしれない。とはいえ，彼らの好奇心が全く裏切られることはないであろう。彼らはレオナルドやラファエロと，また彼らの弟子たちと同時代の人々の若干の作品を，またこれまでフランスでほとんど知られていなかったスペイン絵画を，好んで鑑賞することであろう。」
「本当の目利きは，美術の歴史をオリジナルな作品にもとづいて研究する手段を彼らに提供する年代順に連続した絵画を見て，すなわち人間精神の連続した歩みと発展を見て，必ずや強い興味を覚えるであろう[52]。」

上述のカタログに記載された 123 点の絵画の中では，当然のことにイタリア派が 75 点（61％）と圧倒的比重を占める。そこには，13 世紀のチマブーエから，14・15 世紀のジョット，フラ・アンジェリコを経て，15 世紀中葉〜16 世紀初のフィリッピーノ・リッピ，ロレンツォ・ディ・クレーディ，ドメニコ・ギルランダイオ，コジモ・ロッセッリ，アルベルティネッリらの作品が見出される。そのうちチマブーエの「荘

第 6 章　ルーヴル美術館と収奪美術品の利用 (2)　　　359

厳の聖母」とジョットの「聖痕を受けるアッシジの聖フランチェスコ」
は，今日もルーヴル美術館のサロン・カレを飾っている。イタリア派の
内部では，当時の歴史家や批評家がヨーロッパ芸術のルネサンスの源泉
と見ていた「トスカナ派」(フィレンツェとピサ)の優位が明らかである
が，ドノンがその収集に力を入れたローマ派(特にペルジーノの弟子の
ピントゥリッキオ，アンドレア・ディ・アッシジら)とジェノヴァ派(マッ
ソーネ，ヴァサッロら)の作品も数多く存在する。年代的には 1520 年の
ラファエロの死までの絵画がほとんどであるが，ラファエロの弟子の
ジュリオ・ロマーノや 16 世紀後半のブロンズィーノ，さらには 17 世
紀のストロッツィやヴァサッロらの作品も何点か含まれており，基準は
厳格ではない[53]。

　ところで，このカタログが依拠している 16 世紀の画家，建築家で美
術史家のヴァザーリの見解においては，チマブーエ，ジョット，マザッ
チョの 3 人はバーバリズムからラファエロの時代への美術の進歩の継
起的諸段階を示すとされるのであるが，実際には 15 世紀前半のマザッ
チョの作品はナポレオン美術館には 1 点も存在しなかった。ドノンはそ
のことを認めた上で，カタログの「ジョット」の項において次のように
弁明している。「マザッチョが到来して，ジョットがなお完成の域に到
達していなかったことを証明するまでには丸 1 世紀を要した。本美術
館はマザッチョの作品を全く所有していないけれども，彼の同時代人で
ライバルであったフラ・アンジェリコの作品を豊富にもっている」(カ
タログには 3 点が載っている)。さらにもう 1 人，ボッティチェリについ
ても，ドノンは彼が欲した作品を手に入れることができなかった。同じ
カタログにあるボッティチェリの「マニフィカトの聖母」は，今日では
彼の真作ではなく，古い模作とされている[54]。

　上述のイタリア派以外の絵画としては，スペイン派が 17 点(ムリー
リョ 4 点，スルバランとコランテス各 3 点，リベーラ 1 点など)，ドイツ派
が 15 点(マイスター・テオドリック，ヴルムザー・ド・ストラスブール，
クラーナハ父，デューラー，ホルバイン父子など)，フランドル派が 13 点
(ファン・エイク，ファン・デル・グース，ブリューゲル父と 2 人の息子な
ど)，オランダ派が 2 点，フランス派が 1 点(シモン・ヴーエ)含まれて
いた。スペイン派絵画の展示は当初の計画とは無関係であったが，パリ

到着後それまで公開展示されていなかったという理由で付け加えられ，強い印象を与えることになる[55]。

　フランドル・オランダ・ドイツ各派の絵画は，その多くが1809年の戦役の際ウィーンのベルヴェデーレ宮で押収された物品であり（今日有名なものとして，ブリューゲル父の「春＝子供の遊戯」，「カーニヴァル」の2作がある），前述のように外交的な理由から，それまで大ギャラリーに常設展示されていなかったものである。それらの中では15世紀から16世紀前半の作品が主力をなしているが，ルーベンスのような17世紀画家の作品も少数ながら含まれている。しかし，以上の北方諸派とりわけドイツ派の展示絵画は，当時ナポレオン美術館が所蔵していたプリミティヴ絵画全体から見ると，かなり貧弱なものであったと言わざるを得ない。とりわけ，ドノンが1806-07年にプロイセンや北ドイツ各地で熱心に収集したプリミティヴ絵画が見られないことに注意すべきである。そもそも，14世紀から16世紀前半までのアルテ・マイスターの作品は，1810年以降のナポレオン美術館の常設展示品の中にも少数しか見出されない。その一方で，ドノンは1811年にパリのノートルダム大聖堂に対して，クラーナハ（父）の絵画8枚を分与しており，彼がドイツのプリミティヴ絵画を体系的に展示しようと本気で考えていたのかどうか疑わしいのである。

　サヴォワは，ルーヴルにすでに存在する14・15世紀フランドル・ドイツ派絵画の傑作を，新たにイタリアで収集した絵画と合体させるというドノンの計画は，結局実現しなかったと見ている。しかし筆者は，ハスケルと同様に，フランドル・ドイツ派絵画の展示が著しく不十分であったことを認めた上で，この展覧会においてドノンの願望は実現されたと考えたい[56]。

　ところで，ハスケルによると，上述のイタリア派，北方派の作品よりもはるかにより印象的だったのは，ルーヴルが所蔵する300点近いスペイン画家の作品の中から選ばれた17枚のうちのさらに何枚かである。それらの中には，ベラスケスの作品は1枚もなかったが，少なくとも6点のスペイン美術の大傑作が含まれていたのである。すなわち，スルバランの最大で最も野心的な祭壇画「聖トマス＝アクィナス礼賛」，リベーラとアントニオ・ペレーダ各1点，そして他の3点は，スペイン

画家の中ではただ一人すでにフランスでよく知られていたムリーリョの最も感動的な3作（スルト元帥がセビーリャから略奪し，後に美術館へ贈ったもの）である。以上の6作品はいずれも翌15年10月にスペインへ返還される。復位したルイ18世は展覧会の開幕前に，スペインの大貴族から奪取された絵画が元の所有者に返還されることに，非公式に同意していたからである[57]。

　ところで，この展覧会のカタログは翌15年にその第2版，第3版が刊行されており，そこでは掲載点数は138点に増加している。新たに加えられた15点は，1798年にパリに到着して以来ずっと大サロンに置かれていたヴェロネーゼの大作2点（「カナの婚礼」と「レヴィ家の饗宴」）のほか，ルイ14世の首席画家であったル・ブラン5点，フランドル派のルーベンスとクラーヤー各2点，ラファエロ，グェルチーノ，ロドヴィコ・カラッチ各1点というように，ほとんどが16・17世紀の画家の作品であって，プリミティヴ絵画の展覧会にはふさわしくないものである。それらが追加展示されたのは，戦勝国による返還要求から守るためではないかと思われる。サヴォワが言うように，ナポレオン帝国が「死に瀕した」時期にドノンが組織したこの展覧会には，できるだけ多数の美術品を戦勝国による返還要求の対象から外そうという意図が込められていたのである。

　この年5月8日に戦勝国との間で成立し，ルイ18世も承認した妥協案は，ルーヴル宮とチュイルリー宮の倉庫に存在する美術品のみが，それらの旧所有者に返還されると定めていたからである。この展覧会にスペイン派の絵画が数多く見られる1つの理由はそこにある。また，イタリア各地とウィーンで押収された作品は展示されているが，プロイセンやカッセル，ブラウンシュヴァイクなどに由来する絵画はほとんど見られない。プロイセンとヘッセン＝カッセルは，1814年4月初めのナポレオンの退位と王政復古の後，戦勝国の中でもいち早くパリへ返還要求委員を派遣して，フランスに収奪された美術品の奪回を図っていた。ドノンはドイツから押収した絵画を展示して両国の委員を刺激する愚を避けようとしたのであろうが，委員たちはドノンがプリミティヴ絵画の展覧会を計画していることを聞いただけで，激怒していたのである。プロイセンの委員の1人ジャン・アンリはその日記において次のように怒

りを爆発させている[58]。

「7月19日火曜。美術館の管理者たちの無礼な振舞いを知って憤慨する。彼らは今，倉庫に保存されている絵画を展示しようとしている。それもずっと前から展示されている絵の間にだ！　これこそまさに彼らが，まだ展示されていない作品を損害を受けた列強に返還するという原則，それを認めたことを彼らが後悔している原則から逃れようとしていることを示すものだ！　何という驚くべき不誠実であろうか！　終日，わびしく陰鬱な気分で過ごし，誰にも会わず。」

「8月6日土曜。ドノンは失礼にも，彼が新たに公衆に開放した部屋にわが国の絵画の1枚，ルーカス・クラーナハの『回春の泉』を展示した（これは事実誤認であり，この絵は1815年に返還されるまでどこにも展示されていない―引用者）。（プロイセン全権大使）ゴルツの所へ駆けつける。彼は（宮内大臣）ブラカースに抗議したいと言っている。」

　なお，この展覧会がいつまで開催されたのかについてはどの文献にも指示がないが，カタログの第3版が15年4月に刊行されていることから，少なくともこの時点ではまだ開催されていたとみてよいのではなかろうか。
　最後に，この展覧会の評価に関連していま一度触れておかなければならないのは，そのカタログの問題である。
　グールドによると，この展覧会のカタログはそれ以前のルーヴル美術館のカタログのように展示品の単なるリストでは決してなく，今日でも現代的と思われる形式で作成されていた。そこでは各々の画家について短い伝記が添えられており，また個々の絵画に関する記載事項は時に数頁に及ぶが，前述の『イタリア絵画史』の著者ランツィ，ボルギーニ，とりわけヴァザーリの権威にしばしば準拠しながら，絵画が描かれた事情について判明している事柄を述べている[59]。
　グールドがそれまでのルーヴルのカタログを「展示品の単なるリスト」と呼んでいるのは明らかに事実と相違する。先にも述べたように

第6章　ルーヴル美術館と収奪美術品の利用（2）　　363

1798年2月以降7回にわたって開催されたイタリアからの押収絵画の展覧会のカタログはどれも，精粗の違いはあれ，展示された絵画とその作者についての一定の説明を含んでいるからである。とはいえ，1814年の展覧会時のカタログは，盛り込まれた情報の多さの点で先行のすべてのカタログをはるかに凌駕しており，特に各画家の伝記的事項の記述と展示作品そのものの解説が詳細にわたっている。そこには画家の所属画派と生没年に続いて，彼の師匠と弟子あるいは友人の名前と，修業ないし活動の履歴などが指示されており，また各絵画の来歴と主題，人物の表現の仕方などについても多くのスペースを割いて分かりやすく説明されている。ところがハスケルはそのような点に触れながら，絵画の基材（板かカンヴァスか）は常に記されているのに，絵のサイズが記されていないことに不満を表明する。そして，「このカタログに関してなされた誇張された主張にもかかわらず，それは20年近く前に最初の展覧会のために用意されたカタログに比べて何らの進歩も示していない」とグールドの説を批判するのだが，これは明らかに行き過ぎであろう。事実ハスケルも，例外的に，きわめて重要な「革新」が見られることを指摘している。すなわち，このカタログにおいて初めて，従来ほとんど知られていなかったような絵画も，すでに人々が嘆賞していた非常に有名な絵画と同様に注意深く，学問的に扱われるようになったのである。

　しかしハスケルは，ドノンがこれらのあまり知られていない作品の歴史的意義に注目させるという目的を達したかどうかは，短期的に見ると疑わしいという。その時ルーヴル美術館の大ギャラリーはラファエロ，コレッジョ，グイード・レーニその他ヨーロッパ中で名高い画家たちの傑作で満たされていたのであり，美術館に押し寄せたパリ市民と外国人を等しく眩惑させたのが，プリミティヴ絵画よりもそれらの作品であったことは驚くに当たらないのである[60]。

終　章

ナポレオン失脚後の美術品の返還

1　1814年における限定された返還

　1814年3月31日パリは降伏し，対仏同盟国軍の占領下に置かれた。次いで4月2日元老院はナポレオンの廃位を宣言し，6日にはイギリスに亡命していたルイ18世に即位するよう求める。それとほとんど時を同じくして，ヨーロッパ諸国ではフランスによって奪われた美術品や学術品の返還を求める動きが起こったのである。

　フランスの降伏後，まず起こった象徴的な事件は，パリでチュイルリー宮の国王御遊興用品の倉庫に置かれていたブランデンブルク門上の4頭立て2輪馬車が奪回されたことである。プロイセン軍の経理総監リッベントロップ（Ribbentrop）は，早くも4月初めにそれを梱包してベルリンへ発送させようとしている。

　これを除くと，返還要求の先頭を切ったのは，実はローマ教皇である。ピウス7世は4月18日に，教会の日常業務の処理に不可欠であるとして，1810年に没収された古文書類を返還させていたが，4月28日には国立古文書館長ドーヌーは，「ローマもしくはローマ（教皇）国家から来たすべての文書を，そのカタログとともに」教皇の代表たちに返還するようにという命令を受け取っている。

　ドイツ諸国の中では，プロイセン王国とヘッセン選帝侯国が美術品奪回のための特派使節（委員）を急遽パリへ派遣する。最初に動いたのはヘッセンであり，首都カッセルのフリデリチアヌム美術館の館長で，

1807年の押収時にドノンの交渉相手になったフェルケルと，画家でカッセルの絵画ギャラリーの検査官ローベルト（Robert）の2人が4月20日頃パリに到着した。

次いでプロイセンの2人の特派委員が5月2日に到着する。その1人は前述のジャン・アンリで，古代美術品と国王の美術品陳列室で押収された物品を担当した。ちなみに，彼は1685年のナント勅令の廃止後ブランデンブルクに避難してきた改革派フランス人の子孫であった。もう1人の委員のブスラー（Bussler）は，アマチュア画家でベルリン宮廷の顧問官であった。彼はベルリンとポツダムの宮殿から持ち出された絵画の回復を担当した。さらに2人の委員はパリ到着の2週間後，宰相ハルデンベルクからメクレンブルク＝シュヴェリーン大公国の要求に関する書類と，ライン州総督がアーヘンで集めた情報を受け取っている[1]。

かつてミュンツは，プロイセンは戦勝国の中で唯一，1814年にすでにすべての収奪された物品の全面返還を基本原則としていたと主張した。これに対してサヴォワは，プロイセンは1814年には決して全面返還を求めていないと述べているが[2]，プロイセンが最も強硬に収奪品の返還を要求したことは間違いがないと思われる。そして驚くべきことに，ルイ18世はこれについてプロイセン国王フリードリヒ・ヴィルヘルム3世に明確な約束をしていたのである。ウィーン会議へのプロイセンの全権公使ハルデンベルクは，5月23日にフランスの首相タレーランに宛てた書簡において，自分は「1806年の戦争の結果収奪された美術品と学術品を返還するようにという（フランス国王の）命令」が出されたら直ちに，貴殿が指名される人物に必要なリストと情報を渡すことにしますと語っている[3]。

さて，5月30日フランスと対仏同盟諸国との間に講和条約（第1次パリ条約）が締結された。フランスの国境線を基本的に1792年1月1日の状態に戻すことを定めたこの条約は，敗戦国フランスに対して著しく寛大であり，フランス軍が征服した美術品や様々な物品の運命について何も語っていないが，言外に，それらがフランスに残されることが暗示されていたと言われる[4]。

講和条約を締結した国王ルイ18世は，次いで6月4日に「立憲憲章」

（シャルト）を公布する。国王はその際，立法院＝「ブルボン宮」での会議において出席していた 21 名の国民代表に向かって次のように語った。

「フランス軍の栄光は何らの侵害も受けていない。彼らの価値を示す記念物は存在し続けており，美術傑作は今後，勝利の権利よりも一層安定した，確実な権利によってわれわれのものである。」

フランス国王のこのような発言は一切の美術品の返還を拒否することを宣言するもののように見える。また実際諸外国の代表や派遣委員の中には，そのように受け取った者も少なくなかったのである。たとえばプロイセンの委員の 1 人アンリは，6 月 6 日その日記に次のように記している。

「新聞で新しい憲法を読む。国王は立法院での演説で，美術品の傑作はフランスに留まるであろうと明確に断言している！　してみると，彼は（プロイセン）王をだましたのだ！われわれには万事休すだ！」

またヘッセンの委員たちは彼らの要求をプロイセンの委員に託して，手ぶらでパリを発ったのである[5]。

ところが，ルイ 18 世はこれより先 5 月 8 日に，美術品の返還に関して同盟諸国の代表たちと秘密裏に 1 つの協定を結んでいたのである。5 月 2 日にパリへ帰ったルイ 18 世は，ルーヴル宮とチュイルリー宮にある美術品のうち，普段展示されているものを除いてすべてを元の所有者に返還することに決めた。シャトランは，このような協定の成立にあたってはロシア皇帝アレクサンドル 1 世がフランスの利害を守るために介入したらしいとしているが，確証はない[6]。

この 5 月 8 日の「口頭での秘密協定」（サヴォワ）によって，プロイセンとオーストリアはフランスの美術館に展示されていない美術品を取り戻せることになったが，ラインの諸都市と北ドイツの小国はこの協定の適用外であった。プロイセン政府がこのような「妥協」を受け入れた

理由については，サヴォワの次のような指摘が当たっているように思われる。つまり，この時プロイセン外交が採用した戦略は，フランスを手荒に扱うことをせず，ベルリンとポツダムで押収された作品のうちまず最初に二流の作品の返還を受け入れ，ルイ18世の地位が安定するのを待って，美術館に展示されているプロイセン起源の作品を，次いでプロイセンの同盟諸国に属する他のすべての作品を，慎重に要求しようというものであったのである[7]。

この秘密協定にもとづいて最初に収奪美術品の返還を受けたのは，スペインである。スペインの代表たちは6月15日にすでに，フランス人が1813年にマドリードの個人コレクションから収奪した作品の返還を要求していた。こうして，「スペインの大貴族すなわちマドリードの十大家門」に由来する230点の絵画および版画についてルーヴル美術館の倉庫で確認作業が行われた上で，修復中の3点を除く227点の絵画をできるだけ速やかに梱包して，マドリードへ向け発送することに決まったのである[8]。

ドイツ諸国の中では，ブラウンシュヴァイク公国への返還が最も早く実行された。同国はプロイセンの援助を待つことなく独自に行動を起こしたのだが，明らかに返還の約束を得ていた。ルイ18世は1796-97年の亡命時にブラウンシュヴァイク公家から受けた歓待について感謝の意を表わそうとしたのである。早くも7月11日に，同公国の委員である全権公使ローデンベルク（Rodenberg）伯は，1807年にパリへ移された13箱の美術品を受け取っている。同日付ドノンの宮内大臣ブラカース伯宛書簡によると，その内容は85点（正しくは79点）の絵画，42点の壺・浅浮彫り・種々の象牙製品，174点のリモージュ製の七宝焼の絵，980点のマジョリカ焼の壺・皿および水差し，12点の木彫り品などである[9]。

これに対して，バイエルンのマクシミリアン1世はナポレオンのお陰で選帝侯から国王に昇格した手前，フランスに対しては慎重に行動せざるを得なかった。同国の特派委員に任命されたのは，若いギリシャ学者で多くの古代考古学の著作があるティエルシュ（Thiersch）であったが，彼は1813年の夏から14年1月までパリに滞在し，同地の学者のサークルにも出入りしていた。ティエルシュが委員として再びパリに到

終　章　ナポレオン失脚後の美術品の返還

着したのは 14 年 10 月 18 日のことである。

　一方，それまで委員を送っていなかったオーストリアは，約束の作品の回復のために 6 月初めにパリへ 4 人の委員を派遣する。そのうち 2 人はウィーンで押収された古文書類の担当であり，他の 2 名，司書のコピタール（Kopitar）と画家で帝室ギャラリー館長のローザ（Rosa）は，ウィーンだけでなく，ヴェネツィアとパルマ・ピアチェンツァで押収された書籍と美術品を要求することを任務としていた。7 月半ばにパリに着いた委員のコピタールは，旧知の東洋学者シルヴェストル・ド・サシ（Silvestre de Sacy）の援助を得て，ウィーンで押収された貴重な写本と印刷本の一部の返還をかなり早く勝ち取っている[10]。

　それでは，フランス国王から美術品の返還を明確に約束されていたといわれるプロイセンはいつ，どの程度の返還を受けたのであろうか。この点の事情はかなり複雑であるので，以下にやや詳しく述べることにしたい。かつてミュンツは，ルーヴル美術館の管理人は 6 月 4 日にすでに 39 点の絵画をプロイセンの委員に引き渡したと主張したが，筆者はサヴォワの次のような見解の方が正しいのではないかと考える。サヴォワによると，「プロイセンの 2 人の委員はさんざん要求した末に，14 年 8 月 22 日にルーヴルの館長が譲与した 40 枚ほどの絵画を遂に取り戻した」とされる。実際，翌 23 日アンリとブスラーがドノンに送った書簡にはこう書かれているのである。「われわれは，フランス国王陛下が 6 月 4 日にすでにプロイセン国王陛下に返還させていた絵画を，昨日ようやく受け取りました。」フランス側で交渉に当たった諸美術館の管理人と学芸員，国立図書館の種々の部門の館員たちは，そのパッシヴな抵抗と時間稼ぎの戦術によって問題の解決を引き延ばしたらしい。それは 6 月以来，ルイ 18 世の非公式な約束が解釈のあらゆる相違を可能にしたことによるものである。プロイセンの委員アンリの日記は，彼が訪問したフランス人の冷淡さを繰り返し記している。以上から，フランス当局は 6 月 4 日にすでに絵画の引き渡しに同意していたのだが，実際に引き渡しが行われたのは 8 月 22 日であったことが分かる[11]。

　ところで，プロイセンの両委員は上述の 8 月 23 日の書簡において，返還された 39 点の絵画について強い不満を表明している。彼らによると，コレッジョの 2 作，「ユピテルとレダ」（別名「レダと白鳥」）および

「ユピテルとイオ」は拙い修復によってひどく損なわれており，その他の絵画は大して価値のない作品や，ほとんど取るに足りないものばかりであった。これに対してドノンは翌8月24日の書簡で返答したが，彼はそこでプロイセンの委員の苦情に正面から答えることはせず，現にルーヴルその他の国家ギャラリーに展示されている美術品の返還を話題にすることをきっぱりと拒否したのである。しかしプロイセンの両委員がドノンに怒りの矛先を向けた1つの理由は，美術品の引き渡しがまだ行われていない1814年7月に，ドノンがルーヴル美術館の大サロンにおいてイタリア，オランダおよびドイツ派のプリミティヴ絵画の展覧会を行おうとしたことにある。そのことを知った委員アンリが，美術館にまだ展示されていない絵画を急いで展示することで返還をまぬがれようとする卑劣な行為として，その日記において糾弾していることは，すでに第6章で述べた通りである。

いずれにせよ，8月22日に返還された美術品はドイツから収奪されたコレクションのごく一部に過ぎず，それ故プロイセン側はその後もフランスに移された美術品のより完全な返還を要求し続けることになる。ミュンツはその間プロイセンによる執拗な返還要求の矢面に立ったドノンが，「称賛に値する柔軟さと頑強さ」を示したことを高く評価している[12]。

ドノンの多大の努力，頑強な抵抗は功を奏した。1814年も押し詰まった12月24日，宮内大臣ブラカース伯はプロイセンのパリ駐在大使ゴルツ伯（Heinrich von Goltz）から，6か月に及ぶ論争を終結させる決定的な書簡を受け取ったのである。それによると，プロイセン国王のフランスに対する行動は，全く純粋な意図にもとづくもので，復讐権を行使しようとするものでは決してない。同国王は今やもう1つのつらい犠牲を払うことを決心した。すなわち，国王陛下は自分に対して，プロイセンから収奪された美術品で講和条約調印時に公開の美術館に展示されていたものの返還にはもはや固執しないように命令されたのである。そして同国王は「自ら正義にもとづくと見なしていた1つの権利を放棄する一方で，プロイセン臣民が失った幾つかの傑作に匹敵する作品をフランス国王が美術館の保管所から引き渡させることで，一種の補償を行うことを希望している」というのである[13]。

終　章　ナポレオン失脚後の美術品の返還

　オーストリアの場合については先に少し触れたが，同国の委員はその後9月から11月にかけて，パリへ移されていた書籍の大部分を取り返すことができた。しかしドノンの直接の監督下にあった美術品についてはいかなる返還も受けることができず，代償としてフランス派の作品の譲渡を提案したが，これも受け入れられなかった[14]。

　1814年の秋には，ドノンを先頭にフランス側の交渉委員はドイツの委員たちをさんざんじらして，彼らのエネルギーと忍耐力を尽き果てさせたのである。後者の間には8月半ばから根負けの兆候が現れる。これ以上パリに滞在してもむだだと考え帰国を希望したアンリは，9月にベルリンへ召還されている[15]。

　最後に，バイエルンの特派委員ティエルシュがパリに到着したのは，前述のように10月18日であった。彼は同月28日付のドノンへの書簡において，1800年にモロー将軍麾下のフランス軍がミュンヘンの図書館から15点の写本，46点の揺籃期本（インクナブラ）と他の4点の非常に珍しい著作を持ち去ったこと，同じ時にミュンヘンと近くのシュライスハイムのギャラリーは72点の絵画を失ったこと，最後にザルツブルク，レーゲンスブルク，ニュルンベルクその他の都市のコレクションから数多くの美術品が姿を消したことに，注意を喚起している。これらの物品については，フランス共和国政府は（内務大臣リュシアン・ボナパルトの1800年9月30日付書簡が証明するように）かねて補償を約束していた。ティエルシュはこの約束を援用しながら，バイエルン君主の名において，フランス派の最良の巨匠たちの絵画，国立図書館に複本がある初期印刷本や，フランスの読者にはあまり興味がない写本（有名なミンネゼンガー集成であるマネッセ写本，ローマのアルバーニ家の別荘から没収され，パリの国立図書館へ移されたヴィンケルマン文書——ノートと発掘日誌——など）を要求したのである[16]。

　そして1815年3月バイエルンが要求した書籍と写本の返還をまさに勝ち取ろうとしていた時，ナポレオンの突然の帰国によって作業は中断された。まだパリに留まっていたドイツとオーストリアの委員たちは大急ぎで帰国したが，この時点ではブラウンシュヴァイクを除く北ドイツ諸国，バイエルン，オーストリア，ライン地方の諸都市，さらにはプロイセンさえも，美術品に関して真に重要な返還をまだ勝ち取っていな

かったのである[17]。

　以上に述べたように，1814年に行われた美術品の旧所有国への返還は基本的に，ルーヴル美術館（以前のナポレオン美術館）に展示されていない作品に限定されることになった。この年の返還がフランスの美術館に与えた影響については，シャトランの次のような見方が妥当であろう[18]。ルイ18世が5月8日に承認した協定（合意）の実行によって，200点以上の絵画，数十点の彫刻，数百の様々な美術品が次の数か月の間に同盟諸国の委員に引き渡された。とはいえ，絵画の中には二流の作品もかなり多数含まれていたのであり，この程度の損失では，「フランスの諸美術館，とりわけルーヴルは依然として無傷であるといっても過言ではない。ナポレオンの事業は（これによってかえって）強固になったのである。」だが，翌年のナポレオンの復位＝百日天下によって，事情は根本的に変化することになる。

2　1815年における返還の全面化──相手地域別考察

2-1　プロイセン

　1815年6月18日ワーテルローの戦いで完敗したフランスは，7月3日パリにおいて対仏同盟諸国との休戦協定に調印した。その第11条には，「公共の財産は戦争と関係あるものを除いて尊重される」と記されていたが，フランス側委員が執拗に要求した「美術館と図書館の保全」に関する条項は付け加えられなかった[19]。

　同盟諸国は前年とはがらりと変わって，フランスに収奪された美術品および学術資料の全面返還を強硬に要求し，時には武力に訴えてでも自らの要求を速やかに貫徹しようとした。これに対してフランス側は，ルーヴル美術館長のドノンを中心に頑強な抵抗を試みたのである。15年の返還については，つとにミュンツやソーニエ，あるいはシャトランが実証的分析を行っているが，近年のサヴォワの研究も改めて詳細な考察を試みている。以下においては，主にそれらの先行研究によりながら事実経過を述べて行くことにするが，その際ドノンが残した生々しい証言を数多く引用することによって，押収美術品の返還をめぐる同盟諸国

終　章　ナポレオン失脚後の美術品の返還　　373

とフランス両者のせめぎ合いをできるだけ具体的に示すことにしたい。

　ここでドノンの証言として利用できるのは，1815年7月7日から同年10月3日の館長辞職までに彼自身がしたためた行政書簡（一部は覚え書）と，彼が国内外の関係当局から受け取った書簡とのあわせて86編である。ドノンはそれらの書簡を日時の順に配列し，彼自身が日々書き留めた事実経過の説明を付け加えた上で，『同盟諸国のパリ入城以来王立美術館に起こった事柄の概要（Précis）』として一本にまとめており，それは近年編纂・公刊されたドノンの『書簡集』にも収められている。ドノンはその冒頭において，自分は「（ルーヴル）美術館の解体をもたらした作業についての忠実な日誌と最も正確な細部」を，その申し分のない所有者であった公衆に提供することを，「果たさねばならぬ最も重要でかつこの上なく苦痛に満ちた義務の1つと見なした」と書いている[20]。

　さて，1815年において美術品のさらなる返還を最初に要求したのはプロイセン政府であった[21]。早くも休戦協定の翌日には，軍経理総監リッベントロップはドノンに書簡を送り，収奪された絵画の未返還分を要求した。ドノンがその要求の中には同年2月に返還されたものや，誤ってリストに載せられたものが含まれていると返答すると，返還要求は一層高圧的になった。7月7日リッベントロップの新たな請求に対してドノンが，「私は政府の命令を受け取るまでは，交渉に入れません」と返答すると，経理総監は「今は政府が存在しないのだから，私が交渉したいのはあなたである」といった。プロイセン側はドノンの抗弁にもかかわらず，彼を唯一の交渉相手とみなそうとしたのである。

　翌8日，リッベントロップの書簡を持って軍事委員のヤコービ（Jacobi）がやって来た。それには，ヤコービはドノンのもとでプロイセンから奪われた美術品に関する情報を収集する任務を帯びており，彼に必要な情報を与えて欲しいと書かれていた。さらに，これに対する「一切の妨害は軍事的措置によって抑止されねばなりません」という威嚇的な文言が付け加えられていた。ちなみに，この7月8日には，百日天下の間ベルギー（ガン）に亡命していたルイ18世がパリに到着し，タレーラン（首相）とフーシェによる政府が発足しており，政府の命令を引き渡しの条件とするドノンの主張はそれなりの根拠をもつことに

ところが，翌9日にリッベントロップが寄こした第2の書簡は，その日のうちに美術品の引き渡しを要求する一層強硬なものであった。「私は貴下に対して，今夕までに，前述の美術品をヤコービ氏に引き渡すことで私が昨日貴下に行った要求に従わないならば，貴下の身柄を確保するでしょう」と通告してきたのである。サヴォワによると，このように事を急ぐことでプロイセンの現地当局者は，実行力の乏しいドイツの外交官やプロイセン国王の先を越すと同時に，「引き延ばし策のプロ」としてのドノンを「無力化」しようとしたのである[22]。

　ドノンは以上の2つの書簡の内容を首相タレーランに逐一報告し，緊急の指示を仰ごうとした。しかし，ドノンは同日午後11時に，リッベントロップから第3の書簡を受け取る。それはドノンをあからさまな武力行使で脅すものであった。すなわち，ドノンが現在まで美術品の引き渡しに関する命令を実行しなかったが故に，自分はパリの軍司令官ミュフリンク（Müffling）男爵に依頼して1名の将校が指揮する25人の兵員を派遣するものであり，「もし貴下が翌日正午までに私の要求に従わなかった場合には，私は貴下を逮捕し，西プロイセンのグランデンツの要塞へ連行させるでありましょう」と書かれていたのである。

　そして翌10日には，プロイセン軍総司令官ブリュッヒャー元帥はプロイセンの志願兵将校グローテ（Eberhard von Groote）に，「フランス人によりプロイセン王国諸邦において奪取され，略奪された，パリとその近辺にあるすべての美術財宝を直ちに奪取し，それらが以前あった場所へ送る全権を付与」したのである。この結果，「すべての文民および軍事当局は，私の代理人に委ねられた措置の執行を妨害しないだけでなく，彼らの権限内のあらゆる手段によって，軍事的な強制執行によってさえも，それを援助するように依頼され，要求される」とされたのである。

　翌7月11日プロイセン軍はいよいよ実力行使に踏み切る[23]。午前6時，ブリュッヒャーの命令を携えた将校（グローテ？）がルーヴル美術館に現れる。実は同日午前3時には，プロイセン国王が派遣した別の将校が美術品の押収を延期せよという口頭の命令を告げに来ていた。そこでドノンは前者の将校と一緒に現地軍指揮官プフール（Pfuhl）大佐

終　章　ナポレオン失脚後の美術品の返還　　　　　　　　　　375

のもとに赴き，ブリュッヒャーの上記の命令には何ら変更がないことを確認したのだが，彼が美術館へ戻ってみると，入り口に200人ほどのプロイセン兵がおり，内部の大サロンには6人の番兵がいた。

　一方，美術館の事務総長ラヴァレは，この日ロシア公使ポッツォ・ディ・ボルゴ（Pozzo di Borgo）の所へ行き，ロシア皇帝の介入にもかかわらず，プロイセン軍は力ずくで王立美術館（ルーヴル）から美術品を収奪しようとしていると知らせた。その後彼が美術館に戻ると，ドノンが志願兵将校のグローテおよびブリュッヒャーが任命したもう1人の委員と争っている最中であった。グローテは美術館の守衛に向かって，「聖ペテロの磔刑」を表すルーベンスの絵を下ろし，運び出すように居丈高に命令していた。ドノンは守衛たちにやめるように命令し，作業は一時中止されたが，結局グローテは軍隊の力に頼って，その絵をプロイセンが要求していた他の数枚の絵とともに「アポロンのギャラリー」（正しくは1階の「アポロンの間」）へ運ばせた。

　そこへ80名の国民衛兵が到着し，その指揮官はドノンに，自分は一切の収奪に反対するよう命令されていると言明した。衝突を避けるためにドノンは，指揮官に対して書面による命令をもらってくるよう求めた。このように危機が迫っていたちょうどその時，ドノンは宮内省総局長のプラデル（Pradel）伯から，要求されている美術品を自由に持ち出させてもよいという許可を受け取ったのである。

　プロイセンの委員たちはこの7月11日のうちに，大ギャラリーに置かれていたプロイセンに由来する13点の絵画を，ケルンとダンツィヒからの各1枚の絵画とともに収奪した。そして，ブロンズ像が入っている戸棚に封印を施した。委員たちはその前日の昼間には，フランスの先の政府が分与した絵画を探しにいくつかの教会へ出向いていた。「王立美術館では人々は依然，彫像，胸像，浅浮彫りの移動に従事していた」。そしてこの作業は翌12日にも「美術館の展示室で平穏に行われた」のである。

　以上はドノンの『概要』にもとづいて，7月11日のプロイセンの軍事力による美術品奪回の様子を述べたものである。サヴォワの研究によると，プロイセンの委員は7月20日までに，ベルリンとポツダムに由来する絵画のほとんどを取り戻したというが，その具体的な経過につい

てはドノンも記していない。

　その後ブリュッヒャー元帥は，プロイセン軍の総司令部が置かれていたサン・クルー宮殿において，フランス国王のコレクションに由来する絵画を武力で奪取したほか，ダヴィッド，グロら現代のフランス派の絵画で，特にボナパルト家のメンバーを描いたもの数点（ダヴィッドの有名な「大サン・ベルナール峠を越えるボナパルト」を含む）と，若干の貴重本とを，戦利品として押収している。ドノンの7月28日付チュイルリー宮長官シャンスネッツ（Champcenetz）侯宛書簡には，サン・クルーの王宮から「ブリュッヒャー公の命令により収奪された絵画」として16点の絵画と大理石像1点が挙げられている。ドノンは「これらの絵画のいくつかは，不幸にも非常に美しく，かつ高価なものであった」として，おおよその評価価格を記しているが，たとえばレオナルド・ダ・ヴィンチの「聖母とイエス」は15,000フラン，ワウウェルマンの「旗手」は9,000フランとされている[24]。

　ナポレオン美術館，次いで王立美術館の事務総長を長年務めたラヴァレは，1815年10月3日にドノンが辞任した後美術館の指揮を任されたが，「同盟列強の委員によって王立美術館から奪取された美術品および珍奇品の総括表」を作成し，同年11月15日宮内省総局長プラデル伯に提出した。表7-1はそれを示しているが，1814年と15年にプロイセンの委員が王立美術館から奪回した美術品は，119点の絵画，37点の彫像，70点の胸像と浅浮彫り，268点のブロンズ製品，47点の貴材による壺と象牙製の壺，2点の木彫り品，463点のカメオ，7点の七宝焼とマジョリカ焼，その他84点の雑多な品物から成っていたことが分かる。

　これをドノンが1806-07年にプロイセンから収奪した美術品の数と比べてみると，絵画は収奪した123点のほとんどが取り返されたとみてよいであろう。また彫刻の場合にも，彫像と胸像・浅浮彫りを合わせると，返還点数107に対して，フランスによる押収点数はベルリンとポツダムの宮殿から77点，国王の美術品陳列室から34点，計111点であり，絵画の場合と同様に返還率はきわめて高かったと思われる。ただし，ブロンズ製品に関しては，プロイセンによる奪回点数が押収点数の約190を大きく上回っており，実際には押収品でない作品が収奪品と

終　章　ナポレオン失脚後の美術品の返還　　　　377

表7-1　同盟諸国の委員によって王立美術館（ルーヴル）から持ち去られた美術品・珍奇品

返還先	絵画	彫像	浅浮彫と胸像	ブロンズ製品	エトルスキの壺	貴材と象牙の壺	木彫品	カメオ	デッサン	七宝焼とマジョリカ焼	雑物品
プロイセン	119	37	70	268		47	2	463		7	84
カッセル	421	11	6	5		20	10	4	2	9	28
ブラウンシュヴァイク	230	1	6	3		55	25	1	243	1,154	55
シュヴェリーン	190					28		3		29	15
バイエルン	28										
オーストリア	323		16						2		
スペイン	284										108
ミラノ	7								18		
パルマ	30			7							
モデナ	24		2						2		
クレモナ	2										
マントヴァ				3	1				4		
ヴェローナ	6			2							
トスカナ	57	1				27＊					
教皇国家	60	44	14	4	16	2☆					
ヴェネツィア	15		2								
サルデーニャ	59	4	1								
ネーデルラント	210	1									
アルバーニ家		31	28			2					4
合　計	2065	130	150	289	16	181	37	471	271	1,199	294

註）＊印は27枚の大理石のテーブル，☆印のうち1点は椅子である。
出典）Chatelain 1973,p.250 により作成。

して「奪回」された可能性が強い。

2-2　ライン諸都市・北ドイツ諸国・バイエルン・オーストリア

　以上のようにして，いち早く自国の美術品の返還を勝ち取ったプロイセンは，7月20日以後，北ドイツの同盟諸国のために強力に介入し，それら諸国の代表たちが美術品を取り戻すのを支援する[25]。1815年春には，ライン地方の大部分はプロイセン王国に編入されており，ケルン，コブレンツ，ボンなどの都市の利害をパリにおいて代表したのはプロイセンであった。ライン地方の総督のザック（Sack）は，同地方が1794-1803年に蒙った損失に関する情報を集約して，直接軍隊の押収責任者に伝えたのである（7月7日付ブリュッヒャー宛書簡）。美術品の奪回作業はブリュッヒャー将軍とその参謀長グナイゼナウの援護のもと，主に軍経理総監リッベントロップによって行われ，軍事委員のヤコービがそれを補佐した。

　プロイセンの援助を受けた国々を代表したのは，まずは外交官であり，ブラウンシュヴァイク公の筆頭侍従ミュンヒハウゼン

(Münchhausen)，メクレンブルク=シュヴェリーン公の侍従長エルツェン（Oertzen）男爵，カッセル宮廷の顧問官カールスハウゼン（Carlshausen）といった人々である。そして今回フランス側の交渉相手は，美術館に保存されている物品については宮内省総局長のプラデル伯であり，国立図書館に関係する物品については代理内務大臣のパスキエ（Pasquier）伯であった。しかし，ドイツの君主たちは前年と同様に，独自に若干の専門委員（一部は前年と同じ人物）をパリへ派遣した。

ヘッセン（旧ヴェストファーレン王国）の場合には，前年の委員ローベルト，（フェルケルに代わる）デーリング（Döring）と，カッセル出身の画家で1806年以来パリに住むウンガー（Unger）の3名が返還要求を担うことになる。このチームは，ドノンが選帝侯のコレクションから押収した絵画と，ドノンの到着直前にラグランジュ将軍が没収した絵画との奪回を目指すことになるが，とりわけ「オランダ派の至宝」ともいうべき作品の返還を声高に要求したのである。

次いで8月半ばには，ブラウンシュヴァイクの専門委員たち，同市の美術館長で1807年にはドノンと気が合ったエンペリウスと，ザルツダールムのギャラリーの館長で画家のアントン・ヴァイチュ（Anton Weitsch）が到着する。彼らの仕事は1814年には返還されなかった同国に由来する美術品を取り戻すことと，アンリ・ベール（スタンダール）がヴォルフェンビュッテルの図書館で没収した貴重な著作を要求することとの2つであった[26]。

再びドノンの『概要』によると，プロイセンの作業が終わろうとしていた時，ブラウンシュヴァイク公の代表のミュンヒハウゼンが訪れ，自分は同国から収奪された絵画と美術品を要求する任務を帯びているのだと告げた。ドノンは彼から受け取った書簡をチュイルリー宮長官のシャンスネッツ侯に送り，国王に見せるように依頼したところ，7月21日返事が届いた。それは「現下の状況では最善を尽くすようにという以外，与えるべき指示はない」というものであった[27]。

次いで7月30日，館長ドノンに対するリッベントロップの命令が届く。それは「フランス人が過ぐる何年かにブラウンシュヴァイク諸邦から収奪した美術品が，受領証にもとづき委員である筆頭侍従ミュンヒハウゼン伯および指揮官マンヘーア（Manher）に引き渡されることを許

可するように」依頼するものであった。また同日ドノンはリッベントロップから，メクレンブルク＝シュヴェリーン公の侍従長エルツェン男爵に，1807年3月同宮廷から収奪された絵画を引き渡すようにという別の命令を受け取ったのである。

　以上2つの通告に対してドノンは，「自分はわが宮廷の命令を受け取った後でなければ従うことができない」と返答したのだが，8月5日宮内省総局長プラデル伯から届いた書簡は次のようなものであった。すなわち，ドノンに対して，「国王から受け取った命令に従って，フランス軍によりウィーンとオーストリアから収奪された絵画および美術品」を皇帝がそのために推す人々の手に委ねるように勧めるとともに，また「ブラウンシュヴァイク公およびメクレンブルク＝シュヴェリーン公の所有物であった同種の物品に対しても同様の措置を取ること」を求めていたのである。

　そうこうしているうちに，ヘッセン選帝侯の顧問官のカールスハウゼンが8月5日，07年にカッセルから奪われた美術品を要求するためにドノンの所に現れた。ドノンが反対すると，顧問官はプロイセンに援助を頼んでいることが判明した。ドノンは知らなかったのだが，総司令官ブリュッヒャー公はヘッセン選帝侯の味方だったのである。そして9日リッベントロップから，カッセルの美術館と王宮に所属していた美術品をできる限り速やかにカールスハウゼンに引き渡させるようにという強硬な命令が届く。

　この命令を受け取るや，ドノンは直ちに上司のプラデル伯に書簡を送り，このようなヘッセンの要求に屈する危険について知らせた。ドノンは「オランダ派の最も優雅な小型絵画の大部分を消滅させることになりましょう」と注意したと書いている。それに対してプラデル伯は数日待たせた後，8月16日にようやく命令を寄こしたが，それはドノンに対してヘッセンの顧問官への美術品の引き渡しを許可するものであった。

　以上のようにパリへ最初に到着した北ドイツ諸国の委員たちは，プロイセンの強力な支援の下に8月の初めから活動を開始したのである。上述の国々以外では，オーストリアは前年にすでにその写本と印刷本の大部分を取り戻していたので，委員のローザの任務は皇帝のコレクションの中から押収された絵画を要求すると同時に，特に地方の美術館に分散

している絵画についてフランス政府に対し別の作品との交換を提案することであった。ところが，上述のようにプラデル伯は8月5日に，オーストリアから奪った美術品の返還命令を出していた。このようにフランス政府がオーストリアへの美術品の返還を比較的容易に受け入れた1つの理由は，フランス側から見てそれら美術品の価値がそれほど大きくなかったためと考えられる[28]。

　これに対してバイエルンは前年と同様遅れて行動を開始した。委員のティエルシュがパリに戻ったのは，15年の9月である。彼は写本と書籍に関しては，百日天下の前に実現寸前であった措置を実施させるだけでよかった。絵画については，ティエルシュは前年と同様1800-01年のヌヴーによる押収品を放棄するのと引き換えに，フランス派の作品を獲得しようと試みている。しかし最終的にドノンは，バイエルン宮廷が求めたフランス派絵画との交換よりも，収奪した絵画そのものを返還する方がよいと回答したのである[29]。

　この1815年9月の時点においてすでに，ドイツの君主たちが要求した美術品は，地方へ分散していたものを除いて，その大部分が返還されている。ドノンは9月5日付プラデル伯宛書簡において，同盟諸国の委員たちがフランスの種々の美術館とストラスブールの王宮へ送られたドイツ諸国とオーストリアに由来する絵画を再び要求していると述べ，また1月前から1,200点の絵画をすでに返還したこと，なお120点ほどの絵画が地方の諸都市に残されていること，さらに絵画以外にベルリンとカッセルから来たすべての古代美術品と，カメオ，彫刻石，壺など王立美術館にあった莫大な量の美術品を引き渡したことを記している。

　またこれより先，8月3日にフォンテーヌブロー宮の管理人ラミー（Lamy）は，ブラウンシュヴァイク，カッセルおよびメクレンブルク＝シュヴェリーンに由来する絵画の大部分を返還のためにパリへ移送するようドノンから指示されている。さらにコンピエーニュ宮の管理人も8月22日に，上記3国とプロイセンおよびオーストリアに由来する絵画について同様の措置を取るよう命じられている[30]。

　ここで，前述のラヴァレの総括表にもとづいて，1814・15両年にプロイセン以外のドイツ諸国とオーストリアによって王立美術館（ルーヴル）から奪還された美術品の内容を簡単に記し，それを1806-07年にフ

終　章　ナポレオン失脚後の美術品の返還

ランス人（ドノン）によって各国から収奪された美術品と比較しておこう。

　前掲の表7-1によると，まずヘッセン（カッセル）の場合には，421点に上る絵画が奪回されているが，そのほかの美術品は，彫像11点，浅浮彫りと胸像6点，ブロンズ製品5点，貴材と象牙の壺20点，木製彫刻10点というように，比較的少数に留まっている。一方，ドノンが収奪した絵画は，カッセルの絵画ギャラリーなどからの299点にフリデリチアヌム美術館からの肖像画120点を加えると，約420点になる。ほかにラグランジュ将軍が押収した疎開中だった絵画48点があるが，そのうち12点は失われ，残りの36点は皇妃ジョゼフィーヌの私有財産となった。そして14年5月に彼女が死ぬと，相続人によってロシア皇帝らに売却されたので，すべてヘッセンには戻らなかったのである[31]。しかしその点を考慮しても，絵画の奪回率は非常に高かったと言える。これに対して，古代美術品などの場合にはヘッセンによる奪回数はドノンによる収奪数に比べて限られており，特に選帝侯宮殿の磁器ギャラリーなどから押収された300点を超える工芸品はほとんど返還されなかったようである。

　次にブラウンシュヴァイクの場合にも，奪回品の中には230点の絵画のほかに，彫像，浅浮彫り，胸像，ブロンズ製品が合わせて10点，貴材と象牙の壺55点，木彫り品25点などが含まれているが，最大の特色は243点のデッサンと1,154点に上る七宝焼およびマジョリカ焼が取り返されていることである。一方，ドノンが1806年にザルツダールムのギャラリーから押収した絵画は278点であったから，絵画の奪回率は83%になる。その他の美術品については正確な比較は困難であるが，七宝焼とマジョリカ焼を合わせると，その奪回数は（すべて1814年のもの）はドノンによる押収数（1,107個）を若干上回っており，象牙細工品や木彫り品についても奪回率はかなり高かったとみられる。

　さらにシュヴェリーンの場合にも，190点に上る絵画が取り戻されており，これはドノンが1807年に公爵宮殿から収奪した209点の絵画の91%に達する。しかし，ここではベルリンやブラウンシュヴァイクの場合とは異なって，絵画以外の美術品は，壺28点，七宝焼とマジョリカ焼合わせて29点が奪回されているに過ぎない。これはドノンによる

収奪自体が古代彫刻を全く含んでおらず，それ以外の美術品や珍奇品も比較的少数に留まったためにほかならない。

　最後にオーストリアの場合にも，323点に上る絵画が奪回されているほかには，胸像16点とデッサン2点が奪回されているに留まる。ドノンが1809年にウィーンのベルヴェデーレ宮殿で押収した絵画は316点（367枚）であったから，絵画の奪回率は100％に近かったと考えられる。

2-3　アーヘン大聖堂円柱の返還問題

　以上のほかに，プロイセンの代表による返還要求が同国国王の意志によって撤回された事例として，アーヘン（エクス＝ラ＝シャペル）の大聖堂から収奪された大理石の円柱の場合について触れておきたい[32]。

　ドノンは15年8月1日，リッベントロップから次のような書簡を受け取った。

　　「彫像と胸像の荷造りはほぼ完了したので，私は貴下にアーヘンに由来する10本の大理石の円柱が直ちに引き下ろされねばならないことを通告します。もし貴下がこの作業のための労働者を得ることでお困りであるなら，私は貴下に，この種の仕事がお手のもののプロイセンの工兵をお送りしましょう。貴下ができるだけ早くこの要求に応えてくれることを期待します。」

　ところで，それら10本の円柱のうち8本は古代美術品ギャラリーの「著名人の間」（現在の「平和の間」）の丸天井を支えるために使われており，他の2本は「ベルヴェデーレのアポロン」の彫像が展示されている壁龕の両側に置かれていたのである。ドノンは即日プラデル伯に書簡を送って国王の命令を求めた。ドノンはまたリッベントロップに対しても同じ8月1日の書簡で苦情を述べた。ドノンによれば，それらの円柱を撤去することはパリ全体で物議を醸すであろうし，またその作業のために美術館を1か月閉鎖せざるを得なくなろう。また円柱を要求しているアーヘン市は，すでにナポレオンから補償として立派な額に入った皇帝の肖像画と彼の妻の肖像画を受け取っているのである。いずれにせよ，「これらの円柱の奪取はあらゆる協定に反しており，重大な不都

合を引き起こすであろう。それ故，自分はこの作業を決断するにはわが政府の命令を待たねばならない」というのである。

　プラデルも，ドノンの上記8月1日の書簡を受け取ると直ぐに，リッベントロップに対して円柱の引き渡しに反対であるむね書き送った。こうして，2人からの反対意見を受け取ったリッベントロップは，アーヘンの円柱の返還要求を放棄するかに見えた。ところが，リッベントロップがパリを離れた後の8月15日に，後任の軍経理総監ランプレヒトの書簡が届いた。それは「アーヘンの大聖堂に由来する花崗岩，班岩，大理石の円柱40本の引き渡し」を要求するものであった。この新たな要求に接したドノンは，最後の手段として，8月21日プロイセン国王フリードリヒ・ヴィルヘルム3世に直接書簡を送った。その中でドノンは，「王立美術館において建物の安全を危うくし，現在パリにいる外国人に対してこの施設を閉鎖せざるを得なくする暴力行為が犯されることに反対してくれるよう」懇願するとともに，妥当な解決策として「使用されていない円柱のうちの8本ないし10本」と，それに加えて「シャルルマーニュの遺骸が入っていると考えられていた古代の墓」（棺）を引き渡すことを提案したのである。

　この作戦は見事に成功した。国王からはその翌々日（23日）に，ドノンの提案を全面的に認める以下のような書簡が届いたのである。

　　「私は国家の名誉と，わが諸邦の芸術の進歩に寄せる関心との故に，武力によって奪われたものを再び要求することを決意したにせよ，私はまた，古典古代から伝わった最も貴重なすべてのものを収めている建造物の崩壊へと導くおそれがあることはすべて阻止するということをも自らの方針としています。私はその建造物の丸天井を支えている円柱の1本たりとも要求しないように，命令を下しましょう。」

　ボワイエによると，実際には28本の円柱だけが15年12月にアーヘンへ戻ることになった。これは戦勝国の出先の代表が，彼らを任命した君主よりも，時としてその返還要求において一層過激であったことを示す一事例である。

ところで，美術品の返還問題が片づいた後も，書籍をめぐる係争は続いた[33]。プロイセン当局は美術品の奪回が終わった後にも，フランス政府に対してドイツで押収された多数の写本の返還を要求した。そしてそれが受け入れられないと見るや，前年10月にバイエルンの委員ティエルシュが要求したマネッセ写本とヴィンケルマン文書の引き渡しを要求したが，フランス側は頑として拒否し続けた。これに反して，ブラウンシュヴァイク公国の代表たちは，1815年9月の初めにはすでに，ヴォルフェンビュッテルで押収された著作の大部分の返還を勝ち取っている。また同じ頃委員ティエルシュは，ヌヴーが1800-01年にミュンヘンとザルツブルク地方で押収した書物を取り返している。しかし，ラインの諸都市（アーヘン，ボン，ケルン，コブレンツ，トリーア）で押収された珍しい印刷物と写本はその大部分が返還されなかったのである。

2-4 ベルギーとオランダ

ドノンは1815年8月末までに，ドイツ諸国からの返還要求に決着を付けたが，ちょうどその時ベルギーとオランダの委員が絵画の返還を要求しに現れたのである。

オランダでは1814年3月30日に新憲法が公布されて，イギリスに滞在していたオラニエ家のウィレムを君主とするオランダ王国が誕生しており，同年5月30日のパリ講和条約によって正式に承認された。その後8月にウィレムは旧オーストリア領ネーデルラント（ベルギー）をオランダに併合し，翌15年3月16日オランダ国王ウィレム1世として正式に即位したのである。

ドノンは9月2日にオランダ国王の公使ファーヘル（Fagel）男爵から同日付の書簡を受け取ったが，それは，公使がオランダ宮廷のきわめて明確な命令にもとづいて，オランダ学士院会員のアポストール（Apostool）に，かつてハーグのオラニエ家のコレクションに属していた絵画をドノンから受け取るように命じたことを通告するものであった[34]。公使の書簡にはアポストールの書簡が添えられており，そこには自身の病気のために，翌3日における上記絵画の受け取りをパリ駐在オランダ領事トゥーレト（Thuret）とその秘書に託すことが記されていた。

以上の2通の書簡に対してドノンは即日返事を書き，例の通り，自

終　章　ナポレオン失脚後の美術品の返還

分はこのような物品についてはわが政府からしか命令あるいは指示を受けることができないと通告した。このようなドノンの拒否回答にもかかわらず，9月4日朝，オランダ国王の委員たちが訪れ，彼らは時間をむだにしないために，主任委員のアポストールが病気であるにもかかわらず，ハーグから来た絵画の返還を翌月曜に始めるよう求めたのである。ドノンはこのような要求は形式が整っていないと考え，再度自分はわが政府の命令なしには行動できないと返答した。その上でプラデル伯へ書簡を送り，4日の出来事について報告する。ドノンはそこで，「ハーグとベルギーの絵画の返還は美術館を全滅させるでしょう」と事柄の重大性を強調するとともに，実力行使を防止しようとして執筆したベルギーとハーグの絵画に関する覚え書を首相タレーランに送って，同盟諸国に働きかけてもらうように依頼した。これより先ドノンは同じ覚え書をパリにいた各国の全権委員に届けさせていたのである[35]。

　ここでやや奇異の感を抱かせるのは，9月4日の段階でオランダの委員が要求しているのが，明示的には「ハーグの絵画」の返還のみであるにもかかわらず，ドノンが上記の覚え書において「ベルギーの絵画」の返還にも言及していることである。恐らくドノンは，オランダの返還要求が同王国に編入されたベルギー地方からの収奪品にも拡大されることを見越していたのであろう。そして，事態はドノンの予想通りに進展したのである。その点を述べる前に，ドノンがオランダの返還要求の「不当性」を力説している上記2つの覚え書の内容を示しておくことにしたい。

　まず「ベルギーの絵画」に関する覚え書においてドノンは以下のように主張する[36]。ベルギーに対しては，フランス政府がブリュッセルに立派な美術館を設立することですでに十分に補償を行った。フランス政府はそこへルーベンス，ファン・ダイク，クラーヤーなどの絵画を何枚も送り，さらに美術教育を広めるために，それにイタリアのいくつもの絵画を加えもした。その数はおよそ80枚に上る。またベルギーから奪った絵画の大部分は同地の廃止された修道院に由来しているので，もしフランス人がそれらを救い，最大限の注意を払って保存しなかったら，散逸してしまい，恐らくヨーロッパのどのコレクションの中にももはや存在しないであろう。

さらに，ベルギーからもたらされた200枚の絵画のうち，現在パリの美術館にあるのはせいぜい30枚であり，その他は王国の18の主要な都市に分散している。政府はそれらの都市に美術館を設立し，すべての絵画はパリを出る前に，最大限の注意をもって補修されたのである。またフランス政府はアントワープ港のために払った莫大な費用の故に，アントワープ市が現在要求している絵画について同市に借りがあるどころではないのである。それ故，同盟列強がこれほど長い期間の後に，それらの絵画をフランスから奪おうとするのなら，ブリュッセルの美術館は与えられたすべてのものを返還せねばならないし，またそれらの絵画の大部分が送られた（ブリュッセル以外の）フランスの17都市をも同様に収奪しなければならないであろう。そのことは文字通りの荒廃を引き起こすであろう。

次に「ハーグのコレクション」に関する覚え書においては，ドノンはより簡潔に以下のように指摘する[37]。オランダは1つの王国となり，ルイ・ボナパルトがその王位についたが，芸術を熱烈に愛する王はアムステルダムの市庁舎に，統領（Stathouder）から押収したコレクションよりもはるかに重要で価値の大きな美術館を設立した。それ故，もしハーグにあった絵画をオランダ国王に返還するのであれば，ルイ・ボナパルトがつくり自分の金で支払ったコレクションは，フランスへ返還されるのがきわめて当然であろう。なぜなら，オランダはルイの退位後フランスに併合され，このコレクションはフランスの財産となったのだからである。ナポレオンはコレクションをアムステルダム市に委ねて，さらにフランス派絵画によってそれを増加させようとしていたのだが，その時巨大な帝国は崩壊したのである。

すでに第5章でも触れたように，ブリュッセルの美術館は初代館長ボシャールトの熱意のお陰で，パリから特別多くの絵画の分配を受けることができた。同美術館はまず1803年に43点，次いで1811年2月15日のデクレによって31点の絵画を受け取ったのである。こうしてブリュッセルへ送られた絵画のうち，同地からの収奪品は10点だけであり，大多数はフランスの旧王室コレクションに属していたものである。それ故，ベルギーの委員がパリにおいて，かつて彼らの所有物であった絵画を取り戻すのであれば，フランスが補償として送った絵画を彼ら

終　章　ナポレオン失脚後の美術品の返還

が返すのが当然であった。ラヴァレはそのことを，1815年10月16日付のプラデル伯宛書簡において要求している[38]。この点を巡る交渉は1818年まで続いたが，その結末については後述することにして，話を15年9月における美術品の返還に戻そう。

　上述の9月4日の出来事の後，同月17日までは，ドノンの『概要』にはオランダによる絵画の返還要求に関する記事あるいは書簡のやりとりは見出されない。その間，ドノンは9月15日にタレーランに宛てた書簡において，ルーヴル美術館がこれまでに蒙った損失は時が経てば償うことができるであろうが，今日返還を要求されている品物の引き渡しから生じる空白は，決して埋めることができないであろうと述べた上で，以下のように主張している[39]。

　「今オランダとベルギーの要求に応じるならば，王立美術館（ルーヴル）からその主要な長所の一つを，すなわち一連の勝れた色彩画家（の作品）を奪うことになり」，さらには「フランス派が色彩に関して取り始めている喜ばしい方向を失わせることになりましょう。しかし，もしトレンティーノ条約を維持しないなら，もしイタリアの古代彫像と絵画を自由に取り戻させるなら，王立美術館もフランス派もおしまいです。」

　そしてドノンは，王立美術館に関する列強の立場を次のように要約する。

　「ロシアは敵対的な要求をもっておりません。オーストリアはすべてを返還されたので，何らの不満も抱いておりません。プロイセンは完全以上の返還を勝ち取ったので，もはや何も要求するつもりはありません。」
　「それ故，残るのはイギリスです。イギリスは実のところ何も要求するものをもっていませんが，しかし同国は最近，エルギン卿がアテネの神殿からはぎ取った浅浮彫りを買い上げましたので，すでにして（わが）王立美術館と張り合うことができると考えており，王立美術館を分散させて，その残骸を自らのうちに集めたいと思って

います。」

　そしてドノンは，ローマ教皇庁の代表であるカノーヴァが，1797年のトレンティーノ条約によってフランスに譲渡された物品の返還を勝ち取るために，イギリスに働きかけていることを指摘しているのである。しかし，この書簡に対しても，首相タレーランは返事を出していない。
　さて，ドノンが9月17日付プラデル伯宛書簡で語るところによると[40]，同日朝ウェリントン卿の副官と称するイギリスの一士官がドノンを訪ねて来て，オランダの元統領の絵画とベルギーの絵画を明日返還するように，卿の代理として通告した。ドノンが自分は君主の命令によってしか絵画を手放せないのだと説得すると，士官は一旦退去したが，15分後に戻って来て，ウェリントン卿は絵画の押収のために軍隊を派遣するであろうと告げた。新しいオランダ国王の軍隊は卿の指揮下に置かれていたのである。
　翌18日，ドノンは前日なされた脅迫の故に早朝王立美術館へ赴いた。正午，オランダの領事が送った運搬人たちがやって来たが，ドノンは彼らを中に入らせなかった。12時半パリのプロイセン軍司令官ミュフリンク将軍の副官ヴルヒェレスト（Wulcherest）が到着し，ベルギーの絵画を返すように命令した。この督促に対してドノンは，自分は国王から何らの命令も受けておらず，国王の許可なしには何も処分できないと返答した。そこで副官は武力でドノンを脅し，ドノンがさらに抗弁すると，彼を直ちに逮捕すると通告した。
　ドノンは明言していないが，この時点でベルギーの委員たちはイギリスの2人の高級将校，プロイセンの将校，オランダの領事とともに絵画の押収作業を開始したのである。ミュンツは，「プロイセンに属する絵画と彫像の奪取を特徴づけたシーンが，9月18日にオランダが要求する作品について再現された。ドノンはこの悲痛な状況の中で毅然とした態度だけでなく，大胆さをも示したのである」と書いているが，押収作業は18日だけで終わったのではなく，19日と20日にも継続していたのである。ドノンは19，20両日，美術館を閉鎖して押収作業を妨げようとしたのだが，プラデル伯に送った9月19日付の書簡では，「ベルギーとオランダの委員諸氏がそこで行っている作業を中断しないため

終　章　ナポレオン失脚後の美術品の返還　　　389

に」閉鎖したのだと語っている。同じくプラデル宛の 20 日付書簡には以下のようにある。

「今朝 6 時に，3 人の将校に指揮されたかなり大勢のイギリス兵の一隊が，オランダおよびベルギーの委員と一緒に到着し，美術館のギャラリーに 4 人の歩哨を置きました。ベルギーの委員たちは昨日，夜間に美術館で作業を行うつもりでした。私はこの処置に断固反対しました。」

　このように王立美術館の館長ドノンは，押収が始まった後にも執拗に抵抗を試みたのだが，フランス政府の当局者は美術品の引き渡しに同意していたのである。18 日の午後，ドノンがパリ総督ミュフリンクの副官と言い争っている時，チュイルリー宮長官シャンスネッツの命令が届けられたが，それは「美術館長がベルギーの委員から要求されている絵画を，それらのリストを作成し，かつそれらが現在オランダ王国を形成する諸州にかつて所属していたことを確認した上で，自由に持ち去らせるよう」命じるものであった。
　この命令を受け取ったドノンは，宮内省総局長プラデル伯に改めて明確な指示を求めた。というのも，18 日の朝ドノンが受け取った書簡では，プラデルは国王の意図として，諸条約がフランスに保証した物品は不可抗力による以外，決して譲り渡さないように命じていたからである。ところが，プラデルはドノンの問いに対する同日の返答では，「国王の命令に従って，貴下に要求されている絵画の収奪に対して無用の抵抗を決してしないよう」勧めている。プラデルはドノンが一時拘留状態に委ねられたことに遺憾の意を表するとともに，「自発的譲渡を行うことなしに，イギリスの将校とベルギーの委員らを自由に行動させておくだけで十分」であるという。「彼らが美術館にいる今となっては，（美術館の）外で厄介な興奮をかき立てるようなことを一切避けながら，彼らが自身で絵画を持ち去るのをほうっておくべきであります。」このようにプラデルの命令は王立美術館の館長に対して，「同盟諸国の将軍の命令を携えた人々」によるベルギー美術品の押収作業に対する一切の抵抗を禁じるものであった[41]。

ここでフランスとオランダ王国の間の返還交渉の最終結果を述べておくと[42]、オランダ側は返還要求を一部取り下げ、同国公使ファーヘル男爵は1816年5月2日の書簡によって、ベルギーは元々フランス王室に属していた絵画は返還するが、諸外国あるいは廃止された修道院に由来する絵画は返還しないと告げたのである。とはいえこの約束も完全には守られず、ベルギーは出所が明確でない一部の絵画を、フランスの略奪品と称して隠し持つことに成功した。

　こうして、1818年初めになっても、フランスとオランダの間の絵画の返還の問題は最終的に決着がついていなかったのだが、遂にオランダ公使ファーヘル男爵は同年5月18日の書簡で、フランスに対して要求の時代が終わったと見なすことを提案する。オランダ王国はルイ王がアムステルダムに作ったコレクションと、1803年および11年にブリュッセルへ送られた絵画を保持し、これに対してフランスは、地方の美術館に分散した、統領のコレクションに由来する60～70点の絵画と、統領の自然史キャビネットを保持し続けたのである。

　ベルギーの古文書館員シャルル・ピオが1883年に内務大臣の求めにより作成した詳細な報告によると[43]、フランスの委員によってベルギーから持ち去られた絵画は（素描画を除いて）総数255点であり、そのうち1815年以後に返還されたものは82点であった。これに対して、「返還されず」とされている絵画は157点確認される。それらの大多数はこの1883年の時点でフランス各地の美術館に存在していることから、ナポレオン期に政府によってパリから諸県の美術館へ分与された絵画であると推定される。このように見ると、革命期にベルギーから収奪された絵画の場合には、ナポレオン後にフランスに残されたものの比率がドイツ諸国の場合はもちろん、後述のイタリアからの押収絵画の場合に比べても、かなり高かったと見なければなるまい。

　なお、ラヴァレが作成した総括表（前掲表7-1）においても、ベルギーを含むネーデルラント全体へ返還された絵画は210点とされており、1794-95年にフランスによってこの地域で収奪された絵画約390点の半数余りに留まっている。同じリストでは、絵画の他に彫像1点が返還されているが、これはブリュージュの教会にあったミケランジェロ作の大理石の聖母子像であり、パリのノートルダム大聖堂に置かれていたも

のである。

2-5 スペイン

ベルギーとオランダの次に美術品の返還を要求して来たのはスペインである[44]。同国の公使アラバ（Alava）伯はドノンに対して，前国王ジョゼフ・ボナパルトがナポレオンに贈った50点の絵画だけでなく，スルト元帥がルイ18世に贈った絵画の返還をも慇懃に，だが断固として要求したのである。

ドノンは9月22日，スペイン公使アラバ伯から2通の書簡を受け取った。最初の書簡で公使は，「自分の裁量に委ねられるべきスペイン国王所有の絵画」のリストを使者の大使館員カイヨ（Caillot）に直ちに渡すよう求めていた。そして第2の書簡では，「1813年にジョゼフ・ボナパルトがマドリードから出発する時に持ち去った，（スペイン）国王所有の絵画」に関して，自分が「われわれの所有物であるこれらの貴重な絵画を要求しうるように，貴殿の権限の内にあるあらゆる情報を与えて頂きたい」と，重ねて依頼した。

翌23日，カイヨは上記の絵画を押収しに現れたのであるが，彼がそれに加えて，ダルマティア公（＝スルト元帥）が王立美術館（ルーヴル）に提供した絵画を要求したのに対して，美術館側はこれらの絵画は（フランスの）先の政府に与えられたものである故，カイヨには要求する権利がないと反論した。このような諍いがあって間もなく，ドノンはアラバ伯の書簡を受け取ったが，そこには自分は，スルト元帥がフランス国王に贈った絵画（ムリーリョ3点とスルバラン1点）をも，ジョゼフ・ボナパルトが贈った絵画と同様に押収し，持ち去ることができるのだと書かれていた。そして公使の書簡が着くやいなや，カイヨはそのうち1枚，ムリーリョの「病人を看護する聖エリザベト」を，軍隊をして暴力的に奪取させたのである。

ドノンは同日直ちにアラバ伯に書簡を送り，この絵画はセビーリャ市によってスルト元帥に与えられたものであるが故に，返還された絵画のうちに加えるべきではなく，暴力によって奪取されたと特記すべきであると抗議した。しかし，それに対するスペイン公使の返答は両者の理解の決定的な違いを明らかにする。アラバ伯は翌24日付のドノンへの書

簡に次のように書いている[45]。

「セビーリャ市は自らの所有物でないものをスルト元帥に与えることはできなかったのです。われわれは，ボナパルトの侵入の間に，スペインにおいてこれらの絵画の贈与がどのような仕方で行われたのかを，われわれの犠牲において学んだのです。私は正当かつ当然にスペイン国民の所有物であるものを要求するために，ボナパルトの代理人たちがわれわれからこれらの品物を略奪するためにスペインで払った以上の敬意を払ったのです。」

こうしてスペインが奪回に成功した絵画は15年10月，4個の大箱に収められ，ピレネー国境を避けて，ブリュッセルとアントワープ経由でスペインへ輸送された。前掲表6-1によると，スペインには284点の絵画と108点の他の様々な美術品が返還されているが，この中には前年5月に返還されたマドリードの大貴族所有の230点の絵画が含まれている。それ故，スペインは1808-13年にフランスに奪われた300点の絵画の大部分を奪還することに成功したといえよう。

2-6　北・中部イタリア諸国

最後はイタリアへの美術品の返還である。まず述べておかなければならないのは，ナポレオンの没落後，北部，中部イタリアの大部分がオーストリアの支配に服するようになったことである。ロンバルディア地方と旧ヴェネツィア共和国の領土はロンバルド＝ヴェーネト王国を形成してオーストリア帝国に編入された。それ故，両地域からの収奪品の返還はオーストリアへの返還を意味することになる。またパルマ・モデナ両公国とトスカナ大公国は，いずれもオーストリア系の君主を戴くことでオーストリアの強い影響下に置かれた。それ故，これらの国々への返還もオーストリアの主導下に行われるのである。これに反して，サルデーニャ王国と教皇国家だけは，国家としての独立性を維持することができた。

シャトランによると，イタリアへの美術品の返還は様々な理由で最も堪え難いものであった[46]。第1に，イタリアの美術作品は古典の教養が

終　章　ナポレオン失脚後の美術品の返還　　　　　　　　　　393

身に付いたドノンにとって最も大切なものであり，特に彼が大いに評価していた有名な古代美術品が幾つか含まれていたが故にそうであった。第2に，それらの大部分は20年近く前，共和暦第4年（1796年）に締結された休戦協定や講和条約の結果フランスにもたらされたものであった。確かにそれらの古い合意は力によって押しつけられたものではあったが，美術品の返還については妥当な交渉が可能であろうと考えられていたのである。さらに第3に，教皇ピウス6世は1797年のトレンティーノ条約締結の際，賠償金が軽くなるとして美術品の収奪に本気で反対しなかった。また教皇ピウス7世は1804年にナポレオンの戴冠式のためにパリに来た時，この問題について何らの要求もしなかったのである。実際ドノンは前掲の9月15日付タレーランへの書簡において，イタリア美術品の返還はルーヴル美術館にとって致命的な打撃となるであろうと訴えていたのである。

　しかしこれらの様々な理由にもかかわらず，イタリアの美術財宝の多くはルーヴルを去ることになる。とはいえイタリアの場合，美術品の返還に関する態度は国と地域によって決して一様ではなかったのである。

　まず，オーストリア皇帝の委員ローザ（ウィーンの帝室ギャラリーの館長）の行動から見て行くことにしよう。ローザは1815年9月21日付のドノンへの書簡で[47]，自分は「イタリア諸国（États Italiennes ママ）」に所属する絵画を取り戻すようにという君主たちの命令を執行しなければならないのだと伝えて来た。それに対してドノンは，同日の宮内省総局長プラデル伯への書簡において，「このような紙くずにもとづいて，世界で最も貴重なすべてのものを急いで与えなければならないのでしょうか。私はローザ氏には一度も会っておりませんし，貴殿を介して国王の命令を受け取らない限り，会わないようにいたしましょう」と語っている。こうして美術館長から面会を拒否されたローザが頼ったのはこの度も銃剣の力であった。ドノンの9月23日付プラデル伯への書簡はその状況を伝えている。

　23日午前8時，オーストリア軍司令官シュヴァルツェンベルク（Schwartzenberg）公の第1副官がドノンのもとに現れ，ヴェネツィア，パルマ，ピアチェンツァとフィレンツェに由来する美術品を将軍に代わって要求した。ドノンがそのような要求に関する命令は受け取ってい

ないと返答すると，副官は彼が命じられている押収をドノンが「合法化」するよう求めた。

ドノンは，美術館の出入口と内部は4日前からイギリスとプロイセンの兵隊によって占拠されており，「銃剣の存在するところでは館長はもはや存在しえない」と返答し，それ故「副官は受け取った命令を執行するのにもはや私を必要としない」と付け加えた。その上でドノンは，国王に対する義務として，事務総長ラヴァレに対して「積み荷ごとに，陛下のコレクションの品物が含まれていないか調べるよう委任」している。

そして10月2日，ローザはオーストリアの軍隊に援護されて，再びドノンのもとに現れた。彼は外相メッテルニヒ公の署名のある委任状を携えており，それはローザに対してパリの美術館から，ロンバルド＝ヴェーネト王国の諸州（すなわちミラノ，クレモナ，マントヴァ，ヴェローナ，ヴェネツィア）に属する絵画，彫像，および他の美術品を要求し，運び出させることを許可するものであった。ローザはさらに別の命令を提示したが，それによって彼はパルマとモデナの絵画を取り戻すよう命じられていた。ドノンは暴力に対しては何も言うことはないと返答し，奪回作業をあえて阻止しなかったという。

ところで，シャトランはオーストリアの委員ローザを，返還要求に関して「ほどほどに妥協的な」委員の1人に数えている。ローザが美術品の奪回に際して軍隊の力に頼ることをためらわなかったにもかかわらず，そうした評価がなされる1つの理由は，彼がヴェロネーゼの大作「カナの婚礼」の奪回を最終的に断念したという事実にある。ローザは当初この作品を，ヴェネツィアから収奪された他の絵画と同様に要求した。しかし，その並はずれたサイズ（669×990cm）の故に，ヴェネツィアからパリへ輸送する時横に2つに切断されたこのカンヴァス画は，修復されて新しいカンヴァスに移されたが，同じやり方でヴェネツィアへ返送すると，絵を決定的に傷めるおそれがあった。事務総長ラヴァレから，この「巨大な大作」（machine colossale）の輸送はきわめて困難であると忠告されたローザは，オーストリア皇帝の許可を求めた上で，この絵画をシャルル・ル・ブランの「パリサイ人の家のマグダラのマリア」と交換で，ルーヴルに残すことに同意したのである。ド ノ

終　章　ナポレオン失脚後の美術品の返還　　　395

ンは 9 月 29 日付のプラデル伯宛書簡で事の次第を述べ，交換の許可を求めている。「皇帝陛下はこの絵画を残し，それが飾られていたサン・ジョルジョ・マッジョーレ島のベネディクト派修道院の食堂において，この絵に代わりうる別の敬虔な主題（の絵画）を交換に受け入れることを，ローザ氏に許可されました。」ソーニエは，この「カナの婚礼」をルーヴルに保持したことを「恐らくドノンとラヴァレの最も素晴らしい勝利であろう」と評価している[48]。

　以上のように，オーストリアの支配下に入った北・中部イタリアの国々の場合には，9 月 23 日以降 10 月初めにかけてフランスからの美術品の奪回が行われたのであるが，次にそれがどれくらいの数に達したのかを確認しておこう。前述のブリュメールの調査結果（表 2-1）によると，1796-1803 年にフランスによって収奪された絵画のうち，1815 年に元の所有国・都市によって奪回されたものは，ミラノでは 19 点中 6 点，パルマでは 42 点中 26 点，モデナでは 50 点中 21 点，クレモナでは 2 点中 2 点，マントヴァでは 4 点中ゼロ，フィレンツェでは 63 点中 56 点（他に紛失が 7 点），ヴェローナでは 14 点中 7 点，ヴェネツィアでは 18 点中 14 点となっている。全体では 212 点中 132 点であり，絵画の奪回率は 62％となる。ラヴァレの総括表（表 7-1）では，上記の国・都市へ返還された絵画の数はトータルで 141 点と幾分多くなっているが，両方の数字は基本的には一致していると言えよう。なお，ラヴァレの総括表によると，絵画以外の美術品の返還ははるかに数が少なく，デッサン 18 枚がミラノへ，ブロンズ製品 7 点がパルマへ，彫像 1 点とモザイクのある大理石のテーブル 27 台がフィレンツェへ返還されたのが目立つ程度である。フィレンツェに返還された彫像とは「メディチのヴィーナス」像であるが，その引き渡しはドノンにとって受け入れ難いものであった。彼は 9 月 23 日付のプラデル伯宛第 2 の書簡で，「メディチのヴィーナス」の奪取はトスカナ宮廷によるナポリ宮廷への暴力によるものであり，非合法（irrégulier）であると強く抗議している[49]。「この素晴らしい彫像はナポリ国王フェルディナンド（4 世）と結ばれた条約の項目になっており，それはこの君主の特別の要求にもとづく以外，返還してはならないのです。」

　以上から，オーストリア支配下の北・中部イタリア諸国の場合，フラ

ンスによって収奪された絵画の返還率は全体としてそれほど高くなかったといわなければならない。その理由としては、ローザを始めとする委員たちが、収奪された絵画のすべてを奪回することを目指していなかったことがまず挙げられる。実際、ラヴァレも10月18日のプラデル宛て書簡において、ローザとパルマ公国の委員ポッジ（Poggi）、そして次に述べるフィレンツェの2人の委員が、彼らの任務の遂行に当たって十分な節度（modération）を示したと指摘しているのである[50]。さらにこれと関連するもう1つの重要な理由として、イタリアからパリへ送られた絵画のうちかなり多くのものが地方＝県の美術館やパリ近郊の諸王宮に分散して所蔵されていたために、返還を要求する委員の目が届きにくかったことがある。ブリュメールのリストによると、上述の北・中部イタリア都市のうちモデナ、ミラノ、ヴェローナの場合には1815年の時点で、返還されなかった絵画合計47点のうち22点が地方の美術館に、別の10点がサン・クルー、ヴェルサイユなどの王宮に置かれていたのである。

　以上に加えて、王立美術館の館長ドノンと事務総長のラヴァレが、収奪美術品をパリに留め置くために各国の委員に対して巧妙に、かつ粘り強く説得を試みたことが挙げられる[51]。ラヴァレは9月29日に、パルマの委員ポッジを説得して合計8点の絵画をルーヴルに残すことに同意させているが、ドノンらが交渉相手の委員との個人的な関係を利用して、美術品の返還を断念させたケースとしては、フィレンツェ（トスカナ大公国）の事例が最も重要である。フィレンツェの場合、1796年にピッティ宮から収奪された63点の絵画は、行方不明の7点を除いてすべて返還されたのであるが、ドノンはトスカナ大公国の委員ベンヴェヌーティとアレッサンドリ、とりわけ後者との良好な関係によって、チマブーエの「荘厳の聖母」やフラ・アンジェリコの「聖母の戴冠」のような、フィレンツェ・プリミティヴ派の若干の傑作を保持することができた。ドノンはそれらの傑作が一般に閑却されていた時代にその重要性を認識していたのである。ブリュメールの資料によると、確かにプリミティヴ絵画については、ドノンが1811-12年にフィレンツェで収集した合計21点はすべて返還されていない。また同じトスカナのピサで1811年に収集された9点も、うち1点が返還されたに過ぎない。そして、

フィレンツェの両委員がこのように多数の絵画を王立美術館に残してくれたことへの「補償」として，彼らが望んでいたピッティ宮のテーブル（モザイク装飾の堅石の台）27点の返還が行われたのである[52]。

ところで，前述のようにプラデル伯は9月18日付書簡でドノンに対して，無用な抵抗によって「美術館の外で厄介な興奮をかき立てることがないように」忠告したのであるが，実際に民衆の動揺を引き起こすおそれがあった唯一の奪還は，カルーゼルの凱旋門の上に置かれていたヴェネツィアの4頭の馬像のそれである[53]。この奪還は，オーストリア軍隊の保護の下に，市民が抗議の声を挙げる中で行われたのである。ドノンの記述によると，9月25日夜シュヴァルツェンベルクの副官が1人の工兵大佐と一緒に，ブロンズの馬像を引き下ろせという命令を伝えに来た。ドノンは，凱旋門は自分の監督外の公共記念物であるといって取り合わなかったが，翌26日の夜には，オーストリアの労働者と兵士によって馬像の引き下ろし作業が開始された。しかし，同夜から翌日にかけて物音を聞きつけた住民が大勢集まってきて，不穏な動きを示したために，作業は一度ならず中断を余儀なくされたのである。とりわけ28日の夕刻には，興奮した群衆は「武器を取れ！」，「裏切りだ！」，「復讐を！」と叫びながらカルーゼル広場から隣接の通りへと広がって行き，国民衛兵は静穏を回復するのに夜通しかかったとドノンは書いている。

結局，29日にオーストリア兵が大挙して到来し，広場に通じる大通りをすべて占拠した上で，労働者たちは一日がかりで2頭の馬を取り外して下に降ろすことができた。作業は翌30日も続けられ，ようやく終了したのである。

グールドはこのヴェネツィアの馬像の引き渡しを「フランス人にとっての最後の屈辱」と呼んでいる。それは人目に付く場所に置かれていたが故に，パリ市民にはこれこそ戦勝記念品の精髄と思われたのである。ただし，馬車と両脇の女神像は現代の作であり，馬像そのものも後にオリジナルとほとんど見分けがつかないコピーが設置されたので，オリジナルの馬像の魅力は視覚的というより象徴的なものであっただろうとグールドは言う。

2-7　サルデーニャ王国

次にサルデーニャ王国の場合について見ると[54]，同王国の委員コスタは15年9月30日，美術品の返還を要求するために王立美術館に現れた。館長のドノンは時間を稼ぐために，コスタが呈示した軍司令官ミュフリングの命令のフランス語訳を要求して，撤収作業を一時中止させた。コスタは一旦退去したが，30分後にミュフリンクの副官ヴルヒェレストと一緒に戻って来た。この副官は直ちに事務総長のラヴァレを呼びつけ，いかなる権限によってサルデーニャ国王の絵画の収奪を中断したのかと詰問し，戸をこじ開けてプロイセン兵の一隊をギャラリーに入らせるぞと脅した。ラヴァレが守衛に戸口を開けさせると，副官はコスタとともに，美術館の主玄関に残されていた5枚の絵画を収奪させるために出て行った。そしてしばらくして戻って来ると，副官はいささかでも命令に違反すれば美術館の管理人全員と警備主任を逮捕，連行させるぞと脅しを繰り返したのである。

ラヴァレはこうして暴力に屈さざるを得なかったのだが，しかし少なくとも1枚の絵画の押収に勇敢に抵抗した。同日（午後）5時に委員コスタが大ギャラリーから降ろされた絵画を持ち出そうとしていた時，ラヴァレはその中に美術館が購入した「古えの巨匠」の絵画2点と，ジェノヴァ市がフランス政府に贈ったジュリオ・ロマーノの「聖ステファヌスの殉教」を見つけ，それらの持ち出しに激しく反対した。その結果，コスタは前者の2点を翌日まで美術館に残しておくことに同意し，後者については以下のような横柄な調子の領収書（15年9月30日付）をドノンに渡して，持ち去ることにしたのである。すなわち，「下に署名する者は，『聖ステファヌスの殉教』を描いたジュリオ・ロマーノによる絵を，王立美術館のギャラリーより，力づくで，かつプロイセン軍隊の保護の下で，奪取したことを宣言する。この絵は，美術館の館長が私に言明したところでは，ジェノヴァ市によってフランス政府に与えられたものであり，私はその贈与に関する写しを示された。――サルデーニャ国王陛下の委員コスタ。」

このような暴力的収奪に憤懣やるかたないドノンは，10月1日プラデル伯に対して「美術館で起こったとんでもないシーン」について報告し，サルデーニャ国王に抗議することが是非とも必要であると書き送っ

終　章　ナポレオン失脚後の美術品の返還　　　　　　　　　399

ている。そして「サイズの故に輸送が容易でないこの絵画を，フランスの所有物として税関で差し止めさせることができないでしょうか」と問いかけているのである[55]。

　それでは，サルデーニャ王国の委員コスタは，全体としてどれだけの絵画を取り戻すことができたのであろうか。前掲のブリュメールの資料（表2-1）では，1799年にトリノの国王のギャラリーから収奪された65点の絵画のうち（他の1点は国王の贈与によるもの），1815年に返還されたのは46点である。しかし，彼女の資料を筆者が調べ直したところ，返還数は53点であり，残り12点の所在地はルーヴル美術館が2点，フランスの地方美術館が9点，不明1点であることが確認された。一方，ラヴァレの総括表（表7-1）では，返還数は59点となっているが，近年のゴッテリ（Gotteri）の研究は，ラヴァレの別の返還リストにもとづいて，同じ額縁に入れられた絵画を別々に数えると，コスタが9月29日から10月7日までに奪回した絵画は73枚になると主張している。

　このようにサルデーニャ王国への絵画の返還数は，正確には不明としなければならないのだが，少なくとも，収奪された絵画のうちかなりの数のものが元のギャラリーに戻されなかったことは間違いないと思われる。この点に関連してゴッテリの研究は重要な2つの事実を明らかにしている。その1つは，1815年に返還された絵画が，1799年に国王のギャラリーから収奪された絵画とは必ずしも一致しないことである。実際，1815年の返還絵画のリストには，1799年の押収品のリストには載っていない作品が13点見出されるのである。もう1つは，1800-01年にトリノ市が功績のあった将軍や官吏に「報償」として与えた絵画の多くが，1815年あるいは16年にも取り返されなかったことである。たとえば10点の絵画を受け取ったデュポン将軍は委員コスタによる返還要求に応じなかったといわれる。またフィオレラ将軍が受け取った13枚の絵画については，コスタは1815年に将軍から何も知らされていないのである。ゴッテリの結論は次のようである。「1814-16年の公式の返還は押収された作品の厳密に反対方向への動きを引き起こしはしなかった。返還は時には元のコレクションには属していない，別の作品に関わることになった。その上，若干の絵画は個人コレクションの中に留まったが故に，個人への分与によって生じた空隙がすべて埋められたわ

けではないのである[56]。」

2-8 教皇国家

最後に考察しなければならないのは教皇国家に対する美術品の返還である。それは1815年10月2日から31日まで，高名な彫刻家の委員カノーヴァ（Antonio Canova）と，彼を補佐したシュヴァリエ・デステ（chevalier d'Este）とによって行われた[57]。教皇庁は当初，同盟列強による美術品の返還要求に加わるのを幾らか躊躇しており，コンサルヴィ枢機卿がカノーヴァにこの仕事を正式に委任したのは15年8月10日であった。同月28日にパリに到着したカノーヴァは，まずプロイセン公使のフンボルト（Wilhelm von Humboldt）男爵を訪問した。男爵はルーヴル美術館に最も敵意をもたない外交官の1人であり，ドノンの友人でもあった。カノーヴァはフンボルトの慎重な応対について語っている。「男爵はわれわれの計画の成功を全く不可能なものと見ている。それはトレンティーノ条約が廃止されていないからであり，またイギリスととりわけロシアはフランス国民の自尊心を刺激したり傷つけたりしまいと決意していたからである。」

次いでカノーヴァは9月9日フランス首相タレーランと会見した。タレーランはカノーヴァを「教皇の大使（Ambassadeur）ではなく荷造り人（Emballeur）氏だろう」と皮肉たっぷりに評したと言われるが，首相が「美術品は1814年のパリ条約によって（フランスに）譲渡されており，教皇は戴冠式の際ナポレオンに改めて要求すべきであったのだ。国王はそれを決して返還しないであろう」と語ったのに対して，カノーヴァはパリ条約にはそのような条項は含まれていないと返答した。翌日カノーヴァはルイ18世に謁見したが，国王も同様にきっぱりとあらゆる返還を拒否したのである。やむなくカノーヴァはロシア公使ネッセルローデ（Nesselrode）に頼ろうとしたが，「ロシア人は何であれ奪うためにフランスへ来たのではない」とはねつけられている。これは皇帝アレクサンドル1世の考えでもあった。

ところが，この時八方塞がりのカノーヴァに助け船を出したのが，パリでの会議へ派遣されたイギリスの外交官（大使館付書記官）ハミルトン（William Richard Hamilton）であった。彼は9月1日にすでにルイ

終　章　ナポレオン失脚後の美術品の返還

18世に意見書を送り，トレンティーノ条約の際教皇は自由に行動したであろうか，条約は締結されるやいなやフランス人によって侵犯されたのではないか，と問うていたのである。そしてハミルトンにせっつかれて，彼の上司のイギリス外相カースルレーは9月11日教皇庁の主張を強力に支持する意見書を提出する[58]。

一方，カノーヴァもその意見書において，トレンティーノ条約が無効であることを，ありとあらゆる理由をもち出して論証しようとした[59]。まず，フランスの全権委員であったカコーは十分な権限をもたず，その不備を軍司令官ナポレオンが補わなければならなかった。また，ピウス6世はフランス軍に攻撃されて，自らの政治的存在を維持するために諸美術館の傑作を犠牲にせねばならなかったのである。トレンティーノ条約は，それを承認した人々自身によって破られたが故にもはや存在せず，ローマはそれによって失ったすべての物を要求する権利を有するのである。

以上のようなカノーヴァの主張に対抗して，フランス側当局者（ドノン，次いでラヴァレ）がよりどころとしたのは，美術品の譲与を合法化するものとしてのトレンティーノ条約の存在であったのである。

ところで，ナポレオンがイタリア遠征時に美術品の譲渡を条約や協定の中に規定させたのは，1797年2月のトレンティーノ条約が最初ではなく，1796年5月にフランスがパルマ・モデナ両公国と結んだ休戦協定にはそれぞれ20枚の絵画の引き渡しが定められていた。そして，それらの協定の内容は1815年の美術品の奪回に際して問題となり，そのために両公国への返還はトスカナへの返還よりも遅れたのであった。しかし，オーストリアの代表は上述の2つの休戦協定中の，絵画の引き渡しと引き換えにフランス軍は以後食糧を徴発せず，また両公国は租税を免除されるとの条項をよりどころに，休戦協定は勝者によって破棄されたのであり，絵画の譲渡は取り消されたのであると主張することによって，両公国への美術品の返還を容易に合法化することができたのである。

カノーヴァはこの理屈を教皇庁の返還要求にも適用しようとしたのである。彼は9月29日，パリの同盟国会議に提出した別の覚え書において，トレンティーノ条約が上述の2つの休戦協定と同様に扱われるよ

うに要求した。同盟国会議は，パルマとモデナの元君主に認めたことを教皇に対して拒否することはできなかった。フランスではその前日の28日に，議会の過半数を占めるに至った過激王党派（ユルトラ）の要求により首相タレーランが辞任させられ，後任の首相にリシュリュー公が任命されていたのだが，同盟国会議は30日，新首相のリシュリュー公が同日中に新たな取り決めの要求に応じない限り，カノーヴァは翌日以降，彼が要求している物品の荷造りを開始してもよいと決定したのである。そのためオーストリア外相メッテルニヒはリシュリュー公に書簡を送ったのだが，返答はなかった[60]。

そこでメッテルニヒは10月1日，オーストリアのパリ占領軍司令官シュヴァルツェンベルク元帥に教皇の委員カノーヴァを援助するよう命令を下した。シュヴァルツェンベルクはその命令をプロイセンのパリ軍司令官のミュフリンクに伝え，後者は翌2日，副官の1人をルーヴル美術館までカノーヴァに同行させた。副官が「自分はカノーヴァ氏が要求している美術品の押収を武力によって保護するために来たのだ」というと，館長のドノンは書面による命令を送るように求めた。しかし副官は応じなかったので，ドノンはミュフリンクに手紙を書いて同じ要求を行うことになる。それに対する軍司令官の同日の返答は次のように有無を言わさぬものであった。

　「カノーヴァ氏の返還要求を守るために，貴殿のもとへ私の副官の将校を送ります。彼はすでに何回もこのような用件のために貴殿のところへ出向いているので，貴殿は彼をよくご存知に違いありません。……それ故，許可を与えられている私の副官，ヴルヒェレスト氏の要求と処置を信用していただきたい[61]。」

これより先，ドノンは9月29日，首相に任命されたばかりのリシュリュー公に危機の切迫を知らせる書簡を送った[62]。

　「教皇の委員カノーヴァ氏は，いかなる国の許可もなしに，だが幾人かの代理人の策謀に乗せられて，トレンティーノ条約によってフランスに譲渡されたすべての美術品を要求しております。」

終　章　ナポレオン失脚後の美術品の返還　　　403

　ドノンは続いて，自分は美術館の保全のために取った処置について，前首相タレーランに何通も手紙を書いたのだが，彼は頑なに沈黙を守ってきたと訴えている。そして，トレンティーノ条約の存在を強調して，次のように主張する。

　「正式のもので，これまで誰も異議を唱えたことがない条約を破棄するために，どのような国が敢えて武力を用いるでしょうか。しかも教皇は，ボナパルトに戴冠して，彼のために大いに尽くしたと思えた時にすら，何らの要求もしていないのです。」

　しかし，ドノンの主張にもかかわらず，カノーヴァは10月2日以降，トレンティーノ条約によって譲渡された傑作を力づくで奪取させ，オーストリア軍が占拠していた兵舎に預けさせたのである。彼は同月10日の時点で約40点の彫刻と30枚ほどの絵画を取り戻していた。この時イギリス政府は，教皇庁に対するその好意を一層目立たせようとするかのように，パリからローマへの輸送費としてカノーヴァに10万フランの貸付金を与えている[63]。ローマへ返還された美術品はその後さらに増加し，前掲の同年11月15日付ラヴァレの総括表（表7-1）では，絵画60点，彫像44点，浅浮彫りと胸像が14点，ブロンズ製品4点，エトルスキの壺16点，その他2点を数えている。しかしそれにもかかわらず，教皇国家から収奪された美術品のかなりの部分が最終的にフランスに残されたのである。その点に立ち入る前に，それまで戦勝国の返還要求に粘り強く抵抗してきたルーヴル美術館長ドノンの辞職に触れておくことにしたい。
　ドノンは10月2日にミュフリンクから上述のような返事を受け取った時，自分の任務が終了したとみなしたと『概要』に書いている。翌3日ドノンは宮内省総局長プラデル伯からの書簡で，自分に対するルイ18世の「賛辞」を伝えられた。「私は貴殿が同盟列強の委員たちによって奪われた絵画と他の美術品を，王室がもち続けるためにとられた行動を，国王に報告いたしました。陛下はそれに満足されました。」そして，プラデル伯は自らの指示にドノンが正確に従ったことに満足の意を表明している[64]。

これに答えて，同日ドノンは次のような辞職願いをしたため，それを国王に提出してくれるようプラデル伯に依頼する[65]。

「陛下。私は齢もかさみ，健康も害しているため，休息を必要としております。私は陛下に休息をお与え下さるようお願いいたします。もし陛下が，芸術の利益に対する私の熱意と陛下に対する私の献身とを，私が最も忠実な臣民として陛下に抱いている尊敬の念のあかしであるとお考えになるなら，私は今，幸せであります。」

ドノンは国王に対する敬意から，最近の遺憾な出来事に触れることを避けている。

この辞職願いを添付した10月3日付のプラデル伯宛返信において，ドノンはまず国王の賛辞に深い謝意を表した上で，辞職を願い出る理由として，上述の点に加えて，18年（原文のママ，正しくは13年）の間館長としての「非常に多くの種類の事物に関する広範な指揮」のために自分の財産の管理に当たることができず，今やそれに専念することが緊急に必要であることを挙げている。そして3人の身近な協力者に対する賛辞を連ねる。すなわち美術館の事務総長ラヴァレ，銅版彫刻とデッサン担当のモレル・ダルルー，古代美術品部長のヴィスコンティであり，ドノンは彼らの有能さと職務への忠実さを強調している。

ドノンは辞任する時，後任の美術館長に，長年自分の下でナポレオン美術館の事務総長を務めてきたラヴァレを推薦した。ドノンは上述の10月3日付プラデル宛て書簡において，ラヴァレを「20年来ミュゼに身を捧げ，この施設のあらゆる部分を知悉している人物」と呼んでいる。ドノンの推薦にもかかわらず，ラヴァレは結局，美術館長には任命されなかったが，後任の館長が任命されるまで王立美術館の指揮を任され，戦勝国の返還要求から美術品を守るために，列強の委員らと渡り合うことになる。

ここで，話を教皇国家からの押収美術品の返還状況に戻すことにしよう。ブリュメールの調査結果（前掲表2-1）によると，教皇国家に含まれる諸都市からの絵画の収奪数は1796-97年において合計100点であり，そのうち1815年に元の所有都市によって取り戻されたものは

終　章　ナポレオン失脚後の美術品の返還　　　　　　　　　　405

表7-2　外国で獲得された美術品で，ラヴァレの配慮によってフランスに残されたもの

種別	点数	評価額（フラン）
王立美術館に残された絵画		
イタリア派	85	2,735,770
北方諸派	17	275,520
フランス派	1	6,000
県の美術館に残されたイタリア絵画		500,000
古代美術品	22	649,000
教皇のカメオ		200,000
エトルスキの高価な壺	6	24,000
アルバーニの浅浮彫り・胸像		60,000
4つの牧神像との交換		60,000
ブラスキ公の彫刻品		80,000
モデナ公のデッサン・コレクション	800	30,000
合　計		4,620,290

出典）Boyer 1969b,pp.80-83 により作成。

48点であった。それ故，収奪絵画の半数強が返還されなかったことになる。これを都市別に見ると，ローマでは13点中12点が返還されているのに対して，ボローニャでは31点中15点，チェントでは12点中6点，ペルージャでは30点中10点のみが返還されているに過ぎない。さらにローマの場合にも，1797年のトレンティーノ条約にもとづき押収された17点の絵画は主要なものが返還されているのに反して，1798年および1802年に収奪された40点の絵画は2点を除いて返還されていないのである。このように多数の絵画がフランスに残された理由としては第1に，収奪された絵画の大きな部分が各地の県美術館やパリ近郊の諸王宮などに分散所蔵されていたことが挙げられる[66]。

それでは古代美術品についてはどうであろうか。トレンティーノ条約にもとづいて教皇がフランスに譲与した彫刻は83点であり，個々の作品名も判明しているが，教皇の委員カノーヴァが奪回した彫刻の正確な数と内容は明らかでない。しかし，カノーヴァ自身の裁量によってかなりの数の古代美術品が，ルーヴル美術館に残されたことは確認されている。16年5月31日に王立美術館の事務総長を解任されたラヴァレは，同年6月7日に宮内省総局長プラデル伯に宛てて，外国からの収奪美術品で美術館がなお保持している作品のリスト[67]を提出しているが，そこにはトレンティーノ条約によってフランスが獲得した古代美術品が合計22点記載されている（表7-2）。すなわち，「テヴェレ川」，「メルポ

メネス」,「トーガをまとったティベリウス」,「アウグストゥス」,「イシス神」,「ホメロス（の胸像）」,「デモステネスの坐像」,「トラヤヌス帝の坐像」といった大理石像を始めとして,「ミューズ神の石棺」,「ネレイデスの墓碑」, スフィンクス像2体, 祭壇2基, 枝付大燭台3基, 三脚台2基, 椅子（sièges）3脚が含まれており, それらは全体で総額649,000フランと評価されている。グールドはこれらの作品が残された理由として, カノーヴァは「ベルヴェデーレのアポロン」,「トルソ」,「ラオコーン」など, ローマから収奪された最も重要な古代彫刻の返還を確保したが故に, より巨大でかつ重要度の劣る上記の作品を進んで放棄する気になったのであろうと推測しているが, 確証はない[68]。

　一方ミュンツの論文は, カノーヴァが一部の押収美術品の譲渡を決意する前に, フランス側当局者との間には次のようなやりとりがあったことを明らかにしている。カノーヴァは15年10月21日ラヴァレにきわめて丁重な書簡を送り, 教皇聖下が常に深い愛情を抱いておられるフランス国王陛下を喜ばせるために, 私が取り返すよう命じられている数多くの貴重な彫刻のうちの何点かを, 現在国王の居殿, パリの諸教会と諸県にあるとされている絵画と一緒に, 譲渡したいと告げた。そして教皇の承認を得るために, 誰かフランス国王の大臣からの正式の返答を求めたのである。ラヴァレはすでにカノーヴァに対して, 若干の古代彫刻の傑作と様々な絵画を王立美術館に保持し続けたいという希望を伝えていたのであるが, この書簡を受け取るや, 宮内省総局長のプラデル伯に早速報告した。プラデル伯は同月23日カノーヴァに書簡を送って次のように述べ, 自らも感謝の意を表したのである。「王立美術館の貧困化を緩和するような節度ある行為はすべて国王の気に入るに相違ありません。私はこの点に関する陛下のお気持ちを急いで貴殿にお知らせするものです[69]。」

　さらに, 元々ドノンやラヴァレと敵対的な関係にあったカノーヴァが以上のような譲歩を行ったのには, 次のような事情もあったといわれる。

　カノーヴァは1806年に, かねてフランス政府から制作を依頼されていた大理石像「平和をもたらす軍神マルスの姿のナポレオン」を完成した。それは高さ3.4メートルの巨大な裸体像で, 諸般の事情から1811

終　章　ナポレオン失脚後の美術品の返還　　　407

年初めにようやくパリへ移されたのだが，ナポレオンはその裸体表現が気に入らなかったようで，この巨像をルーヴル美術館1階の古代美術品陳列室「著名人の間」の片隅に置き，板と絹のカーテンで仕切って公衆の目に触れないようにしておくよう命じたのである。このような扱いにカノーヴァは立腹したはずであるが，ソーニエによると，彼はナポレオンの失脚後この大理石像を買い戻して，イギリスに譲渡することを考えついた。イギリス政府はこの巨像を戦勝記念品として熱望しており，高価で買い取るだろうと思われたのである。そこでカノーヴァは，16年9月16日にこのナポレオン像をフランス政府に66,000フランで買い上げてもらい，それと引き換えにトレンティーノ条約によって譲渡された古代彫刻のうち若干の重要な作品をルーヴルに残すことにしたのである。これに対してシャトランは，(フランス政府の) 誰かがナポレオン像をウェリントン卿に戦勝記念品として贈ることを考えつき，急いでカノーヴァから66,000フランで買い取って，ワーテルローの勝利者に提供したとする。こうしてカノーヴァは自作が高く評価されたことで機嫌を直し，若干の重要な古代美術品を教皇の名でルーヴルに残すことに同意したというのである。

　しかし，ナポレオン像の譲渡が合意されたのは1816年のことに過ぎず，それよりも前にローマへ返還される美術品は荷造りされていた。それ故，カノーヴァの動機がソーニエらの言う通りであったかどうか疑問が残る。この点についてミュンツは，カノーヴァがこれらの美術品を残したのは，寛大さからではなく，より散文的な動機によっているという。たとえば高さ12ピエ (＝約3.9メートル) のメルポメネスの巨像の場合，その重量がローマへの輸送を断念する理由になった。また「テヴェレ川」の巨像の場合には，ローマはそれと同じ価値のあるレプリカを幾つか所有していたが故に，敢えてそのオリジナルを多額の輸送費を払ってまで取り戻す必要がなかったのである[70]。

　ローマ教皇から収奪された古代美術品については以上に留め，次にローマの貴族から押収された美術品の返還状況について簡単に触れておこう[71]。まず，1798年に夥しい数の美術品を収奪されたアルバーニ公 (枢機卿) の場合には，取り返した物品の荷造りと輸送には莫大な費用を必要とすることから，それらの物品を一括してフランスに売却しよ

うと考えた。こうしてアルバーニ公の委員サンティ（Santi）は美術館長のドノンに対して，28点の彫像，15点の胸像，4点のヘルメス像，4点の記念柱，1点の玄武岩のライオン像，2点のアラバスターのカップを，306,600フランで提供しようとしたのである。事務総長のラヴァレは最初，245,000フランに値切って買い取ろうとしたが，戦勝国列強に対する配慮からこの買い取りは中止され，結局委員サンティとフランス政府の間の話し合いによって，アルバーニ・コレクションの最も重要な作品のうち何点か（「エウリピデスの坐像」，「オンファーレ」と「ホメロス」の胸像など）がルーヴルに残されることになった。

　さらに，アルバーニ家より数はずっと少ないが，同様に1798年に美術品の略奪を受けたローマ貴族のブラスキ公（彼は返還当時市長であった）も，カノーヴァの補助委員のデステを通じて若干の古代美術品の返還を要求した。ラヴァレは15年11月17日付プラデル伯への書簡において，この要求が根拠のないものであると主張している。ラヴァレによると，フランス政府はブラスキ公が蒙った損失の補償として，1802年に数十万フランを支払っていた。その上，要求リストは不正確であり，美術館は要求されている物品の3分の1も所有していないとされる。表7-2に載っているブラスキ公からの押収品は，彫刻類8万フランだけであるが，98年に収奪された8点の絵画も返還されなかったのである。

　以上のほか，ナポレオンが1802年にナポリ政府から奪取した「ヴェッレトリのパラス」像と，同じ年にナポリで押収された7点の絵画は，いずれも返還されていない。

　最後に，美術品以外の物品の奪回状況について一言しておきたい。カノーヴァが美術館を攻撃している間に，教皇のもう1人の委員マリーニ（Marino Marini）はパリの王立図書館に狙いを定めた。彼も図書館当局の抵抗に会うや武力に頼ることをためらわず，オーストリアの委員オッテンフェルス（Ottenfels）男爵の援助を受け，10月15日以降前述のプロイセン軍司令官ミュフリンクの副官に常に付き添われて押収作業を開始し，王立図書館の写本のほか，ローマ教皇庁の布教聖省（Propaganda）から奪われた活字を取り戻させた。さらに，自然史博物館もその植物標本，（16世紀イタリアの博物学者）アルドロヴァンディ（Aldrovandi）の自然史関係ミニアチュア，多数の貴石，極彩色の壺数個などを返還しな

ければならなかったのである[72]。

3 おわりに ——若干の補足的考察

　以上かなり長くなったが，革命およびナポレオン時代にフランスによって収奪された美術品その他の文化財が，1815年7月以降元の所有国へとどのように返還されて行ったかを，相手国・相手地域別に考察してきた。最後に3つの点について若干の補足を行って，本章を閉じることにしたい。
　その第1は，諸外国からの返還要求に直面したフランス側当事者の対応の仕方についてである。この点には筆者も特に注意を払って述べてきたつもりであるが，サヴォワの総括に従って今一度確認しておくならば次の通りである[73]。「1814年と同様15年においても，美術品と学術品の返還を要求された施設の管理者たちは，時間を稼ぎ，ヨーロッパの要求をかわすためのあらゆる種類の戦略を考え出す。彼らはこの引き延ばしの態度において，明らかに政府当局によって支持され，励まされている。彼らは力に対してしか譲歩しないように，また極度の圧力の下でしか自ら譲歩しないように勧められていた。」ルーヴル美術館の館長ドノンは外国の委員に対して，自分は政府の命令を受け取らずには交渉に入れないと主張して，書面での命令を求め，通例数日それが来るのを待ったのである。
　返還要求者たちを苛立たせるこのような「受動的反対（opposition passive）」（プラデル伯が1815年9月26日のドノン宛て書簡で使用した語）の戦術は，しかしながら，書物の領域に比べて美術品の領域でははるかに効果が乏しかった。ドノンの忍耐強さにもかかわらず，ルーヴル美術館は1815年に，ドイツ諸国が要求した作品のほとんどすべてを引き渡さなければならなかった。これに対して，地方の美術館はドイツで押収された絵画の無視できない部分を保持することに成功したのである。
　しかし，サヴォワはここで触れていないが，ドノンとフランス政府上層部の間には，戦勝国からの返還要求に対する態度に明らかな相違があった。すなわち，ドノンが終始毅然として反対を貫いたのに対して，

首相タレーランが示した対応は著しく優柔不断であり，無責任とも見えるものであった。たとえばドノンは，オランダやイタリアの美術品の返還が王立美術館に致命的な打撃を与えることを訴える書簡をタレーランに送り，諸外国の代表への働きかけを求めたが，何らの返答も受け取ることができなかったのである。またドノンから事態の進行について逐一報告を受けていた宮内省総局長プラデル伯の場合にも，ドノンの抵抗を支援するよりも，自身の下僚の行き過ぎた行動を抑えようという意図が明白であった。研究者ペクーは，タレーランを始め復古王政政府の責任者たちが，「外交上マイナーな関心事」に過ぎない美術品の返還問題に関して妥協的な態度を取り続けた最大の理由は，新しいフランス王朝の「正統性」の承認をヨーロッパ列強から勝ち取ることを最優先させていた彼らの政治的配慮にあるとしているが[74]，適切な見方と思われる。

　第2に補っておきたいのは，美術品の返還問題に関するイギリス政府の対応と，とりわけウェリントン書簡の重要性についてである。いうまでもなくイギリス政府は，1815年に自らは返還を要求すべき美術品をもたなかったが，まずオランダとベルギー，次いでローマ教皇庁による美術品の回復を支援することをためらわなかった。前述のように，当時パリにいた外相カースルレーは9月11日，教皇の委員カノーヴァの主張を強力に支持する意見書をパリ会議に提出した。グールドによると，カースルレー自身は，「たとえばトレンティーノ条約のようなボナパルトの諸条約は不道徳である点で彼の戦争に劣るものではない」と考えていたとされる[75]。

　一方ウィーン派遣公使のウェリントン公爵は，15年9月23日付のカースルレー宛書簡において，彼がオランダ国王の返還要求を武力によって支持するに至った事情を説明するとともに，15年7月3日の休戦協定に美術品の保全に関する条項を挿入することに反対した理由を述べ，結論として「正当な所有者への全面的返還」を提唱した。この書簡には教皇に関する明確な言及がないが，「ウェリントンの見解が同盟諸国の意見をカノーヴァの主張支持へと変える上に決定打となったことはほとんど疑いがない」（グールド）。1週間後の10月1日，カースルレーはリヴァプール首相に報告している。「カノーヴァは昨夜，オーストリア，プロイセン，イギリスが教皇の財産を移動させることで自分を支持

することに意見が一致したと知って喜んでいます。共同の命令が発せられ，カノーヴァは明日（2日に押収を）始めます[76]。」

ところで，上述のウェリントンの書簡は10月18日『ジュルナル・デ・デバ』紙に公表されたが，同盟諸国がフランスに対して美術品の返還を要求すべき論拠を明らかにしている点でも注目に値する。ウェリントンは書簡の末尾でこう主張する。フランス人が収奪した美術品を保持することを望んでいるのは，ただ彼らの国民的な虚栄心からである。それは「パリがそれらの美術品にとって最も相応しい保管所であるからではない（というのも，芸術家，鑑定専門家，そしてこの問題について書いた人々は皆，すべてのものはそれらが元あった場所へ返されるべきであるという点で意見が一致しているからである）。そうではなくて，それらの美術品が軍事上の譲与によって獲得されたものであり，戦勝記念品であるからである。」そうであれば，他の諸国民は今や彼らが勝者となったのであるから，美術品の正当な所有者への返還を要求しうるのである。さらにまた，フランス国民に対しては，彼らがヨーロッパに敵わないことを認識させる必要がある。それ故，もし同盟諸国の君主たちが彼ら自身の国民を犠牲にしてフランス国民を満足させるようなことをすれば，それは正しくないだけでなく，フランス国民に重要な道徳的教訓を与える機会を逃すことになるが故に，得策でもないであろう。

以上においてウェリントンは，フランスは戦利品として獲得した美術品を戦勝国たる対仏同盟諸国へ返還することによって，自らの敗北を認めさせられなければならないと主張している。ただし，プーロが注意しているように，ウェリントンは美術品の返還を軍事的な理由のみによって正当化しているのではない。先の引用文が示すようにウェリントンは，ナポレオン美術館の「大義」は芸術家や鑑定家の間ではすでに失われて久しいと考えている。そして，このような「国際的世論の前での敗北」という事実のうちに，「同美術館の清算を可能にする，その非正当性の証拠」を見ているように思われるのである。

最後に考察しておきたいのは，1815年の戦勝国による美術品の奪回によって，ルーヴル（ナポレオン）美術館が蒙った打撃の程度についてである。

まず，ラヴァレが1815年11月15日宮内省総局長プラデル伯に提出

した返還美術品の総括表については，すでに度々言及したが，フランスが1814-15年に失った美術品の全体量を簡潔に示した貴重な資料である。これによると，2,065点の絵画を筆頭に，彫像・浅浮彫り・胸像を合わせて280点，ブロンズ製品289点，種々の壺197点，カメオ471点，デッサン271点，七宝焼とマジョリカ焼1,199点など，総計5,103点に上る美術品が連合諸国の手に渡ったことになる。これらの数字を，フランスによって収奪された各種美術品の数と比べ合わせることはできないが，最も多数を占める絵画の場合，収奪品の返還＝奪回率は国と地域によって著しく異なっていることに今一度注目しておきたい。すなわち，プロイセンと北ドイツ諸国，オーストリア，スペインの場合には，返還＝奪回率は全体としてきわめて高かったのに反して，ネーデルラント（ベルギー・オランダ）の場合には，収奪絵画の約半数が返還されずにフランスに留まっているのである。またイタリアの場合には，国あるいは都市による差異が大きいが，ブリュメールの調査結果（前掲表2-1）によると，1796年から1813年まで3期にわたってイタリア各地で押収された絵画の総数は506点であり，そのうち1815年にイタリア側に取り戻されたものが249点，フランスに残されたものが248点であった（9点は行方不明）。それ故，イタリアから押収された絵画全体の約半分が元の所有者に返還され，他の半分がフランスに残されたことになる[77]。さらに彫刻の場合にも，プロイセンからの収奪品はそのほとんどが返還されているのに対して，前述のラヴァレのリスト（表7-2）が示すように，ローマ教皇庁がトレンティーノ条約によって譲渡した83点の古代美術品のうち22点が王立美術館に残されているほか，ローマのアルバーニ家，ブラスキ家からの押収品もその一部が返還されずにパリに留まったのである。

　それでは，およそ以上のような収奪美術品の返還あるいは奪回によって，ルーヴル（ナポレオン）美術館はどの程度の影響を受けたと見るべきであろうか。次に，代表的な2, 3の論者の見解を聞くことにしよう。

　まず，シャトランはこう書いている[78]。「これらの（カノーヴァによる返還要求の）緩和は，いかに貴重なものであれ，基本的現実を変更するものではない。偉大なルーヴル，ナポレオン美術館はこの後，永久に破壊された。ヨーロッパの古典芸術の並外れて素晴らしい展示（古代か

ら18世紀までの）は永久に散り散りになった。」「確認された事実はここにおいて明白である。1815年には美術品の奪回政策はきわめて厳格に実施された。そのことをどのような解説にも増して正確に知らせてくれるのは，ラヴァレが11月15日に早くも作成した一覧表である。」このように主張するシャトランは，その著書の「美術品返還」を扱った章を「ナポレオン美術館の死」と題したのである。

これに対して，グールドはブリュメールの統計にもとづきながら，イタリアからの押収絵画の中で返還されなかったものが半数を占めること，またそれらの中には第一級の作品が数多く含まれていたことを指摘した上で，こう述べている[79]。「残存率が明らかにより低い他の被征服地からの獲得物を除いたとしても，イタリアからの押収絵画のほぼ半数がこうしてフランスに留まったことが判明しているという事実は，1つの反省材料となるものである。そして，残されたものの多くはマイナーな重要性のものであったけれども，その中の最良のものだけでも，幾らか重要な美術館を形成するのに十分であっただろう。」また次のようにもいう。「ナポレオン美術館は，1793年の開館から1813年における最後の押収品の到着までの20年間に，その一連の衛星美術館とともに，ほとんど想像を絶する高みにまで築き上げられたのだが，3か月余りのうちにばらばらにされた。名将たち，国王たちは実際に立ち去ったが，しかしなお後に残ったものは，一般に考えられるよりもはるかに多大（considerable）であったのである。」

さらにマクレランは次のように言う[80]。「損害は破壊的であったが，ほこりが静まった時，外交的駆引きと官僚による妨害，そして弱小国民が自己の所有物を要求し得なかったことが合わさって，ナポレオンの軍隊が収奪したものの半分近くが残された。何枚かの非常に有名な油絵（ヴェロネーゼの「カナの婚礼」とティツィアーノの「荊冠のキリスト」を含む）は，今なおルーヴルに目立つ形で展示されている。別の多くの絵画は執政政府が創設したフランスの地方美術館においてなお最上位を占めている。」

そしてマクレランは次のように続ける。「そればかりではなく，ルーヴルは返還の痛手からリバウンドして，速やかに世界第一の美術館としての地位を取り戻したのである。1815年にイギリス人旅行者ヘンリー・

ミルトンは大ギャラリーを『額縁の荒野』と描写したが，しかし壁面の空隙は，元々革命前にルーヴル用に制作された作品によってまもなく埋められた。とりわけル・シュウールの絵画『聖ブルーノの生涯』，ルーベンスの連作『マリー・ド・メディシスの生涯』，ヴェルネの連作『フランス諸港眺望』である[81]。」

　以上3者の見解のうち，筆者はグールドとマクレランのそれを基本的に支持したいと考える。両者はルーヴルが蒙った打撃の大きさを強調した上で，なお残された収奪美術品の重要性を正当に評価しているからである。ただし，ここで今一度指摘しておきたいのは，返還あるいは奪回された収奪品の質の高さである。その点から言うと，イタリア派画家の中で当時最も高く評価されていたラファエロとコレッジョの場合，1810-14年に大ギャラリーに展示されていた合計20点の押収絵画のすべてが元の所有国＝都市へ返還されており，またティツィアーノ，ヴェロネーゼ，グイード・レーニ，グェルチーノの4人の場合にも，展示されていた押収絵画合計31点のうち23点までが返還されていることに注目すべきである（前掲表5-3参照）。北方派の絵画については展示絵画のうち何点が返還されたかを明確にできないのであるが，ルーベンスの場合には，アントワープ大聖堂からの「キリストの十字架降下」など宗教画の大作を数多く含むベルギーからの押収絵画22点がすべて返還されたこと，またレンブラントの場合にも，13点に上ったドイツからの押収絵画がすべて返還されたことを想起しておかなければならない。さらに古代美術品の場合には，その返還が及ぼした痛手は絵画の場合よりも一層大きかった。すなわち，200点を優に超えるイタリアとドイツからの押収品の大部分が返還されただけでなく，ローマからの「ベルヴェデーレのアポロン」と「ラオコーン」，フィレンツェからの「メディチのヴィーナス」，ベルリンからの「お手玉遊びをする少女」など，古代美術品ギャラリーの呼び物になっていた傑作彫刻が失われたからである。それ故，ナポレオン失脚後の美術品の返還によって，ルーヴル美術館が致命的な打撃を蒙ったと見ることは正しくないが，それによって生じた空隙は容易には埋め難いものであったのである[82]。

総　括
         ―――――――

　筆者は本書の第Ⅰ部において，大革命期およびナポレオン期にフランス人が行った「文化財の併合」の過程を跡づけた後，第Ⅱ部において，それらの押収品のうち特に美術品がフランスにおいてどのように利用されたかを考察した。そして終章では，1814-15 年のフランスの敗戦後におけるそれら押収美術品の元所有者への返還について詳しく述べた。最後に，全体の論旨の中で特に重要と思われる若干の点を再説して，結びに代えることにしたい。
　フランス人による「文化財の併合」の対象地域は，革命フランスの軍事的・政治的な対外膨脹に対応しつつ，1794-95 年のベルギー・オランダ・ライン左岸地方から 1796-1803 年にはイタリア諸国へと移り，さらにナポレオン帝国の成立とともに 1806-07 年にはプロイセンと北ドイツ諸国，1808 年にはスペイン，1809 年にはオーストリアへと拡大して行った。
　以上の「併合」によってフランスへもたらされた文化財は，様々な美術品（objets d'art）と学術品（objets des sciences）とに大別される。美術品の中では，合計 2,400 点の絵画（素描画を含まず）と数百点の彫刻作品が圧倒的に重要であった。また学術品は，膨大な量の書籍，すなわち写本と印刷本（特に揺籃期本＝インクナブラ），そして自然史関係の物品（各種標本など）と珍奇な動・植物などから構成されていた。大まかには，美術品の主要な押収先はベルギー，イタリア，ドイツであり，学術品のそれはベルギー，オランダ，イタリア，ドイツ（特にライン地方）であったということができよう。
　押収活動は，革命期から 1803 年までは，フランス政府が「美術品・学術品の探索と収集」のために任命した，芸術家や科学者からなる複数

の委員がその担い手となったが，1806年以降は，ナポレオン美術館の館長ヴィヴァン・ドノンが自ら現地に出向いて遂行するようになる。しかし，押収のやり方，対象などに関して根本的な変化があったわけではない。派遣された委員たちが最初に押収に向かったのは，多数の美術品を所蔵していた都市の教会その他の宗教施設であり，学術品の場合には都市の図書館や修道院・学校の図書室，自然史物品の陳列室（キャビネット），動・植物園などであった。イタリアの場合には，教会と並んで各国の君主が所有するギャラリーや陳列室，図書室なども収奪を受けた。さらにドイツとオーストリアでも，王侯の宮殿やギャラリー，美術品陳列室などが主要な押収場所となったが，それらの中にはすでに一定程度公開されている施設もあった。これに対してオランダの場合には，収奪の対象はイギリスに逃亡した共和国統領オラニエ公ウィレム5世の個人財産に限定された。以上の他にも，反革命亡命者が残した財産や，反フランス的行動を取ったとみなされた教皇の宮殿や貴族の館が収奪を受けることはあったが，個人のコレクションは原則として私有財産として尊重されたのである。

　フランス人の押収活動の顕著な特徴は，彼らが一貫して自らの行動に「合法性」の外見をまとわせようとしていることである。この点では派遣委員たちも，ドノンも同様であって，彼らは可能な限り押収場所・施設の責任者，すなわち都市の役人や美術館，ギャラリーの館長などの面前で押収を行うことに努めている。その際，派遣委員やドノンは現地の当局者とともに押収品の調書を作成して署名しており，また物品がパリに到着すると，美術館など受け入れ場所の責任者の立ち合いの下に明細目録が作成されたのである。さらに以上に加えて，1796-97年のイタリア遠征時には，総司令官ナポレオンが若干の国家と結んだ休戦協定や講和条約の中に，一定数の美術品や学術品の引き渡しを規定させている。もとよりこれは勝者の側からの一方的要求の結果であって，真の合法性を保証するものではない。また実際の押収が協定の定める通りに行われないケースも少なくなかった。さらにイタリアの場合にも，もっぱら「征服者の権利」にもとづいて押収が行われた例が数多く存在するのである。

　実際，イタリア諸国においては，フランス人による押収活動に対して

現地住民が強い抵抗を示している。そうした事例はボローニャ，ローマ，ペルージャなどで確認されており，市民の代表によって押収の中止や撤回を要求する陳情書や請願書が提出されたが，聞き入れられることはなかった。これに対してベルギー，オランダ，ドイツでは表立った反対行動は起こっていない。この点に関して研究者のラクールやサヴォワは，押収に赴いたフランス人委員やドノンが，現地の当局者や啓蒙的知識人と友好的な関係にあったが故に，彼らから様々な援助を受け，押収活動を円滑に行うことができたと主張している。イタリアでも現地の文化人や芸術家が，その地の美術品や学術品について情報を提供した例が存在する。しかしその一方で，ドイツ諸国とウィーンでは，現地の責任者たちはフランス軍の到着前に最も貴重な美術品を安全な場所へ疎開させるなど，被害を最小限に留める努力を払っているのである。

　それでは，パリへ運ばれた大量の文化財はどのように利用されたのであろうか。筆者はこの点の解明に特に力を注いだが，その際考察の対象を美術品のうちの絵画と古代彫刻に限らざるを得なかった。文化財のもう１つの重要項目をなす学術品は，パリ到着後国立図書館，自然史博物館などに収容されたのだが，それらの利用状況について論じることは筆者の能力を超えるためである。

　そこでまず，絵画について地域別に見て行こう。最初に到着したベルギーからの200点近い絵画は，少数のものだけが応急の簡単な修復を受けた後に，1799年以降ルーヴル美術館の大ギャラリーに常設展示された。しかし，展示数は40点程度に留まっており，はるかに多くのものは，フランス国内の地方＝県の美術館に分与されるか，宮殿，教会，官庁などの室内装飾用に用いられたのだが，全く利用されないまま返還された作品も少なくないと推測される。この点はオランダからの約190点の絵画の場合も同様であり，その大ギャラリーでの展示数は30〜40点に過ぎない。ただし，ベルギーの絵画の中にはルーベンスの作品が，1794年9月に最初に到着したアントワープ大聖堂の祭壇画「キリストの十字架降下」を始め20点以上含まれており，押収絵画はルーヴル＝ナポレオン美術館の壁面のルーベンス作品，とりわけ宗教画を充実させるのに決定的な役割を果たしたのである。

　これに対して，1796-1803年にイタリアから到着した400点余りの絵

画の場合には，全体の60％強がナポレオン期のある時点で大ギャラリーに常設展示されている。またそれ以外の絵画も，1798-1805年に開催された7回の臨時展覧会に出品されたり，パリの教会や地方の美術館に送られたりすることで，公衆の目に触れる機会があった。さらに若干のものは，公開展示はされなかったにせよ，宮殿や官庁を飾るために用いられた。結局，上記のイタリアからの押収絵画で「パリ滞在」中全く利用されずに終わったものは，40点前後に留まったのである。またそれらイタリアからの押収絵画は，ラファエロ，コレッジョ，ティツィアーノ，ヴェロネーゼといったルネサンスを代表する巨匠たちの主要作品を数多く含んでおり，質的に見てもすべての押収絵画の中で抜きん出た重要性を帯びていたのである。

　これに対して，ドイツからの900点余りの絵画は，イエナの戦勝を記念する1807年の展覧会に約40％に当たる372点が出品されているものの，それらのうちで後にナポレオン美術館の常設展示に加わった作品は半数以下であった。また展覧会に出品されなかった500点以上の絵画が，その後常設展示品に加えられた可能性は低いと見られる。それ故，ドイツの場合，押収絵画の利用度はイタリアに比べて著しく低かったのである。ただしそのことから，ドイツに由来する絵画が大ギャラリーの常設展示を（特にレンブラント作品とプリミティヴ絵画に関して）充実させる上で一定の重要な役割を果たしたことを見逃してはならない。なお，オーストリアとスペインからもたらされた絵画は，ごく少数が1814年のプリミティヴ絵画の展覧会に出品された他は，大ギャラリーに展示されることがなかった。

　古代彫刻（彫像，胸像，浅浮彫りなど）については正確な数字を挙げることができないが，その中で圧倒的に重要な，1797年のトレンティーノ条約にもとづくローマからの約80点の押収品については，その大多数が1810-14年にナポレオン美術館の古代美術品ギャラリーに展示されていたことが確認される。これに対して，ローマのアルバーニ家からの夥しい数の収奪品は一部を除いて展示されなかったのではないかと思われる。さらにドイツ（主にプロイセン）からもたらされた90点ほどの大理石彫刻は，1807年の展覧会に出品された後，約40点が古代美術品ギャラリーに常設展示されたに留まるのである。

このように見ると，フランス革命・ナポレオン期には，「ヨーロッパの首都」パリに相応しい美術館の創出，あるいはすべての重要な画家の作品を揃えた普遍的・網羅的な美術館の建設という目標からして必要以上に多くの作品が押収されたことが明らかである。1795 年のオランダ，1798-1803 年のイタリア，そしてドノンによるドイツ・オーストリアでの絵画の収奪においては，特にそのような傾向が顕著であったといわねばならない。上述の 1807 年の展覧会に出品された画家の中には，それまでルーヴル美術館がその作品を 1 点も所有していなかった画家が約 50 人含まれている。またドノンは，自分は 1811 年にイタリアでの最後の任務において「フランスで全く知られていない大家の作品」しか収集しなかったと語っている。しかし，ドノンが 1806-07 年にドイツ諸国で行った絵画の押収は，そのような明確な規準に従ったものではなく，むしろ手当たり次第の収奪といった性格のものであった。

またその一方でドノンが，真の普遍的美術館の形成にとって必要不可欠と思われる作品を集め損なったことも否定できない。ドイツ最大のドレスデンとデュッセルドルフ＝ミュンヘンのコレクションは，政治的配慮の故に押収対象から外されたし，フィレンツェのウフィツィ・コレクションも絵画に関する限り手を触れられなかった。またマドリードとウィーンの王宮の場合にも，必ずしも希望通りの絵画が獲得されたわけではなかった。さらにオランダでは，収奪の対象がハーグの共和国統領の個人財産のみに限定された結果，アムステルダムの市当局が所有していたレンブラントの代表作，「夜警」と「織物商組合の幹部たち」は見逃されることになった。これらの理由から，ドノンの奮闘にもかかわらず，ナポレオン美術館の所蔵品には重要な欠落部分が存在し続けたのであり，当時のヨーロッパの傑作絵画の大部分がそこに集中されていたなどとは到底言えないのである。

押収美術品の教育への利用という点についていうと，ルーヴル＝ナポレオン美術館では入場を無料とすることで広く一般市民の入場を奨励し，彼らの政治教育にも一定の成果を上げたが，それ以上に，芸術家と画学生が優遇され，本物の傑作の鑑賞と模写を通じて有能な画家を養成することに力が注がれたことが重要である。

それでは，以上のように長期にわたり大規模に展開された美術品の押

収活動は，どのような論拠によって正当化されたのであろうか。

　戦時における美術品あるいは文化財の収奪を「勝者の正当な権利」とみることは，18世紀当時において一般的な慣行であり，革命・ナポレオン期のフランス人もそのような考えにもとづいて押収行為を正当とみなした。先にも述べたように，ナポレオンが征服者としてイタリアの君侯に押しつけた協定や条約には，賠償金の1部として美術品や学術品の譲渡が規定されたのである。そして1815年に敗戦国となったフランスは，同じ論拠によって，戦勝国となった元所有国から美術品の返還を迫られることになる。

　しかし，フランス革命期の美術品の収奪あるいは文化財の併合は，たんに軍事的圧力のみによって遂行されたのではなく，「革命のイデオロギー」による正当化をともなっていた。それは，「自由の国フランス」こそが全世界の文化財の真の祖国であり，帰るべき「最後の住処」であるというものである。この理論によれば，外国の文化財の押収とフランスへの移送は，「自由の共同遺産」を専制君主の手から奪い取って，それが本来あるべき場所へ戻すこと，すなわち「本国送還」を意味するのであり，きわめて正当な行為なのである。このような言説は，実際にベルギーで美術品の収奪が開始された1794年に国民公会議員アベ・グレゴワールらによって明確に打ち出され，その後も革命期を通じて繰り返し表明された。

　そして，このような言説に説得力を与えるために強調されたのが，フランス人がもつ文化財の保存能力の高さ，とりわけ修復技術の卓越性である。すなわち，それまでベルギーやイタリアの「怠慢な」保管者のもとで破損や劣化を余儀なくされていた傑作美術品は，フランスへ移送され，優秀な修復者の手に委ねられることによって始めて完全な破壊をまぬがれ，さらには本来の輝きを取り戻しうるとされた。そしてこのような主張を裏付けるために，押収絵画は到着時にその状態を点検し，必要があれば速やかに修復を行った上で，公開展示されたのである。

　以上のような論拠のほかにも，特にナポレオン期には，外国の美術品の収奪を正当化するために，大帝国の首都パリに相応しい「世界で最も豊かな美術館」の建設，あるいはドノンが目指した「普遍的・網羅的な美術館」の創出，さらには皇帝ナポレオンの功績を称えるための戦勝記

念品の必要といった理由づけがなされるようになる。しかしこれらも，自らを政治的，文化的に優越した国民と見るフランス人の特権意識（あるいは驕り）にもとづく主張であって，収奪を蒙った側の人々には無論受け入れ難いものであった。とはいえ，当時のフランスが絵画の修復技術においてヨーロッパをリードしていたことを考慮すると，フランスこそは世界の文化財の最良の保管者であるとの言い分には確かに一理あったのである[1]。

　最後に付け加えておきたいのは，フランスによる「文化財の併合」と，全ヨーロッパ的な文化財公開の動きとの関連についてである。フランス革命期にルーヴル美術館が創設され，それまで王侯貴族や教会・修道院の所有物であった貴重な美術品がそこに公開展示されることによって広く公衆の享受しうるものとなったことは，本書で縷説した通りであるが，ルーヴル美術館の創設はフランス国外においても公共美術館の創設を促進することになった。実際，ナポレオン期には，フランスの支配下にあったアムステルダムやマドリードにおいて，ルーヴルを模範にした国家（王立）美術館の創設が進められているし，イタリアのミラノとヴェネツィアでも既存のアカデミーを母体にした近代的な絵画館が開設されている。さらにドイツでは，フランスによる収奪が契機となって，王侯貴族の専有物であった文化財が「国民の共同遺産」とみなされるようになったといわれるが，プロイセンの首都ベルリンでは，1815年以降フランスから返還された絵画の公開展示が進められる中で，1830年に至って最初の公共博物館（現在の旧博物館）の落成を見たのである[2]。

　こうしてナポレオンの失脚後，元の所有者に返還された王侯らの美術品は次第に公共の美術館へ移されていったとみてよいのであるが，革命前に教会・修道院などの宗教施設に属していた美術品の場合は事情がやや複雑である。ベルギーで押収された美術品の中では，革命前に各地の教会に置かれていた絵画が大多数を占めており，イタリア諸都市から押収された絵画の中にも教会や修道院に由来するものが多数含まれていた。ところで，イタリアの教会などからの押収絵画はフランスから返還された後，多くの場合公共の美術館に収められることになった[3]。これに対して，ベルギーの宗教施設から押収された絵画の場合には，1815年以後返還されたものの大多数は以前の教会などへ戻されたのである。

ただし，ベルギーからの押収絵画の中では，ナポレオン期に（ブリュッセルを含む）フランス各地の公共美術館に分与され1815年以後もそこに留まったものが，全体の半ばを超えることにも留意しなければならない。

　このように，革命・ナポレオン期のフランスによる「文化財の併合」が全ヨーロッパ的な美術品公開への動きを促進したことは疑いをいれないが，しかしわれわれはその点を強調し過ぎてはならない。王侯のコレクションやギャラリーを公開しようという動きは，18世紀中葉からフランス，イタリア，ドイツ，オーストリアなどで一般に考えられている以上に広範な進展を示していたのである。この時期に公開されていた有名な王室ギャラリーや事実上の美術館は，カッセルのフリデリチアヌム美術館を始めとして，ローマのヴァティカン・カピトリーノ両美術館，フィレンツェのウフィツィのガッレリア，ウィーンのベルヴェデーレ宮の帝室ギャラリーなど，枚挙にいとまがないのである。

　以上の諸事実に鑑みるならば，ナポレオン支配下のルーヴル美術館は，マクレランがいうように[4]，「典型的な国家美術館にしてその後の全世界のナショナルな美術館のモデル」であると同時に，「それ以前の様々なイニシアティヴの最終結果にしてその頂点」と見るのが妥当であろう。

　無論，近代美術館の成立史においてルーヴル美術館の誕生がもつ画期的意義は十分に強調されるべきであり，筆者もその点に異論があるわけではない。しかし，ルーヴル＝ナポレオン美術館の創設と拡充という「壮大な」目標，あるいは「崇高な」理想を追求した人々の努力を称賛する余り，それが近隣の国々に対して多大の犠牲を強いるものであった事実を決して軽視してはならないと考える。

註

序章　研究史の概観と課題の設定
1) なお，これより先 1791 年 9 月に，フランス国内のローマ教皇の飛び領土であったアヴィニョンとヴナスク伯領がフランスに併合されている．
2) Lentz 2004, p.20.
3) Savoy 2003,t.I et II. なお，本書のドイツ語版が2010年に刊行されている。B.Savoy, *Kunstraub:Napoleons Konfiszierungen in Deutschland und die europäischen Folgen*, Köln, Böhlau Verlag.
4) 以上，cf. Savoy 2003, t.I, pp.269-270, 288-289.
5) Müntz 1894-1896; id.1897. cf. Savoy 2003, t.I, p.290.
6) 以上，ミュンツの見解については，Müntz 1895, pp.375-376, id.1896, pp.507-508; id.1897, p. 704.
7) 以上，ソーニエの見解については，Saunier 1902,p.VIII et pp.3-4.
8) Savoy 2003, t.I. pp.292-293.
9) 詳しくは，cf. *Ibid.*, t.I, pp.293-296.
10) Blumer 1934a et 1936. cf. id. 1933 et 1934b.
11) Savoy 2003, t.I, pp.307-313.
12) 著書（Boyer 1969a）のほか，Boyer 1962, 1964, 1970, 1971a, 1971b, 1971c などの論文がある．
13) Émile-Mâle 1994. 重要な関連論文に id.1964 がある．
14) Gould 1965; Wescher 1976.
15) Chatelain 1973.
16) Denon (Dominique-Vivant), *Correspondance (1802-1815)*, éd. Par M.-A. Dupuy, I. Le Masne de Chermont et E. Williamson, 2 vol., Paris, 1999. 以下，Denon, *Corr.* と略記する．
17) Savoy 2003, t.I, p.2.
18) Rosenberg et Dupuy 1999.
19) Gallo 2001.
20) Pommier 1991; Poulot 1997; McClellan 1994.
21) 以上については，Savoy 2003, t.I, pp.2,4-7, t.II, pp.1-327.
22) Lacour 2007 et 2009.
23) Étienne 2012.
24) 鈴木 1991.

25) Lefebvre 1951.
26) Godechot 1956, pp.647-648, 660-666. なお，本池立はゴデショに従って，ナポレオンがイタリア諸国との停戦協定において「賠償金のほかに絵画，彫刻，写本などの供与を課した」ことを指摘し，そこにイタリア遠征の略奪的性格がよく示されているとしている．本池 1992, 48-49 頁．
27) Furet et Richet 1973 (première édition 1964), pp.382-383. 著者はオランダからパリへ多数の美術品が送られたことにも触れている．*Ibid.*, p.304. なお，リシェは Furet et Ozouf 1988, pp.19-32 の «campagne d'Italie» の項目（河野・阪上・富永監訳『フランス革命事典』第 1 巻，3-21 頁，鈴木啓司訳）でも同様の見解を述べている．
28) Tulard 1982, pp.203-204.
29) Jourdan 2000, pp.287-288; id.1998, pp.141-142.
30) Lentz 2007, pp.765-767.
31) Bordes 2004, p.79. ただしボルドも同じ論文の末尾では，普遍的美術館の構築を目指すドノンの押収活動が帝政末にはますます無秩序なものになり，「軍事的敗北へのヒステリックな反応」の様相を呈すると述べて，ナポレオン美術館計画のネガティヴな側面をも指摘している．Ibid., p.89.
32) Emperius et al. 1999.
33) この問題については，荒井信一 2012; Merryman 1986 を参照されたい．
34) アカデミー・フランセーズ会員のロザンベール（Pierre Rosenberg）は，上述のサヴォワの著書に寄せた緒言において，略奪（spoliation）という語は，第 2 次大戦中のナチス・ドイツによるユダヤ人財産の略奪を連想させるが故に，とりわけ革命時における差押えを想起させる押収（saisie）という語の方が好ましいという．ロザンベールによると，諸辞典の定義も余り明確ではないが，たとえば『アカデミー辞典』は，saisie——公的権力による所有物の奪取——を spoliation——暴力または不正行為によって人の所有物を奪う行為——と明確に区別している．そして事情によっては，pillage, confiscation といった語を使用することも可能であるが，その場合にも，「ナチスによる略奪がもつ本質的かつ暴力的に人種差別的な次元を忘れないようにせねばならない．」cf. Savoy 2003, t.I, p.XIII.
35) 筆者は史料として，1752-54 年刊の国王所有絵画のカタログと，1793-1823 年に出版されたルーヴル美術館の展示作品（絵画，彫刻など）のカタログ（ノティス）15 点を使用したが，それらのほとんどは現在インターネットで閲覧可能になっている．また若干のものは近年リプリント版が刊行されていて，容易に入手できる．なお 1793-1926 年に刊行されたルーヴル美術館のカタログ（ノティス）の総覧として Marquet de Vasselot 1927 がある．

第 1 章　戦争と文化財併合の開始
1) Guillaume, *Procès-verbaux du Comité d'instruction publique de la Convention nationale*, t.V, 1904, pp.74-75. cf. Pommier 1991, pp.229-231.

2) McClellan 1994, p.115; Boyer 1971c, p.491; Émile-Mâle 1994, p.12. なお，以上 4 枚のルーベンスの絵については，Émile-Mâle 1964, pp.156-159 に詳細に説明されている。
3) McClellan 1994, p.116.
4) この「先例」については，Müntz 1895, p.380; Gould 1965, pp.37-38 も言及しているが，より詳しくは cf.Loir 1998, pp.13.21-22, 25-31。
5) Loir 1998, p.35 (ピオの言); Gould 1965, p.38.
6) Loir 1998, p.37; Devleeshouwer 1964, pp.27-28.
7) Müntz 1895, p.381; Loir 1998, pp.37-38; Godechot 1969, pp.21-25.
8) 以上については，Godechot 1969, pp.19-30; id.1956, pp.78-79, 82, 96; Devleeshouwer 1964, pp.52 -56; Loir 1998, pp.38-39.
9) Pommier 1988, p.59-60; id. 1991, pp.89-91.
10) Pommier 1988, p.65; McClellan 1994, pp.91-92.
11) このデクレについては，Pommier 1991, pp.136-137. 旧体制の記念物やシンボルの扱いに関する革命議会の論争と立法措置については，Pommier 1988, pp.60-71; id. 1991, pp.125-135; id. 1992, pp.305-311; Sprigath1980, pp.517-524 を，ヴァンダリスムの代表的事例については，Kennedy 1991, pp.201-210; Souchal 1993, pp.40-41, 252-255 を参照。またフランス革命史研究者ビアンキの近年の 2 論文 (Bianchi 2008, 2009) は，ヴァンダリスムとイコノクラスムを明確に区別すべきであると主張している。
12) Pommier 1991, pp.211-213.
13) *Ibid.*, pp.229-230.
14) Pommier 1988, pp.65, 70; id. 1991, pp.157, 161-163.
15) *Archives parlementaires,* t.XCVI, 1990, pp.151-152.「ヴァンダリスム」という言葉はグレゴワールが 93 年 1 月 8 日の「公共記念物の銘文に関する報告」で最初に使用したとされる。もう 1 点付け加えておくと，グレゴワールがここで，共和暦第 2 年に起こった様々な「文化財破壊」の責任をモンターニュ派のみに帰していることは，ビアンキの言うように誤りである。さらにグレゴワール自身もイコノクラスムに対して明白な責任があった。cf. Bianchi 2008, p.415; id. 2009, pp.395-397.
16) 以上については，*Archives parlementaires,* t.XCVI, pp.153, 155, 157.
17) Pommier 1991, pp.227-228.
18) *Archives parlementaires,* t.XCVI, p.157.
19) *Ibid.*, pp.154, 156. なお，この報告はヴァンダリスムに関するグレゴワールの後続の 2 つの報告と合わせて，Guillaume 1901; Boulad-Ayoub 2012 にも収録されている。
20) Pommier 1988, p.72.
21) Pommier 1991, pp.214-215, 218-219; id. 1988, p.70; Boyer 1971c, p.490; Tuetey, *Procès-verbaux de la Commission temporaire des Arts,* t.I, 1912, pp.79, 227.
22) Pommier 1991, p.220; Caron 1910, pp.154-155; Savoy 2003, t.I, p.17.

23) 以上, アジャンスの設置については, Pommier 1991, p.221; Caron 1910, pp.156-158; Savoy 2003, t.I, p.17; Boyer 1971c, p.491. ティネはのち, 1796-97年にイタリアにおける美術品収奪に参加する。本書第2章参照。
24) Pommier 1991, pp.221-222; id. 1988, p.71; Boyer 1971c, p.498.
25) Pommier 1991, p.222.
26) *Ibid*., p.224; Boyer 1971c, p.495; Caron 1910, p.158; Savoy 2003, t.I, p.18. バルビエについては, Brière 1920, pp.204-210 をも参照。
27) Boyer 1971c, p.498; id. 1971a, pp.357-358, Caron 1910, p.163; Savoy 2003, t.I, p.18.
28) Savoy 2003, t.I, pp.19-20; Boyer 1971a, pp.358-359; Lacour 2007, pp.22-23.
29) Savoy 2003, t.I, p.20; Loir 1998, p.43.
30) 以上, ティネの活動については, cf. Boyer 1971c, pp.492-493.
31) Devleeshouwer 1964, pp.133-140. アジャンスの廃止については, Caron 1910, p.168.
32) 以上, バルビエとレジェの活動については, cf. Boyer 1971c, pp.495-497; Gould 1965, pp.34-35. なお, バルビエらがアントワープとブリュッセルで押収した絵画も, その圧倒的大部分は教会か修道院の所有物であったが, 市庁舎, 絵画アカデミー, 都市ギルド, 公共図書館などに属する絵画も少数ながら含まれていた。cf. Piot 1883, pp.18-36.
33) Boyer 1971c, pp.497-498; Gould 1965, pp.32-33; McClellan 1994, p.115; Loir 1998, pp.41-42.
34) Gould, p.32; Poulot 1997, p.218; Tuetey, *op. cit*., t. I, pp.420-421.
35) Savoy 2003, t.I, pp.21-23; Boyer 1971a, p.362; Lacour 2007, pp.22-24.
36) Boyer 1971a, pp.360-361. 4委員の旅程については, Savoy 2003, t.I, p.12 の付図参照。
37) Boyer 1971a, pp.362, 365.
38) Boyer 1971c, pp.499-500; Émile-Mâle 1994, pp.27-40.
39) Loir 1998, p.43.
40) Émile-Mâle 1994, pp.44-56, 64-84, 88, 103-116.
41) ここで注目されるのは, リエージュからの25点を除いて, 1つの都市で収奪された絵画が複数の輸送分に分割されてパリへ送られていることである。当時は荷車を引く家畜が軍隊に徴発されて不足していたために, 絵画の箱を押収地ごとにまとめて発送することが難しかったのである。cf. Boyer 1971c, p.493.
42) Savoy 2003, t.I, pp.20, 25.
43) *Ibid*., t.I, pp.36, 325-327; Boyer 1971a, p.366. 柱は窓から引き出され, 非常に頑丈な車に積まれて運ばれたという。それらのパリ到着について詳しくは中央美術館管理委員会 (Conservatoire) の会議録 (Cantarel-Besson 1981, t.I, pp.170-173) を参照。
44) Boyer 1971a, pp.366-367; Savoy 2003, t.I, pp.36-38.
45) 以上, ボンとコブレンツについては, Boyer 1971a, pp.368-370.

46) Savoy 2003, t.I, pp.36-38. Boyer 1971a, p.373 も参照。
47) Boyer 1971a, p.369; id. 1971b, pp.389, 391.
48) 以上の経過については，cf. Ibid., pp.371-373; Devleeshouwer 1964, pp.173-178; Loir 1998, pp. 42-44, 48-50.
49) Loir 1998, pp.61-62. フランスの併合県としてのディル県(首邑ブリュッセル)における国有化された美術・学術品の探索・保存・売却などについては，cf. *Ibid.*, pp.48-67.
50) 以上 3 点については，Savoy 2003, t.I, pp.25-28, 49-54.
51) Boyer 1971b, pp.392-393. ハーグ講和条約の全文は，De Clercq, *Recueil des traités de la France*, t.I, 1880, pp.236-240.
52) Boyer 1971b, p.393.
53) Ibid., pp.392-393.
54) Lacour 2009, p.86 に引用。
55) Boyer 1971b, pp.396-397; Lacour 2009, p.83.
56) 以上，ハーグからの押収品の発送については，Boyer 1971b, pp.397-400.
57) 絵画の発送については，Ibid., p.399 n.23 et p.400; id.1970, pp.152-153.
58) Boyer 1971b, p.402. cf. Cantarel-Besson 1981, t.I, p.XXXII.
59) 押収絵画の目録（リスト）は Boyer 1970, pp.111, 153-157.
60) Boyer 1971b, pp.401-403.
61) ティボドーの報告は，*Réimpression de l'Ancien Moniteur*, t.XXII, pp.729-731.
62) Lacour 2009, pp.81-82, 88.
63) Ibid., pp.71, 74-78, 81; id. 2007, pp.30-33.
64) Id. 2009, p.73.
65) Ibid., pp.90-91.
66) Müntz 1895, p.383.
67) ルブランの覚え書は，Émile-Mâle 1964, pp.159-160 に引用。cf. McClellan 1994, p.132.
68) ラクールは，美術品や学術資料の押収が比較的抵抗なく行われた 1 つの理由として，当時のヨーロッパの学者の間に存在したソシアビリテの強固なネットワークと古くからの友人関係を挙げている。Lacour 2007, pp.33-39. この事実はサヴォワも重視しているが，本書では立ち入って論じることができない。

第 2 章　イタリアにおける文化財の収奪（1796-1803 年）

1) Boyer 1964, p.242. またレンツも次のように書いている。「それ故ボナパルトは美術品の押収を発明したのではない」（Lentz 2004, p.14）。「ナポレオンは征服地における美術品の強権的収奪に関して大革命の相応しい継承者であったのである」（id. 2007, p.767）。
2) Boyer 1964, pp.242-243; Blumer 1934a, p.69.
3) Blumer 1934a, p.67; Gould 1965, p.44; Müntz 1895, pp.384-385.
4) 以上 3 通の書簡については，Napoléon Bonaparte, *Correspondance générale*, t.I,

p.377, n° 557, p.385, n° 573, p.391, n° 584. cf. Blumer 1934a, pp.68-69.
5) 以上の休戦協定については，Blumer 1934a, pp.68, 84.
6) 派遣委員の任命については，Ibid., pp.70-72.
7) ティネの任命と活動歴については，Ibid., pp.76-79.
8) Gould 1965, p.52; Godechot 1956, pp.662-665.
9) Lentz 2004, p.16; id. 2007, p.766.
10) 以上ミラノについては，Blumer 1934a, pp.78-79; id.1936, passim; Pillepich 2001, p.266.
11) モデナとパルマについては，Blumer 1934a, pp.79-82. なお，画家ヴェロネーゼにはもう1人，アレッサンドロ・ヴェロネーゼがいるが，以下単にヴェロネーゼと記すのは，パオロの方である。
12) ボローニャについては，Ibid.,pp.82-83;Müntz 1895,p.380 を参照。休戦協定の全文は De Clercq, *Recueil*, t.I, p.276.
13) Jourdan 1998, p.141, p.343 n.6; Napoléon Bonaparte, *Correspondance générale*, t.I, pp.483-484, n° 744, p.849, n° 1395.
14) Blumer 1934a, pp.83-84.
15) Ibid., p.85; Montaiglon et Guiffrey 1906, t.XVI, p.423, n° 9552, p.425, n° 9553, pp.430-431, n° 9558.
16) Blumer1934a, p.86.100点の彫刻と絵画のリストは，Montaiglon et Guiffrey 1906, t.XVI, pp. 462-467, n° 9575.
17) Gould 1965, p.49.
18) 以上，cf. Blumer 1934a, pp.86-87; id. 1936.
19) Blumer 1934a, p.88.
20) 以上，委員の追加と画家のグロについては，Ibid., pp.124-126.
21) マントヴァについては，Ibid., p.127; Napoléon 1er, *Correspondance,* t.II, n° 1552.
22) Blumer 1934a, p.127. トレンティーノ講和条約の全文は，De Clercq, *Recueil*, t.I, pp.313-316.
23) Blumer 1934a, pp.129-131.
24) 以下，ペルージャの事態については，Ibid., pp.131-135; Müntz 1896, pp.482-483.
25) Blumer 1934a, p.135; *Décade philosophique,* cit.Ibid., p.135.
26) Blumer 1934a, p.136.
27) ヴェローナの反乱と同地での押収については，Blumer 1934a, pp.142-145; Fournoux 2002, pp.92-94; Müntz 1895, p.390; Godechot 1954, t.II, pp.669, 677-678 のほか，Napoléon Bonaparte, *Correspondance générale,* t.I, pp.928-929, n° 1527 をも参照。
28) 上述の14点の絵画については Blumer 1936 の「カタログ」を参照。
29) 以上，ヴェネツィアでの事態については，Blumer 1934a, pp.146-147; Fournoux 2002, pp.98- 99, 128-129, 213; Müntz 1895, p.391; 永井 2004, 257-262 頁参照。ミラノ講和条約の全文は，De Clercq, *Recueil*, t.I, pp.324-326.

註／第 2 章

30) Blumer 1934a, p.150; Fournoux 2002, p.214.
31) Fournoux 2002, pp.215-218.
32) Blumer 1936 の「カタログ」参照。
33) Blumer 1934a, p.222; Chatelain 1973, p.167.
34) Blumer 1934a, pp.222-223.
35) 以上，第 1 回輸送隊の道程と到着については，Blumer 1934a, pp.223-225. 議事録は，Cantarel-Besson 1981, t.II, p.139.
36) 第 2 回輸送隊の道程と到着については，Blumer 1934a, pp.225-228.
37) 以下，第 3 回の輸送隊については，Ibid., pp.139-141, 229-236, 241. 以上 3 回の輸送に関してブリュメールは主に，Montaiglon et Guiffrey 1906-07, t.XVI et XVII に収められたエスキュディエと派遣委員たちの書簡，またリヴォルノ駐在領事ルドン・ド・ベルヴィルの書簡や覚え書 (Redon de Belleville 1892, t.I) に依拠している。
38) Blumer 1934a, p.139. デュフルニーの活動については後述 146 頁以下を参照。
39) *Décade philosophique,* t.14, pp.84-88, cit. Ibid., pp.137-139. またブレスク 2004, 146-149 頁を参照。
40) Blumer 1934a, pp.233-234. この時輸送品に加えられた大理石彫刻の中には，アテネのパルテノン神殿のフリーズ断片が含まれていたが，これ以外の断片は，その後元の所有者が反革命亡命者リストから外された時に返還されている。cf. Gallo 1999, p.186 n.50.
41) Blumer 1934a, pp.235-236.
42) Ibid., pp.62-66; Müntz 1895, pp.377, 384.
43) Pommier 1991, pp.405-406; id.1989b, pp.17, 49-50.
44) Pommier 1991, p.406.
45) 以上 2 つの論説については，*Ibid.*, pp.407-412.
46) Quatremère de Quincy 1989. フランシスコ・ミランダについては Pommier1989b, pp.12-14.
47) Pommier 1991, pp.418-425; Quatremère de Quincy 1989, *Lettres,* I, II, III, IV, VII. ヴィンケルマンの美術史理論については，その主著『古代美術史』(1764 年刊) を参照。
48) Pommier 1991, p.434. 請願書の原文は，Saunier 1902, pp.48-49; Chatelain 1973, p.75.
49) 反対請願の原文は，Saunier 1902, pp.51-54; Chatelain 1973, pp.358-359.
50) Saunier 1902, p.54 の署名者リストによる。cf. Pommier 1991, pp.434-435.
51) Gould 1965, pp.67-68.
52) Pommier 1991, pp.440-442.
53) Savoy 2003, t.I, pp.202-204. cf. Pommier 1989a, pp.196-199.
54) 以上，ドイツ知識人の非難については，Savoy 2003, t.I, pp.204-207, 214; Pommier 1989a, p.197. ゲーテの態度については Décultot 1999, pp.162-171 が詳論している。彼女によると，この時点でのフランスの押収政策に対するゲーテの

批判は，愛国的覚醒によるものではなく世界市民としてのものであった。しかし，ゲーテはその後1814年に，ボワセレ兄弟（Sulpiz u.Melchior Boissérée）が形成した，ドイツとネーデルラントの中世および初期ルネサンス美術品の大規模なコレクションに触れた結果，芸術における愛国主義へ回心をとげたとされる。ボワセレ兄弟については，本書第3章の註62を参照。

55) Savoy 2003, t.I, pp.213-218.
56) *Ibid.*, t.I, pp.220-221. その後フンボルトは98年7月27日の日記で，この日パリで催されたイタリア美術品の入城式典に手放しで感嘆している。cf. *Ibid*, t.I, p.222.
57) *Ibid.*, t. I, pp.221, 227, 229.
58) Pommier 1989a, p.200. ベルヴィルの書簡はMontaiglon et Guiffrey 1906, t.XVII, pp.52-53に収録。．
59) Pommier 1989a, p.200; id. 1991, p.445.
60) Pommier 1989a, p.202; id. 1991, p.446 n.1.
61) Pommier 1989a, pp.202-203; id 1991, pp.446-447.
62) Blumer 1934a, pp.239-240.
63) Pommier 1989a, pp.203-204; id 1991, p.450. テルミドール9日のクーデタ以後の革命祭典については，cf. Ozouf 1970, pp.47-48, 56-63.
64) Pommier 1989a, pp.202-204; id 1991, pp.450-451.
65) 以下，この祭典の詳しい内容と経過については，祭典2日目の共和暦第6年テルミドール10日における行政総裁政府の会議の議事録抜粋（*Extrait du procès-verbal de la séance du Directoire exécutif,* pp.1-28）による。研究文献としては，Blumer 1934a, pp.241-248; Pommier 1989a, pp.204-213; id.1991, pp.451-459; Mainardi 1989, pp.158-159などがある。
66) 以上，行列の編成については，*Extrait,* pp.1-6. なお，この日2台の車に積まれていたのは，パリへ到着した絵画の一部分に過ぎず，残りの絵画は数日後，サン・ペール街の真向かいの桟橋で陸揚げされた。Blumer 1934a, p.244 n.2.
67) *Extrait*, p.6. Ozouf 1971, pp.889-916（モナ・オズーフ，立川訳1988, 115-201頁）をも参照。
68) cit.Blumer 1934a, p.245.
69) *Extrait,* pp.7-10.
70) *Ibid.*, pp.9-10.
71) *Ibid.*, pp.10-15.cf.Pommier 1989a, p.208; id 1991, p.453.
72) Pommier 1989a, p.210; *Extrait,* pp.14-15.
73) *Extrait,* p.16; Pommier 1989a, p.208.
74) *Extrait,* pp.16-19.
75) *Ibid.,* pp.19-20.
76) *Ibid.,* pp.21-23.
77) 以上，*Ibid.*, pp.23-27; Blumer 1934a, p.248.
78) Blumer 1934a, pp.248-249.

註／第 2 章

79) Pommier 1989a, p.206. プルタルコスの記述によると，ルキウス・アエミリウス・パウルスの凱旋式とは，紀元前 167 年のマケドニア人に対するアエミリウスの勝利を祝うもので，3 日間続き，1 日目には 2 頭立ての馬車 250 台に積まれた略奪美術品が行進したという。プルタルコス 2007, 326-328 頁。cf.Mainardi 1989, p.158; Wescher 1976, pp.13-14.
80) Pommier 1989a, p.208. さらにポミエは，主要な革命祭典の例にもれず，この祭典にも一定の宇宙的サンボリスムが存在すると述べているが，詳述する余裕がない。cf. Ibid, pp.205-206.
81) Ibid., pp.204-205.
82) Gould 1965, p.66. この点については cf. Pommier 1989a, p.212:id.1991, p.459; Ozouf 1970, p.63.
83) Pommier 1989a, p.202; Mainardi 1989, p.157.
84) Gould 1965, pp.49-50.
85) Ibid., pp.47-48. もう 1 点はローマの「ベルヴェデーレのアポロン」像である。
86) Ibid., p.50.
87) Blumer 1934a, pp.250-251.
88) Gould 1965, p.48; McClellan 1994, p.118.
89) 以上については，cf. McClellan 1994, pp.118-120. ローマで最も偉大な絵画の 3 番目は，ダニエレ・ダ・ヴォルテッラ（Daniele da Volterra）の「十字架降下」であるが，教会のフレスコ画ゆえ動かせなかった。
90) Turner 1980, p.453; Harouel 1997, pp.57-59.
91) Turner 1980, pp.43-44; Harouel 1997, p.61. 以下，収奪の過程については基本的に Turner 1980, pp.43-49 による。
92) 1798 年 4 月 3 日付ドーヌーの書簡，Müntz 1896, p.500 n.1 に引用。
93) Blumer 1936, passim.
94) Turner 1980, pp.47-49. 記念柱の押収が取りやめになったのは，ローマからパリへの輸送に費用がかかりすぎるためであった。代わりにドーヌーはオベリスク 1 基を送っている。
95) Müntz 1896, pp.491-492.
96) Blumer 1936, passim; id. 1933, 2me partie, pp.7-9.
97) Boyer 1969a, pp.77-78; Gotteri 1995, pp.462-463.
98) Boyer 1969a, pp.78-88. cf.id.1964, pp.244-245.
99) Godechot 1956, pp.248-249, 310, 693; Tulard 1999b, t.II, «Piémont-Sardaigne» par Godechot, p.505.
100) 以上の経過については，Boyer 1969, p.89; Gotteri 1995, pp.460, 463-464; Blumer 1933, 2me partie, pp.23-.25.
101) 以上トリノでの絵画押収については，Gould 1965, pp.62, 80; Boyer 1969a, p.80; id. 1964, p.246; Gotteri 1995, pp.467-477.
102) Boyer 1969a, p.81.
103) Ibid., pp.91-92.

104) *Ibid.*, pp.98-99; Blumer 1936, passim; id. 1933, 2me partie, p.30.
105) Müntz 1896, pp.503-505; Boyer 1969a, pp.98-99.
106) Boyer 1969a, pp.181-183. フィレンツェ講和条約の全文は De Clercq, *Recueil,*t.I, pp.432-435.
107) Boyer 1964, p.247 et n.1; Pillepich 2001, pp.266-271.
108) Boyer 1964, pp.247, 249; id. 1969a, pp.181, 183.
109) 以上，双方の思惑については，Boyer 1964, pp.247-249; id.1969a, pp.181, 184-185.
110) Müntz 1896, pp.504-505. ナポレオンは1796年7月2日にボローニャから総裁政府に宛てた書簡の中に，「私はフィレンツェで有名なヴィーナス像を見ました。それはわが美術館にはない物です」と書いている。Napoléon Bonaparte, *Correspondance générale,* t.I, p.483, n° 743. 彼はこの時には，そのコピーなりと手に入れたいと考えたようである。
111) 以上ヴィーナス像獲得までの経過については，Boyer 1964, p.249; id.1969a, pp.187-191（このボワイエの論文集の183-192頁には，ヴィーナス像の返還に関する専論 "Une conquête de la diplomatie du Premier Consul:la Vénus de Médicis" が収められている）。
112) 以上2つの返還交渉については，Boyer 1964, pp.249-252。
113) *Ibid.*, pp.250-251. シャプタルの指令の全文は，Montaiglon et Guiffrey 1908, t.XVII, pp.291-302 に収録。
114) Blumer 1936, passim; Béguin 1959, pp.178, 190-193.
115) 以上，デュフルニーの活動については，Béguin 1959, pp.178, 187-193.「カルトンと絵画のリスト」は pp.193-198 に収録。
116) パラス像の引き渡しについては，Boyer 1964, pp.252-253; id.1969a, pp.194-196.
117) Boyer 1964, p.253.
118) 物品の輸送については，『ガゼット・ド・ラ・フランス』1803年3月28日号の記事（cit.Aulard, *Paris*, t.III, p.782）のほか，Blumer 1933, 2me partie, pp.20-21; Boyer 1969a, pp.194-196; Lanzac de Laborie 1913, pp.274-279; Gallo 1999, pp.184-185 による。上記の記事によると，最初の輸送隊は「ヴィッラ・アルバーニとブラスキの宮殿の古代美術品のうちの最も貴重な部分」を運び，ヴィーナス像，パラス像，2つの川像は後続の輸送隊に委ねられたという。
119) モローについては，cf.Tulard 1999b, t.II, «Moreau de Saint-Méry», par J.M.Champion, p.349. ドノンの書簡とメモについては，Denon, *Corr.,* pp.97-98, n°193; .Musiari 1986, pp.23, 29, 191-196. タレーランの書簡については，*Ibid.*, p.29.
120) モローの返書は Musiari 1986, pp.196-198 に収録。
121) Blumer 1936, passim; Preti Hamard 1999, p.238 et n.82. ドノンのこの書簡は Denon, *Corr.*, pp.1258-1259, AN 21.
122) Boyer 1964, pp.253-255.
123) 以下，ヌヴーの活動については，Boyer 1964, pp.253-255; Savoy 2003, t.I,

pp.56-86, t.II, pp. 333-337, 340.
124）　Savoy 2003, t.I, pp.78-79; Gould 1965, p.73.
125）　Savoy 2003, t.I, pp.63-64, 68-71, 83-86.
126）　以下，モジェラールの活動については，*Ibid*., t.I, pp.100, 105-106, 109-113.

第 3 章　ヴィヴァン・ドノンの登場と収奪の新たな波（1806-13 年）

1）　McClellan 1994, p.125; Chatelain 1973, p.97.
2）　3 人の館長候補とドノンの任命については，Chatelain 1973, pp.97-100.
3）　以上，ドノンの任務については，*Ibid*., pp.103-109. カルーゼルの凱旋門，ヴァンドーム広場の円柱については，*Ibid*., pp.117-118.
4）　*Ibid.,* pp.114, 126 et p.362 n.13.
5）　*Ibid*., pp.21-29.
6）　以上，外交官としての経歴については不明確な点が残るが，*Ibid*., pp.31-34, 42-51; Lelièvre 1993, pp.27-33, 41, 51; Dupuy, Chronologie, pp.494-501 を総合した。
7）　Chatelain 1973, pp.53-54, 57-60.
8）　革命中のドノンについては，*Ibid*., pp.61, 68-70, 74-75; Dupuy, Chronologie, p.498.
9）　Chatelain 1973, pp.78-79. エジプト遠征については，*Ibid*., pp.78-82, 86-90, 93.
10）　*Ibid*., p.94; McClellan 1994, p.140.
11）　Gould 1965, p.90.
12）　Chatelain 1973, pp.167-168. この講演の冒頭部分は第 2 章 90 頁に引用した。全文は *Ibid*., pp.317-326 に収録されている。
13）　以上については，*Ibid*., pp.168-169。大陸の文化財収奪者としてのドノンの行動は，96 年の請願書への署名と明らかに矛盾するが，チュラールによると，ドノンは「良心のとがめを速やかに押し殺して，敗戦国に対するあの規律ある収奪の立役者の 1 人になる」(Tulard 1999a, p.15)。
14）　プレスブルク条約については，De Clercq, *Recueil*, t.I, pp.145-151.
15）　Dupuy, Chronologie, pp.502-503.
16）　以上については，Boyer 1964, pp.256-257; Denon, *Corr*., pp.1285-1286, AN44.
17）　Denon, *Corr*., pp.1287-1288, AN45; Boyer 1964, pp.257-258.
18）　Boyer 1964, p.258.
19）　Savoy 2003, t.I, p.140. ポーゼン条約は De Clercq, *Recueil*, t.I, pp.196-198, ティルジット条約は *Ibid*., pp.207-222.
20）　Savoy 2003, t.I, p.122-123:id. 1999b, p.172; Décultot 1999, p.164 n.1.
21）　Dupuy, Chronologie, pp.503-504; Savoy 2003, t.I, p.146.
22）　Denon, *Corr*., pp.1318-1319, AN59. cf. Boyer, 1964, p.258.
23）　Denon, *Corr*., pp.1319-1320, AN61.cf. Boyer 1964, p.258.
24）　Savoy, 2003, t.I, p.141.
25）　*Ibid*., t.I, p.146; Talleyrand 1996, p.88.
26）　なお，ナポレオンが政治的理由から手を触れなかったドイツの有力な絵画コレクションとしては，もう 1 つ，ミュンヘンのそれがある。バイエルンを支配す

るヴィッテルスバッハ家は早くからミュンヘンにおいて，デューラー，アルトドルファー，ホルバインら南ドイツ出身画家の作品を重視しつつ絵画の収集に努めていたが，1777 年に選帝侯マックス 3 世ヨーゼフが死ぬとその家系は断絶し，フプァルツ＝ズルツバッハ系ヴィッテルスバッハ家のカール・テオドーアがその後を継いだ。彼はデュッセルドルフに，ドレスデンに次ぐ重要な絵画ギャラリーをもっていたのだが，バイエルン選帝侯になると宮廷だけをミュンヘンに移し，ギャラリーはデュッセルドルフに置いたままにした。その後 1799 年にカール・テオドーアの死によって，ツヴァイブリュッケン＝ビルケンフェルト系ヴィッテルスバッハ家のマックス・ヨーゼフがプファルツ＝バイエルン選帝侯になったが，彼はツヴァイブリュッケンの近くのカールスベルク城に収められていた自身のコレクションの他に，デュッセルドルフの絵画ギャラリーをもミュンヘンに移したのである（実際に移動したのは 1806 年）。こうしてミュンヘンのコレクションは，いわば 3 重の遺産によってヨーロッパでも屈指の規模のものになった。

　ところでナポレオンは，かねてバイエルンをオーストリアへの対抗勢力とするために同国との同盟関係の強化に努めていたが，1806 年のライン連盟結成によって両国の関係は一層緊密化し，ここにバイエルンの芸術遺産の収奪は問題外となったのである。以上については，Gould 1965, p.73; Savoy 2003, t.I, p.62 のほか，谷口健治 2003, 第 1, 2, 7 章参照。

27) Denon, *Corr.,* p.1328, AN68; Chatelain 1973, p.170.
28) Denon, *Corr.,* pp.1349-1350, AN77; Chatelain 1973, pp.170-171.
29) 以下「購入」の経緯については，Boyer 1969a, pp.197-202 所収の論文 "L'achat des Antiques Borghèse" による。
30) Chatelain 1973, p.175.
31) Boyer 1964, p.258; Gould 1965, p.91.
32) Savoy 2003, t.I, pp.141-142, t.II, pp.356-359.
33) Emperius 1999, pp.7-8; Savoy 2003, t.I, pp.125-126.
34) Gould, pp.92-96. ドノンがヴァトーを無視したことについては cf. Savoy 2003, t.I, p.142.
35) Savoy 2003, t.II, p.365.
36) Emperius 1999, pp.9-10.
37) 押収品のリストは Savoy 2003, t.II, pp.341-351 に収録。
38) 以上，Savoy 2003, t.I, pp.126-130; Emperius 1999, p.8.
39) Savoy 2003, t.I, pp.136, 383-384.
40) ドノンの物品押収方針については，Savoy 2003, t.I, pp.137-138, t.II, p.383.
41) 本章の註（23）の書簡および Savoy 2003, t.I, p.145, t.II, pp.256-257, n° 570.
42) Dupuy, Chronologie, p.504; Emperius 1999, pp.17, 19 et p.20 n.11.
43) Emperius 1999, pp.20-21. ブラウンシュヴァイク公国は 1807 年ナポレオンの勅令によって，ヴェストファーレン王国に合併された。cf. *Ibid.,* p.30.
44) Savoy 2003, t.II, pp.367-377, 393-396.

註／第3章

45) *Ibid.*, t.II, pp.380-391 に収録。
46) 以下の証言は，Emperius 1999, pp.23-29 et p.26 n.1(par Savoy).
47) Savoy 2003, t.I, pp.130-132; Emperius 1999, pp.29, 84-91. スタンダールとドノンの関係については，cf.Williamson 1999, p.134.
48) Emperius 1999, p.22.
49) Dupuy, Chronologie, p.504; Emperius 1999, p.12.
50) フェルケルの証言は，Emperius 1999, pp.12-14.
51) Savoy 2003, t.II, pp.409-411, 416-419.
52) *Ibid.*, t.I, p.125; Emperius 1999, p.14 et n.6 (par Savoy); Gould 1965, pp.93-94. ジョゼフィーヌによる絵画収集については，Pougetoux 2001, pp.107-117 を参照。先回りして述べておくと，ロシア皇帝は1814-15年にこれらの絵画をヘッセン選帝侯に返還することを拒否した。その結果として，それらのうち何枚かが今日エルミタージュ美術館に存在するのである。cf.Lentz 2007, p.768 n.2.
53) Gould 1965, p.92.
54) 以上，カッセルからの押収絵画については，Savoy 2003, t.II, pp.399-407.
55) 押収目録は *Ibid.*, t.II, pp.421-430. なお，シュヴェリーンでは絵画と種々の物品は未だ公開されず，公家の建物の中に統合されていた。Savoy 2003, t.I, p.125.
56) Dupuy, Chronologie, p.504; Gould 1965, p.101.
57) Gould 1965, p.101.
58) Savoy 2003, t.II, pp.431-439.
59) Gould 1965, p.101.
60) Savoy 2003, t.II, p.439.
61) *Ibid.*, t.I, pp.142-143.
62) *Ibid.*, t.I, pp.142-143. ここで，ドイツ最大のプリミティヴ絵画コレクターとなる前述のボワセレ兄弟について若干付言しておきたい。ゲートゲンスによると，彼らは19世紀初めにナポレオン美術館を訪れた後，1803年のライン地方の教会財産国有化（教会と修道院の閉鎖）によって危険にさらされた多数の宗教的美術品を破壊から救うために，ドイツとネーデルラントの中世～ルネサンス期の美術品を出身地のケルンに集め始めた。彼らのコレクションはその後1809年にバイエルンのルートヴィヒ1世に買い取られてケルンからハイデルベルク，次いでシュトゥットガルトへ移され，最後にはミュンヘンのピナコテークに至り，今日もそこにある。奇妙なことに，プリミティヴ絵画を熱心に収集しようとしたドノンは，ボワセレ・コレクションを獲得しようとしていない。ドノンがそれのことを知っていたかどうかは不明だが，一つ確かなことは，ボワセレ兄弟はそのコレクションをフランスに売却しなかっただろうことである。それら中世末期の作品は今やドイツの共同遺産の不可欠な一部と見なされていたからである。こうしてナポレオン美術館は，ドイツ人の観客を通じて，ラインの彼方の国民芸術を強化するのに貢献したのである。Gaehtgens 2001, p.734.
63) 以上，第1点については，Savoy 2003, t.I, pp.130-132.
64) 第2点については，*Ibid.*, t.I, pp.133-136. このビゴは，後出の宗教大臣ビゴ・

ド・プレアムヌーと兄弟である。
65) *Ibid.*, t.I, p.136.
66) 第3点については，*Ibid.*, t.I, p.140; Boyer 1964, p.258; Emperius 1999, p.9.
67) Savoy 2003, t.I, pp.230-231. サヴォワは以下のようにもう1つの理由を指摘している。「他方では，学識者，芸術家，美術愛好家——イタリアでの美術品押収には動揺し，また後述の1815年の返還の際には世論を動かすことになるあの集団——のエネルギーは，1806-07年の冬にはドノンと特権的な関係を結びたいという欲求によって吸収されていたのである。たとえばベルリンの彫刻家シャドウはその日記に，『ドノン氏は今や芸術家とその取り巻きが絶えず注目する人物になった』と記している。シャドウは自分の作品の幾つかをパリへ送らせたドノンと，速やかに友情で結ばれたのである。」*Ibid.*, t.I, pp.233-234.
68) *Ibid.*, t.I, pp.231-233.
69) Gould 1965, pp.96-97. グールドが挙げるドイツからの押収絵画数はサヴォワのそれを若干上回る。
70) Dupuy, Chronologie, p.504; Lelièvre 1993, p.209; Denon, *Corr.*, p.1351, AN78.
71) Gould 1965, p.97; Denon, *Corr.*, p.1351, AN78.
72) Boyer 1964, pp.259-260; Lelièvre 1993, p.210; Napoléon Bonaparte, *Correspondance générale*, t. VIII, p.1497, n° 19855.
73) Gould 1965, p.97; Lelièvre 1993, p.210; Chatelain 1973, p.176. 無論，美術品の引き渡しに抵抗したのは，ジョゼフ王だけではない。「スペイン人の抵抗はこの場合にもきわめて自発的かつ全般的であった。多くの教会はフランス人が近づくと，彼らの傑作を隠したり，売却する振りをしたりした。ドノンは1810年2月3日の書簡でそのことを憤慨している。『カプチン会士らは17枚のムリーリョをぐるぐる巻きにして，（野蛮人どもは）地中に埋めたり，個人の家に隠したりした。……』」(Chatelain, 1973, p.368 n.21).
74) 以上の経過については，Gould 1965, pp.98-99; Baticle 2001, pp.329-332.
75) Denon, *Corr.*, p.1009, n°2931.
76) 以上，Baticle 2001, pp.329, 332; Gould 1965, p.99.
77) Lelièvre 1993, p.210.
78) Gould 1965, pp.97-100; Baticle 2001, p.330.
79) Gould 1965, p.110; Blumer 1934b, pp.237-238; Chatelain 1973, pp.181-187.
80) 以上については，Blumer 1934b, pp.238-239; Preti Hamard 1999, p.226.
81) Preti Hamard 1999, pp.227-229, 232.
82) Blumer 1934b, pp.239-241; Denon, *Corr.*, p.1391, AN91. ドノンの同行者と旅程についてはcf.Blumer 1934b, pp.239-245; Dupuy, Chronologie, p.505.
83) フィレンツェについては，Blumer1934b, pp.241-242. そこでは，1793年からガッレリアの館長であったプッチーニが1811年に死に，アレッサンドリが後任の館長になった。
84) ローマについては，*Ibid.*, pp.242-243.
85) *Ibid.*, pp.243-245. フレスコ画の移転の試みについては，Gould 1965, p.112.

86) Blumer 1934b, p.245. 以下，絵画の交換交渉の経過については，Ibid., pp.248-251.
87) ドノンのカドール公宛返信（1812 年 3 月 9 日付）は，Denon, *Corr*., pp.823-824, n°2356.
88) Blumer 1934b, pp.245-246. 一覧表は Denon, *Corr*., pp.1392-1397, AN93。
89) フランスへの絵画の輸送については Blumer 1934b, pp.246-248, 251-255; Preti Hamard 1999, p.235 n.67.
90) Blumer 1934b, pp.255-256; Denon, *Corr*., pp.767-768, n° 2233.
91) この点については，Blumer 1934b, pp.256-257; Preti Hamard 1999, pp.242-243 et n.109.
92) この項については，Gallo 1999, pp.191-192; Lanzac de Laborie 1913, pp.285-287.

第 4 章　フランス革命とルーヴル美術館の創設

1) Pommier 1988, p.59.
2) McClellan 1994, pp.19-21; 鈴木 1991, 273 頁; 田中 2009, 462 頁。
3) 以上，リュクサンブール宮ギャラリーの創設については，cf. McClellan 1994, pp.13-18, 22-25, 45, 51 et p.232 n.5; Poulot 1988a, p.204. 18 世紀中葉までの国王の絵画コレクションの形成については，Gould 1965, pp.14-16; Saunier 1902, pp.7-9; Bazin 1966, pp.12-13, 21-26; 鈴木 1991, 275 頁，参照。
4) McClellan 1994, p.8.
5) *Ibid*., pp.51-52; 田中 2009, 463-467, 477-478 頁。百科全書の記述については cf. *Encyclopédie*, t.IX, 1765, p.706. 以下，ダンジヴィレ伯の美術行政については，鈴木 1992, 263-271 頁をも参照。
6) McClellan 1994, p.58; 田中 2009, 475 頁。
7) 以上については，McClellan 1994, pp.53-60; Poulot 1988, pp.205-206; 田中 2009, 475-476 頁。
8) ダンジヴィレによる絵画の購入については，cf. McClellan 1994, pp.60-70; Bazin 1966, p.37; Poulot 1988, p.206. 奨励制作については，McClellan 1994, pp.82-83; 田中 2009, 470-474 頁; 同 2011b, 41-44 頁。
9) 田中 2009, 479-480 頁; McCllellan 1994, p.60. ダンジヴィレは 1801 年に亡命先，ハンブルクの近くのアルトナで死亡した。
10) この節はもっぱら Pommier 1986, pp.452-464 に依拠している。
11) Bjurström 1995, p.552; シュバート 2004, 17 頁。.
12) Bjurström 1995, pp.552-555.
13) Pommier(éd.)1995, pp.33-34 の表による。
14) Bjurström 1995, p.555; Savoy 2003, t.I, pp.25-26; Bazin 1967, pp.120-123; Treue 1961, pp.112- 113 を参照。
15) 以上については，cf. Savoy 2003, t.I, p.26; Pommier (éd.) 1995, Préface, pp.21-22; Bjurström 1995, pp.555-557; Dittscheid 1995, pp.159-162. ポミエは，既存の建物の中にギャラリーが設けられた例としてドレスデン，ウィーン，フィレンツェ，

パリ（ルーヴル）を，専用の建物が新築された例としてはデュッセルドルフ，カッセル，ミュンヘンを挙げた上で，「このような君主の私的領域との（展示空間の）分離は，最初はもっぱら実際的な理由から実現されたものだが，公的美術館へ至る道における決定的な一段階である」と述べている。また，ウィーンの美術館の革新性は，メーヒェルが絵画を主要画派別に展示することで，観客と美術史の教育を与えようとした点にある。Pommier 2000, pp.69-76.

16) McClellan 1994, p.2.
17) Carmona 2004, p.209.
18) Tuetey et Guiffrey, *La Commission du Muséum et la création du Musée du Louvre (1792-1793)*, 1909, pp.23-24（富永茂樹訳，河野健二編 1989, 352 頁所収）; McClellan 1994, p.91; Kennedy 1991, p.220.
19) Carmona 2004, p.215; McClellan 1994, pp.91-92; Poulot 1997, pp.195-196.
20) Carmona 2004, pp.215-216.
21) Pommier 1988, pp.57-58. cf. McClellan 1994, p.92.
22) 以上の経緯については cf. McClellan 1994, pp.92-94; Pommier 1992, p.303; Poulot 1988a, pp.207-208, 210.
23) McClellan 1994, pp.92-95; Tuetey et Guiffrey, *op.cit.*, pp.123-124, 198-200.
24) McClellan 1994, p.99; Tuetey et Guiffrey, *op.cit.*, pp.212-213.
25) Carmona 2004, pp.217-218; Poulot 1988, p.211. デクレの原文は Tuetey et Guiffrey, *op.cit.*, pp.233-234（富永茂樹訳，河野健二編 1989, 354-355 頁所収）。
26) Tuetey et Guiffrey, *op.cit.*, p.335. 芸術家のための開館日は，1790 年代半ばには 10 日間（デカッド）のうち 7 日に増やされた。特に恐怖政治期には一時，学習と模写を希望する芸術家の入館には事実上いかなる制限も設けられなかった。McClellan 1994, p.101 et p. 247 n.44.
27) 以上については，cf. Carmona 2004, pp.217-218; McClellan 1994, pp.103-105, 125; Tuetey et Guiffrey, *op.cit.*, pp.353-361, 365-372.
28) *Catalogue* 1793. なお，このカタログが示すところでは，537 点の絵画は大ギャラリーの（サロン・カレ側の）入り口から入って右側の第 1 の張り間から第 17 の張り間までに 1 番から 241 番までが，奥の正面に 242 番から 259 番までが，そして反対側の，奥から数えて第 1 から第 9 までの張り間に 260 番から 537 番までが，それぞれ架けられていた。そして各々の張り間にはイタリア派，北方派，フランス派の絵画が，また異なる時期の絵画が混在していたのである。cf. Pommier 2000, p.83.
29) 絵画以外の展示品については，*Ibid.*, pp.104-120.
30) Gould 1965, p.28. 画派別，画家別の内訳は *Catalogue* 1793, pp.5-103 にもとづき算定した。後掲表 5-1, 5-2 をも参照。
31) McClellan 1994, pp.25, 51; Kennedy 1991, p.221. 移された絵画のリストは Tuetey et Guiffrey, *op.cit.*, pp.3-22.
32) McClellan 1994, pp.22-25, 47. 上記の絵画リストを参照。
33) Gould 1965, pp.28-29; Kennedy 1991, pp.221-225 et p.432 n.44.

註／第4章

34）　McClellan 1994, pp.108-111; Cantarel-Besson 1981, t.I, pp.59, 82-83.
35）　McClellan 1994, pp.109-111; Cantarel-Besson 1981, t.I, pp.XXV-XXVIII, 24, 32-33. なお，ケネディは，上述の1793年のカタログに載っている537点のうち303点（56%）は間違いなく宗教画であるという。Kennedy 1991, p.223.
36）　McClellan 1994, pp.111-113.
37）　Pommier 1991, pp.237-242.
38）　McClellan 1994, pp.106-107; Tuetey et Guiffrey, *op.cit.,* pp.185, 187, 368-369.
39）　McClellan 1994, pp.3-6, 38-41, 79-80, 108. このような一般的動向から見ても，ダンジヴィレのルーヴル美術館構想が実現していたら，そこにおいて絵画が流派別に，また年代順に配置されたであろうことは，ほぼ確実である。
40）　*Catalogue* 1793, pp.3-4; McClellan 1994, pp.70-80, 108.
41）　McClellan 1994, pp.107-108. 以上2つの展示方式の対立については，ポミエの興味深い論述（Pommier 2000, pp.76-86）を参照。
42）　*Notice* 1796, Avertissement, pp.5-10.
43）　McClellan 1994, pp.113-114, 125.
44）　*Ibid.*, p.126.
45）　*Ibid.*, p.126.
46）　*Ibid.,* p.127; Cantarel-Besson 1981, t.I, p.XXX, t.II, p.59. 画派別，画家別の数字は *Notice* an IV（1796）による。
47）　ベルギー絵画の修復状況については Émile-Mâle 1994, passim 参照。オランダ絵画の展示については，Boyer 1970, pp.153-157 のリストと対照した。
48）　McClellan 1994, p.127.
49）　*Ibid.*, pp.127-129. この展覧会については，Haskell 2000, pp.30-31 参照。
50）　McClellan 1994, p.125; Carmona 2004, p.223. ただし，これ以前に遡って共和国中央美術館と呼ばれることもある。
51）　Sahut 1979, pp.16-17, 19-20, 28-29; McClellan 1994, p.126; Aulanier 1947, pp.17-19.
52）　以上については，Aulanier 1947, pp.14-16; Carmona 2004, pp.226-227. この祝宴の様子もロベールのデッサンに描かれている。cf. Sahut 1979, p.37, fig.n°.90.
53）　Cantarel-Besson 1981, t.I, pp.XXVIII, XLI n.5 et 6. ネル館はパリのセーヌ川左岸，現在の造幣局の場所にあった14世紀以来の貴族の館であるが，そこからは他に2,494点に上るデッサンが収用されている。
54）　McClellan 1994, pp.155-165, 169-171; Lanzac de Laborie 1913, pp.331-334; Kennedy 1991, p.221; 泉 2013, 36-49頁。
55）　McClellan 1994, p.130; Cantarel-Besson 1981, t.II, p.62; Lanzac de Laborie 1913, pp.324-325.
56）　McClellan 1994, pp.130-131 et p.253 n.24; Carmona 2004, pp.229-230.
57）　McClellan 1994, p.131; Lanzac de Laborie 1913, p.326.
58）　Savoy 2003, t.I, p.328; McClellan 1994, pp.105-106.
59）　McClellan 1994, pp.19-21, 25-30.

60) 以上については，Tuetey et Guiffrey, *op. cit.*, pp.97-100; McClellan 1994, pp.93, 103-106.; Étienne 2012, pp.267-268.
61) McClellan 1994, pp.104-106; Tuetey et Guiffrey, *op. cit.*, pp.356, 369-370.
62) McClellan 1994, p.108; Savoy 2003, t.I, pp.328-329.
63) Cantarel-Besson, 1981, t.I, p.XXXII; Émile-Mâle 1994, p.12; id. 1964, pp.162-163.
64) Émile-Mâle 1994, p.64; Savoy 2003, t.I, p.329.
65) Émile-Mâle 1994, p.23; Savoy 2003, t.I, pp.329-330.
66) 以上については，Blumer 1933, 3me partie, pp.3-5, 20; Émile-Mâle 1994, pp.13, 53; Savoy 2003, t. I, pp.330-332.「仮の修復」とはパリへの輸送によって生じた損傷の修理を目指すものである。
67) Émile-Mâle 1994, pp.12-13; Savoy 2003, t.I, p.330; Cantarel-Besson 1981, t.I, p.85.
68) Émile-Mâle 1994, pp.13, 47-53, 83; Savoy 2003, t.I, p.331.
69) Boyer 1970, pp.153-157; Cantarel-Besson 1981, t.I, pp.XXXII, 253-254, 282-283.

第5章　ルーヴル美術館と収奪美術品の利用 (1)

1) Mainardi 1989, p.159. 以下7回の展覧会については，Blumer 1933, 3me partie, pp.5-9 et p.22 n.23 を参照。
2) Cantarel-Besson 1981, t.I, p.XXXIII. この展覧会については cf. Haskell 2000, pp.32-38.
3) *Notice* an VI (1798), Avertissement, pp.I-VI; Haskell 2000, pp.36-37.
4) Haskell 2000, p.36. 今日のルーヴル美術館の至宝の1つであるこの絵画は，16世紀初頭にフランソワ1世がアンボワーズに住んでいた晩年のレオナルド・ダ・ヴィンチから買い上げたといわれ，以来王室コレクションに属していたが，1797年7月15日にヴェルサイユからルーヴルへ移すことが決定されたものである。cf. Carmona 2004, pp.33, 229-230.
5) Étienne 2012, p.224; *Notice* an VII (1798), Avertissement, pp.V-VIII.
6) ノティスは Marquet de Vasselot 1927, p.53, n° 113.
7) *Notice des grands travaux* an IX.
8) *Notice* an X (1802), Avertissement, pp.III-IV.
9) Marquet de Vasselot 1927, p.56, n° 122.
10) *Ibid.*, p.57, n° 126.
11) *Décade philosophique*, n° 21 (19 avril 1798), p.154; Pommier 1991, p.462.
12) Blumer 1933, 3me partie, pp.8-9, p.23 n. 39.
13) *Notice* an IX (1801) (Marquet de Vasselot 1927, p.52, n°114); McClellan 1994, p.138; Étienne 2012, p.225.
14) 以上，*Notice* an IX (1801), Avertissement pp.I-II; McClellan 1994, pp.139-140.
15) Aulanier 1947, p.18; Émile-Mâle 1964, p.164. この図からは判別できないが，左側の中央パネルは「キリストの十字架降下」，右側のそれは「十字架昇架」であるとされる。
16) *Supplément* an XIII-1804.

17) Holt 1979, pp.75-76. ところで鈴木（1991, 298 頁）は，「1802 年 3 月には，サロン・カレとグランド・ギャラリーを会場とする大展覧会がボナパルト執政によって開催を宣せられる」とする。しかし，実際には，1801 年に大ギャラリーに展示された 900 点余りの絵画に，1802 年 3 月大サロン（サロン・カレ）に展示された 85 点（到着後に修理された作品を多く含むというが）が，加わったということではなかろうか。鈴木は米国の女性美術史家ホルトの上掲書に依拠しているが，ホルトはここで，サロン・カレにはパルマ公，ヴェネツィア共和国，教皇ピウス 6 世によってフランスに譲渡されたイタリア派の最も素晴らしい絵画が掛けられており，その隣の大ギャラリーには，フランス派に加えて，フランス軍が破った国々の巨匠の絵画（フランドル・オランダ・イタリア派の作品）がかかっていたと書いている。またドノンはそれらの絵画を年代順に，かつ画派別に並べるという革新的な方法を採っており，絵画を詰めて掛けるという点でのみ当時の習慣に従っていると指摘している。そしてホルトが引用しているカタログの緒言の一節，「この方法は画派と画派，画家と画家，そして 1 人の画家の作品と作品との比較を容易にする」という文は，1803 年 3 月のイタリア派絵画の臨時展覧会のカタログの一節であり，このことから，ホルトがいう「大展覧会」とは，上記のように 2 つの展覧会を合体させたものであることが確認される。ただし，ホルトが展覧会の開幕を，アミアンの講和が成立した 3 月 25 日としているのは正確ではない。開幕日はノティスの表題にあるように 3 月 9 日とすべきであろう。

18) Chatelain 1973, pp.211, 214; Étienne 2012, p.238. また McClellan 1994, p.198 をも参照。

19) Lépicié 1752-1754.

20) Émile-Mâle 1994, passim.

21) 上述の 1801 年のノティス，04 年の補遺と Boyer 1970, pp.153-157 のリストとを照合した。

22) McClellan 1994, pp.139-140 および *Ibid.*, pp.213-214, Appendix III を参照。

23) Denon, *Corr.*, pp.1238-1239, AN3; McClellan 1994, p.140.

24) 以上，McClellan 1994, pp.141-145; Denon, *Corr.*, p.1238 n.1.

25) McClellan 1994, pp.145-148.

26) Blumer 1933, 3me partie, pp.1-4; McClellan 1994, p.131.

27) 以上については，McClellan 1994, pp.131-132; Étienne 2012, pp.226-229.

28) Étienne 2012, pp.228-229.

29) *Ibid.*, p.249; Blumer 1933, 3me partie, p.3; McClellan 1994, p.254 n.30.

30) McClellan 1994, pp.132-133.

31) *Notice* an VI (1798), Avertissement, pp.II-V; Étienne 2012, pp.247, 250, 252.

32) *Notice* an IX (1801), Avertissement, pp.I-II; *Notice* an X (1802), Avertissement, p.III. cf.McClellan 1994, p.133; Étienne 2012, pp.250-251.

33) 以上，報告の抜粋は *Notice* an X (1802), pp.49-58 に収められている。また同じ *Notice*, pp.69-70 のティツィアーノの項参照。

34) Étienne 2012, pp.252-253.
35) *Ibid*., pp.255-257. 特にフランスで行われたニス塗りと絵の具による補彩が批判された。
36) Blumer 1933, 3me partie, p.5. この頃，アカンの工房において板からカンヴァスへ移された有名なイタリア絵画に，ラファエロの「聖チェチーリア」がある。
37) Savoy 2003, t.I, pp.331-333.
38) 以上については，*Ibid*., p.332.
39) Malgouyres 1999, p.11; McClellan 1994, p.149.
40) McClellan 1994, pp.149-150; Malgouyres 1999, p.11. 以下，古代美術品ギャラリーの開設と展示については，Aulanier 1955, pp.64-82 をも参照。
41) McClellan 1994, pp.150-152; Malgouyres 1999, pp.11, 13.
42) Lanzac de Laborie 1912, pp.615, 622; id., 1913, pp.241, 258.
43) Malgouyres 1999, pp.12-14, 29.
44) *Notice des statues* an IX (1800). 各年度のノティスについては，Marquet de Vasselot 1927, pp.17-22 参照。
45) Malgouyres 1999, pp.29, 31; Gallo 1999, p.189. シャプタルは 1801 年に，ルーヴルが所蔵する古代彫刻をエトルスキの壺などと合わせて 1,500 点としている。cf. Poulot 1988b, p.163.
46) *Notice des statues* 1814 とその *Supplément* (1814) により算定。なお，リシュリュー城は 17 世紀前半に宰相リシュリューがトゥールとポワティエの中間に建設した同名の都市の城館で，その美術品は大革命時にミケランジェロの 2 体の奴隷像を始め国家に没収された。エクアン城は 16 世紀にパリ北方のエクアンにモンモランシー元帥のために建てられた城館で，17 世紀にコンデ家が継承したが，革命期に没収された。リシュリュー城の美術品については，阿河雄二郎「幻のリシュリュー城」『関学西洋史論集』36 号，2013 年参照。
47) Malgouyres 1999, pp.14-15; *Notice des statues* 1814, pp.9-20.
48) Malgouyres 1999, pp.16-17; *Notice des statues* 1814, pp.21-35; Haskell & Penny 1981, pp.284-285.
49) Malgouyres 1999, pp.18-19; *Notice des statues* 1814, pp.36-55（フリーズは pp.37-39, n°42 に記述）。
50) Malgouyres 1999, pp.20-21; *Notice des statues* 1814, pp.56-64. cf. Poulot 2001, pp.533-534.
51) Malgouyres 1999, pp.22-23; *Notice des statues* 1814, pp.65-85.
52) Malgouyres1999, pp.24-25; *Notice des statues* 1814, pp.86-108; *Supplément* 1814, p.12 (n° 274). cf. Aulanier 1955, p.74 et fig.39.
53) Malgouyres 1999, pp.26-27; *Notice des statues* 1814, pp.109-151.cf.Aulanier 1955, pp.74-75 et fig. 38.
54) Malgouyres 1999, p.29; Sahut 1979, pp.49-50.
55) Malgouyres 1999, pp.28-29; Aulanier 1955, pp.79-80.
56) Haskell & Penny 1981, pp.196-198; Aulanier 1955, p.82 et fig.60.

註／第6章　　　　　　　　　　　　　　　　　443

57) Malgouyres 1999, p.33. 後述の 1807 年展覧会のカタログを参照。
58) Malgouyres 1999, pp.31, 33; *Notice des statues* 1814, pp.152-162.
59) *Supplément* (1814), pp.I-V, 1-24.
60) McClellan 1994, p.153.
61) *Notice des statues* 1814 参照。
62) 以上については，McClellan 1994, pp.153-154; Haskell and Penny 1981, p.150.「アポロン」の項は *Notice des statues* 1814, pp.117-121 (n° 137)。
63) Boyer 1964, pp.248-249 など。
64) Chatelain 1973, pp.114, 126 et p.362 n.13; Aulanier 1947, p.20; Malgouyres 1999, p.7.
65) 以上については，Pommier 1986, pp.470, 474-478, 480, 484-485.
66) 以上2つの例については，Ibid., pp.480-481.
67) Ibid., p.482. ラカナルの報告についてはコンドルセ他（阪上編訳）2002, 380 頁参照。図書館，博物館などを備えた中央学校は 1795 年 10 月 25 日の「公教育の組織に関する法」によって，各県に1校設置される。
68) Pommier 1986, p.487.
69) Boyer 1972, p.326.
70) ブリュッセルの美術館については，Loir 1998, pp.58-61, 75-79; id. 2004, p.146.
71) Pommier 1986, pp.487-488.
72) シャプタルの報告のテクストは Poulot 1988b, pp.163-164 を，布告の原文はIbid., p.174; Loir 1998, pp.80-81 などを参照。
73) Blumer 1933, 2me partie, p.12; Loir 1998, p.85; Gould 1965, pp.77-78.
74) Loir 1998, pp.85-86. ジュネーヴについては Boyer 1972, p.330 なお，ベルギーでは他に，1798 年に教会に設置されたガンの美術館が 1802 年に公衆に門戸を開いている。また 1810 年にはアントワープの美術館が正式承認を受けたが，未だ組織が確立せず，公衆に開かれていなかった。cf. Loir 2004, pp.146-147.
75) Gould 1965, p.79.
76) *Ibid*., pp.79-80, Blumer 1933, 2me partie, p.14. 1811 年の6都市への分配数は，リヨン 52 点，カーン 35 点，ディジョン 30 点，トゥールーズ 30 点，グルノーブル 31 点，ブリュッセル 31 点であった。
77) Gould 1965, pp.78-79; Bazin 1967, pp.181-185; ポミアン 1991, 374-376 頁。
78) 以下，アムステルダムの美術館については，Bergvelt 2010, pp.324, 328-329, 334-349.
79) 以下，ブレラ絵画館については，Pillepich 2001, pp.266-271.

第6章　ルーヴル美術館と収奪美術品の利用 (2)

1) Sahut 1979, pp.39-40 et fig.n°94.
2) Carmona 2004, p.260. 1805 年以降の美術館の改造については cf. Bresc-Bautier 1999, pp. 141-145.
3) Denon, *Corr*., p.1259, AN21; Sahut 1979, pp.17, 40, 42; Aulanier 1947, pp.21-22;

　　　　Lanzac de Laborie 1913, p.291; Carmona 2004, pp.273-274.
4) 　Aulanier 1947, pp.22-23; Malgouyres 1999, pp.40-41, 49; Lanzac de Laborie 1913, p.291.
5) 　これについては，cf. Carmona 2004, pp.262-265, 270-271; Chatelain 1973, p.117.
6) 　式典については，cf. Carmona 2004, pp.276-277; Chatelain 1973, pp.207-208; Lanzac de Laborie 1913, pp.291-294 ; Malgouyres 1999, pp.43-45, 48-49.
7) 　この行列の様子については，他にもそれを精密に描いたズィスの水彩画があり，ペルシエとフォンテーヌによるデッサンとともに貴重な記録となっている。Malgouyres 1999, pp.48, 50-55; Saunier 1902, p.71（Planche VII）にそれぞれ掲載。
8) 　*Statues* 1807. cf.Marquet de Vasselot 1927, p.57 (n° 128).
9) 　Savoy 2003, t.I, pp.352-353. なお，*Ibid*., t.II に収められている *Catalogue des œuvres exposées. Statues,bustes,bas-reliefs etc.* は，公式カタログのオリジナルにサヴォワが様々な情報を付け加えた増補版である。
10) 　Savoy 2003, t.I, pp.353, 354-357; Landon 1807, pp.3-6, 13-14, pl.1~3, 7~9; Malgouyres 1999, pp.28, 36; Bresc-Bautier 1999, p.142.
11) 　Savoy 2003, t.I, pp.353-354.
12) 　以上，「アポロンのロトンド」の展示については，*Ibid*., t.I, pp.355-356, t. II, p.49 (n°72). 引用文は Landon 1807, pp.13-14.
13) 　Savoy 2003, t.I, p.356; Denon, *Corr*., p.386, n° 1001.
14) 　Savoy 2003, t.I, p.356. 以上，「ディアナの間」の様子については，*Ibid*., t.I, pp.357-358.
15) 　オラント像については，*Ibid*., t.I, p.358, t. II, pp.28-29 (n°36).
16) 　*Ibid*., t.I, p.358. 版画の別ヴァージョンは，Malgouyres 1999, p.28, Fig. 34.
17) 　Savoy 2003, t.I, pp.358-359; Malgouyres 1999, p.37.
18) 　Savoy 2003, t.I, p.360.
19) 　以上，絵画の展示については，*Ibid*., t.I, pp.360-361. 画派別の作品数は展覧会のカタログにより算定。また緒言は *Ibid*., t.II, p.5.
20) 　*Ibid*., t.I, pp.361-363.
21) 　Haskell 2000, p.39.
22) 　*Ibid*., p.39 et p.171 n. 37; Savoy 2003, t.I, pp.365-367.
23) 　Savoy 2003, t.II, pp.3-327 に収録。
24) 　*Ibid*., t.I, p.370.
25) 　*Ibid*., t.I, pp.370-371.
26) 　*Ibid*., t.I, pp.371, 373.
27) 　*Ibid*., t.I, pp.375-380.
28) 　以下については，cf. *Ibid*., t.I, pp.333, 383-388.
29) 　以下，この節は *Ibid*., t.I, pp.334-342 と，サヴォワが多くの情報を補充した上述の 1807 年展覧会カタログとにもっぱら依拠している。
30) 　*Ibid*., t.I, pp.335-336, t.II, p.34 (n°46).
31) 　*Ibid*., t.I, pp.336-339, t.II, pp.28-29 (n° 36). なお，ナポレオン期のルーヴルにお

ける彫刻作品の修理には，フランス人修復家と並んで，ローマから来たジオージ（Giosi）やフルゴーニ（Fulgoni）らイタリア人修復家の活躍が目覚ましかった。Bresc-Bautier 1999, p.135.
32) Savoy 2003, t.I, pp.339-340; t.II, p.181 (n° 408).
33) 以上，「レダ」については Savoy 2003, t.I, pp.340-342, t.II, pp.143-143 (n° 330). なお，この「ユピテルとイオ」は，ウィーンにあったオリジナルにもとづくコピーである。
34) *Ibid.*, t.I, p.341.
35) *Ibid.*, t. I, p.342.
36) *Notice* 1810 (Marquet de Vasselot 1927, p.57, n°129), Avertissement. 筆者は以下では同じノティスの 1811 年版（*Ibid.*, p.57, n°130）を使用する。
37) Chatelain 1973, p.209.
38) *Notice* 1811, Avertissement.
39) 以上，*Notices* 1801 et 1811; *Notice des statues* an IX と，Chatelain 1973, pp.210-211 による。
40) グールドによると，ルーベンスの場合，宗教画の代表作はルーヴルにおいてほとんど網羅されていたが，ギリシャ・ローマ神話を主題とする作品が欠落していた。Gould 1965, p.105.
41) グールドは，「夜警」，「織物商組合の幹部たち」，「放蕩息子の帰郷」など，レンブラントの最高傑作はどれもルーヴルに送られていないと指摘している。*Ibid.*, p.108.
42) Denon, *Corr.*, p.1181, n° 3498. この覚え書については本書終章 385-386 頁をも参照。
43) Piot 1883, pp.16-62 所収。
44) Saunier 1902, p.129. cf. Denon, *Corr.*, p.1181 n.23.
45) グールドは，ここにはなお，ラファエロのローマ以前の作である「聖母マリアの結婚」（在ミラノ）と，後期の傑作「サン・シストの聖母」（在ドレスデン）が欠けているという。Gould 1965, p.105.
46) 以上，コレッジョ，ヴェロネーゼ，ティツィアーノについては，Gould 1965, p.106-107 参照。
47) 以上，数字は Blumer1936 により算定。なお，上述のイタリアからの収奪絵画 414 点のうち，1798-1814 年を通じて一度も公開展示その他の仕方で利用されなかったものは，40 点前後と推定される。
48) Preti Hamard 1999, p.240.
49) Denon, *Corr.*, p.1063, n° 3120.
50) Haskell 2000, pp.40-41. この展覧会については，鈴木 1991, 315-316 頁をも参照。
51) Preti Hamard 1999, p.231.
52) *Notice* 1814 (Marquet de Vasselot 1927, p.59, n° 138), Avertissement, pp.I-II. 筆者は 1815 年の第 2 版（*Ibid.*, p.59, n° 139）を使用した。
53) Gould 1965, pp.112-114; Preti Amard 1999, pp.231-242. なお，上記のイタリア派

絵画75点のうち65点は，ドノンが1811-13年にイタリアで収集したものである。cf. Blumer 1936.
54) Gould 1965, p.113. マザッチョについての弁明は *Notice* 1814, p.53.
55) Preti Hamard 1999, pp.239-242; Gould 1965, pp.112-113.
56) Haskell 2000, p.41; Savoy 2003, t.I, pp.374-375.
57) Haskell 2000, pp.41-42.
58) Savoy 2003, t.I, pp.178, 375; Henry 2001, pp.80, 90.
59) Gould 1965, p.112.
60) Haskell 2000, pp.43-44.

終章　ナポレオン失脚後の美術品の返還

1) 以上については，Savoy 2003, t.I, pp.162-164; Müntz 1897, pp.706-707; Gould 1965, p.116. 以下本章に関しては，cf. Gould 1965, pp.116-130; Chatelain 1973, pp.217-249; 鈴木1991, 326-332頁を参照。
2) Müntz 1897, p.707; Savoy 2001, p.471.
3) Müntz 1897, p.708; Savoy 2001, p.473; Pécout 2001, p.504.
4) Müntz 1897, p.708.
5) 以上，Saunier 1902, p.85; Müntz 1897, p.708; Chatelain 1973, p.221; Savoy 2003, t.I, p.175; Henry 2000, p.55.
6) Chatelain 1973, p.221. ロシア皇帝の介入の証拠としてシャトランが挙げるのは，パスキエの回想録の記述（*Mémoires du Chancelier Pasquier,* Paris, 1894, t.II, p.436）である。またドノンもその『概要』（後述）の1815年7月9日の項に，「第1次侵入の際，ロシア皇帝は公然と美術館を守った」と記している（Denon, *Corr.,* p.1172）。
7) Savoy 2003, t.I, p.175; id. 2001, pp.477-478.
8) Baticle 2001, p.333; Saunier 1902, p.86.
9) Savoy 2003, t.I, pp.175-176; Denon, *Corr.*, p.1072, n° 3152.
10) Savoy 2003, t.I, p.176; id. 2001, p.478.
11) Müntz 1897, p.710; Savoy 2003, t.I, pp.177-180.
12) Müntz 1897, pp.710-711; Savoy 2003, t.I, p.180.
13) Müntz 1897, pp.712-713.
14) Savoy 2003, t.I, pp.178-180, 182.
15) *Ibid.*, p.178. アンリはこの1814年の苦い経験に鑑みて，翌15年にプロイセンによる返還要求政策に関して，交渉と裏取引により生じた失望を避けるために次のように提案している（日付はないが同年7月までには知られていた報告）。迅速な行動の必要，返還要求を担う専門家に軍事委員を充てること，彼らの全面的な行動の自由。作業を迅速にするためにメダル陳列室と国立図書館を人質に取り，フランスの模範と原則に依拠して「いくつかの傑出した絵画，彫像，その他の古美術品をわが戦勝の記念品として押収すること」。さらにドノンが

「十分な補償を行うまでは（Fiat justitia!），あの下っ端役人，あの強盗，ボナパルトのあの地獄に堕ちた魂の身柄そのものを確保しても構わない」と付言する。Savoy 1999a, p.262. サヴォワによると，アンリら委員が指摘した「1814年の返還要求時のプロイセンの外交官たちの無能，待機主義的無気力というモチーフ」こそが，1年後に軍人や愛国者たちが採用した，力によって満足を得ようとする態度を生み出す直接の原因になるのである。Savoy 2003, t.I, p.168.

16) *Ibid.*, pp.72, 176; Müntz 1897, p.715.
17) Savoy 2003, t.I, p.182; id.1999a, p.261-263.cf.Treue 1961, pp.189-190.
18) Chatelain 1973, p.221-222; Savoy 2003, t.I, p.182.
19) Müntz 1897, pp.193-194; Pécout 2001, pp.503, 506.
20) Denon, *Corr.,* p.1070. この『概要』についてサヴォワは，「ドノンがルーヴルの最期に捧げた，外科医的正確さもつ追悼の辞」と評している。Savoy 2003, t.I, p.185.
21) 以下，7月10日までの経過については，Müntz 1897, p.196; Denon, *Corr.,* pp.1170-1171.
22) Savoy 2003, t.I, p.185; id.1999a, p.262.
23) 7月11日の出来事については，cf. Müntz 1897, pp.197-198; Denon, *Corr.,* pp.1174-1176 et n° 3489.
24) 以上，Savoy 2003, t.I, pp.186, 188; Denon, *Corr.,* pp.1178-1179 et pp.1211-1212, n° 3568.
25) Savoy 2003, t.I, p.186; Müntz 1897, p.199.
26) Savoy 2003, t.I, pp.186-187. 以下，各国の委員については，*Ibid.*, p.187.
27) 以下，北ドイツ諸国による奪還の経過については，Denon, *Corr.,* p.1177, n°ˢ 3490 et 3492, p.1178, n°ˢ 3493 et 3494, pp.1179-1180, n° 3496; Müntz 1897, pp.199-200.
28) Müntz 1897, p.206; Chatelain 1973, p.232; Savoy 2003, t.I, p.187.
29) Müntz 1897, p.200; Savoy 2003, t.I, pp.187-188.
30) 以上，Denon, *Corr.,* p.1189, n° 3514, p.1212, n° 3569, p.1215, n° 3576.
31) cf. Chatelain 1973, p.181 note; Saunier 1902, pp.77-80.
32) この問題については，cf. Chatelain 1973, pp.232-233; Saunier 1902, pp.110-111; Boyer 1962, p.22; Denon, *Corr.,* p.1182, n° 3500, p.1183, n° 3501 et 3502, p.1184, n° 3504, p.1186, n° 3506.
33) Savoy 2003, t.I, pp.190-192, 262-266.
34) 以下9月4日までの経過については，Saunier 1902, pp.113-114; Chatelain 1973, pp.235-236; Denon, *Corr.,* pp.1187-1188, n°ˢ 3509-3513.
35) Denon, *Corr.,* pp.1188-1189, n° 3513; Chatelain 1973, p.236.
36) Saunier 1902, pp.124-125; Denon, *Corr.,* pp.1181, n° 3498.
37) Saunier 1902, pp.125-126; Denon *Corr.,* pp.1181-1182, n° 3498.
38) Saunier 1902, pp.127-128.
39) Denon, *Corr.,* pp.1190-1191, n° 3518.

40) Denon, *Corr.,* pp.1191-1192, n° 3519. 以下, オランダによる押収の経過については, Denon, *Corr.,* pp.1193-1194, n°ˢ 3523-3525 et 3527; Chatelain 1973, pp.235-239; Müntz 1897, p.201; Saunier 1902, pp.115-116; Boyer 1965b, p.16. また後述のウェリントン書簡の一節 (Gould, p.132) を参照。
41) 以上, 9月18日の事態については, Denon, *Corr.,* p.1193, n°ˢ 3523 et 3524. cf. Saunier 1902, pp.115-116; Chatelain 1973, p.239.
42) Saunier 1902, pp.128-129.
43) Piot 1883, pp.16-63,「フランスの委員によって奪われた絵画と美術品のリスト」による。
44) スペインへの返還については, Denon, *Corr.,* pp.1198-1200, n°ˢ 3537-3543; Müntz 1897, p.203; Saunier1902, p.134; Chatelain 1973, pp.243-244.
45) Denon, *Corr.,* p.1200, n° 3543; Chatelain 1973, p.243.
46) Chatelain 1973, pp.244-245.
47) Denon, *Corr.,* p.1200, n° 3544 et p.1222, n° 3596; Saunier 1902, pp.131-133; Müntz 1897, p.437.
48) Denon, *Corr.,* p.1225, n° 3600(2); Chatelain 1973, p.247; Gould 1965, p.126; Saunier 1902, pp.169-170.
49) Denon, *Corr.,* pp.1199-1200, n° 3542.
50) Saunier 1902, pp.174-175.
51) Chatelain 1973, pp.247-248.
52) Saunier 1902, pp.172-174; Gould 1965, p.127.
53) これについては, Denon, *Corr.,* pp.1223-1224, n° 3597 のほか, Chatelain 1973, p.240 note; Gould 1965, pp.122-123 参照。
54) サルデーニャへの返還については, Denon, *Corr.,* pp.1204-1205, n° 3548; Müntz 1897, p.437; Chatelain 1973, pp.246-247.
55) Denon, *Corr.,* pp.1205-1206, n° 3551.
56) Gotteri 1995, pp.468-472, 481.
57) 以下カノーヴァの行動と主張については, Denon, *Corr.,* pp.1201-1202, n° 3546; Müntz 1897, pp.204-207; Saunier 1902, pp.149-151. なお, カノーヴァはこの時教皇からと同時にローマの元老院から, カピトリーノ美術館から奪われた古代美術品を要求するよう命じられていた。
58) Müntz 1897, p.420.
59) Ibid., pp.421-422.
60) Ibid., pp.425-426.
61) Denon, *Corr.,* pp.1207-1208, n°ˢ 3555 et 3556.
62) *Ibid.,* pp.1201-1202, n° 3546; Müntz 1897, pp.427-428..
63) Müntz 1897, p.429.
64) Denon, *Corr.,* p.1208, n°ˢ 3558, 3559.
65) *Ibid.,* p.1209, n° 3561. ドノンの辞職については, Denon, *Corr.,* p.1209, n° 3560 のほか, Müntz 1897, pp.432-433; Chatelain 1973, p.252; Chaudonneret 2001, pp.517-

527 参照。なお，引退後のドノンはパリのヴォルテール河岸の住居兼美術館で暮らし，1825 年に 78 歳で死亡している。
66) この点は教皇庁に従属するボローニャとペルージャについて最もよく当てはまる。両者からもカノーヴァを通じて，フランスに収奪された絵画とその他の美術品の返還要求が出されていたのである。Müntz 1897, p.425.
67) Boyer 1969b, pp.80-83. なお，ラヴァレのこのリストの支配的部分を占めるのは，王立美術館に残された絵画 103 点の一覧表である。その中では，イタリア派が 85 点と圧倒的多数を占め，評価額でもヴェロネーゼの「カナの婚礼」が 100 万フラン，ティツィアーノの「荊冠のキリスト」が 30 万フランで他を引き離している。ただし，このリストに掲載されているのは，フランスに残された押収絵画の一部分に過ぎないことに注意しなければならない。
68) Gould 1965, p.126.
69) Müntz 1897, pp.434-435.
70) 以上については，Boyer 1969a, pp.131-141; Saunier 1902, pp.151-152; Chatelain 1973, p.249; Müntz 1897, p.429; 鈴木 1991, 175, 181 頁。
71) Saunier 1902, pp.154-155, 175-176; Chatelain 1973, p.248; Rionnet 1999, p.188.
72) Müntz 1897, p.436.
73) Savoy 2003, t.I, pp.189-190.
74) Pécout 2001, pp.510-512.
75) Gould 1965, p.121.
76) *Ibid.*, pp.122, 134-135. ウェリントン書簡の全文は *Ibid.*, pp.130-135 にある。
77) なお，ブリュメールの調査によると，フランスに残された 248 点の絵画のうち，1936 年の時点でフランス国内の諸施設が所蔵していたものは合計 175 点であった。その内訳は，ルーヴル美術館が 82 点，地方の美術館が合計 67 点であり，残りはパリの諸教会，旧王宮などに分散していた。Blumer 1936.
78) Chatelain 1973, pp.249, 251.
79) Gould 1965, pp.128-129.
80) McClellan 1994, p.200.
81) ルーベンスの連作は 24 枚，ル・シュウールの連作は 22 枚，ヴェルネの連作は 15 枚から成り，いずれも 1803 年にリュクサンブール宮に設けられた絵画ギャラリーに展示されていた。McClellan 1994, p.268 n.15; Poulot 1988b, p.166. 詳しくは *Notice* 1823, pp.41-45, 48- 50, 105-113 参照。
82) ここで，ナポレオン失脚後のルーヴル（王立）美術館の大ギャラリーの絵画展示状況を，帝政後期のそれと比較しておこう。手元にある 1823 年のノティスによると，同年に大ギャラリーに展示されていた絵画の数は，第 5 章の表 5-1, 2, 3 が示すように，フランス派が 300 点，北方 3 派が 485 点，イタリア派（ムリーリョらスペイン派 10 点を含む）が 430 点，合計 1,215 点であり，1811 年の 1,176 点を幾分上回っている。しかし，これはフランス派絵画が 3 倍近くに激増したことによるものであり，北方派およびイタリア派の絵画は両方で 154 点もの減少を示している。さらに最も重要な画家だけを取ると，1811 年に合計 142

点を数えたレンブラント，ファン・ダイク，ワウウェルマン，ヨルダーンス，ダウ，ホルバインの6人の作品は，1823年には71点と半減している。同様にイタリア派の中では，ラファエロの作品が26点から14点に，コレッジョの作品が9点から3点に激減したことが注目される。なお，1811年に54点の絵画が展示されていたルーベンスの場合，そのうち30点を占める押収絵画のほとんどが元所有国へ返還されたにもかかわらず，展示作品数の減少が12点に留まっているが，これは上述のようにメディチ・シリーズ24枚がここへ移されたことによる。

次に，古代美術品ギャラリーの状況についても手短に触れておきたい。この部門の責任者であったヴィスコンティが1817年に作成した王立美術館のアンティークのカタログには，合計355点の展示品が掲載されており，数的には1814年の312点を若干凌駕している。そして1820年のカタログでは，展示品の数は736点に増加している。ルーヴル美術館が所蔵する古代美術品の数は，革命期にヴェルサイユ宮殿やフランス記念物博物館から移されたもの，亡命貴族からの押収品，さらに1808年におけるボルゲーゼ・コレクションの購入などによって著しく増加しており，展示スペースの不足のために倉庫に眠っているものがきわめて多数存在した。それ故，外国からの収奪品の返還によって生じた空隙を埋めることは，物理的にはさほど困難ではなかったであろう。しかし，古代美術品ギャラリーの名声を支えていた傑作が去った痛手は大きなものがあり，それをカバーするために，ヴィスコンティらは，「アポロンの間」や「ラオコーンの間」において既述のような模様替えを行うと同時に，「方形の中庭」の南棟などに展示室を増やすことにしたのである。以上については，cf. Marquet de Vasselot 1927, p.23 (n°ˢ 23 et 24); Aulanier 1955, pp.82-84; Bazin 1967, pp.204-207; Carmona 2004, pp.290-291.

総 括
1) 「自分たちは文化財を適切かつ安全に維持・管理・公開し，それを観覧や研究のために提供する能力がある」というテーゼは，今日においても他国産の文化財を所有する国々が原産国からの返還要求をしりぞける際の有力な論拠である。ただし，このようなテーゼは，原産国の側の文化財をめぐる環境が改善されるにともなって説得力を失うことになる。この点については，荒井2012, 190頁以下を参照。
2) ベルリンにおける返還絵画の公開展示については，cf. Savoy 2003, t.I, pp.393-404.
3) この点については，Bazin 1966, p.51; id. 1967, pp.186-187; Blumer 1933, Conclusion, p.3 などを参照。
4) McClellan 1994, p.2.

参考文献

I 刊本史料

(1) 革命議会・諸委員会などの議事録集成

Archives parlementaires de 1789 à 1860, Recueil complet des débats législatifs et politiques des Chambres françaises, Première série, 1787-1799, 102 vol., Paris, 1875-2012.

Aulard (Alphonse), *Recueil des Actes du Comité de salut publique*, 28 vol., Paris, 1889-1903.

Aulard (Alphonse), *Paris sous le Consulat,* 4 vol., Paris, 1903-1909.

Extrait du procès-verbaux de la séance du Directoire exécutif, du 10 themidor an VI, Paris, 1798.

Guillaume (James), *Procès-verbaux du Comité d'instruction publique de la Convention nationale*, 5 vol., Paris, 1891-1904.

Tuetey (Alexandre) et Guiffrey(Jean), *La Commission du Muséum et la création du Musée du Louvre(1792-1793)*, Paris, 1909.

Tuetey (Louis), *Procès-verbaux de la Commission des Monuments,* 2 vol., Paris, 1902-1903.

Tuetey (Louis), *Procès-verbaux de la Commission temporaire des Arts,* 2 vol., Paris, 1912-1918.

(2) 法令・条約集

De Clercq (M.), *Recueil des traités de la France,* 23 vol., Paris, 1880-1906.

Duvergier (J.-B.), *Collection complète des lois, décrets, ordonnances, règlements et avis de Conseil d'Etat,* 30 vol., Paris, 1788-1830.

(3) 書簡集・日記・回想録・旅行記など

Denon (Dominique-Vivant), *Correspondance (1802-1815)*, éd.par M.-A.Dupuy, I.Le Masne de Chermont et E. Williamson, 2 vol., Paris, 1999.

Emperius (Johann Friedrich Ferdinand)et al.1999, *Remarques sur le vol et la restitution des œuvres d'art et des livres précieux de Brunswick avec divers témoignages sur les saisies d'art opérées en Allemagne par Vivant Denon,* éd. par Bénédicte Savoy, Paris.

Henry (Jean) 2001, *Journal d'un voyage à Paris, 1814,* éd. par B.Savoy, Paris.

参 考 文 献

Montaiglon (Anatole de) et Guiffrey (Jules), éd. 1906-07, *Correspondance des directeurs de l'Académie de France à Rome*, t.XVI et XVII, Paris.

Napoléon Ier, *Correspondance,* publiée par ordre de l'empereur Napoléon III, 32 vol., Paris, 1858-1869.

Napoléon Bonaparte, *Correspondance générale,* publiée par la Fondation Napoléon, t.1-10 (1784-1810), t.12 (1812), Paris, 2004-2014.

Quatremère de Quincy (Antoine) 1989, *Lettres à Miranda sur le déplacement des monuments de l'art de l'Italie (1796)*, Introduction et notes par Édouard Pommier, Paris, 1989.

Redon de Belleville 1892, *Notes et correspondance,* réunies par H.du Chanoy, 2 vol., Paris.

Specchio generale di tutti gli oggetti d'arti e scienze che partono da Roma per Parigi nell' anno VI dell' era repubblicana, in *Correspondance de Napoléon 1er,* t.III (annexe), pp.498-505.

Talleyrand (Charles-Maurice de) 1996, *Mémoires.L'époque napoléonienne,* présentés par Jean Tulard, Paris.

Thouin (André) 1841, *Voyage dans la Belgique, la Hollande et l'Italie*, rédigé par le baron Trouvé, 2 vol., Paris.

(4) 新聞・年報

La décade philosophique, littéraire et politique, Paris, 1794-1804.

Landon (Charles-Paul) 1807,*Annales du Musée et de l'École moderne des Beaux-arts*, Paris, 1801-1814, Première collection (1800-1809), t. XV.

Réimpression de l'Ancien Moniteur (mai 1789-novembre 1799), 32 vol., Paris, 1858-1863.

(5) カタログ類

Lépicié (François Bernard) 1752-54, *Catalogue raisonné des tableaux du Roy, avec un abrégé de la vie des peintres, fait par ordre de Sa Majesté*, Paris.

Catalogue des objets contenus dans la galerie du Muséum Français(1793), Paris, 1793. [*Catalogue* 1793]

Notice des tableaux des trois écoles, choisis dans la Collection du Muséum des Arts, rassemblés au Salon d'exposition pendant les travaux de la Galerie, au mois de Prairial an 4, Paris, 1796. [*Notice* an IV]

Notice des principaux tableaux recueillis dans la Lombardie par les commissaires du gouvernement français,an VI, Paris,1798. [*Notice* an VI]

Notice des principaux tableaux recueillis en Italie par les commissaires du gouvernement français. Seconde partie, comprenant ceux de l'État de Venise et de Rome, an VII, Paris, 1798. [*Notice* an VII]

Notice des tableaux des écoles française et flamande, exposés dans la grande Galerie dont l'ouverture a eu lieu le 18 germinal an VII; et des tableaux des écoles de Lombardie et de Bologne, dont l'exposition a eu lieu le 25 messidor an IX, Paris,1801. [*Notice* an IX]

Notice des statues, bustes, bas-reliefs et autres objets composant la Galerie des Antiques, ouverte pour la première fois le 18 brumaire an 9, Paris, 1800. [*Notice des statues* an IX]

Notice des grands tableaux de Paul Véronèse, Rubens...(etc.), an IX, Paris, 1801. [*Notice des grands tableaux* an IX]

Notice de plusiuers précieux tableaux, recueillis à Venise, Forence, Turin et Foligno, an X, Paris, 1802. [*Notice* an X]

Supplément à la notice des tableaux des trois écoles, exposés dans la grande Galerie du Musée Napoléon, Paris, an XIII-1804. [*Supplément* an XIII-1804]

Statues, bustes, bas-reliefs, bronzes, et autres antiquités, peintures, dessins, et objets curieux, conquis par la Grande Armée, dans les années 1806 et 1807, dont l'exposition a eu lieu le 14 octobre 1807, anniversaire de la Bataille d'Iéna, Paris, 1807. [*Statues* 1807]

Notice des tableaux exposés dans la Galerie Napoléon, Paris, 1811. [*Notice* 1811]

Notice des tableaux des écoles primitives de l'Italie, de l'Allemagne et de plusieurs autres tableaux de différentes écoles, exposés dans le Grand Salon du Musée Napoléon, Paris, 1814.[*Notice* 1814]

Notice des statues, bustes, bas-reliefs, de la galerie des Antiques du Musée, ouverte pour la première fois le 18 brumaire an 9, Paris, 1814. [*Notice des statues* 1814]

Supplément à la Notice des Antiques du Musée contenant l'indication des monuments exposés dans la salle des Fleuves, Paris, 1814. [*Supplément* 1814]

Notice des tableaux exposés dans la Galerie du Musée Royal, Paris, 1823. [*Notice* 1823]

Marquet de Vasselot (J.J.) 1927, *Répertoire des catalogues du Musee du Louvre (1793-1926)*, 2me édition, Paris.

II 欧文研究文献

Aulanier (Christiane) 1947, *Histoire du palais et du musée du Louvre*, 10 vol., Paris, 1947-1968, t.I: *La Grande Galerie du bord de l'eau.*

Aulanier (Christiane) 1955, *Ibid.*, t.V: *La Petite Galerie, Appartement d'Anne d'Autriche, salles romaines.*

Baticle (Janine) 2001, "La mission en Espagne", in D.Gallo, dir., *Les vies de Dominique-Vivant Denon*, pp. 325-344.

Bazin (Germain) 1966, *The Louvre,* translated from the French by M.I.Martin, London.

Bazin (Germain) 1967, *Le temps des Musées,* Liège-Bruxelles.

Béguin (S.) 1959, "Tableaux provenant de Naples et de Rome en 1802 restés en France", *Bulletin de la Société de l'histoire de l'art français*（以下，*BSHAF* と略記）, pp. 177-198.

Bergvelt (Ellinoor) 2010, "Louis Bonaparte et les beaux-arts.Le cas des artistes vivants et le musée royal", in Annie Jourdan(dir.), *Louis Bonaparte, Roi de Hollande(1806-1810)*, Paris, pp. 319-349.

Bianchi (Serge) 2008, "Le «vandalisme révolutionnaire»et la politique artistique de la Convention au temps des «terreurs».Essai de bilan raisonné", in Michel Biard, dir., *Les politiques de la Terreur*, Paris, pp. 403-419.

Bianchi (Serge) 2009, "Les fausses évidences du «vandalisme révolutionnaire»", in Michel Biard, dir., *La Révolution française.Une histoire toujours vivante*, Paris, pp. 391-405.

Bjurström (Per) 1995, "Les premiers musées d'art en Europe et leur public"in E.Pommier, éd., *Les musées en Europe à la veille de l'ouverture du Louvre*, pp. 549-563.

Blumer (Marie-Louise) 1933, "Les peintures transportées d'Italie en France de 1796 à 1814", Mémoire de recherches approfondies, Paris, École du Louvre.

Blumer (Marie-Louise) 1934a, "La commission pour la recherche des objets de sciences et arts en Italie (1796-1797)", *La Révolution française*, t.LXXXVII, pp. 62-88, 124-150 et 222-259.

Blumer (Marie-Louise) 1934b, "La mission de Denon en Italie (1811)", *Revue des études napoléoniennes*, pp. 237-257.

Blumer (Marie-Louise) 1936, "Catalogue des peintures transportées d'Italie en France de 1796 à 1814", *BSHAF*, pp. 244-348.

Bordes (Philippe) 2004, "Musée Napoléon", in Bonnet (Jean-Claude), dir., *L'Empire des Muses. Napoléon, les Arts et les Lettres*, Paris.

Boulad-Ayoub (Josiane) 2012, *L'abbé Grégoire et la naissance du patrimoine national, suivis des trois rapports sur le vandalisme*, Laval.

Boyer (Ferdinand) 1962, "La Trophées d'Aix-la-Chapelle et de Berlin à Paris", *Revue de l'Institut Napoléon*, n° 82, pp. 15-24.

Boyer (Ferdinand), 1964, "Les responsabilités de Napoléon dans le transfert à Paris des œuvres d'art de l'étranger", *Revue d'histoire moderne et contemporaine*, t.XII, pp. 241-262.

Boyer (Ferdinand), 1965a, "Louis XVIII et la restitution des œuvres d'art confisquées sous la Révolution et l'Empire", *BSHAF*, pp. 201-207.

Boyer (Ferdinand), 1965b, "Comment fut décidée en 1815 la restitution par la France des œuvres d'art de la Belgique", *Société belge d'études napoléoniennes*, n°53, pp. 9-17.

Boyer (Ferdinand) 1969a, *Le monde des arts en Italie et en France de la Révolution et de l'Empire*, Torino.

Boyer (Ferdinand), 1969b, "Le Musée du Louvre après les restitutions d'œuvres d'art de l'étranger et les musées des départements (1816)", *BSHAF*, pp. 79-91.

Boyer (Ferdinand) 1970, "Une conquête artistique de la Convention: Les tableaux du Stathouder(1795), *BSHAF*, pp.149-157.

Boyer (Ferdinand) 1971a, "Les conquêtes scientifiques de la Convention en Belgique et dans les pays rhénans (1794-1795)", *Revue d'histoire moderne et contemporaine,* t.XVII, pp. 354-374.

Boyer (Ferdinand) 1971b "Le transfert à Paris des collections du stathouder(1795)", *Annales historiques de la Révolution française* (以下, *AHRF* と略記), n°205, 1971/2, pp. 389-404.

Boyer (Ferdinand) 1971c, "L'organisation des conquêtes artistiques de la Convention en Belgique", *Revue belge de philologie et d'histoire*, pp. 490-500.

Boyer (Ferdinand) 1972, "Le Directoire et la création des musées des départements", *BSHAF*, pp. 325-330.

Bresc-Bautier (Geneviève) 1999, "Dominique-Vivant Denon, premier directeur du Louvre", in *Dominique-Vivant Denon. L'œil de Napoléon,* pp. 130-145.

Brière (Gaston) 1920, "Le peintre J.-L.Barbier et les conquêtes artistiques en Belgique (1794)", *BSHAF*, pp. 204-210.

Cantarel-Besson (Yveline) 1981 *La naissance du musée du Louvre. La politique muséologique sous la Révolution d'après les archives des musées nationaux*, 2 vol., Paris.

Carmona (Michel) 2004, *Le Louvre et les Tuileries. Huit siècles d'histoire,* Paris.

Caron (Pierre) 1910, "Les «agences d'évacuation» de l'an II", *Revue d'histoire moderne et contemporaine*, t.XIII, pp. 153-169.

Chatelain (Jean) 1973, *Dominique Vivant Denon et le Louvre de Napoléon,* Paris.

Chatelain (Jean) 1999, « Musée Napoléon », in Tulard (Jean), dir., *Dictionnaire Napoléon,* 2 vol., 2me éd., Paris, t.II, pp. 361-363.

Chaudonneret (Marie-Claude) 2001, "De la démission de Denon au limogeage de Lavallée", in D. Gallo (dir.), *Les vies de Dominique-Vivant Denon*, pp. 517-527.

Clément de Ris (Louis) 1859-1861, *Les musées de province, Hsitoire et description,* 2 vol., Paris.

Daugeron (Bertrand) 2009, *Collections naturalistes entre sciences et empires, 1763-1804,* Nancy.

Décultot (Elisabeth) 1999, "Le cosmopolitisme en question. Goethe face aux saisies françaises d'œuvres d'art sous la Révolution et l'Empire", in *Goethe cosmopolite, Revue germanique internationale,* pp. 161-175.

Devleeshouwer (Robert) 1964, *L'Arrondissement du Brabant sous l'occupation française, 1794-1795,* Bruxelles.

Dittscheid (Hans-Christoph) 1995; "Le musée Fridericianum à Kassel (1769-1779): un incunable de la construction du musée au siècle des Lumières", in Pommier éd., *Les musées en Europe à la veille de l'ouverture du Louvre, Actes du Colloque,* pp. 157-211.

Dufraisse (Roger) et Kerautret (Michel) 1999, *La France napoléonienne.Aspects extérieurs(1799-1815),* Paris.

Dupuy (Marie-Anne) 1999, "Chronologie", in *Dominique-Vivant Denon. L'œil de*

Napoléon, Paris, pp.494-507.
Dussler (Luitpold) 1971, *Raphael. A Critical Catalogue of his Pictures, Wall-Paintings and Tapestries*, London.
Eckardt (Götz) 1986, "Der napoleonische Kunstraub in den königlichen Schlössern von Berlin und Potsdam", in Klingenburg (Karl-Heinz), hg., *Studien zur Berliner Kunstgeschichte,* Leipzig, pp.122-142, 313-318.
Émile-Mâle (Gilberte) 1964, "Le séjours à Paris de 1794 à 1815 de célèbres tableaux de Rubens", *Bulletin de l'Institut royal du patrimoine artistique*, VII, pp.153-171.
Émile-Mâle (Gilberte) 1979, "Le séjours à Paris entre 1799 et 1815 de quelques tableaux du Palais Pitti", *Florence et la France. Rapport sous la Révolution et l'Empire,* Paris-Florence, 1979, pp.237-249.
Émile-Mâle (Gilberte) 1994, *Inventaires et restauration au Louvre de tableaux conquis en Belgique, septembre 1794-fevrier 1795*, Bruxelles.
Étienne (Noémie) 2012, *La restauration des peintures à Paris(1750-1815).Pratiques et discours sur la matérialité des œuvres d'art*, Rennes.
Fournoux (Amable de) 2002, *Napoléon et Venise, 1796-1814*, Paris.
Furet (François) et Richet (Denis) 1973, *La Révolution française*, Paris (première édition 1965).
Furet (François) et Ozouf (Mona)1988, *Dictionnaire critique de la Révolution française*, Paris（河野健二・阪上孝・富永茂樹監訳『フランス革命事典』2巻、みすず書房、1995年）。
Gaehtgens (Thomas.W.) 2001, "Les visiteurs allemands du musée Napoléon", in Gallo (dir.), *Les vies de Dominique-Vivant Denon,* pp.725-739.
Gallo (Daniela) 1999, "Les antiques du Louvre.Une accumulation de chefs-œuvre", in *Dominique-Vivant Denon. L'œil de Napoléon*, pp.182-194.
Gallo (Daniela), dir. 2001, *Les vies de Dominique-Vivant Denon. Actes du colloque organisé au musée du Louvre par le Service culturel du 8 au 11 décembre 1999*, 2 vol., Paris.
Gallo (Daniela) 2001, "Le musée Napoléon et l'histoire de l'art antique, in Gallo (dir.), *Les vies de Dominique-Vivant Denon,* pp.685-723.
Godechot (Jacques) 1956, *La grande nation.L'expansion révolutionnaire de la France dans le monde, 1789-1799*, 2 vol., Paris.
Godechot (Jacques) 1967, *L'Europe et l'Amérique à l'époque napoléonienne,* Paris.
Godechot (Jacques) 1969, "Les variations de la politique française à l'égard des pays occupés, 1792-1815", in *Occupants-Occupés, 1792-1815*, pp.15-33.
Gotteri (Nicole) 1995, "Enlèvements et restitutions des tableaux de la galerie des rois de Sardaigne (1798-1816)", *Bibliothèque de l'École des Chartes*, vol.13-2, pp.459-481.
Gould (Cecil) 1965, *Trophy of Conquest. The Musée Napoléon and the Creation of the Louvre,* London.
Guillaume (J.) 1901, "Grégoire et le vandalisme", *La Révolution française*, t.41, pp.155-

180 et 242-269.
Harouel (Jean-Louis) 1997, *Les républiques sœurs*, Paris.
Haskell (Francis) 1976, *Rediscoveries in Art, Some aspects of taste, fashon and collecting in England and France,* London.
Haskell (Francis) 2000, *The Ephemeral Museum. Old Master Paintings and the Rise of the Art Exhibition*, New Haven & London.
Haskell (Francis) & Penny (Nicholas) 1981, *Taste and the Antique.The Lure of Classical Sculpture, 1500-1900*, New Haven & London.
Holt (Elizabeth Gilmore) 1979, *The Triumph of Art for the Public.The Emerging Role of Exhibitions and Critics*, New York.
Jourdan (Annie) 1998, *Napoléon: héros, imperator, mécène,* Paris.
Jourdan (Annie) 2000, *L'empire de Napoléon*, Paris.
Kennedy (Emmet) 1991, *A Cultural History of the French Revolution*, New Haven.
Lacour (Pierre-Yves) 2007, "Les Commissions pour la recherche des objets d'art et de sciences en Belgique, Allemagne, Hollande et Italie, 1794-1797: des voyages naturalistes?", in Nicolas Bourguinat et Sylvain Venayre (dir.), *Voyages en Europe.de Humboldt à Stendhal,* Paris, pp.21-39.
Lacour (Pierre-Yves) 2009, "Les amours de Mars et de Flore aux cabinets. Les confiscations naturalistes en Europe septentrionale (1794-1795)", *AHRF*, n°358, pp.71-92.
Lanzac de Laborie (Léon) 1912, "Le Musée du Louvre au temps de Napoléon d'après les documents inédits", *Revue des Deux Mondes*, X, pp.608-643.
Lanzac de Laborie (Léon) 1913, *Paris sous Napoléon,* t.VIII: *Spectacles et Musées*, 2me éd., Paris.
Lefebvre (Georges) 1951, *La Révolution française*, Paris.
Lelièvre (Pierre) 1993, *Vivant Denon.Homme des lumières, "Ministre des arts"de Napoléon*, Paris.
Lentz (Thierry) 2004, "Napoléon, les arts, la politique", in Laveissière (Sylvain), dir., *Napoléon et le Louvre,* Paris, pp.11-33, 242-243.
Lentz (Thierry) 2007, *Nouvelle histoire du premier empire,* t.III: *La France et l'Europe de Napoléon, 1804-1814,* Paris.
Lentz (Thierry) 2008, *Quand Napoléon inventait la France. Dictionnaire des Institutions politiques, administratives et de Cour du Consulat et de l'Empire*, Paris.
Leroy-Jay Lemaistre (Isabelle) 2004, "Le Musée du Louvre", in Laveissière (Sylvain), dir., *Napoléon et le Louvre,* Paris, pp.175-197, 246.
Loir (Christophe) 1998, *La sécularisation des œuvres d'art dans le Brabant (1773-1842) et la création du Musée de Bruxelles,* Bruxelles.
Loir (Christophe) 2004, *L'émergence des beaux-arts en Belgique. Institutions, artistes, public et patrimoine (1773-1835),* Bruxelles.
Mainardi (Patricia) 1989, "Assuring the Empire of the Future: The 1798 Fête de la

Liberté", *Art Journal*, pp.155-163.

Malgouyres (Philippe) 1999, *Le Musée Napoléon*, Paris.

McClellan (Andrew) 1994, *Inventing the Louvre. Art, Politics, and the Origins of the Modern Museum in 18th Century Paris*, Berkeley.

Merryman (John Henry) 1986, "Two ways of thinking about cultural property", *American Journal of International Law*, Vol.80/4, pp.831-853.

Merryman (John Henry) ed., 2006, *Imperialism, Art and Restitution*, New York.

Müntz (Eugène) 1894-1896, "Les annexions de collections d'art ou de bibliothèques et leur rôle dans les relations internationales, principalement pendant la Révolution française", *Revue d'histoire diplomatique*, 1894, pp.481-497, 1895, pp.375-393, 1896, pp.481-508.

Müntz (Eugène) 1897, "Les invasions de 1814-1815 et la spoliation de nos musées", *Nouvelle revue*, avril 1897, pp.703-716, juillet 1897, pp.193-207, août 1897, pp.420-439.

Musiari (Antonio) 1986, *Neoclassicismo senza modelli.L'Accademia di Belle Arti di Parma tra il periodo napoleonico e la Restaurazione (1796-1820)*, Parma.

Occupants-occupés, 1792-1815.Colloque de Bruxelles, 29 et 30 janvier 1968, 1969, Bruxelles.

Ozouf (Mona) 1970, "Du thermidor à brumaire: Le discours de la Révolution sur elle-même", *Revue Historique*, n° 243, pp.31-66.

Ozouf (Mona) 1971, "Le Cortège et la ville.Les itinéraires parisiens des fêtes révolutionnaires", *Annales: Économies, Sociétés, Civilisations*, 26e Année, 1971/5, pp.889-916（モナ・オズーフ 1988，所収）。

Ozouf (Mona) 1976, *La fête révolutionnaire, 1789-1799*, Paris（第1章，モナ・オズーフ 1988，所収）。

Pécout (Gilles) 2001, "Vivant Denon, l'impossible négociateur de 1814-1815 ", in Gallo (dir.), *Les vies de Dominique-Vivant Denon*, t. I, pp.497-515.

Pillepich (Alain) 2001, *Milan, capitale napoléonienne, 1800-1814*, Paris.

Piot (Charles) 1883, *Rapport à M.le Ministre de l'Intérieur sur les tableaux enlevés à la Belgique en 1794 et restitués en 1815*, Bruxelles.

Pommier (Édouard) 1986 "Naissance des musées de provinces", in Nora (Pierre), dir., *Les lieux de mémoire*, II, *La Nation*, 2, Paris, pp.451-495.

Pommier (Édouard) 1988, "Idéologie et musée à l'époque révolutionnaire", Vovelle (Michel), éd., *Les images de la Révolution française*, Paris, 1988, pp.57-78.

Pommier (Édouard) 1989a, "La fête de thermidor en l'an VI", in *Fêtes et Révolution*, ouvrage collectif, Dijon-Paris, 1989, pp.178-215.

Pommier (Édouard) 1989b, "La Révolution & le destin des œuvres d'art", Introduction et notes de Quatremère de Quincy, *Lettres à Miranda*, Paris, 1989, pp.7-83.

Pommier (Édouard) 1991, *L'art de la liberté.Doctrines et débats de la Révolution française*, Paris.

Pommier (Édouard) 1992, "Discours iconoclaste, discours culturel, discours national, 1970-1974", in *Révolution française et «vandalisme révolutionnaire», Actes du colloque international de Clermont-Ferrand, 15-17 décembre 1988*, recueillis et présentés par S. Bernard-Griffiths, M.-C. Chemin et J.Ehrard, pp.299-313.

Pommier (Édouard), éd.1995, *Les musées en Europe à la veille de l'ouverture du Louvre, Actes du Colloque, 3-5 juin 1993*, Paris.

Pommier (Édouard), 2000, "Vienne 1780-Paris 1793 ou le plus révolutionnaire des deux musées n'est peut-être pas celui auquel on pense d'abord⋯", *Revue Germanique Internationale*, n^{0}13, pp.67-86.

Pougetoux (Alain) 2001, "Le Directeur et l'Impératrice", in Gallo (dir.), *Le vies de Dominique-Vivant Denon*, pp.105-123.

Poulot (Dominique) 1988a, "La naissance du musée", in Ph.Bordes et R.Michel (dir.), *Aux armes et aux arts! Les arts de la Révolution, 1789-1799*, Paris, pp.202-231.

Poulot (Dominique) 1988b, "Le ministre de l'Intérieur: la fondation des musées de province", in Peronnet (Michel), dir., *Jean-Antoine Chaptal*, Toulouse, pp.162-176.

Poulot (Dominique) 1997, *Musée, nation, patrimoine,1789-1815*, Paris.

Poulot (Dominique) 2001, "La légitimité du musée Napoléon", in Gallo (dir.), *Les vies de Dominique-Vivant Denon*, pp.529-550.

Preti Hamard (Monica) 1999, "L'exposition des écoles primitives au Louvre: La partie historique qui manquait au Musée", in *Dominique-Vivant Denon. L'œil de Napoléon*, pp.237-243.

Rionnet (Florence) 1999, "L'atelier du moulage du musée Napoléon", in *Dominique-Vivant Denon. L'œil de Napoléon*, p.188.

Rosenberg (Martin) 1985-86, "Raphael's Transfiguration and Napoleon's Cultural Politics", *Eighteenth Century Studies*, Vol.19, 1985-86, pp.180-205.

Rosenberg (Pierre) et Dupuy (Marie-Anne), éd.1999, *Dominique-Vivant Denon. L'œil de Napoléon, Catalogue d'exposition*, Paris.

Sahut (Marie-Catherine), rédigé. 1979, *Le Louvre de Hubert Robert. Catalogue*, Paris.

Saunier (Charles) 1902, *Les conquêtes artistiques de la Révolution et de l'Empire*, Paris.

Savoy (Bénédicte) 1999a, "« Le naufrage de toute une époque », Regards allemands sur les restitutions de 1814-1815", in *Dominique-Vivant Denon. L'œil de Napoléon*, pp.258-267.

Savoy (Bénédicte) 1999b, "Denon chez Goethe à Weimar", in *Dominique-Vivant Denon. L'œil de Napoléon*, p. 172.

Savoy (Bénédicte) 2001, " «Negocium und Antichambrieren».Les réclamations allemandes de 1814", in Gallo (dir.), *Les vies de Dominique-Vivant Denon*, pp.461-495.

Savoy (Bénédicte) 2003, *Patrimoine annexé. Les biens culturels saisis par la France en Allemagne autour de 1800*, 2 vol., Paris.

Savoy (Bénédicte), hg. 2006, *Tempel der Kunst.Die Geburt des öffentlichen Museums in*

Deutschland, 1701-1815, Mainz.
Souchal (François) 1993, *Le vandalisme de la Révolution,* Paris.
Sprigath (Gabriele) 1980 "Sur le vandalisme révolutionnaire (1792-1794)", *AHRF*, n°242, pp.510-535.
Treue (Wilhelm) 1961, *Art Plunder.The Fate of Works of Art in War and Unrest*, translated from the German by Basil Creighton, New York.
Tulard (Jean) 1982, *Le Grand Empire, 1804-1815*, Paris.
Tulard (Jean) 1999a, "Y eut-il une politique artistique de Napoléon ?", in Denon, *Correspondance*, pp.9-15.
Tulard (Jean), dir. 1999b, *Dictionnaire Napoléon,* 2me édition, 2 vol., Paris.
Turner (Martha L.) 1980, "French Art Confiscation in the Roman Republic", *The Consortium on Revolutionary Europe Proceedings*, II, pp.43-51.
Wescher (Paul) 1976, *Kunstraub unter Napoleon,* Berlin.
Williamson (Elaine) 1999, " Denon et Stendhal", in *Dominique-Vivant Denon. L'œil de Napoléon,* p.134.

III 邦語文献

荒井信一 2012,『コロニアリズムと文化財——近代日本と朝鮮から考える』岩波新書。
泉美知子 2013,『文化遺産としての中世——近代フランスの知・制度・感性に見る過去の保存』三元社。
ヴァザーリ（平川祐弘・小谷年司・田中英道訳）1982,『ルネサンス画人伝』白水社。
ヴィンケルマン（中山典夫訳）2011,『古代美術史』中央公論社美術出版部。
モナ・オズーフ（立川孝一訳）1988,『革命祭典——フランス革命における祭りと祭典行列』岩波書店。
J. ゴデショ（瓜生・新倉・長谷川・山﨑・横山訳）1989,『フランス革命年代記』日本評論社。
コンドルセ他（阪上孝編訳）2002,『フランス革命期の公教育論』岩波文庫。
J. サロワ（波多野宏之・永尾信之訳）2003,『フランスの美術館・博物館』白水社。
K. シュバート（松本栄寿・小浜清子訳）2004,『進化する美術館——フランス革命から現代まで』玉川大学出版部。
杉本淑彦 2000,『ナポレオン伝説とパリ——記憶史への挑戦』山川出版社。
鈴木杜幾子 1991,『画家ダヴィッド——革命の表現者から皇帝の首席画家へ』晶文社。
鈴木杜幾子 1992,「王家建造物監督官ダンジヴィレ伯爵の美術行政」前川誠郎先生記念論集刊行会編『美の司祭と巫女——西洋美術史論叢』中央公論社美術出版部、257-273 頁。
多木浩二 1984,『「もの」の詩学——ルイ 14 世からヒトラーまで』岩波書店。
田中佳 2009,「フランス革命前夜のルーヴル美術館計画（1751-89 年）」『聖学院大学総合研究所紀要』47 号、461-490 頁。

田中佳 2011a,「アンシァン・レジーム末期の偉人の称揚――ダンジヴィレの『奨励制作』偉人像と美術館の役割」『日仏歴史学会会報』26号, 3-18頁。
田中佳 2011b,「フランス革命前夜における美術行政と公衆の相関――ダンジヴィレの『奨励制作』(1777-89) を事例として」『西洋史学』242号, 38-56頁。
谷口健治 2003,『バイエルン王国の誕生』山川出版社。
H. トレヴァー＝ローパー（樺山紘一訳）1985,『絵画の略奪』白水社。
永井三明 2004,『ヴェネツィアの歴史・共和国の残照』刀水書房。
プルタルコス（柳沼重剛訳）2007,『英雄伝2』京都大学学術出版会。
G. ブレスク（高階秀爾監修, 遠藤ゆかり訳）2004,『ルーヴル美術館の歴史』創元社。
J.P. ベルト（瓜生・新倉・長谷川・松嶌・横山訳）2001,『ナポレオン年代記』日本評論社。
クシシトフ・ポミアン（吉田城・吉田典子訳）1992,『コレクション』平凡社。
松宮秀治 2009,『ミュージアムの思想』（新装版）白水社。
本池立 1992,『ナポレオン――革命と戦争』世界思想社。

人名索引
（現代の研究者名は省略した）

ア 行

アウグスト（ザクセン選帝侯，王）
　　vii, 172, 173, 174
アカン，ジャン＝ルイ　262
アカン，フランソワ＝トゥーサン
　　215, 251, 266, 297–300, 301, 344, 346, 442
アベ・グレゴワール，アンリ　35–39, 44, 117, 126, 244, 420, 425
アベ・テレー，ジョゼフ＝マリー　223
アポストール，コルネリス　384, 385
アモーリー＝デュヴァル，クロード＝アレクサンドル　275
アラバ伯　391
アルキエ，シャルル＝ジャン＝マリー　59, 144, 145, 149
アルトー・ド・モントール　208
アルトドルファー，アルブレヒト　153, 434
アルバーニ，フランチェスコ　283, 284, 350
アルバーニ公（家）　131–33, 142, 146, 151, 284, 305, 350, 371, 407, 412, 418
アレクサンドル1世（ロシア皇帝）　191, 367, 400
アレッサンドリ　210, 214–16, 396, 436
アンギエ，フランソワ　307, 308
アンドレア・デル・サルト　139, 262, 283
アンヌ・ドートリシュ　302, 307
アンリ，ジャン　182, 361, 367, 369, 370, 371, 446, 447

アンリ4世（フランス王）　242, 343
ヴァイチュ，アントン　378
ヴァザーリ，ジョルジョ　147, 215, 271, 293, 359, 362
ヴァトー，アントワーヌ　139, 180, 241, 302, 434
ヴァランタン，モイーズ　137, 153, 281, 283, 349
ヴァロン，カジミール　43, 238, 250
ヴァンサン，フランソワ＝アンドレ　103, 235, 239, 297
ヴァン・デ・ヴェルデ，アドリアーン　192, 282, 349
ヴァン・デル・ウェルフ，アドリアーン　191, 192, 282, 353
ヴィカール，ジャン＝バティスト　34, 35, 42–44, 81, 99, 117, 133, 138, 139, 238, 239
ヴィスコンティ，エンニオ＝クイリーノ　159, 160, 176, 198, 304, 306, 313, 314, 404, 450
ウィレム5世（オラニエ公，共和国統領）　59, 416
ヴィンケルマン，ヨハン＝ヨアヒム　80, 102, 293, 314, 371, 384
ウェーニクス，ヤン＝バプテスト　274
ウェリントン公　207, 388, 407, 410, 411
ヴェルネ，ジョゼフ　105, 240, 251, 260, 281, 283, 285, 322, 349, 414, 449
ヴェロネーゼ，パオロ　75, 81, 86–88, 118, 126, 127, 191, 192, 194, 240, 241, 251, 259, 272–75, 283, 284, 288, 350, 355, 361, 394, 413, 414, 418, 428, 449

ヴォルテール　161
ウジェーヌ・ド・ボーアルネ（イタリア王国副王）　212, 213, 325
ヴルヒェレスト　388, 398, 402
ヴルムザー・ド・ストラスブール（ヴルムザー・ド・プラーグ）　357, 359
エカチェリーナ2世（ロシア皇帝）　vii
エスキュディエ　92, 429
エマール、アンジュ＝マリー　134, 135
エリザ・ボナパルト　166, 176
エンペリウス　181, 184-88, 199, 347, 378
オスターデ、アドリアーン　268, 282, 349
オルレアン公フィリップ　346
オルレアン公ルイ　347

カ 行

カイル、アントン　58, 152, 154
カコー、フランソワ　78, 79, 146, 401
カースルレー、ロバート＝スチュアート　401, 410
カドール公（シャンパニー）　205, 212
カトルメール・ド・カーンシー、アントワーヌ　99, 101, 103, 106, 162, 163, 259, 293
カノーヴァ、アントニオ　400-03, 406-08, 410-12, 448, 449
カミッロ・マッシミ侯　84
ガラ、ドミニーク　190, 225, 236, 237, 252, 253, 263, 316, 328
カラヴァッジョ、ミケランジェロ　80, 126, 127, 129, 191, 192, 272, 283
カラッチ、アゴスティーノ　126, 283
カラッチ、アンニバレ　80, 126, 127, 186, 241, 271, 272, 283, 284, 350
カラッチ、ロドヴィコ　80, 126, 127, 241, 271, 273, 275, 283, 288, 361
カラッチ一族　75, 77, 127
カール・ヴィルヘルム・フェルディナント（ブラウンシュヴァイク公）　184
カールスハウゼン　378, 379
カルノー、ラザール　17, 32, 43
カルロ・エマヌエレ3世（サルデーニャ王）　135
カルロ・エマヌエレ4世（サルデーニャ王）　135
カルロス4世（スペイン王）　142, 206
カンバセレス、ジャン＝ジャック＝レジス・ド　161, 315
ギトン＝モルヴォー、ルイ＝ベルナール　27, 28, 43, 297
ギルランダイオ、ドメニコ　211, 358
ギルランダイオ、リドルフォ　215
グェルチーノ　75, 77, 80, 126, 127, 129, 130, 241, 271, 272, 283, 284, 288, 293, 350, 355, 361, 414
クエンティン・マサイス　52, 285
クーシェ、フランソワ　290
クラーナハ（父）、ルーカス　47, 178, 185, 192, 194, 195, 201, 282, 337, 338, 349, 359, 360, 362
クラーヤー、ガスパール・ド　37, 52, 243, 285, 361, 385
クリスティーナ（スウェーデン女王）　336, 346
グリム、ヤーコプ　15
クレリソー、シャルル＝ルイ　245
グロ、アントワーヌ　81, 83, 95, 376
クロード・ロラン　191, 240, 281, 283
ゲーテ　107, 171, 201, 429, 430
ケルサン、アルマン＝ギー　32, 35, 36, 39, 235
コズウェイ、マリア　290, 293
コスタ侯　71, 398
ゴドイ、マヌエル　203, 205
コピータール　369
ゴヤ、フランシスコ・デ　204

人名索引

ゴルツ伯,カール=ハインリヒ=フリードリヒ　362, 370
コレッジョ　40, 71, 75, 126, 127, 139, 151, 172, 173, 178, 181, 186, 192, 194, 212, 241, 251, 271, 283, 344, 346, 347, 350, 355, 363, 369, 414, 418, 450
コワペル,シャルル=アントワーヌ　222, 281, 347
コンタリーニ,ジョヴァンニ　288

サ 行

サヴォイア公オイゲン(プリンツ・オイゲン)　135, 172
サッキ,アンドレア　129, 288
サッバティーニ,アンドレア　147, 274, 275
サン・ユベール,オーギュスト=シュヴァル・ド　105, 250, 253, 302
シェニエ,マリー=ジョゼフ　122
ジェラール,フランソワ　105
ジェローム・ボナパルト(ヴェストファーレン王)　323
シャドウ,ヨハン=ゴットフリート　171, 182–84, 195, 337, 345, 436
シャプタル,ジャン=アントワーヌ　142, 145, 146, 160, 319, 320, 432, 442
シャルルマーニュ　46, 53, 151, 307, 383
シャンスネッツ侯　376, 378, 389
シャンパーニュ,フィリップ・ド　240, 258, 282, 349
シュヴァルツェンブルク公　393, 397, 402
シュブレイラス　251, 281
ジュールダン,ジャン=バティスト　39, 137
ジョゼフィーヌ(フランス皇妃)　81, 163, 191, 193, 381, 435
ジョゼフ・ボナパルト(ナポリ王,スペイン王)　130, 391
ジョット・ディ・ボンドーネ　210, 358, 359
ジョルジョーネ　129, 139, 186, 194, 283, 346, 347
ショワズール=グーフィエ　96, 217, 307
ショーンガウアー,マルティン　184, 337
ズィス,バンジャマン　167, 171, 189, 193, 211, 311, 335, 444
スヴォーロフ,アレクサンドル　136
スキアヴォーネ,アンドレア　194
ステーン,ヤン　191, 282, 285, 324, 354
ステーンヴィック,ヘンドリック　191
スネイデルス,フランス　63, 282, 285
スフロ,ジェルマン　224, 225
スルー・ダジャンクール,ジャン=バティスト　196
スルト(ダルマチア公),ニコラ　206, 361, 391, 392
スルバラン,フランシスコ・デ　205, 206, 359, 360, 391
セルジャン,アントワーヌ　40, 237

タ 行

ダウ,ヘリット　71, 137, 178, 186, 191, 251, 273, 282, 284, 324, 349, 352, 353, 450
ダヴィッド,ジャック=ルイ　16, 33, 34, 43, 44, 103, 157–59, 162, 163, 233, 234, 238, 239, 242, 246, 261, 263, 376
ダリュ,ピエール　160, 176, 183, 188, 193, 196, 211, 330, 331
タレーラン,シャルル=モーリス・ド　144–46, 149, 150, 163, 174, 234, 296, 366, 373, 374, 385, 387, 388,

393, 400, 402, 410
ダンジヴィレ伯　29, 221, 223, 224, 226, 228, 236, 239, 241, 259
ダンドロ，エンリコ　89
チェッリーニ，ベンヴェヌート　139
チマブーエ　147, 210, 213, 357-59, 396
ツェルター，カール＝フリードリヒ　201
ティアリーニ，アレッサンドリ　80, 126, 292
ティエルシュ，フリードリヒ　368, 371, 380, 384
ティツィアーノ・ヴェチェリオ　40, 74, 86, 87, 118, 126, 127, 139, 178, 181, 186, 191, 192, 194, 202, 240, 241, 251, 259, 271-74, 283, 284, 296, 299, 350, 355, 356, 413, 414, 418, 449
ディドロ，ドニ　223
ティネ，ジャック＝ピエール　42, 45-48, 50, 51, 53, 73-75, 78, 82-85, 87, 88, 95, 97, 114, 128, 358
ティボドー，アントワーヌ　64, 65, 427
ティントレット　86, 87, 126, 127, 153, 191, 192, 194, 272, 283, 288, 350
テニールス（子），ダフィット　186, 191, 251, 282, 284, 349, 353
デメトリオス・ポリオルケテス　37
デュフォ，レオナール　7, 130, 132
デュフルニー，レオン　93, 103, 145-49, 157, 160, 252, 429
デュポン，ピエール　137, 141, 142, 399
デューラー，アルブレヒト　53, 63, 168, 178, 185, 186, 192, 194, 195, 201, 282, 336, 341, 349, 353, 357, 359, 434
デュロック，ジェロー　331
ド・ヴァイイ，シャルル　44, 49, 53,

55, 56, 157, 252, 301, 302
トゥーアン，アンドレ　44, 48-52, 54, 57, 58, 61-66, 73, 81, 96, 97, 109-11, 114, 116, 117, 120, 124, 125, 128
ドセー，ルイ　141, 163
ドッシ，ドッソ　129
ドーヌー，ピエール＝クロード＝フランソワ　131-33, 365
ドノン，ドミニーク＝ヴィヴァン　vi, 4, 6-9, 12, 13, 15, 18-20, 90, 103, 149-51, 157-69, 171-218, 288-91, 293, 294, 301, 314, 315, 329-31, 334, 337, 338, 342-45, 349, 354, 355, 357, 359-63, 368-76, 378-89, 391, 393-98, 400-04, 408-10, 416, 417, 419, 420, 435, 436, 441, 447
ドメニキーノ　126, 129, 178, 211, 213, 240, 241, 272, 283, 284, 292, 350
ドラクロワ，シャルル　78, 79, 109, 208
ドロミウ　314

ナ　行

ヌヴー，フランソワ＝マリー　151-54, 195, 200, 380, 384, 432
ヌフシャトー　→フランソワ・ド・ヌフシャトー
ネッセルローデ　400
ネーフス，ピーテル　191, 192, 282
ノルマン，シャルル　311, 331-36, 338

ハ　行

パジュー，オーギュスト　103, 157, 239, 252
バックハイゼン，ルドルフ　192
バッサーノ，ヤコポ　194, 283
ハミルトン，ウィリアム＝リチャード

人名索引

400, 401
ハルデンベルク, カール＝アウグスト 366
バルビエ, リュック 27-30, 35, 38, 39, 43, 46-48, 50, 51, 64, 99, 244
パルマ・イル・ヴェッキオ 194
パルミジャニーノ 139, 283
バレール, ベルトラン 33, 232, 235, 237
ピウス6世（ローマ教皇） 82, 130, 132, 229, 393, 401, 441
ピウス7世（ローマ教皇） 330, 365, 393
ピオ, シャルル 6, 11, 30, 354, 390
ピガージュ, ニコラ・ド 231
ピコー（父）, ロベール 261, 262
ピコー（子）, ジャン＝ミシェル 28, 238, 239, 246, 262-64, 266
ビゴ・ド・プレアムヌー, フェリックス 198, 207, 435
ピシュグリュ, ジャン＝シャルル 39, 55
ピントゥリッキオ, ベルナルディーノ 359
ファーヘル男爵 390
ファルネーゼ公（家） 147, 169
ファン・エイク, ヤン 52, 179, 194, 282, 284, 337, 349, 352, 353, 359
ファン・ダイク, アントン 28, 29, 37, 47, 52, 63, 137, 139, 178, 186, 191, 192, 212, 251, 284, 285, 288, 322, 345, 349, 352, 353, 385, 450
フィオレラ, パスカル＝アントワーヌ 137, 399
フィリッピーノ・リッピ 210, 358
フェシュ, ジョゼフ 169, 330
フェブー, ギヨーム＝シャルル 71, 81, 131
フェルケル, ヨハン＝ルートヴィヒ 182, 189, 190, 199, 347, 366, 378
フェルディナンド3世（トスカナ大公） 138, 140

フェルディナンド4世（ナポリ・シチリア王） 149, 395
フェルナンド7世（スペイン王） 202
フェルノウ, カール＝ルートヴィヒ 106
フォジャス・ド・サン＝フォン 44, 49, 50, 54, 59
フォンテーヌ, ピエール 103, 304, 309, 328, 329, 331, 444
フーク, ジョゼフ 251, 266, 301, 344, 345
ブーケラール, ヨアヒム 153
ブスラー, エルンスト＝フリードリヒ 366, 369
プッサン, ニコラ 80, 137, 186, 192, 224, 240, 241, 251, 272, 273, 281, 283, 349
プッチーニ, トマーゾ 139, 140, 144, 436
フフテンブルフ, ヤン・ファン 137, 273
フベール, ベルナール＝ジャック 157, 252
フューガー, ハインリヒ 181, 194
フラ・アンジェリコ 211, 215, 358, 359, 396
ブラカース伯, ピエール＝ルイ 368, 370
フラゴナール, ジャン＝オノレ 238, 239
ブラスキ公（家） 82, 132, 133, 142, 148, 151, 408, 412, 432
プラデル伯 375, 376, 378-380, 382, 383, 385, 387-389, 393, 395-397, 403, 404, 409-11
フラ・フィリッポ・リッピ 214, 215, 259
フランソワ1世（フランス王） 291, 334, 355, 440
フランソワ・ド・ヌフシャトー, ニコラ 98, 112, 115, 117-19, 124, 125, 134, 137, 317

フリードリヒ2世（プロイセン王, 大王）　172, 180, 231
フリードリヒ2世（ヘッセン方伯）　231
フリードリヒ・ヴィルヘルム3世（プロイセン王）　179, 366, 383
ブリューゲル（父）, ピーテル　63, 194, 359, 360
ブリューゲル（子）, ピーテル2世（ダンフェール）　63, 191, 192, 194, 285, 359
ブリューゲル（子）, ヤン（ビロードの）　63, 74, 126, 127, 137, 191, 192, 194, 251, 268, 273, 282, 349, 352, 353, 359
ブリュッヒャー, ゲープハルト＝レーベレヒト　374–77, 379
ブリュドン, ピエール＝ポール　158, 347
ブリューヌ, ギヨーム　142
ブルジョワ, コンスタン　17, 279, 280, 327
ブールドン, セバスチアン　192, 251, 281, 283, 349,
ブールマン, ヨハン＝ゴットフリート　179, 181, 182, 199
フルリュー, ピエール＝クラレ　160
ブレビオン, マクシミリアン　225
ブロンズィーノ, アーニョロ　359
フンボルト（アレクサンダー・フォン）　15, 171
フンボルト（ヴィルヘルム・フォン）　15, 107, 400, 430
ベヴィラックア伯　86
ベソン, アレクサンドル＝シャルル　40, 41
ベッリーニ, ジョヴァンニ　87, 126, 127
ペッレグリーニ　86
ベッローリ, ジョヴァン＝ピエトロ　198, 271, 336, 339
ベティガー, カール＝アウグスト　107, 108, 171, 195, 295
ベネゼク, ピエール　58, 92, 258, 259
ベラスケス, ディエゴ　194, 202, 205, 206, 360
ベール, アンリ（スタンダール）　188, 378
ペルシエ, シャルル　103, 328, 444
ペルジーノ　80, 83, 85, 126, 127, 130, 139, 272, 283, 289, 290, 322, 359
ベルティエ, ルイ＝アレクサンドル　74, 130, 131, 180
ベルテルミー, ジャン＝シモン　73, 75, 87, 88, 114, 128
ベルトレ, クロード＝ルイ　72, 86, 109, 114, 297
ベンヴェヌーティ, ピエトロ　216, 396
ボシャールト, ギヨーム　318, 319, 322, 323, 386
ポッジ, フランチェスコ　396
ポッター, パウルス　63, 137, 251, 268, 273, 282, 285, 324, 349
ポッツォ・ディ・ボルゴ　375
ボッティチェリ, サンドロ　128, 214, 350, 359
ポーリーヌ・ボナパルト　176
ボルゲーゼ, カミッロ　175–77
ボルゲーゼ（家, 公）　169, 175–77
ポルトラッフィオ　212
ホルバイン（父子）, ハンス　64, 137, 168, 185, 192, 194. 273, 282, 285, 343, 349, 350, 353, 359, 434, 450
ボワシー・ダングラス, フランソワ　35, 36
ボワセレ兄弟　430, 435

マ 行

マイスター・テオドリック　359
マクシミリアン1世（バイエルン王）　368
マザッチョ　359

マッセナ, アンドレ　131
マニン, ロドヴィコ　87
マラン, アンテルム　81, 295, 296, 300
マリア・テレジア（オーストリア皇帝）29, 231
マリニー侯　223
マリー・ルイーズ（フランス皇妃）330, 357
マルヴァジア, カルロ=チェザーレ　271
マンテーニャ, アンドレア　53, 81, 86, 126, 127, 272, 283
マンリッヒ, ヨハン=クリスティアン・フォン　195, 196
ミオ・ド・メリート, アンドレ　79
ミケランジェロ・ブオナローティ　47, 53, 128, 139, 283, 293, 390, 442
ミュフリンク, フリードリヒ　374, 388, 389, 398, 402, 403, 408
ミュンヒハウゼン, ルートヴィヒ・フォン　377, 378
ミランダ, フランシスコ　99, 101, 103, 106
ミーリス父子　349
ムヌー, ジャック=フランソワ　198, 207, 436
ムリーリョ, バルトロメー=エステバン　202, 205, 206, 225, 349, 359, 361, 391, 436, 449
メツー, ハブリエル　268, 282
メッテルニヒ公　394
メッテルニヒ伯　54
メーヒェル, クリスティアン・フォン　231, 438
メムリンク, ハンス　179, 337, 338, 353
メルラン・ド・ドゥエ, フィリップ=アントワーヌ　121, 122
メングス, アントン=ラファエル　314
モジェラール, ジャン=バティスト　154, 200
モレル・ダルルー　160, 404
モロー・ド・サン=メリー　150, 161, 208
モワット, ジャン=ギヨーム　72, 73, 96, 97, 114
モンジュ, ガスパール　72, 82, 87, 109, 114, 131, 132
モンタリヴェ伯, ジャン　205, 208, 210, 213

ヤ　行

ヨーゼフ 2 世（オーストリア皇帝）29, 30, 193, 195, 230
ヨハン・ヴィルヘルム（プファルツ選帝侯）230
ヨルダーンス, ヤコブ　47, 51, 52, 63, 191, 192, 194, 212, 282, 285, 349, 353, 450

ラ　行

ライレッセ, ヘラルト　51, 186, 282
ラヴァレ, アタナーズ　8, 157, 160, 209, 252, 375, 376, 387, 390, 394, 396, 398, 401, 404, 406, 408, 411-13
ラカナル, ジョゼフ　318, 443
ラグランジュ, ジョゼフ　190, 191, 378, 381
ラビヤルディエール, ジャック=ジュリアン　73, 91, 92
ラファエロ・サンツィオ　40, 74, 75, 77, 80, 82, 83, 113, 118, 126, 127, 129, 133, 139, 153, 173, 178, 181, 187, 192, 194, 206, 207, 209, 213, 240, 241, 251, 258, 262, 271-74, 280, 283, 284, 288-94, 296-300, 350, 355, 357-59, 361, 363, 414, 418, 442, 445, 450
ラ・フォン・ド・サン=ティエンヌ　221, 261

ラランド, ル・フランセ・ド　129
ラ・ルヴェリエール=レポー, ルイ　109, 110, 133
ランツィ, ルイージ　129, 271, 362
ランドン, シャルル=ポール　332, 334, 338, 342
リシュリュー公　402
リッベントロップ, フリードリヒ・フォン　365, 373, 374, 377-79, 382, 383
リベーラ, ホセ・デ　→レスパニョーレ
リュシアン・ボナパルト　142, 371
ルイ13世（フランス王）　252, 302
ルイ14世（フランス王）　vii, 37, 41, 302, 311, 361
ルイ15世（フランス王）　161, 223, 227
ルイ16世（フランス王）　49, 223, 224, 236, 239
ルイ18世（フランス王）　343, 361, 365-69, 372, 373, 391, 400, 403
ルイ・ボナパルト（オランダ王）　323, 325, 386
ルキウス・アエミリウス・パウルス　123, 431
ル・シュウール, ウスターシュ　226, 243, 251, 260, 262, 281, 283, 322, 349, 414, 449
ル・シュウール, ピエール=エティエンヌ　238, 239
ルター, マルティン　96, 188, 201
ルドヴィーコ1世（エトルリア王）　142, 143
ルートヴィヒ1世（バイエルン王）　217
ルトゥルヌー, フランソワ=セバスチアン　110, 111
ルドルフ2世（神聖ローマ皇帝）　vii
ルドン・ド・ベルヴィル, シャルル　95, 109, 429
ルノルマン・ド・トゥルヌエム　222, 223, 261, 262
ルノワール, アレクサンドル　105,
234, 257, 258
ル・ブラン, シャルル　241, 251, 273, 281, 283, 349, 361, 394
ルブラン, ジャン=バティスト=ピエール　28, 48, 57, 63, 68, 120, 128, 157, 158, 239, 246, 252, 253, 259, 262-67, 288, 301, 328
ルブルトン, ジョアサン　101, 134
ルベル, ジャン=フランソワ　121, 358, 435
ルーベンス　28, 29, 37, 40, 46-48, 52, 63, 68, 81, 127, 139, 151, 153, 154, 178, 179, 186, 191, 192, 194, 195, 202, 212, 222, 240, 242-45, 251, 252, 264, 266-68, 273, 279, 282, 284, 285, 288, 300, 322, 334, 345, 349-51, 353, 360, 361, 375, 385, 414, 417, 445, 449, 450,
ルモニエ, ガブリエル　40
レオナルド・ダ・ヴィンチ　74, 128, 178, 258, 271, 283, 350, 376, 440
レオポルト2世（オーストリア皇帝）　30
レジェ　30, 43, 47, 48, 50, 51, 64
レスパニョーレ（リベーラ）　137, 147, 205, 275, 359
レドレール, ピエール=ルイ　100, 101, 106
レーニ, グイード　80, 126, 127, 129, 136, 139, 178, 186, 240, 241, 251, 271, 272, 283, 284, 292, 293, 350, 355, 363, 414
レモン, ジョルジュ=マリー　279, 302, 328
レンブラント　59, 63, 137, 139, 185, 186, 191, 192, 212, 240, 251, 273, 282, 284, 285, 324, 337, 338, 342, 344, 349-54, 414, 418, 419, 445, 450
ロイスダール, ヤコブ・ヴァン　186, 192, 251, 282, 353
ローザ, サルヴァトール　126, 139
ローザ, ヨーゼフ　29, 231, 369, 379,

393-96
ロッセッリ，コジモ　358
ロッテンハマー，ハンス　192
ローデンベルク伯　368
ロベスピエール，マクシミリアン　36, 44, 111, 239
ロベール，ユベール　157, 239, 252-54, 261, 262, 279, 309, 327, 439
ロマネッリ，ジョヴァンニ＝フランチェスコ　307, 308
ロマーノ，ジュリオ　80, 126, 139, 181, 242, 273, 283, 292, 350, 359, 398
ロラン（ド・ラ・プラチエール），ジャン＝マリー　33, 233, 235, 236, 238, 262, 263, 316

ワ 行

ワウウェルマン，フィリップス　63, 137, 191, 192, 240, 268, 273, 282, 284, 324, 349, 351, 352, 376, 450

事 項 索 引
（「　」は作品名，（　）は作者名）

ア　行

「愛徳」（アンドレア・デル・サルト）　262
アウエルシュテットの戦い　170, 179, 184
アウステルリッツの戦い　167, 329
「アダムとエヴァ」（ジョルジョーネ）　268, 346
アテネ（アテナイ）　32, 35, 235, 240, 307, 387, 429
「アテネの学堂（カルトーネ）」（ラファエロ）　74, 272
アーヘン（エクス＝ラ＝シャペル）　46, 51-53, 58, 151, 264, 301, 307, 309, 366, 382-84
アーヘンの大聖堂　383
アミアンの講和条約　267
アムステルダム　56, 59, 60, 323-25, 386, 390, 419, 421
アランフエス条約　142
アルセナーレ（国立造船所）　89
アルバーニ・コレクション　408
「アルベラの戦い」（ル・ブラン）　273
「アレクサンドロス大王の戦い」（アルトドルファー）　153
アンコーナ　82, 167
アンティウム　314
アントワープ（アントウェルペン）　28, 39, 46, 47, 52, 56, 151, 153, 244, 285, 386, 392, 426, 443
アントワープ大聖堂　352, 414, 417
アンブロジアーナ図書館　74
イエズス会　29, 53, 55, 56, 145
イエナの戦い　108, 170, 311, 331, 333, 418

イギリス　4, 31, 166, 170, 217, 280, 281, 290, 387, 388, 400, 401, 407, 410, 416
イコノクラスム　32-35, 37, 232, 260, 425
イタリア遠征　vii, 16, 69, 71, 99, 110, 260, 301, 315, 401, 416, 424
イタリア王国　166, 167, 212, 323, 325
イタリア共和国　141, 166, 323
イタリア派（画家，絵画）　126, 178, 186, 191, 194, 222, 240, 241, 250-52, 258, 259, 273, 277, 280, 283-86, 321, 327, 349-51, 354, 356, 358, 359, 405, 414, 449, 450
「イングランド王チャールズ1世の子供たち」（ファン・ダイク）　137, 353
インド　61, 62, 64, 65, 181, 186, 190, 309, 336, 339
ヴァイマル　107, 108, 171
ヴァグラムの戦い　193
ヴァティカン宮　85, 131, 132, 142, 229, 313, 315
ヴァティカン美術館　80, 129, 302, 422
ヴァルミーの戦い　30
ヴァンダリスム　37, 110, 211, 260, 300, 320, 425
ヴァンデミエール13日事件　121
ヴァンドーム広場の円柱　159
ウィーン　29, 30, 167-69, 181, 183, 193-97, 199, 230, 231, 247, 357, 360, 361, 369, 379, 382, 417, 422
ウィーン会議　366
ヴェストファーレン王国　170, 185, 323, 378, 434
「ヴェッレトリのパラス」（「ミネルヴァ」）　148, 149, 307, 408

事項索引

ヴェネツィア　vii, 76, 82, 85-89, 93, 113, 115, 125-27, 162, 163, 167, 172, 272-75, 288, 323, 325, 355, 356, 369, 377, 392-95, 421, 441
ヴェネツィア派（画家、絵画）　113, 126, 127, 208, 212, 288, 321, 325
ヴェルサイユ宮　159, 161, 221, 222, 233, 240, 241, 257, 260-62, 270, 277, 301, 311, 355, 450
ヴェローナ　7, 76, 85, 86, 88, 93, 97, 112, 125, 127, 272, 305, 356, 377, 394-96
ヴォルフェンビュッテル　187, 197, 378, 384
「美しき女庭師」（ラファエロ）　290, 291, 355
ウフィツィのギャラリー（美術館、コレクション）　138-40, 142, 144, 210, 419, 422
ウルムの戦い　167
「エウロペの略奪」（ヴェロネーゼ）　355
エギナ（アイギナ）・マーブル　217
エクアン城　305, 442
エジプト遠征　4, 163, 164
エトルスキ　62, 75, 128, 133, 162, 190, 240, 377, 403, 405
エトルリア王国　144, 175, 176
「エマウスの巡礼者たち」（ヴェロネーゼ）　241
「エマウスの巡礼者たち」（レンブラント）　241
エルギン・マーブル　387
王室建造物局総監　221, 222, 228, 261, 262
王立アカデミー（フランス）　227, 317
王立美術館（アムステルダム）　323, 324
王立美術館（パリ）　375, 376, 380, 389, 391, 396-98, 404-06, 412, 449
オーストリア　29-31, 88, 89, 141, 142, 166, 167, 193, 194, 202, 269, 322, 357, 369, 371, 379, 380, 382, 387, 392-95, 397, 401, 402, 408, 412, 415, 416, 418, 419, 422, 434
「お手玉遊びをする少女」　180, 312, 334, 414
オランダ　46, 49, 59, 60, 62-67, 282, 284, 295, 316, 321, 323, 324, 349, 351-54, 384-90, 415-17, 419
オランダ王国　384, 389, 390
オランダ派（画家、絵画）　71, 127, 136, 137, 178, 185, 191, 192, 194, 199, 222, 251, 277, 278, 285, 295, 321, 324, 337, 341, 342, 348, 349, 354, 359, 360, 378, 379
「オラント（若きアスリート）」　312, 335, 338, 344-46, 444

カ　行

「回春の泉」（クラーナハ）　362
学士院（フランス）　90, 103, 109-11, 115, 160, 165, 297, 312, 328, 333
カッセル　57, 171, 182, 188-91, 198-200, 230, 231, 311, 323, 335, 337, 338, 340, 342, 347, 352, 353, 361, 365, 377-81, 422
「カナの婚礼」（ヴェロネーゼ）　87, 127, 273, 288, 356, 361, 394, 395, 413, 449
「カピトリーノのアンティノウス」　80, 308
「カピトリーノのヴィーナス」　80, 312
カピトリーノ美術館　80, 85, 129, 159, 229, 302, 304, 422
カポディモンテ宮　146
カルーゼルの凱旋門　89, 159, 167, 329, 397
ガン（ヘント）　46, 52, 284, 349, 353, 443
カンパーナ・コレクション　216

カンポ・フォルミオ条約　88, 141
記念物委員会　40, 233, 234, 257, 316
「教皇ユリウス 2 世の肖像」(ラファエロ)　139
「教皇レオ 10 世の肖像」(ラファエロ)　139, 355
恐怖政治　111, 163, 243, 252, 257, 438
共和国中央美術館　21, 142, 157, 159, 161, 164, 253, 269, 270, 277, 280, 315, 327, 439
ギリシャ　34, 35, 37, 38, 40, 41, 46, 49, 96, 101, 104, 110, 113, 118, 147, 217, 218, 239, 245, 306, 308, 314, 368
「キリストの十字架降下」(ルーベンス)　28, 285, 414, 417, 440
「キリストの昇天」(ペルジーノ)　80
「キリストの変容」(ラファエロ)　80, 113, 127, 129, 153, 272, 290–94, 322, 350, 355
「キリストの変容」(ルーベンス)　81
クストリン　178, 179, 181
「軍神マルスの姿のナポレオン」(カノーヴァ)　406
「荊冠のキリスト」(ティツィアーノ)　74, 271, 356, 413, 449
ケラスコの休戦協定　69, 71
ケルン　46, 53–55, 57, 58, 154, 264, 267, 284, 375, 377, 384, 435
元老院　176, 286, 287, 322, 365
元老会　256
「小椅子の聖母」(ラファエロ)　139, 355
公安委員会　31–33, 41–44, 47, 48, 50, 67, 264
公教育委員会　28, 36, 40, 42–44, 48, 50, 52, 56, 63, 64, 242, 250, 257, 264, 266
「荒野の聖ヒエロニムス」(クラーヤー)　243
国王(王室)コレクション(フランス)　13, 29, 222, 223, 225, 226, 239, 240, 250, 251, 258, 261, 262, 270, 272, 275, 355, 386, 440
国民公会　3, 4, 27, 28, 31, 33, 35, 40, 42, 43, 56, 151, 168, 236, 237, 238, 258, 261, 263, 266, 318, 319, 344
国立古文書館(パリ)　7, 8, 10, 12, 365
国立図書館(パリ)　5, 7, 9, 12, 55, 58, 64, 132, 152, 153, 154, 301, 369, 371, 378, 417, 446
国立美術館(アムステルダム)　324, 325
古代美術品陳列室(ギャラリー)　230, 277, 304, 305, 311, 314, 407
古代ローマ　vii, 6, 65, 87, 102, 123, 124, 181, 239, 306–08, 310, 314, 335
五百人会　121, 256
コブレンツ　53, 54, 56, 58, 154, 377, 384
コンコルダ(政教和約)　267, 304, 322
コンスタンティノープル　vii, 89, 113
コンセルヴァトーリ宮　302
コンピエーニュ宮　286, 287, 323, 380

サ 行

サヴォーナ　76, 210, 214, 216
ザクセン(選帝侯, 王)　170, 172–74, 177, 190, 193, 199, 230
「砂漠でマナを集めるイスラエル人」)(ショーンガウアー)　184, 337
ザルツダールム　171, 184, 185, 187, 378, 381
サルデーニャ(王国)　69, 71, 135, 137, 273, 377, 392, 398, 399
サロン展(定期展)　177, 226, 276, 324, 357
サンクト・ペテルブルク　161
サン・クルー宮　167, 169, 286, 287, 323, 330, 376, 396

事項索引

「サン・シストの聖母」（ラファエロ） 173, 445
三十年戦争　vii, 10
「3女神パルカ」（ミケランジェロ） 139
サン・ジョルジョ・マッジョーレ島 87, 395
サン・スーシ宮　178, 179, 342, 346, 347
サン・ゼーノ・マッジョーレ教会 86, 272
サンタ・マリア・デッレ・グラツィエ教会 74, 356
サンティッシマ・ジョヴァンニ・エ・パオロ教会　87, 356
サン・マルコ教会　88, 89
サン・マルコ図書館　87, 88
「サン・マルコの馬」　88, 97, 113, 115, 123, 172, 302, 329, 397
サン・ルイージ・デイ・フランチェージ教会　146
シエナ　131
ジェノヴァ　71, 76, 78, 81, 92, 93, 126, 138, 207-10, 214, 216, 321, 359, 398
ジェノヴァ派（画家，絵画）　209, 210, 359
自然史博物館（パリ）　36, 49, 55, 60, 62, 64-66, 96, 112, 408, 417
シチリア島　162
執政政府　4, 140, 141, 143, 145, 149, 151, 152, 155, 157, 159, 168, 200, 260, 315, 322, 413
「シテール島の巡礼」（ヴァトー） 180, 241
「シテール島への船出」（ヴァトー） 180, 241
「シモン家の饗宴」（ヴェロネーゼ） 355, 356
ジャコバン派　124, 130, 135, 140, 159, 246
シャン＝ド＝マルス広場　112, 114, 115, 120
シュヴェリーン　172, 183, 191-94, 198, 199, 201, 337, 340, 352, 366, 377-81, 435
「十字架建立」（ルーベンス）　285
「十字架昇架」（ルーベンス）　28, 440
「十字架を担うキリスト」（ルーベンス） 267
重農主義　65-67
ジュネーヴ　287, 320, 322
「狩猟の女神ディアナ」（「雌鹿を従えたディアナ」）　306, 311
商業・補給委員会　42, 47, 48
「勝利の聖母マリア」（マンテーニャ） 81
「神秘の小羊の礼拝」（ファン・エイク兄弟）　52, 285, 349
「水腫の女」（ダウ）　71, 137
スイス　3, 75, 161
「水浴のスザンナ」（サンテール）　252
「水浴のスザンナ」（レンブラント） 285
スウェーデン　186, 193, 336, 346
スクオーラ・ディ・サン・マルコ　87
ストックホルム　161, 346
ストラスブール　8, 287, 320, 340, 348, 380
スペイン　142-144, 193, 194, 201-207, 269, 323, 361, 368, 377, 391, 392, 412, 418, 436
スペイン派（画家，絵画）　203-05, 225, 240, 349, 358-61, 449
「聖アントニウスの誘惑」（ヴェロネーゼ） 81
「聖エラスムスの殉教」（プッサン） 272
「聖家族」（スキドーネ）　275
「聖家族」（ラファエロ）　280, 290, 291, 355
「聖家族」（ロマーノ）　292
「聖ゲオルギウスの殉教」（ヴェロネーゼ）　86, 356

「聖痕を受けるアッシジの聖フランチェスコ」（ジョット）　210, 359
「聖ステファヌスの殉教」（ロマーノ）　398
「聖チェチーリア」（ラファエロ）　77, 127, 179, 271, 355, 442
「聖トマス＝アクィナス礼賛」（スルバラン）　206, 360
「聖ヒエロニムスの最後の聖体拝領」（ドメニキーノ）　129
「聖ブルーノの生涯」（ル・シュウール）　260, 322, 414
「聖ペテロの殉教」（ルーベンス）　46, 267, 284
「聖母子」（ミケランジェロ）　47, 390
「聖母子と聖ヒエロニムス」（「イル・ジョルノ」）（コレッジョ）　71, 75, 355
「聖母と諸聖人」（マンテーニャ）　86
「聖母の聖エリザベト訪問」（サッバティーニ）　275
「聖母被昇天」（ティツィアーノ）　86
「聖母マリアの結婚」（ペルジーノ）　322
「聖母マリアの戴冠」（フラ・アンジェリコ）　215, 396
「聖母マリアの戴冠」（ラファエロ）　80, 83, 272, 289, 290, 355
「聖母マリアの戴冠」（ルーベンス）　267
「聖マルコの奇跡」（ティントレット）　272
「聖霊の降下」（ファン・ダイク）　345
セーヴル磁器工場　240
セビーリャ　202, 361, 391, 392
セーヌ川　97, 222, 224, 302, 309
「戦争の惨禍」（ルーベンス）　139
「荘厳の聖母」（チマブーエ）　210, 358, 396
総裁政府　4, 10, 17, 69-74, 89, 95, 99, 102-04, 109, 111, 112, 119, 120, 122-25, 130, 131, 134, 135, 138, 140-42, 151, 155, 256, 296, 302, 317, 318, 322
ソーヌ川　96, 97, 209

タ　行

第1執政　142, 144, 146, 149, 150, 157, 161, 164, 267, 304, 315, 320
大英博物館　217, 229
「大サン・ベルナール峠を越えるボナパルト」（ダヴィッド）　376
対仏大同盟　31, 166
第4回十字軍　vii, 89
大陸封鎖　19, 202
「ダリウスの家族」（ル・ブラン）　241
ダンツィヒ（グダンスク）　172, 178, 179, 184, 197, 337, 338, 352, 375
ヘント　73, 76, 77, 130, 270, 405
チザルピーナ共和国　135, 141
地方（県）美術館　286, 287, 315, 319, 321, 354, 399, 405, 413
チュイルリー宮　183, 224, 234, 235, 241, 323, 361, 367, 376, 378, 389
中央学校　113, 154, 317, 318, 443
中央美術館管理運営評議会　157, 252
中国（シナ）　62, 64, 186, 190, 195, 240
ディジョン　227, 228, 287, 317, 320, 322, 340, 443
ティルジットの講和条約　170
「テヴェレ川」　80, 142, 312, 405, 407
『哲学旬報』　9, 67, 85, 93, 99, 101, 111, 114, 128, 244, 249, 275
デッサン学校　228, 317
デュッセルドルフ　57, 153, 230, 231, 247, 270, 419, 434
テルミドール9日事件（共和暦第2年）　44, 122, 124
テルミドールの祭典（共和暦第6年）　109, 124, 125
ドイツ派（画家，絵画）　136, 137, 168, 191, 192, 194, 196, 240, 277, 282, 284, 285, 321, 337, 349, 351,

事項索引　　477

353, 357, 359, 360, 370
ドゥカーレ宮殿　　87, 355
「東方三博士の礼拝」（スルバラン）　205
「東方三博士の礼拝」（ルーベンス）　285
「東方三博士の礼拝」（ロホナー）　53
統領座乗船（ブチントーロ）　89
トゥールーズ　227, 274, 317, 320, 322
トゥルネー　46, 48, 352
トゥーロン　88, 92, 97, 163
ドージェ　87
トスカナ（大公, 大公国）　138, 140, 142-44, 176, 230, 377, 392, 396
トスカナ派　359
トーディ　76, 211
「ドミニコ会士聖ピエトロの殉教」（ティツィアーノ）　274, 299, 356
トラファルガーの海戦　167
トリーア　58, 154, 384
トリノ　40, 76, 91, 126, 130, 134-37, 141, 148, 162, 272-74, 277, 352, 353, 399
トルトーナ　78, 91, 92
ドレスデン　57, 172-74, 177, 200, 230, 247, 419, 434, 445
トレンティーノ条約　7, 82, 83, 85, 93, 132, 133, 142, 149, 302, 387, 388, 393, 401-03, 405, 407, 410, 412, 418

ナ　行

「ナイル川」　80, 142, 312
ナチス・ドイツ　10, 424
ナポリ　76, 126, 127, 134, 138, 142-49, 162, 274, 275, 307, 395, 408
ナポリ（両シチリア）王（王国）　104, 140-42, 144, 149, 169, 202
ナポレオンの結婚式　330, 331
ナポレオンの戴冠式　393
ナポレオン美術館　vi, 4, 6, 9-12, 18-21, 90, 161, 164, 166, 167, 169,

173, 175, 176, 187, 194, 198, 205-10, 212, 213, 217, 218, 269, 280, 286, 288, 304, 312, 315, 323, 327, 329, 331, 337, 339-42, 347, 348, 353, 354, 356, 357, 359, 360, 372, 376, 404, 411-13, 416-19, 422, 435
日本　22, 62, 64, 181, 240
ネーデルラント　3, 6, 29, 35, 41, 68, 225, 338, 377, 384, 390, 412, 430, 435
「眠れるアンティオペ」（コレッジョ）　355
「眠れるヘルマフロディトス」　176, 312
ネールヴィンデン　31
ネル館　257, 439
農業・技芸委員会　41, 42
ノワンテル・マーブル（アテナイ碑文）　240

ハ　行

バイエルン　152, 217, 368, 371, 377, 380, 384, 433-35
ハーグ　55, 56, 59-61, 64, 65, 67, 324, 384-86, 419
ハーグ講和条約　59
バスチーユ占領　124
バタヴィア共和国　59, 324
8月10日の革命　232, 240, 262
ハプスブルク家　35, 230, 334
「パリサイ人の家のキリスト」（ヴェロネーゼ）　88
「パリサイ人の家のマグラダのマリア」（ル・ブラン）　394
パリ条約　366, 384, 400
パリ・ノートルダム大聖堂　267, 285, 286, 340, 360, 390
「春＝子供の遊戯」（ブリューゲル父）　360
パルテノン神殿　217, 307, 429
パルマ（公・公国）　40, 69, 71, 73,

75-77, 91, 125, 130, 149-51, 160, 166, 212, 214, 270, 271, 275, 355, 369, 393-96, 401, 402
パレルモ 144-46, 148
ピアチェンツァ 71, 75, 270, 369, 393
ピエモンテ 3, 69, 71, 135-37, 141, 166, 177
ピオ・クレメンティーノ美術館 229, 302, 305
ピサ 76, 210, 214, 216, 359, 396
美術館委員会 232, 234-39, 241, 246-48, 254, 258, 260, 262, 263
美術館管理委員会 11, 49, 63, 238, 242, 248, 250, 252, 253, 257, 263, 264, 266, 268, 426
ピッティ宮 81, 138, 139, 140, 273, 396, 397
『百科全書』(アンシクロペディー) 223
百日天下 372, 373, 380
「病人を看護する聖エリザベト」(ムリーリョ) 391
「瀕死の剣闘士」 80, 308
「ファルネーゼのヘラクレス」 37, 127, 169
フィレンツェ 73, 76, 78, 137-40, 142, 175, 176, 210, 214, 216, 230, 247, 273, 274, 290, 291, 355, 356, 393, 395, 396, 414, 419, 422, 432
フィレンツェ条約 145, 146, 148
フィレンツェ派(画家, 絵画) 73, 175, 208, 210, 321
「フォリーニョの聖母」(ラファエロ) 83, 127, 274, 292, 297, 299, 300, 355
フォンテーヌブロー宮 287, 311, 323, 340
「2人の盗賊の間のキリスト」(「キリストの磔刑」)(ルーベンス) 28, 251
プチ=ゾーギュスタン修道院 257
プファルツ選帝侯 230, 270
ブライデンセ図書館 75
ブラウンシュヴァイク(公, 公国) 57, 183-88, 195, 198, 200, 311, 336, 340, 352, 368, 377-81, 434
プラド美術館 204, 323
プラハ(プラーグ) 346
フランス記念物博物館 105, 113, 159, 257-59, 450
「フランス諸港眺望」(ヴェルネ) 260, 322
フランス派(画家, 絵画) 136, 157, 192, 222, 226, 240, 250-52, 259, 277, 278, 281, 283, 285, 321, 348, 349, 371, 376, 380, 387, 405, 449
フランス派専門美術館 73, 113, 159, 259, 260, 277
ブランデンブルク門上の2輪馬車 171, 182, 183, 339, 343-45, 365
フランドル派(画家, 絵画) 28-30, 37, 63, 73, 136, 137, 153, 168, 178, 186, 191, 192, 194, 199, 212, 215, 252, 277, 279, 280, 285, 295, 300, 319, 321, 349, 353, 357, 359, 361
フリデリチアヌム美術館 171, 182, 188, 190, 198, 199, 230, 231, 342, 365, 381, 422
プリミティヴ絵画 184, 195, 196, 206, 211, 215, 216, 218, 269, 357, 358, 360, 361, 363, 370, 396, 418, 435
フリュクティドールのクーデタ 105
ブリュージュ(ブルッヘ) 46, 47, 390
ブリュッセル 6, 27, 39, 40, 43, 46, 47, 49, 50, 54, 56, 261, 286, 318-20, 322, 324, 354, 385, 386, 390, 392, 422, 443
ブリュッセル美術館 151, 319, 323, 443
ブリュメール18日のクーデタ 117, 140, 164, 302, 304
ブルゴーニュ 50, 56, 161, 168, 209, 228
ブルゴーニュ図書館 50, 56

事項索引　　479

ブルボン家　143, 169, 202
フルリュス　39
プレスブルク（ブラチスラヴァ）　167, 194
ブレラ（宮殿，絵画館）　76, 142, 212, 213, 323, 325
プロイセン　30, 39, 169, 170, 172, 180, 198, 334, 335, 342, 360, 365-80, 382-84, 387, 412, 415, 421, 447
フロレアルのクーデタ　124
ヘッセン（方伯，選帝侯）　171, 188-91, 197, 342, 361, 365, 367, 378, 379, 381, 435
ベッローリ・コレクション　336, 339
「ヘラクレスとしてのコンモドゥス帝」（「ヘラクレスとテレフォス」）　80, 310
「ヘラクレスの姿のアンティノウス」　307
ベルヴェデーレ宮（ウィーン）　135, 193, 195, 229, 230, 231, 360, 382, 422
「ベルヴェデーレのアポロン」　80, 143, 228, 302, 309-11, 313, 314, 382, 406, 414
「ベルヴェデーレのアンティノウス」　310
「ベルヴェデーレのトルソ」　80, 304, 308
ベルギー　3-5, 11, 15, 17, 27, 29-32, 35, 39-41, 45-51, 55-57, 64, 68, 106, 107, 141, 151, 244, 249-51, 260, 264, 266, 270, 284, 351-54, 373, 384-90, 410, 414, 415, 417, 421, 422, 443
ヘルクラネウム　162, 169, 172, 335
ペルージャ　76, 78, 80, 83, 84, 95, 125, 127, 130, 211, 216, 272, 290, 405, 417, 449
ベルリン　57, 170-74, 177, 179, 181-84, 188, 198, 200, 311, 312, 336, 341, 342, 344, 355, 365, 368, 375, 376, 380, 421
ベルリン勅令　170
ポーゼン（ポズナニ）条約　170, 174
ポツダム　57, 171, 172, 177-81, 184, 188, 193, 198, 199, 230, 311, 334-36, 340, 342, 346, 352, 366, 368, 375, 376
北方派（画家，絵画）　222, 240, 250-52, 255, 259, 277, 280, 283, 284, 321, 349, 351, 353, 354, 360, 414, 438, 449
ポーランド　167, 170, 172, 174, 266, 351
ボルゲーゼ・コレクション　176, 177, 304, 305, 312, 450
「ボルゲーゼの剣闘士」　169, 176
ボルドー　287, 320
ポルトガル　202
ボローニャ　71, 73, 75-78, 80, 82-85, 91, 93, 125-27, 136, 270, 274, 277, 293, 321, 323, 325, 355, 405, 417, 449
ボローニャの休戦協定　71, 73, 78, 80, 82-85
ボローニャ派（画家，絵画）　77, 126. 127, 136, 277, 321, 355
ボン　53, 54, 57, 58, 154, 377, 384
ポンペイ　162, 169

　　　マ　行

マインツ　154, 191, 245, 287, 320, 322, 354
「マグダラのマリア」（ティツィアーノ）　139
マーストリヒト　55, 56
マドリード　202-07, 368, 391, 392, 419, 421
「マニフィカトの聖母」（ボッティチェリ）　214, 359
マネッセ写本　371, 384
「マリー・ド・メディシスの生涯」（ルー

ベンス） 222, 242, 252, 322, 414
「マルクス・(ユニウス・)ブルートゥスの胸像」 72, 80, 308
マルセイユ 96, 109, 145, 147, 149, 287, 307, 320
マルメゾン宮 164, 191
マレンゴの戦い 141
マントヴァ 76, 81, 185, 272, 377, 395
ミュンヘン 57, 141, 152, 153, 195, 200, 217, 230, 371, 384, 419, 434, 435
ミラノ 71, 73–76, 78, 81, 87, 88, 91, 92, 125, 127, 128, 136, 141, 167, 212, 214, 270, 323, 325, 356, 377, 395, 396, 421
民衆的共和主義芸術協会 34, 35, 243
メクレンブルク（メクレンブルク＝シュヴェリーン）(公国) 172, 192, 366, 378, 379, 380
「メディチのヴィーナス」 143, 144, 149, 165, 395, 414
メヘレン（マリーヌ） 47, 251
モデナ（公，公国） 69, 71, 73, 75, 76, 80, 83, 91, 125, 128, 270, 305, 377, 392, 394–96, 401, 402
「モナ・リザ」（「ラ・ジョコンダ」）（レオナルド） 259, 271, 350
『モニトゥール・ユニヴェルセル』) 29, 104, 123, 276, 289

ヤ 行

「夜警」（レンブラント） 59, 324, 419, 445
「ユニウス・ブルートゥスの胸像」 72, 80, 113, 116, 118, 123, 308
「ユピテルとイオ」（コレッジョ） 347, 370, 445
「ヨゼフの息子を祝福するヤコブ」（レンブラント） 191, 338
「夜（ラ・ノッテ）」（コレッジョ） 172, 173

ラ 行

ライン川 31, 53, 55, 57, 58, 141, 152, 167, 301
ライン左岸地方 3, 4, 11, 39, 46, 52, 57, 58, 415
ライン連盟 169, 170, 172, 174, 434
「ラオコーン」 80, 308, 313, 406, 414
ラファイユ美術館 227
「ラ・ベッラ(美しき婦人)」(ティツィアーノ) 139
リヴォルノ 76, 81, 84, 87, 93, 95, 96, 109, 142, 144, 429
リエージュ（司教領） 3, 39, 50–52, 266, 426
リグリア 3, 166, 209
理工科学校 64, 113, 132, 152
リシュリュー城 274, 305, 442
立憲議会 232, 234
立憲憲章 366
立法院 367
立法議会 30, 232, 233
リュクサンブール・ギャラリー 247, 248, 261, 262
リュクサンブール宮 222, 223, 242, 247, 261, 286, 322, 349, 449
リュネヴィルの講和条約 141, 142
リヨン 91, 97, 133, 242, 287, 320, 322, 340, 443
臨時美術委員会 39, 40, 42, 43, 48, 49, 67, 301, 319
ルーアン 287, 317, 320
ルーヴァン（ルーヴェン） 47, 50, 52, 285
ルーヴル宮 159, 221–26, 232, 233, 235–38, 240, 241, 254, 302, 311, 312, 327, 333, 334, 361, 367
ルーヴル美術館 4, 9, 10, 12–14, 18, 20, 28, 33, 75, 93, 107, 108, 130, 137, 141, 144–46, 164, 199, 202, 204, 205, 211, 216, 221, 226, 229, 231,

事 項 索 引　　　481

　　232, 236, 239, 241, 243, 246, 247,
　　249, 257-60, 269, 285-88, 290, 293,
　　294, 315, 320, 322, 323, 327, 350,
　　355, 359, 363, 370, 372, 374, 399,
　　407, 409, 414, 417, 419, 421, 422,
　　424, 440, 449, 450
ルクセンブルク　　5, 154
「レヴィ家の饗宴」（ヴェロネーゼ）
　　87, 127, 273, 288, 356, 361
「レダと白鳥」（「ユピテルとレダ」）（コ
　　レッジョ）　　344, 346, 355, 369
ロシア　　135, 136, 170, 375, 381, 387,
　　400, 435, 446
ローヌ川　　96, 97, 209, 214
ローマ　　3, 7, 32, 38, 41, 50, 69, 71, 76,
　　78-82, 93, 95, 97, 99, 103, 105-07,
　　120, 125, 126, 129-33, 142, 146-
　　49, 151, 163, 176, 177, 211, 213, 229,
　　255, 272, 321, 322, 324, 371, 401,
　　405, 407, 408, 410, 417, 418, 422
ローマ教皇　　3, 7, 69, 71, 78, 82, 145,
　　211, 302, 322, 365, 388, 407, 408,
　　410, 412
ローマ教皇領（教皇国家）　　3, 78, 80,
　　82, 83, 89, 377, 423
ローマ共和国　　130, 133, 142, 148, 159
ローマ人　　9, 30, 37, 40, 104, 110, 115,
　　118, 123, 304, 308, 313, 314
ローマ派（画家，絵画）　　113, 126,
　　187, 321, 359
「ロレートの聖母」（ラファエロ）　　82,
　　133
ロンバルディア　　69, 125-27, 135,
　　166, 212, 270, 277, 321, 392
ロンバルディア派（画家，絵画）
　　127, 212, 277
ロンバルド＝ヴェーネト王国　　394

　　　　　　ワ　行

ワーテルローの会戦　　372, 407
ワルシャワ　　170, 178, 337
ワルシャワ大公国　　170

服部 春彦（はっとり・はるひこ）

1934年生まれ。京都大学大学院文学研究科博士課程修了。京都大学文学部教授、京都橘女子大学文学部教授などを経て、現在京都大学名誉教授。フランス近代史専攻。文学博士。
〔主要業績〕『フランス産業革命論』（未来社，1968年）『フランス近代貿易の生成と展開』（ミネルヴァ書房，1992年）『経済史上のフランス革命・ナポレオン時代』（多賀出版，2009年）『フランス近代史――ブルボン王朝から第五共和政へ』（共編著，ミネルヴァ書房，1993年）『フランス史からの問い』（共編著，山川出版社，2000年）G. リューデ『フランス革命と群衆』（共訳，新装版1996年）

〔文化財の併合〕　　　　　　　　　ISBN978-4-86285-211-3

2015年6月25日　第1刷印刷
2015年6月30日　第1刷発行

著　者　服　部　春　彦
発行者　小　山　光　夫
製　版　ジ　ャ　ッ　ト

発行所　〒113-0033 東京都文京区本郷1-13-2　株式会社 知泉書館
電話03(3814)6161 振替00120-6-117170
http://www.chisen.co.jp

Printed in Japan　　　　　　　　印刷・製本／藤原印刷